中国历代

皇后

宋璐璐 ◎ 编著

团结出版社

图书在版编目（CIP）数据

中国历代皇后 / 宋璐璐编著. -- 北京：团结出版社, 2015.8（2023.1重印）
ISBN 978-7-5126-3755-9

Ⅰ.①中… Ⅱ.①宋… Ⅲ.①皇后—列传—中国 Ⅳ.①K827=2

中国版本图书馆CIP数据核字(2015)第176339号

出　　版：团结出版社
　　　　　（北京市东城区东皇城根南街84号　邮编：100006）
电　　话：（010）65228880　65244790（出版社）
　　　　　（010）65238766　85113874　65133603（发行部）
　　　　　（010）65133603（邮购）
网　　址：http://www.tjpress.com
E-mail：zb65244790@163.com（出版社）
　　　　　fx65133603@163.com（发行部邮购）
经　　销：全国新华书店
印　　刷：唐山楠萍印务有限公司

开　　本：650毫米×920毫米　16开
印　　张：25
字　　数：330千字
版　　次：2016年1月　第1版
印　　次：2023年1月　第2次印刷

书　　号：978-7-5126-3755-9
定　　价：68.00元

前　言

悠悠几千年，纵横五万里，站在中国文明辽阔而又源远流长的历史天幕下，仰望着令无数人叹为观止的帝王将相的流光溢彩的天空，尽阅朝代更迭的波澜起伏，无处不闪耀着先人用心、用生命谱写的辉煌。

封建帝王将相是历史的缩影，自嬴政以来，秦皇汉武，唐宗宋祖……他们或以盖世雄才称霸天下，或以绝妙文采震烁古今，或以宏韬伟略彪炳史册，或以残暴不仁毁灭帝业，铸就了一部洋洋洒洒长达两千余年的封建帝王史……

恍然间，我们看到了"千古一帝"秦始皇"横扫六合"的雄伟身姿；大汉朝开国皇帝刘邦从"市井无赖"到"真龙天子"的大变身；汉武帝刘彻雄赳赳地将中华带上顶峰的威风场景；光武帝刘秀吞血碎齿战八方，于乱世中成就霸业的冲天豪情；乱世枭雄曹操耍尽"奸计"，玩转三国的高超智慧；亡国之君隋炀帝的骄纵狂妄；唐高祖李渊率众起义、揭竿而起，建立唐王朝的惊天伟业；唐太宗李世民玄武门兵变的狠辣果断；一代女皇武则天勇于创造命运的步步惊心；宋太祖赵匡胤"杯酒释兵权"的聪明睿智；元世祖忽必烈以蒙古铁骑横扫欧亚大陆的英雄豪迈；一代天骄成吉思汗开创铁血王朝的钢铁毅力；"草根帝"朱元璋从"乞丐"到"皇帝"的辛酸血泪；清太祖努尔哈赤以十三副铠甲起兵，开辟锦绣前程的创业史；大清王朝第一帝皇太极夺取江山的谋略手段；少年天子顺治为爱妃做到极致的痴心情意；清军入关的第二位皇帝康熙除权臣，平叛逆，锐意改革的天才谋略；最富争议的皇帝雍正的精彩人生；乾隆皇帝钟情于香妃的风流韵事；慈禧太后将皇帝与权臣操纵于股掌之间的惊天手段；历代名相为当朝政务呕心沥血，助帝王打造繁荣盛世……

在浩瀚无边的中国历史长河之中，帝王将相始终是核心人物，或直接或间接地掌控着历史的舰舵，影响着历史的进程。虽然他们已是昨日黄花、过眼云烟，但查看他们的传奇人生，研究他们的功过是非，仍然可以让读者借鉴与警醒！

即便如此，很多人依然会"坚定"地摇着头回答："NO！"因为在他们看来，"历史、帝王将相"等于"正统、严肃"，这些东西早被当年的历史考试浇到了冰点！尽管明知"读史可以使人明智"，也再没有耐心去研读、探索那些"枯燥"的历史了。其实，历史并不是课本上那些无聊的年份表，帝王将相也不是人物事件的简单罗列。真实的帝王将相的生活要丰富得多，有趣得多。

为了解决这个问题，让读者心甘情愿地"抢读"历史，本套图书精心挑选了在历史上影响力颇大的帝王或名相，突破了枯燥无味、干巴巴的"讲授"形式，以一种幽默诙谐的语言，用一种立体的方式将一个帝王或名相的多样性与丰富性展现在广大的读者面前。

全书妙语如珠，犀利峥嵘，细述每个帝王或名相的政治生活、历史功绩、家庭生活、情感轶事等，充满了故事性、知识性与趣味性，让读者在轻松愉悦的享受中体味人生的变化莫测；在"观看历史大片"的过程中收取成功的法门秘诀。

为了保证书稿的质量，编辑工作者查阅了大量的相关资料与文献，并且专门请教了很多长期从事历史教学与研究的专家学者。不过，由于时间与精力有限，如果本套图书存在些许错误，敬请广大的读者朋友们批评指正。

"古人不见今时月，今月曾经照古人"，与浩瀚的宇宙相比，人类的生命短暂得微不足道。因此，在这有限的时光中，我们要尽一切可能多学知识，少走弯路，让我们的人生变得更加绚丽多彩！

目　录

"强悍女人"——汉高祖皇后吕雉 ………………………………… 1

"备受命运垂青"——汉文帝皇后窦漪房 ………………… 21

"失去爱情"——汉武帝皇后陈阿娇 ……………………… 43

"从歌女到皇后"——汉武帝刘彻皇后卫子夫 ………… 52

"杀母立子"——汉武帝皇后钩弋 ………………………… 62

"细腰飞燕"——汉成帝皇后赵飞燕 ……………………… 75

"三十年感情"——光武帝皇后阴丽华 ………………… 93

"和亲使者"——匈奴呼韩邪学子皇后王昭君 ………… 114

"女政治家"——北魏文成帝皇后冯氏 ………………… 117

"聪慧贤后"——唐太宗皇后长孙皇后 ………………… 136

"女皇帝"——唐高过皇后武则天 ……………………… 155

"一代佳人"——南唐后主皇后小周氏 ………………… 219

"承天太后"——太辽国景宗皇后萧太后 ……………… 226

"马背上的皇后"——元太祖皇后孛儿帖 ……………… 271

"大脚皇后"——明太祖皇后马秀英 …………………… 279

"贤明皇后"——清圣祖母布木布泰 …………………… 291

"权力的顶峰"——清咸丰帝皇后慈禧 ………………… 319

"强悍女人"——汉高祖皇后吕雉

吕雉（前241年—前180年），汉高祖刘邦的皇后。她和刘邦育有一子一女，儿子刘盈为太子，女儿为鲁元公主。吕后是一个深谋远虑的女人，帮助刘邦剪除异姓王，帮助儿子登上皇位。因儿子柔弱，吕后一直掌握大权长达十六年，重用萧何、曹参、陈平等忠臣，奠定了"文景之治"的基础。

高祖死后，吕雉被尊为皇太后（前195年—前180年），是中国历史上有记载的第一位皇后和皇太后。又被称为汉高后、吕后、吕太后。新朝末年，高祖长陵被赤眉军掘开，同陵异穴的吕雉尸体遭侮辱。

吕雉若不是因为有一个好父亲识得佳婿，她不可能有今后的叱咤风云。原本嫁给刘邦时，吕雉的母亲并不同意，觉得刘邦没有前途，可能会有颠沛流离的一生。不曾想，她嫁给刘邦恰恰是荣华富贵的开始。

秦朝末年，在黄河下游微山湖西边的单父县（今山东单县），发生了一起惊人的仇杀案。这名罪犯姓吕，因为他的岁数已经不小了，人们都习惯称呼他为吕公。吕公为了报仇而杀了人，害怕仇家的人再反过来报复，就连夜卷起铺盖，带着妻儿老小离家逃走，逃亡到了远离家乡的沛县（今属江苏省），投靠自己的老朋友沛县县令门下，请求庇护。沛县县令本着朋友义气，接待了吕公一家，让他们在沛县僻静的乡下安了新家。

吕公有个女儿，名雉，字娥姁。这位吕雉姑娘生性活泼好动，而且聪明伶俐，年方二八，亭亭玉立，清新脱俗，身材窈窕，尤其是那双会说话的眼睛，很招人疼爱。因此，从吕家在沛县定居以后，前来向吕雉求婚的人就络绎不绝，吕家的门槛都快要被踏平了。吕公的好朋友沛县县令，这时正死了老婆，也想娶吕雉续弦，曾多次委婉地向吕公提起过这件事。可是吕公挑选女婿的标准极高，他不仅对其他的求婚者挑肥拣瘦，不肯轻易许婚，就是对自己的好朋友沛县县令，也以自己的女儿年纪还小为由，婉言谢绝。

还在刘邦做泗水亭长的时候，他的朋友萧何前来闲谈，无意间谈起了单父县中来了一位姓吕的绅士，是为避仇前来投靠县令的。县令为了顾全友情，下令凡县吏都应出资相贺。刘邦随口答道："贵客驾临，应当重贺。"萧何以为他开个玩笑，也没有在意。谁知到了贺会的日子，刘邦竟然直接登门。这时萧何早已在前厅站立，替吕公收受贺礼，他见刘邦来了，故意高喊道："贺礼不满千钱的，坐在堂下。"刘邦一听，拿出自己的拜帖，上面写上贺钱满万，递了进去。吕公见刘邦贺资独厚，慌忙迎了出来，请他上座。吕公素善相术，见刘邦龟背斗胸，日角龙股，有大富贵之相，更是对其礼敬有加。萧何知道刘邦没带钱来，就在一边嘲笑他说："刘家小子恐怕是在吹嘘，并没什么贺礼。"吕公听到后，并未改变对刘邦的态度。

等到开了筵席，吕公把刘邦让入上座，刘邦也不多管，只是自顾豪饮。等到筵席散了，吕公举目示意，要刘邦留下。刘邦虽无一钱，却并不慌张，哪知吕公问道："我平素遇到的相貌奇异的人，没有一个赶得上您，不知您娶了夫人没有？"刘邦说尚未娶妻。吕公十分坦诚地说："我有个小女儿，希望能配给您做妻子，请不要嫌弃。"刘邦一听，真是喜从天降，当即跪下磕头行礼。

由于吕雉生得端庄秀丽，丰采逼人，吕公视她为掌上明珠，许多权势大户人家来求婚，吕公都没有答应。他扬言女儿生得富贵，一定要嫁给一个贵人，如今竟轻率地嫁给一个小小的穷亭长。吕夫人知道后，十分生气，埋怨吕公道："你这老糊涂是不是昏了头了，竟把女儿许配给这样的人！你常说咱们女儿有'贵人'相，必配贵人，沛县令和你很要好，他三番五次来求婚，却都被你拒绝了，今日却要将女儿许配给这个刘邦，难道刘邦是贵人吗？一个不务正业的穷光蛋，这么大岁数了还只是小小的亭长，日后会有多大出息，嫁给他，女儿岂不是要跟着他受一辈子苦吗？我不同意。"吕公并不动气，笑呵呵地解释说："有些事你有所不知，我的眼光决不会错，你就相信我的话，听我的吧。刘邦一表人才，气度非凡，我观其面相将来一定是个大贵人。"吕夫人无奈，只得勉强答应了这件事，但在心里却暗暗为女儿的命运担忧。那时的她又怎么会想到，丈夫酒宴许亲，竟使女儿日后有机会登上政治舞台，驾驭中华大地！

婚姻是吕雉登上皇后宝座的基础，吕雉嫁给刘邦后，安分守己，留在家中帮助家计，时而下田劳作，婚姻生活还算和谐，夫妻二人也很恩爱。

婚姻是平淡的，日子一天天的过去。婚后数年，吕雉生一女一子。

有一天，吕雉带着两个孩子下地务农。因为天热，孩子吵着要喝水，吕雉想喝口水润润嗓子的时候，已经没剩多少水了。正好这时，有个老人家从地头经过，向吕雉讨水喝，吕雉便把剩下的水全给了他，又留他吃了一顿饭。临行时，为了感谢吕雉的款待，老人家特地为吕雉相面，说道："你生就一副贵相，将来要成为天下的贵人！"吕雉听了满心欢喜，暗想这个老人家说的和父亲一样。于是又找来两个孩子，让老人家为他们相面。老头子一见到吕雉的儿子刘盈，便惊异地说："夫人，你之所以富贵，就因为生了这个男孩啊！"果然这个预言后来应验了，因为刘盈被立为太子，并最终登基称帝，吕雉成了太后。吕雉又请他给女儿看相，老人也说是富贵之相。老人家刚走，刘邦从外边回来了，吕雉兴冲冲地告诉刘邦刚才相面的情况："那个老人家说我们母子都能大富大贵。"刘邦急忙问："那个人呢？"吕雉回答："刚走，应该走不远！"

刘邦追上了这位老人家，向他请教。老人家仔细为刘邦相面，说道："刚才给您夫人、孩子看相，都是贵相。现在看来，这都因为你的缘故。你的相貌是大贵之相，富贵到我都没有办法说了。"刘邦道谢说："如果真像您老说的那样，我一定不会忘了您的好意。"刘邦心想：吕公善于相人，说我前途不可限量，这个老头也说我贵不可言，莫非我真的能交上好运么？他们说的大富大贵指的又是什么呢？

公元前 209 年，为推翻秦王朝的残酷统治，爆发了陈胜、吴广在大泽乡领导的农民大起义，东南各郡县纷纷响应。刘邦平日就痛恨秦皇帝

的残暴无能，借此机会，他在沛县招集了三千多人，打开了沛县县城，杀了县官，发动起义，他被推举为县令（沛公）。因受刘邦起义的牵连，吕雉以叛贼家属的罪名被官府抓进大牢抵罪。后经刘邦的好友萧何、任敖等的多方帮助，才暂且免罪获释。这时，刘邦响应起义，离家去投奔项梁的部队，一家人的生计就全部落在了吕雉一人身上，她不仅要抚养儿女，还要照顾刘邦的父亲刘太公，在战乱祸灾的年代，生活得异常艰辛。

公元前208年，刘邦回师关中，派薛欧、王吸出兵武关（今陕西丹风东南），与王陵合兵出击南阳，进而前往沛地老家迎接刘太公与吕雉。楚王项羽听到这一消息，派兵前往阳夏（今河南太康）阻拦，刘邦与家人团聚的愿望未能实现。公元前207年，刘邦为义帝发丧，号召各诸侯国讨伐项羽，遂进攻项羽大本营彭城（今江苏徐州），结果惨败，几乎全军覆没。这时刘邦只率领几十名骑兵向西逃去，想经过沛地时带上家室妻子一起走。项羽发现刘邦向西逃窜，便派飞骑前去追赶，提前赶到沛县，捉拿汉王的家室。刘太公、吕雉和儿女在谋臣审食其的陪同下，正走小道赶赴刘邦军队所在地，不幸在路上遇见项羽派来捉拿刘邦家室的军队，刘太公、吕雉被抓住，儿子刘盈和女儿鲁元公主逃散了。刘太公和吕雉被关进囚车，押送到彭城，被楚军作为人质扣押了两年半，尝尽了囚徒的滋味。

刘邦在彭城大败后，并没有从此一蹶不振，他退回自己的根据地关中，休整养马，以利再战。而项羽称霸心切，不愿持久作战，便天天到刘邦阵前挑衅，刘邦稳中取胜，对他的挑衅置之不理，气得项羽连连咆哮。

一天，一军士慌慌忙忙前来禀告刘邦说："不好了！楚霸王将太公和夫人押在阵前，就要下俎烹杀了！"刘邦赶忙走出军营观望，果真如此。只见项羽骑着战马，挥戟大吼："刘邦你小子听着，若还不肯出阵投降，我便烹食汝父！"而在项羽的身后，自己白发苍苍的老父亲双手被捆绑，坐在青铜制成的大俎上，俎下堆满了干柴。不远处，自己的妻子被绑在一个木桩上，看起来已昏死过去。几年来穷困生活的煎熬，她已经瘦得不成样子，今天又让她无故经受这种折磨，真是太残酷了。自从她嫁给刘邦，没有享过一天福，日子贫困艰难……刘邦不忍心再想下去，也不忍再看下去，他心如刀绞，不知如何摆脱眼下的危难。大丈夫不能坐食苦果，他要冲出去与这个楚霸王拼个死活。但这个鲁莽的想法很快被军师劝阻，并献上了妙计。

项羽急不可耐，这时汉营中传出话来，汉王说："我与你项羽曾共奉义帝，情如手足，我的父亲即是你的父亲，如果你想烹食你的父亲，那记得请我来分一杯羹喝。"项羽听罢，气得火冒三丈，大骂刘邦这小子无赖，喝令士卒立即点燃俎下的柴火。正在这危急时刻，项羽的叔父项伯急忙出来劝阻，说："这样做未免有些太过分了。何况争天下者多不顾家室。你杀了刘太公，并没有多大的好处，刘邦会更加仇视你，而天下人恐怕也难以安抚，到那时我们就走投无路，大败于天下了。"项羽顿时醒悟，便命令撤去铜俎、干柴，将吕雉和刘太公又押回营帐。

在这场风波中，吕雉历尽磨难，使她真正磨炼了自己的胆量和顽强坚毅的性格，她惊叹项羽的英勇盖世，但更佩服丈夫临危不惧的大将气度。从这时起，在她的心里就深深地立下了做人的信念：无毒不丈夫。以至于后人对她的评价——最毒妇人心。

公元前203年九月，楚汉战争停战，达成和约：划鸿沟（古运河名。故道自今河南荥阳北引黄河水，到淮阳东南入颍水）为界，沟以西归汉，以东归楚。项羽把吕雉及刘太公归还刘邦。当吕雉从楚营出来跨过鸿沟，进入汉军阵地时，汉军将士三呼"万岁"。父子、夫妇一别六年再度重逢，悲喜交加，有千言万语却不知从何说起。

公元前202年二月，刘邦战胜了项羽，登基做了皇帝，建立西汉王朝，吕雉被尊为皇后。从此，吕后开始了她的政治活动生涯。

经历了六年的重重磨难，可以想象她在项羽军中的待遇。这样艰难的环境下，磨砺了吕雉的意志，见惯了战场，见惯了杀戮、鲜血、白骨如山的她，一颗女子的心已经被凝成了一块千年不化的冰。她开始变得冷酷，变得不近人情。

吕雉成为了皇后，变成后宫中最具有权势的女人，拥有着天下女人中最高的荣耀。然而她并不甘心，她深刻的明白，如果刘盈的太子之位保不住了，那么她以后的路也会变得黑暗起来。于是，为了儿子，为了自己的地位，她想尽了一切办法。

吕雉是刘邦的结发妻子，皇后之位当然非她莫属，她生的儿子刘

盈，排行虽是老二，但是因为是嫡子，所以被立为太子，是皇位的合法继承人。其他刘邦先后娶的女人都被封为妃子，在那时被称为姬或夫人，她们所生的儿子也都被封王封侯，拥有自己的封地。吕后对于丈夫朝三暮四、情欲上的泛滥，自然很不高兴，她妒嫉那些夫人和她们所生的儿子，把他们视作眼中钉、肉中刺。

刘邦起义后辗转于异地他乡，吕后留在家中，更担心刘邦会在外拈花惹草。每逢刘邦派人给家中送信，吕后都转弯抹角地打听刘邦这方面的情况。当听说刘邦每日忙于打仗，又连连失利，因而不近女色时，吕后才放心了一些。但远在千里之外的吕后，根本无法约束刘邦。当汉军攻下定陶（今山东定陶）时，刘邦下令找个漂亮的姑娘陪伴自己。部下找到一个姓戚的姑娘，长得美貌又能歌善舞，刘邦很喜欢她，每次出征去关东打仗，总要随身带着她，并且封她为戚姬。刘邦和项羽交战上百次，开始时力量相差悬殊，兵力十分微弱，因此战争十分残酷。每次交战之后，刘邦都会觉得有一种劫后余生的侥幸。这个时候，聪明、年轻的戚姬总能给刘邦一些安慰和愉快，刘邦也从感情上更加依赖戚姬，而远在他乡的吕后渐渐被疏远了。

随着楚汉战争一天天地接近尾声，吕后的忧虑也与日俱增。原来，戚姬和刘邦生了个儿子，名叫如意，这个孩子活泼、聪明，深得刘邦的喜爱，刘邦把战争闲暇的时间差不多都花在和儿子如意的嬉闹上。戚姬心中很明白，一旦刘邦当了皇帝，按照礼法应立长子刘盈为太子，吕雉便是皇后。但那样一来，如意就不能继承父位，而要被封到边远的地方去做藩王。想到这里，戚姬不由得心中发凉，想着自己要和儿子远离刘邦，生死祸福都要掌握在吕雉的手中，禁不住泪如雨下。

刘邦登上皇帝的宝座后，天下并未统一，战争仍未停息，刘邦还多次亲自征战赶赴前线。太子刘盈经常被委派留守京城，但他生性柔弱，处理国家大事大多不能使刘邦称心如意，因此刘邦废立太子的念头重新萌发，并且愈来愈强烈。吕后何尝不知晓刘邦的心事，她想想自己年老色衰，又不能亲随在刘邦的左右，自觉同刘邦越来越疏远，一旦儿子刘盈被戚姬所生的如意所替代，自己的下场实在不妙得很。想到这些，她不由得如坐针毡，不寒而栗，但又无可奈何。虽然有一帮老臣反对废立太子，但却没有明确的结果，更使吕后坐卧不宁。吕后加强了同诸位老臣的联系，经常请他们出主意。

汉高祖刘邦到了晚年，自知身体大不如以前，加之又带有箭伤，便想早点安排后事。心想：辛辛苦苦打下的江山，一定得安排个放心的接班人。刘盈懦弱，不能胜任重托，于是下定决心立赵王如意为太子，以接替自己。山东谋臣叔孙通听到这一消息，立即请见高祖，谏诤说：“春秋时，晋献公因为宠爱骊姬而废掉太子，立骊姬所生的奚齐为太子。从此晋国战乱几十年不得安宁，为天下人所耻笑。秦始皇因为不能早点定长子扶苏为太子，使得赵高有机会假传皇帝命令而立幼子胡亥为太子；自己种下恶果，使秦国的子嗣断绝，这是陛下您所亲眼看到的事情啊！现在太子仁义慈孝，天下的人都有所闻，吕后与陛下同甘共苦，又是结发夫妻，你怎么能够背弃她呢！陛下一定要废掉嫡生长子而立次子，臣愿先被砍头，以头颅的血染红眼前之地！”说着拔剑就要自杀。刘邦急忙让左右制止叔孙通，笑着对他说：“你站起来吧，所说废立太子的事，只是我开玩笑的话而已，你何必当真！”叔孙通严肃地说：“太子是国家的根本，根本一旦动摇，天下就要震动，陛下为什么要拿天下开玩笑呢！”高祖立即郑重其事地说：“我听从你的意见。”

吕后很快就知道了叔孙通与高祖刘邦的这次谈话内容，她从心里感激叔孙通。但当她知道刘邦并没有就此甘心，仍在寻找机会说服大臣时，不由得又忧心忡忡，却又不知道该怎么办好。

吕雉下定决心要保儿子的太子之位。于是她开始四处找人出计谋，不惜一切代价要巩固太子的位置，因为她知道只有太子位置稳固了，自己以后才能过得更好。

很长一段时间，吕后一直留守在皇宫，刘邦一直在外领军打仗。刘邦生性好色，在山东时纳的妃子戚夫人是刘邦的最爱，便想立她的儿子为太子。

吕后年长色衰，长期留守在家辅佐朝政，很少见到刘邦，久而久之，她与刘邦之间的关系日渐疏远。吕后对自己的失宠不以为然，但要废掉自己的儿子，她决不肯答应。“夫可让，子不可夺”，这是她暗自立下的意愿。从自己的切身利益考虑，如果儿子的皇位保不住，母以子贵，将来自己的地位也要受到威胁。她早就看出，刘邦近些年来越来越宠爱戚夫人和赵王如意，总想改立如意为皇太子。所以，每次刘邦临

朝，她都要派心腹前去偷听，密切注意废立的动向。今天，刘邦果真提出了此事，恰好她亲自偷听到，同时，她还摸清了大臣们的想法，似乎大多数人都反对改立太子，这对太子是有利的。于是，吕后设法竭力去拉拢那些拥立太子的朝中大臣，逐渐形成了一个以吕后为首的政治集团。

公元前195年，刘邦因征伐英布时前胸中过一箭，现箭伤日益严重，这时，他担心自己活不了多久，再次想废太子刘盈立赵王如意。吕后非常恐慌，急忙找她的哥哥建成侯吕释之来商议。吕释之认为，此事目前只能去求救足智多谋的张良，此人善于出谋划策，皇帝又器重他。商议之后，吕释之亲自出马代吕后求教。起初，张良执意不肯出主意，以废立太子是皇家的私事，大臣不宜过分干预为由，默不作声。后来惮于吕后的威势，在吕释之的胁迫下才献出一计：改立太子之事很难用口舌去争辩取胜。但是，秦末时有四位老人，他们都以为皇亲对人轻慢骄傲，因此逃匿山中，誓不为汉朝的臣。然而皇帝对此四人却很敬重。如果太子能亲书一封，派人多带金玉璧帛，卑词安车去请他们来，他们是能够来的。请来之后，让他们时时随太子入朝，有意让皇帝看见他们，皇帝若知道有这四人辅佐太子，就不会再改立太子了。于是，吕后便依张良之计一一照办，果然很快就把四位老人（因为他们一直隐居在商山之中，称"商山四皓"）请到了太子府。

一天，刘邦在未央宫前殿举行家宴。刘邦满面笑容，接受太子和诸王敬酒，心中很是高兴。忽然，他看见有四个鬓发斑白、衣冠楚楚的老者在太子左右侍奉，心中很奇怪，于是问他们是谁。那四位老人缓步上前各自报了自己的姓名，刘邦一听，惊异得瞪大了眼睛，这不是"商山四皓"吗？刘邦愣了好半天才说："我访求了你们多年，你们都逃走躲避起来，今日为什么在太子身边？"四人齐声回答："陛下轻贱士下，喜欢辱骂，我们不愿受你侮辱，便躲藏起来做个隐士。今听说太子仁义孝顺，礼贤下士，天下人没有不愿意为太子效命的，所以我们愿意来侍奉太子。"刘邦听了，沉思了许久，又吩咐道："你们要好好地照顾太子。"

酒宴散后，刘邦目送"商山四皓"簇拥太子离去，长叹一声，对戚夫人说："我本想改立太子，但太子有了这四人辅助，羽翼已成，天下归心，很难再有所变动了。"听了刘邦无可奈何的话，戚夫人痛哭不止。她深知吕后的心狠手辣，因改立太子一事，吕后对她已恨之入骨，以后刘邦不在，她们母子的性命必定难保。她越想哭得越伤心，刘邦便安慰她说："不要哭了，以后再慢慢想办法。现在你为我跳楚舞，我为你唱个楚歌吧！"刘邦唱道："鸿雁高飞，一举千里。羽翮已就，横绝四海。横绝四海，当可奈何！虽有赠缴，尚安所施！"其意思是说，鸿雁羽翼已成，我也无可奈何，虽有捕杀此鸟的射具，但无处可以安放。刘邦唱了一遍又一遍，音调十分凄怜。戚夫人边舞边哭，到最后倒地不起，昏厥过去……

　　自此以后，刘邦看到了吕后的强大势力，就再也不提废立太子的事。吕后想要巩固自己和太子地位的意愿终于实现了。

　　刘邦称帝，并不意味着战争的结束，被分封王的割据叛乱、边境匈奴的侵扰，使他继续南征北战。这时朝中大事多由吕后和丞相萧何代理承办，吕后为人刚毅，辅佐高祖安定天下，所诛大臣多数都是吕后做的。汉初，为了加强中央集权统治，打击封建割据势力，吕后辅佐刘邦先后诛杀了几个受封的异姓王，安定了天下。其中，以韩信、彭越为首。

　　韩信原为刘邦手下的大将，为刘邦打天下立过大功，可谓"开国功臣"。但是在楚汉战争最后与项羽决战的关键时刻，他曾以重兵要挟，迫使刘邦分封大片土地，并被封为楚王。当时，刘邦对他已有猜忌之心。刘邦登位的第二年，有人密告楚王韩信有谋反的意图，但无真凭实据，刘邦忙召陈平进宫商议对策，陈平献上一计。

　　第二天一早，刘邦派出八名使者，分别奔向楚、韩、梁、赵等八个诸侯国传皇帝诏书，圣驾近日将南游云梦（江南洞庭湖一带），命各诸侯王会集陈地（今河南淮阳）迎候。韩信接旨后，丝毫不敢怠慢，立即赶往陈地迎驾刘邦。不料中计，被刘邦逮捕，由楚王贬为淮阴侯，并被软禁在长安。韩信自认不平，受人陷害，心存怨气，整日托病不出，闷闷不乐，在长安住了四年。代国丞相陈豨对刘邦的统治很不满，公元前197年，他发动叛乱自立为王。刘邦亲自率兵出征讨伐，要韩信一同前往，韩信自被罢官后心中怨气一直未消，假装称病拒不从征。

　　一天，吕后收到一份密奏，说不久前陈豨秘密进京，在韩信家里与他密谋，他们计划先由陈豨在代国举兵，等刘邦带兵讨伐，长安空虚之时，韩信再率兵杀进未央宫，诛灭吕后及太子，一举捣毁汉室皇基。吕后一看奏章，惊慌失色，心想难怪你托病不出征呢，而且你与陈豨一向为至交，我以前的猜疑没错，我要先发制人，让你尝尝我的厉害。

吕后连夜召萧何入宫密商对策。她故意流着眼泪，孤苦凄凉地对萧何说："皇上远离都中，如果韩信阴谋得逞，非但我母子性命难保，只恐汉室社稷一倒，黎民百姓又将遭受离乱之苦。请相国速速定计铲除逆贼。"萧何听后，沉默不语，十分为难，不相信此事吧，证据确凿；相信吧，又怎么忍心下手呢？他很赏识韩信的将才，当年推荐给刘邦未得重用，韩信曾一气离去，萧何只得月下追回韩信，登坛拜将。他执掌三军，战功赫赫，尤其是楚汉战争最后的垓下一战，他用"十面埋伏"之计使楚军全军覆灭，使项羽自刎于乌江，结束了相持多年的楚汉之争，为汉朝的建立立下了不可磨灭的丰功伟绩。今天，他犯了死罪，我该怎么惩治他呢？但刚才吕皇后的一番辞言，自己身为丞相，岂能不以江山黎民为重，庇护叛逆？事到如今，只能以大局为重，不徇私情。于是，他安慰吕后道："皇后请放心，臣自有良策擒拿韩信。"于是，两人密商至深夜，才定下一良计。

几天后，一匹快马从前线驶回洛阳，直奔吕后的住处长乐宫。他自称是皇上派他回来报捷的，捷报说："反贼陈豨已被杀死，赵、代的叛乱已被平定，近日皇上将班师回京。"这个报信的人实际是吕后的心腹，回京报捷不过是吕后所导演剧目的揭幕。

果然，第二天一早，未央宫钟鼓齐鸣，阙门大开，不明真相的文武大臣争先到宫中向吕后道贺。唯独韩信觉得其中有诈，他这次学得聪明了，推说因病不能亲往宫中祝贺。吕后一见韩信没有上当，就派萧何亲自去请他。因为韩信一直感激当年萧何推荐和挽留之恩，决不会怀疑自己这个老朋友的。萧何奉命赶到韩府，一见韩信，便说："皇上打了胜仗，大臣们都进宫去祝贺，唯独你未到，这样会遭到大臣们的议论，将来对皇上也不好交代。"韩信信以为真，便随萧何来到长乐宫。

萧何先前进殿奏道："淮阴侯韩信在宫门外等候召见。"吕后心中一喜，鱼上钩了。转而又目光炯炯，厉声厉色地说："传旨命韩信上殿见驾！"不一会儿，韩信无精打采地走进来，脚刚迈进殿门，两旁早已埋伏好的武士们一拥而上，将韩信五花大绑推到御座前，韩信不由大叫："丞相救命！萧何丞相在哪里？"萧何此时早已不见踪影。吕后朝韩信怒斥道："无知莽夫！皇上待你不薄，你为何与陈豨串通一气谋反？"韩信并不跪倒，气宇轩昂地站在吕后面前，神情自若道："并无此事。"吕后冷笑一声，恶狠狠地说道："早已有人告发，你还想抵赖不成？今奉皇上诏令，将反贼韩信立即斩首，灭三族！"说完，便命武士把韩信拉到偏殿处决。

韩信明白了吕后的用心，知道自己又一次中计，死到临头了，他仰天长叹道："不想一世英雄，今日竟死于妇人之手！"不久，刘邦真的平定了陈豨的叛乱，班师回朝。当他听到韩信被吕后杀了之后，不由连声称赞吕后果断能干，为自己除去心中一患。但又觉得有些遗憾，韩信毕竟是个难得的人才，为打天下立下了汗马功劳，如今无辜被杀，实在可惜。

设计诛灭韩信，使吕后对参与朝政更加自信了，使她认为女人也可以主宰天下。同时，她也清楚地意识到，这些功高位重的异姓诸王都将成为她的绊脚石，她要设法借刘邦之手，把他们一一铲除。

在韩信、陈豨死后，吕后又把目光投到了彭越的身上。这时的吕后已经是愈加的心狠手辣，为了儿子今后的江山稳固，她不惜继续杀戮。

几个月后，厄运降临到彭越身上。彭越也是刘邦手下的著名大将。在楚汉之争中，他为刘邦立过大功，被封为梁王。后因有人诬告彭越伙同部将合谋造反，却无真凭实据，皇上只得将他免于死罪，废为庶人，发配蜀中。吕后得知此消息，立即起驾从长安赶往洛阳去见刘邦。车驾走到郑县（今河南新郑），恰巧与发配途中的彭越相遇。吕后见身穿囚衣，披戴镣铐的彭越，装出十分惊讶的神色问道："彭将军所犯何罪，竟至于此？"彭越一见吕后，如同见到救星一般，恳切地向她诉说了自己的冤屈，他几乎是呜咽说："臣不幸受小人诬陷，多亏皇上开恩才幸免一死，发配蜀中。这可实在是冤枉啊！"吕后听了此话，故作同情地轻轻说道："是这样……"彭越以为吕后真的会同情他，希望通过她为自己多多美言，皇上也许能有回转之意，他又哀求吕后说："臣多年跟随皇上东征西伐，为汉室江山不知立过多少战功。望皇后能在陛下面前为臣陈述实情，能让臣回昌邑故里（今山东巨野），臣将永世不忘皇后的大恩大德!"说完,叩头不止。吕后看起来似乎被这一番话感动了,她温和地安慰道:"你的话说得实在可怜,我一定尽力帮忙。这样吧,你也不必到蜀地去了,跟我回洛阳,我一定为你说情。"(当时,长安的未央宫还没有建成,西汉的京城在洛阳)。

吕后风尘仆仆地回到洛阳以后,立即去见刘邦,对他说:"妾在长安闻报,梁王彭越谋反,陛下不加以重罪,恐有放虎归山之患。"刘邦说:"梁王谋反,查无实据。姑念他垓下决战时立功卓越,才饶他一死。"吕后连连摇头道:"彭越是一个大丈夫,岂肯就此伏罪?若将他发配蜀地,万一他再图谋反,凭借天府膏腴之地,兵精粮足,只怕陛下无良将可抵御!"刘邦听后,觉得有些道理,吕后又进言:"太子仁孝,望陛下为汉室长治久安多作考虑!"一语切中要害,刘邦点了点头,但是如何重新定罪呢?吕后悄悄说道:"妾以为,仍以谋反之名把他杀掉,既可以去掉这个祸根,又可以震慑群臣。"

彭越一心等着吕后说情,或许能免罪,哪知几天之后,诏令竟是"判死罪,立即斩首示众,灭三族"。彭越这才明白自己的愚蠢,中了吕后的计。彭越死后,他的尸体被剁成肉酱,并派人分送到各地诸侯那里,以示警告。

淮南王英布见到送来的肉酱,十分惊恐,终日坐卧不安。他知道韩信、彭越被冤死,下一个可能就该轮到他了,因为他与韩信、彭越是被分封的异姓王中势力最大的,两次诬杀的教训,使他已明白刘邦、吕后的真正用心所在,他不想重蹈韩、彭二王被冤杀的覆辙。不反叛,如同束手被擒;反叛,意味着要冒更大的风险,但这样或许能争取一条生路,如果成功了,还可以与刘邦争争天下。于是,英布率部将发动叛乱。

消息传到京城长安,刘邦身体欠佳,打算派太子刘盈率军去讨伐英布,一来试试太子的胆量,测测他的才能;二来借此机会可改立太子,因为刘邦知道刘盈生性懦弱,不善战事。刘邦很宠爱二儿子赵王如意,他曾说过,一定不能让没有出息的儿子,居于爱子如意之上。吕后得知这些情况后,立刻明白了刘邦让太子率军出征的用意,她担心太子不能取胜,这既便宜了英布,留下一条祸根,恐怕又要使儿子丢掉太子的宝座,左右权衡,却不知所措。这时,太子请来的"商山四皓"为吕后出谋划策，他们说："太子率兵出征简直是有劳无获的事情。即使平定了叛乱，取得了成功，也不过还是太子，地位不可再高，如果无功而返，恐怕会遭到灾祸。况且随太子出征的各位将领，都是曾经和皇帝一起打天下的老将，现在叫太子统率他们，不等于叫羊去统率狼吗？将领们没有一个肯为太子尽力，恐怕是败局已定。"吕后急得哭了起来，连声道："怎么办？怎么办呢？"他们又献上计谋，"皇后赶快去找皇上哭诉这些吧！"吕后为了杀掉英布，更为了儿子的太子位以及自己的皇后位，她立即找到刘邦，痛哭流涕，按照事先准备好的话哭诉一番，又说："英布乃是出了名的大将，阵前威风与项羽不相上下，不可小看。陛下虽然有病，若能领兵亲征，就是躺在车上，哪位将领能不为您尽力呢？"刘邦目睹了吕后的一阵表演，也觉得有一定的道理，但仍然生气地说道："太子不争气，不足以负此重任，朕只好亲自出征了。"刘邦率大军征伐英布，很快就取胜，平定了叛乱。吕后心中大快，又铲除了一条祸根。但一想到太子的废立，她心中又不禁升起了担忧，太子没有出征，会不会在皇帝心里留下什么可怕的印迹呢？

吕后辅佐刘邦，在汉朝建立后的七年间，先后翦灭了韩信、彭越、英布、陈豨、卢绾等异姓诸王，打击了分裂割据势力，巩固了汉朝的统一，客观上符合了人民要求统一、安定天下的愿望，这是积极的一面，但其根本目的还是为了保住汉室江山、刘氏天下的长久。在此过程中，吕后显示出不平凡的政治才干，为人刚毅果敢，处事多谋善断，审时度势。可是，她的心狠手辣又令满朝文武敬畏，甚至刘邦也为之悚然。还应该强调的是，吕后的势力已渗入朝廷，并成为以后夺取刘氏天下的一股潜在力量。

刘邦死后，吕雉非常镇定，她首先招集长乐宫所有的宫女、内侍，下令不让随便乱说话，更不能把圣上已驾崩的消息传出去。同时，她立即召来审食其商议。

就这样，刘邦已死的消息被封锁了起来，凡是长乐宫的人不许出去，未央宫的人也不许随便走动，除吕雉的几名亲信和宫女外，这时候谁也不知刘邦去世的消息。

刘邦死后的当天晚上，吕后就召集审食其、吕释之等人商议，决定先封锁刘邦驾崩的消息，再制作特别符证，严格控制出入两宫的人员，

『强悍女人』——汉高祖皇后吕雉

以防不测。

到了刘邦死后的第四天，一切部署就绪，才在鸣丧钟的同时将戚夫人逮捕，特别符证也在这时发放下去。当然这种符证只是发给了极少数吕雉的宗室子弟。

刘盈出现在未央宫议事殿的正中，威严地登上宝座。此时，他心里掠过一阵阵得意之情，同时也不时地涌现出几丝不安。

得意的是他的母亲——吕雉，将来可以皇太后的身份来管理朝政，给他指点，这使他有了几分的放心，因为他对他母后的理政才能是佩服的，要是没有她，或者不是她的竭尽全力，他的太子地位早就被弟弟如意取而代之了。

使刘盈不安的是那班跪在地上的文武大臣们。今天，刘盈一登上这个座位，陡然居身于这样高大雄伟的大殿，顿时感到阴冷，面对那些曾跟随先皇创业的一批社稷重臣，觉得有些不安。他的心跳加快起来，身子几乎要缩成一团。他懦弱的性格使他怀疑自己能继承父皇的这份基业吗？这些大臣们，他们能服自己的管理吗？他能成为"至尊至贵、至高至大的真命天子"吗？像韩信、彭越、英布这样被母后指证为叛逆的人，会不会再出现呢？……他想到这里不禁心虚起来。他认为当皇帝并不是件愉快的事，更何况自己不论才、智、勇都不如弟弟，似乎觉得这得来的皇位并不是顺承天命的，于是神色有些痴呆起来……

众多臣僚下跪叩头，三呼"万岁"已毕，吕雉以皇太后的身份颁旨："我大汉创业皇帝刘邦驾崩，太子刘盈今日即位，由于他尚且年幼，暂由本宫秉政，请皇帝降旨。"

刘盈仍在那里发痴，吕雉侧转身用手轻轻推了推他，才使他从纷繁复杂的思绪中清醒过来，按照事先拟好的文稿向朝臣们背诵宣告："朕尚年少，奉承天命接续大位，仰赖先父皇之天灵，中仗皇太后之秉钧，下托众文武之力辅，定能振大汉之天威，给万民以丰足，天下太平，皇业绵亘，无穷无尽，朕愿与众卿共勉之。"

"臣等愿遵圣命，誓为大汉献忠。万岁，万岁，万万岁！"

"很好，谢众卿。当前头等大事，应为先皇帝定谥号，请众卿提议。"吕雉喜气洋洋地说道。

朝中大臣除萧何因年老体弱、张良因病未到外，其余的人都到了，大家纷纷发言。首先说话的是周勃："先帝出身平民，提三尺宝剑才取得了汉家天下，成为鼻祖，功德至高无上。谥号应与此相应，才不会辱没先帝，望陛下循此定名，推崇先帝为万世始尊。"众大臣都附和着说，同意周将军的看法。

刘盈点了点头，看了看吕雉说："我想，那就谥号为'高皇帝'吧，如何？"

"陛下圣明。"众臣齐声道。

"太后以为如何？"刘盈问。

"就'高皇帝'吧！"

"万岁，万岁，万万岁！"群臣又是一阵山呼万岁。

"现在请太后降旨。"刘盈又说。

吕雉正正身子，清了清嗓子，不慢不紧地说道："哀家代新皇帝口授两件事：一是众臣要齐心协力，扶助新帝共振大汉基业，不要辜负先帝的期望。二是请各位大臣严守法度，上下通和，勿存二心，不然，朝政法度是不认人的。"

吕雉终于熬出了头，刘邦死后，汉王朝就成了她的天下。刘盈生性懦弱，事事都要吕雉帮忙扶持，所以现在的吕雉是权势最大的时候，也是她最得意的时候。

吕雉诛杀功臣的计划虽未实现，但她开始排除异己，培植吕氏家族当权，她要把刘氏势力逐渐削弱，以除后患。

说到后患，那么最能威胁到刘盈皇位的一个人便是戚夫人和赵王如意。戚夫人曾经多次向刘邦提出立如意为太子，吕雉那时候虽然气愤，但是也不敢对戚夫人做什么，但现在不一样了，刘邦已经过世，她现在是宫中的第一把手。

于是，吕太后便派使者到赵国，召赵王如意进京。

使者拿着吕雉的诏书，从长安来到赵都邯郸，只见赵国在赵王和相国周昌的治理下，一派繁荣的景象。

使者进入赵王府，这时候周昌正在教如意研读《论语》。自从周昌做了如意的相国和老师，如意有了很大的提高，现在已能批示公文了。

使者宣读诏书，周昌接旨，然后把使者请到上座，并向使者说："烦劳回去向太后禀报，就说臣已年老，赵王年幼，都不便远行，而且这里事务繁忙不能脱身。"

使者心里十分纳闷，周昌居然敢违抗太后的旨意。当然，他也不便多说什么，只好回长安向吕雉回报。

吕雉听了十分生气，但她也没有办法。这时刘盈来给吕雉请安，她突然心生一计，便让刘盈给赵王如意写信，因为他们从小关系就很好，如意也很信任刘盈，于是，如意不顾周昌的劝解来到了京城。刘盈猜到了母亲的计划，于是只能天天和如意同食同寝，保护如意。可是没想到还是没有保护好如意的安全。

两天之后，惊魂未定的刘盈一边吩咐安葬了如意，一边明察暗访找出了害死如意的人。果然是吕雉的吩咐，派人趁刘盈清早练功之时潜入内寝宫，用毒酒毒死了如意。

刘盈心里一阵阵酸楚，他总觉得太对不起弟弟，只要一想起如意，他就痛苦不已。

从这天开始，刘盈就根本不过问任何事了，整天除了吃就睡，或者与身边几个宫女鬼混，身体一天天消瘦下去，整个人变得完全麻木了。

吕雉除掉了如意之后，放心了许多，她认为这下可以由她来执政了，刘盈也完全可以操纵在她手里了。因此，她下令将后宫所有嫔妃做了一番审查，对稍不放心的或打或杀，朝野一时间耍尽了威风，朝中大臣个个怕引火烧身，都服服帖帖的，一时间出奇地平静。

周昌听说赵王惨死，悔恨自己没有保护好他，辜负了刘邦的重托，因此称病不朝，不到一年便死去了。

正在吕雉得意之时，齐王刘肥来到了京城，这给吕雉又添了一个心病。

刘肥进京办公务，顺便去看望与自己同父异母的弟弟刘盈。刘盈一直很尊重刘肥，见他远道而来，便设了家宴热情地接待了他。席上，刘盈请刘肥上座，而刘肥没有拒绝，直接坐了。而这一幕正好被吕雉看到，心里顿感不安。她最怕刘盈的皇位不稳，一旦被刘肥谋去，那将悔之晚矣。所以她在自己寝宫设了酒宴，原意是想毒死刘肥，可结果不但没杀了刘肥，反而差一点把自己的儿子害死，她清楚地知道事情已经败露，这样就更不敢轻易放走刘肥，怕他回齐国后举兵闹事。

正在她思考如何处死刘肥的当日，接到了刘肥请求尊鲁元公主为母后的奏章，这下使吕雉对他的诚意大为满意，她当即应允了。

吕雉答应刘肥的这个要求，并不是单纯为了使鲁元公主当王太后，主要原因在于以此为借口，断了刘肥谋求皇位的后路。即便刘盈有个不测，那也永远轮不到刘肥，因为刘肥已经成了下一代人，这样，皇位不论怎样轮换，始终跑不出她吕雉亲手控制操纵的权力网，当然，这样一来，对鲁元公主也算是个安排。这一箭双雕的好事，吕雉当然求之不得了。

吕雉在短短的几个月时间里，毒杀了赵王如意，降低了齐王刘肥的辈分，这似乎解除了她心头最大的疾患，因为她最怕刘盈的皇位落入这两人手中。

吕雉杀死了戚姬的儿子后，就企图迫害戚姬。

刘邦死讯传出的当天，吕雉就派人把戚夫人抓了起来，并将她送去永巷。

永巷，是当时宫廷的管教所。这里没有红楼翠阁，没有画栋雕梁，只是修建了一些简单的亭台。关到这儿的嫔妃、宫女，大都是因为得罪了皇后送来管教的。被送来的嫔妃、宫女们，按原来在宫中的地位和过失的轻重，大体分了三等。第一等是过失轻微的，这些人做一些较轻的活计，如编织、缝纫等；第二等是较重的罪行，就做些粗重的活儿，如洗衣服等；第三等是罪行最重的一类，就只能做劈柴、和泥、春米之类的重活。所有这些杂务，都是为宫廷中的生活服务的。

有一天，吕雉吩咐婢女把戚夫人带到宫里来。

一进门，戚夫人便双膝跪下，说道："太后娘娘在上，罪妇向太后请安。"这个时候，戚夫人已知道吕雉的权威了，她不由得低下了头。

"哟，你是先帝的爱妃啊！"吕雉阴阳怪气地说道。

戚夫人跪在地上，浑身瑟瑟发抖，悄悄地抬眼向上望了望，只见吕雉满面杀气，危坐堂中，两旁站立着数十名体型健硕的宫女，戚夫人心里暗惊："今天这场毒打是免不了的了。"实际上，戚夫人把事情想得太乐观了，今天并非毒打，可要比毒打厉害一万倍。

大厅里沉闷得让人喘不过气来，戚夫人低头不敢抬眼再望，只等着吕雉的发落。

吕雉朝戚夫人冷笑一声，说道："你这贱妇，万岁在世时，你何等的了不起，那时连我也要看着你的眼色行事，如今你的感觉如何呀？"

"罪妇该死。"戚夫人连忙说道。

"该死？你也认为你该死？"吕雉接着戚夫人的话茬问道。

"这个……"戚夫人低着头支吾着不敢说话了。

"想死还不容易，我可以成全你，谁让你我姐妹一场呢？不过，我要让你死得特别一些，因为你原本就不是一般人，死法当然要与别人有所区别了。"说到这儿，她向站立两旁的宫女们说："你们把这个贱婢的衣服先剥了！"

"是。"几个宫女七手八脚，没费什么周折就把戚夫人剥成了裸女。

吕雉又向后帐招了招手，立即就有两名宫女走出来，手里端着一盆熬好的药。

吕雉说道："今天我送你去一个你该去的地方，到了那你就不会再有罪了。"说完便向宫女们使了使眼色。

宫女们按原先的吩咐，架起戚夫人就走。她们来到永巷宫内的一处厕所外，先把事先煎好的聋耳药灌进了她的耳朵，随着戚夫人的惨叫声，又把致哑药灌入口中，不过数刻钟，戚夫人已叫不出声来了，只是大张着嘴，捣蒜似的在地上磕头，求宫女们放过她。

这些宫女有谁敢放她，她们都是按吕雉的旨意行事，不但没有放了她，接着又把戚夫人的眼珠子挖了出来，把双手和双脚切了下来。可怜这时的戚夫人受着这种奇刑，连喊叫都喊叫不出来，只是斜躺在地上有一声没一声地"哼哼"着，全身血肉模糊，没有了人形，宫女们随后把她扔进了厕所。第二天，戚姬就死了。这种名目，吕雉别出心裁地叫作人彘，即像人非人、像猪非猪的东西。

过了几天，吕雉竟叫惠帝前来观看，惠帝问那是什么，有人告诉他那就是戚姬。

惠帝见到戚姬的遭遇后，回到宫中大哭不已，生病一年，不能起床。这一天，刘盈一大早便召来宫女，让她把奏章和玉玺一并交给太后。奏章上说：你把戚姬弄成那个样子，不是人能做出来的事。我作为您的儿子，到底还是不能治理天下，还是由母后掌管玉玺吧。"

吕雉看完这封奏文，心里涌起一股说不清道不明的滋味来。她有些后悔，但并不是为惨杀戚夫人母子后悔，而是后悔不该让刘盈去看"人巍"。同时，吕雉还有几分得意，得意的是，从此那个摆设似的皇帝儿子不问国事也好，大权握在自己手中，少了一道麻烦，反而称心如意了。

从此，汉惠帝纵酒淫乐，不理朝政，消极颓废，于公元前188年忧郁而死。

自己唯一的儿子死了，吕雉很难过。但是难过之后她也有着一丝高兴，因为她早就做好了准备，她甚至暗暗庆幸自己的做法，她终于可以临朝称制了。

在刘盈刚登基时，吕后就在筹备他的婚事了。善于谋划的她早就为以后做打算了，儿死立幼，她有着先见之明。

吕后为惠帝完婚，本想早些抱上龙孙，可日子一天天过去，儿媳的身子虽然日渐丰满，可肚子总没见鼓起来。于是她就派亲近内侍找儿媳询问，这才知道惠帝由于荒淫过度，身体逐渐不支，婚后与皇后张嫣同床的次数也屈指可数。吕后无奈，只好另想办法。过了几天，有个美人向吕后报喜，说她已怀有身孕。吕后一听，计上心来，亲近地拉起她的手，说过几天就册封她为正妃，嘱咐她不要到处走动，以免动了胎气。

这位美人走后，吕后立即安排几位亲近侍女以替她保胎为名，将她迁入一个隐秘的住所，天天由两名宫女侍候着，但不能走出庭院半步。这个美人还以为是太后的恩宠，抚摸着日渐隆起的肚子美滋滋地笑个不停。然后，吕后又密令张嫣诈称自己有了身孕，每天往怀里塞些棉絮，外人不知真相，都纷纷跑来向皇后贺喜。

到了那位美人临产的那天，张嫣也装作肚子疼，又是烧水，又是叫御医，一直忙活到半夜，才"生"出一个男婴，这个男婴被立为皇太子。可怜这孩子的生母刚刚经受了做母亲的痛苦，还没等看上孩子一眼，就被残忍地杀害了。

在刘盈死后，吕雉就把这个男婴——刘恭推上皇位。至此，吕雉终于临朝称制了。

吕雉临朝称制的八年间，打破了刘邦非刘氏宗族不可称王的规定，大封诸吕，封吕台为吕王，吕产为梁王，吕禄为赵王，吕通为燕王，其妹吕媭（樊哙之妻）为临光侯。刘氏政权已完全被吕氏集团掌控。

刘恭渐渐长大，当他得知自己不是张嫣的亲生儿子，便恨恨地对她

『强悍女人』——汉高祖皇后吕雉

说："太后怎能杀死我母而将我立为皇帝呢？我长大以后，一定要报仇。"吕雉听说后，立即把他幽禁起来，不久后将其废掉杀死，然后又立恒山王刘弘为傀儡皇帝。

公元前 180 年 7 月，吕雉病重，她知道群臣不服，死后必生大乱，就提前给诸吕作了安排，并告诫他们说："我死之后，大臣恐变，一定不要出宫为我送葬，以免被别人控制，要紧握兵权，守住皇宫。"吕雉病死后，汉初开国功臣周勃及丞相陈平联合其他将领，利用诸吕的犹豫慌乱，剪除了他们，将其诛杀殆尽，迎立代王刘恒为汉文帝。吕雉苦心经营的吕氏政权彻底瓦解。

吕雉叱咤风云了一辈子，到最后也未能保住吕氏子孙，使其被诛杀殆尽。

吕雉临朝称制，站到了政治权力的顶峰之上，在中国历史上产生过一定的影响。她杀害戚夫人和赵王如意的手段极其残忍，对待功臣也有过想要斩尽杀绝的打算。她大量提拔娘家人，给他们封王封侯，想叫他们帮着她掌权，开了外戚专权的先例。她以清净无为的政策治理天下，废除严酷的法令，使人民休养生息，发展生产，表现出卓越的政治才能。她实在是一个充满矛盾的女人。中国伟大的历史学家司马迁，在他的名著《史记》中，用两点论评论吕太后，既详细地记载了她冷酷残忍地对待戚夫人和赵王如意的事实，也记载了她利用外戚干政来巩固自己的统治地位的政治手挽，同时充分肯定了她临朝称制、治理天下的政绩。对她的总评价是："女主称制，政不出房户，天下晏然。刑罚罕用，罪人是希。民务稼穑，衣食滋殖。"太史公的这个评价应该说是十分公正的。

"备受命运垂青"——汉文帝皇后窦漪房

皇后小传

窦皇后（前205年—前135年），汉文帝皇后，汉景帝生母。窦氏备受汉文帝宠爱，生有两子一女，长子刘启，次子刘武，女儿刘嫖。她和丈夫汉文帝生活节俭，提出减轻百姓的负担。她信奉黄老之学，推行道家治国理念，无为而治。窦皇后对文帝、景帝、武帝三朝都有很大的影响。从一个出身平寒的宫女成为辅佐三位帝王治理大汉的杰出女性，除了自己的努力、权谋，还有上天对她的垂青。

吕太后在世的时候，她的宫中从各地的民间选送来一批年轻宫姬，侍奉她的起居。为了联络感情，吕太后又吩咐管事太监，从这些宫女中挑出一批聪明健康而且美貌的来，分送给各地的侯王，去侍候他们。每位王爷送五名宫姬。

这些将被分遣的宫姬中，有个秀丽的女子，名叫窦猗房。宫姬们在皇宫中是微不足道的一个群体，她们留在那儿，分到什么地方去，侍奉谁，不会有人听她们的意见，大家都在默默地等待着被分遣。然而窦宫姬却很有点自己的想法，有些胆气。当她知道即将离开长安皇宫，到地方上的王宫去时，便试图利用这个机会，满足一个久已在胸的希望。她找到主管分遣宫姬的太监，求道："公公，求您将我派到赵王爷的王宫去好吗？"

"你为什么一定要去赵王王宫呢？"太监好奇地问这个大胆要求的宫女。

窦宫姬说："我娘家在清河，清河离赵国国都较近。我想离家近点，便于打听家人的下落。"

"哦，我知道了。我尽量满足你吧。"那太监满足了好奇心，不再关心眼前这个弱小的女子，随口答应道。窦宫姬却是千恩万谢了。可是，这个太监一转身就将她的请求忘得一干二净。临行的时候，窦宫女才知道，自己已被分派到代国去。代国的国都在今山西太原一带，离清河郡较远。窦宫姬急得找到那个太监，想问个明白，为什么答应了的事不兑现。但她只是得到了一双白眼和一顿训斥。因为分遣的名单早已上报并批准下来，不可更改了。窦猗房为此伤心、痛苦地流了不少眼泪。

窦宫姬为什么会如此伤心欲绝呢？

原来，窦宫姬的父母是清河郡观津县的人，她家是个贫穷人家。她出生时，正当秦末战乱，全家全靠她的父亲打柴捕鱼为生。她家中还有一个哥哥，一个弟弟。然而，她的父亲在一次打鱼时，不幸跌进深水潭中淹死了。她的母亲连急带饿而病倒，不久也追随她的父亲去了。她的兄弟无依无靠，她只得选择到长安，进皇宫来做一名侍候太后的宫女。

她的哥哥叫窦建，字长君，与弟弟窦广国在家苦度日子。广国字少君，窦姬离家时，他才四五岁。后来少君被人拐卖，几年间，竟被转卖了十多户人家。后来，被卖到宜阳县（在今河南宜阳西）做奴仆。小小的年纪，就被主人家逼着与长工们进山烧炭，也有人解释说是挖石炭，即煤。饿了吃点冷硬的干粮，渴了喝口山涧潺潺的流水，困了，就在石头旁边、树根脚下、河岸上，随处露天而睡，与野兽为伍，与风雨为伴。

有一天晚上，极度劳累疲倦的少君与一群百十个烧炭的人睡在河岸边。不想到了夜里，河岸崩塌，几乎将所有在此睡觉的人压死，只有窦少君一人侥幸活了下来。有人跟他开玩笑，说："小兄弟，大难不死，必有后福。你以后或许会做个侯爷哩。"他看了人家一眼，苦笑道："我将来有口热饭吃，饿不死，再见到我姐姐，一家团圆，就算老天眷佑了。什么侯爷，拿小弟穷开心。"众人也一笑置之。

在家时，窦猗房特别喜欢这个兄弟，常常带着他去游玩、劳动。她时常回忆起采桑葚时，弟弟贪吃桑葚的那股馋劲儿。她还记得在离别故乡来长安、与兄弟相别于传舍——驿站时的情景：她为弟弟找到一些热水，给弟弟洗了个痛快的澡，将自己的饭食都推到弟弟面前，看着他一口一口地吃下去。临别时，她依依不舍地拥抱着弟弟；而弟弟也哭着追赶她乘坐的马车，追了好远好远。

她最放心不下的就是这个弟弟，可是好几年了，弟弟现在过得怎样？她一直挂念着。因此，当她知道，自己要被分送到地方上的诸侯王宫去时，便大着胆子去找主管太监，要求到离家近一点地方去。好打听到一点弟弟的情况，尽可能给弟弟一点儿照顾。

如今希望落空了，她怎么不伤心欲绝呢？

她的哀啼，引起了同行姐妹的同情，也打动了一些小太监。可那发遣太监铁青着脸，尖着嗓音，严厉训斥道："你当是回姥姥家呀，由得你自己么？这是太后她老人家恩准了的。今儿个你去也得去，不去也得去。要不然，你就去死吧！"说着，就叫个小太监强押着她，编进去代国的队伍。她这才不再反抗，带着泪痕，带着怨愤，忧忧愁愁地去到代国，进了代王的王宫。

却说这位代王就是汉高祖与薄姬生的儿子，是汉惠帝的异母兄弟，名叫刘恒。生性忠厚，为人平和，她的母亲也是个较平和的女人，在宫廷的斗争中，并不强出头露面，争权夺利。她随遇而安，不对吕后构成实际的威胁，所以才没有遭到吕后的嫉视，不像戚夫人母子那样，惨遭吕后杀害。刘恒先被封到代国做了代王。随后薄姬也被吕后放出后宫，到她的儿子这里来，做了代王王太后。

窦宫姬本不想来代国，可是当她到了代王宫时，却意想不到地交上了好运，从此改变了她的一生。

代王听说吕太后赐给他的宫姬到了，就过来看，一眼便看中了这个美貌中带有几分倔强的窦漪房，非常喜爱，宠幸异常，后来又将其封为王妃。从此，她就在代王王宫里安定下来，陪代王游玩，侍寝。

窦妃怨恨、感伤的心灵渐渐得到抚慰，但她还是没有忘记她的弟弟。不过，当她托人到清河去打听时，却一直没有可靠的消息。

日子过得很快。几年后，她与代王生了三个孩子。头一个是女孩，叫刘嫖，后两个是男孩，哥哥叫刘启，弟弟叫刘武。这几个孩子，让窦妃获得了更多的安慰。

代王本来已有正式册封的王后。王后与他生了四个儿子。但是后

「备受命运垂青」——汉文帝皇后窦漪房

来，这位王后与她的四个儿子竟不幸先后病死。而这样的变故，却给窦妃开启了幸运之门。

一天，从长安传来朝廷上的吕皇太后病逝的噩耗；不久，又传来周勃、陈平等老臣与刘氏诸王联合杀死了跋扈专权的吕氏兄弟，摧毁吕氏势力的消息，吕太后立的小皇帝也被处死了。皇室的权力重心重新回到刘氏家族手中。但是，新的皇帝是谁呢？局面有些混乱不清。代王是个谨慎的人，他与他的臣僚们静静地等候着京师长安的消息。正当代王与他的臣僚们迷惑不解时，突然，京师派出的车驾来到代王的王府，叙谈之后，才知是诸大臣会商，决定来接代王进京，继承皇帝的大位。

代王与臣僚们商议，测估了京师的形势，感到放心后，就迅速带着薄太后及窦妃，随着京师的使节，来到长安。随后，他就被大臣们拥戴着，登上了皇帝的宝座，承续了高祖留传下来的一份基业。这个新皇帝，就是汉代历史上实现文景之治的著名的汉文帝，也叫汉孝文帝。

顺理成章，薄太后便也从王太后成了汉家皇室的皇太后。

皇家最为关心的还有一件大事，就是册立皇太子——古代皇太子被称为储君，储君可是皇朝的"邦本"啊。因为代王原王后及她的儿子都早已去世，窦妃的长子刘启便成为汉文帝现存最年长的儿子，因此被册立为太子，窦妃也晋位为汉家皇后。她的女儿刘嫖，则受封为长公主；小儿子刘武，就是太子的弟弟，则继承已做了皇帝的父亲刘恒做了代王。

窦皇后登上了当时女人最尊贵最荣光的地位，成了大汉皇朝的"国母"，安富尊荣，应该说没有什么遗憾了。但她仍然忘不了她那可怜的弟弟少君，每当想起少君来，她总会流泪不止。

册立皇后，贵为"国母"，是皇朝举国欢庆的大事。窦猗房做皇后的消息，传遍了全国。她的弟弟窦少君，久困民间，听到了这个消息，激动不已。少君被拐卖时，虽然年幼，但也开始记事了。他家原来的情况，原居住的县名村名，他与姐姐一起游戏、采桑葚等细节，特别是他与姐姐离别时的情景，也都历历在目。他带着很大的期望，托个识字的人，帮他写了封书信，带到长安，呈进宫里。

窦皇后读到弟弟的信，激动得彻夜难眠。第二天，就向文帝禀报了。文帝得知流落在民间的小舅有了下落，也很高兴，立即派官员找到了少君，将他带到长安宫中，经过仔细讯问核查，特别由窦皇后亲自核查，问到许多当年不为外人知晓的家庭生活细节，这位自称窦少君人都回答得一丝不差。窦皇后终于正式确认了这个弟弟的身份。当她听完窦少君叙述了这些年来所吃的那么多的苦，便一把将少君拥进怀里，痛哭起来。左右的宦者和宫女也都在一旁陪着落泪。

文帝也为皇后如此看重姐弟之情而感动，随即封少君及他的哥哥长君为"公昆弟"，承认他们拥有皇室亲属成员的身份，并赐给府第、田土和钱财，留在长安居住。窦皇后终于圆了她多年的与兄弟团聚的梦想。她那死去多年的父母也都得到追封，重新修建了陵墓。

不过，汉皇朝刚刚经历过一场与外戚吕氏的生死搏斗，才从混乱中恢复过来，初步取得安定的局面，一班有远见的大臣，如绛侯周勃、将军灌婴等，担心窦家的兄弟俩再像吕太后的兄弟们一样，利用皇后的权力，揽政专权，造成新的外戚之患，因而决定从教育入手，对窦家兄弟施行一些仁智礼义的教育。他们精心选择了几位有道德、有学问、有节操的长者，来做窦家兄弟的师父，日常与这兄弟二人生活在一起，施加潜移默化的影响，让他们做个安分守己的皇家亲戚。这招果然起了效果，窦氏兄弟后来都成了懂得谦逊退让的有礼貌的人。

窦皇后，后来成了窦太后，拥有越来越大的权势，权倾一时。她虽然不像吕后那样蛮横和有巨大的权力欲望，没有为她的娘家兄弟谋求特别的权力和地位，但她作为一位母亲，就曾为她所深深溺爱的小儿子刘武能够有朝一日登上皇帝的宝座，运用她的权势，多次对朝政进行过干预。

却说孝文帝即位后，先立他与窦皇后的儿子刘启为太子，第二年，又封了另外几个儿子为地方侯王，其中封刘参为太原王，刘胜为梁王。刘武先做代王，后来，梁王刘胜被改封为中山王，刘武则改封做了梁王，史书称为梁孝王。

窦皇后出身寒微，早年饱受家人分离之苦，很重家人间的亲情。她对两个亲生儿子，都有浓厚的感情。但作为一个母亲，她似乎更偏爱小儿子一些。而且，她的大儿子已经做了太子，居于储君之位，是未来的皇帝，这个结果，她没有什么不满足的地方。但她总害怕她的小儿子将来受到做皇帝的哥哥的欺负，而把更多的关怀和舐犊之情放在了小儿子梁孝王刘武身上。

虽然太子刘启和梁孝王刘武兄弟二人都孝顺母亲，而且相互友爱和睦，但窦皇后仍然没法不为小儿子的事情操心。

再说汉文帝在位时，继承高祖和吕后的轻徭薄赋、休养生息的政策，实行黄老无为政治，做了二十三年的皇帝，使得汉朝的社会经济获得较大的复苏。宫廷的斗争也暂时得到止息。文帝后元七年六月，即公元前156年，汉文帝因病去世，太子刘启继承父亲登上了皇位，是为汉景帝，又称孝景皇帝。窦皇后因此被晋封为皇太后。并以太后之尊，参与朝廷政事的管理。

窦太后对景帝的政事，首加干预的，是这位新皇帝的储君的置立问题。

汉景帝侍奉母后非常尊重、恭谨，朝内、宫内的许多大事，他大都要向窦太后请示，征求意见，获得同意后才施行。他知道母亲特别喜欢他的兄弟梁孝王，因此，他对梁孝王也特别照护。虽然他已居于九五之尊的位置，孝王和其他异母兄弟都是他的臣子，但他仍对这些兄弟保持着亲情，允许他们经常来往于京师和封地之间，甚至较长期地住在长安，以便侍奉母亲。他常常会见他的弟弟们，聚会欢饮，以尽天伦之乐。

梁孝王也很亲近他的哥哥、他的皇上。景帝三年，由于皇帝听从和施行了大臣晁错的推恩策，以削弱吴、楚等诸侯国的军政实力，强化朝廷的权威，降低国家叛乱、分裂的风险。然而由于施行此种政策时考虑不周，准备不到位，反而激起吴王刘濞、楚王刘戊等七个刘姓诸侯王的反叛，他们以诛晁错、清君侧为名，举大兵进犯长安。

景帝一面杀晁错以谢过，一面平叛，任用大臣宿将魏其侯窦婴、条侯周亚夫为统帅，率大军向叛军反攻。但事起仓促，动乱之初，军事形势对汉廷很不利。此时幸得梁孝王坚决站在他哥哥景帝一边，调聚梁国的精兵，坚守国都睢阳，阻挡住吴楚叛军进军京师长安之路。在粮草困难，援兵不至的形势下，梁军英勇坚守了三个月，消灭叛军数万，延缓了叛军的攻势，为周亚夫的平叛大军彻底打败叛军赢得了时间，扭转了危局。汉军最终平定了七国之乱。梁军所取得的战果，与汉军同样重要。因此，可以说梁孝王是立了大功的。

窦太后对小儿子在平定七国之乱中所建的功劳，非常高兴。她认为，这汉家的天下小儿子也应当有继承的权力，而汉景帝也还没有处理立储的事。于是，她多次找机会对景帝施加暗示和影响，希望他将亲兄弟梁孝王立为皇太弟。

但按中国周代以来的君位继承制度，一般都是由嫡长子继承君位。没有嫡长子，一般由嫡长孙嗣立。无长子、长孙者，才由其他儿子依序继承。特别是汉朝，高祖刘邦已立下规矩，必须父子嫡传。景帝是知道这个制度的，所以他也没敢正式就这件事答应他母亲的要求。但由于在平定七国之乱中，梁孝王所立的功劳巨大，景帝有些抗拒不住来自母后的压力了。

七国之乱后，梁孝王来到京师，朝见景帝，并向其母窦太后问安。景帝见到弟弟，自然很高兴，便设宴款待梁孝王，一是为孝王庆功，二是叙叙兄弟情谊。这次宴会，窦太后坐上座，太后的从侄魏其侯窦婴坐在末座作陪，颇有家人欢聚的人情味。

宴会时，景帝一欢畅，就多饮了几杯酒。酒酣耳热，精神焕发之际，景帝突然想到他母亲的态度，看着眼前这个欢乐友爱的弟弟，为了让母亲和弟弟增添高兴，便想，为什么弟弟就不能在我后面来做这汉朝的皇帝呢？景帝想着想着，就随口说出来："寡人千秋万岁后，这个皇帝位子就传给王弟吧。"

窦太后听到景帝终于表了这个态，虽然不知道他是否出于真心，但君主无戏言，谅他也不会再反悔。心中一高兴，也满满地饮了一杯酒。那梁孝王也没料到哥哥会如此爽快地表示让自己继承皇位，虽然也怕哥哥是酒喝多了，随口而说的，内心并非真有此打算，但他心里还是甜滋滋的。他感到，这皇帝哥哥胸中还是装着他这个兄弟的。他连忙起身离席，向景帝叩了个头，辞让道："承陛下厚爱。但臣弟德薄力鲜，岂能受此。"

二人正在谦让，窦太后想不到的是，她的娘家从侄窦婴却出来泼了一大瓢冷水，他也举起一杯酒，献到景帝面前，谏道：

汉家的天下，是高祖的天下。高祖曾有约定，刘家帝位只能父子嫡传，皇上岂能私自将它传给梁王！

众人听了，都是一怔。景帝颇感尴尬，忙用别的话将这个话题岔开，自我解嘲道："寡人酒多了，要去休息了，王弟多饮几杯吧。"

梁孝王闻言戛然而止，悻悻地回归自己的席位。窦太后却顿时挂下脸来，推说中酒，离席而去。一场酒宴便不欢而散。而窦太后对景帝立太子的干预，终于被窦婴阻止住。

从此，窦太后对她这位从侄窦婴非常不满，甚至命人将他的名字从宫中的外戚名籍簿中注销，不再许他随意出入宫廷，不让他与窦家人来往。

然而，景帝再不提传位于梁孝王的事。为了绝众人对太子位置的企望，景帝四年，他终于决定立他的长子刘荣为太子。刘荣是景帝宫妃栗姬的儿子，被称为栗太子。

册立栗太子的诏命的宣布，让梁孝王断了继承皇位之望，太后也无可奈何。她毕竟不像吕后那样强横。不过，她还是动用她母后的权威，请来景帝，跟他商量，既不能许弟弟以皇位，那么可不可以多封赐给他一些土地和财宝呢？景帝不愿违背母后的意思，加上他仍然深念着梁孝王的兄弟情谊，和对平叛的巨大贡献，便同意了母后的要求。

此时的吴、楚、齐等王国，因叛乱被敉平，有的已经被取消王国建制，有的则被大大削弱势力，因此，在尚存的刘氏地方诸王国中，梁国的国土面积几乎是最大、最肥沃的。他的北境到达今天的泰山地区，西境直到高阳（在今河北保定东南）地区，总共拥有四十多个城池郡县，而且大多数城池地大人多财赋富足。窦太后还私人赏赐给梁孝王不计其数的财物珍宝，并且还不断地要景帝赐孝王以更多的财宝。

在窦太后的溺爱、干预和景帝的宽容下，梁孝王的生活越来越奢华僭越。他在王都睢阳附近的原野中，建置了一座方圆三百里的游乐场所——东苑，供他打猎游赏。据古书记载，东苑中布满各种景观，其中有落猿岩、栖龙岫、雁池、鹤洲、凫岛等名胜，连绵不绝，美景相连，奇花异树，珍禽怪兽，充斥其中。

梁孝王还把梁国的都城睢阳扩展到方圆七十里，建起规模宏大的王宫。他又仿照秦始皇的阿房宫，在宫殿间建筑了五十多里的复道，从王宫，直达浏览之地平台。这平台始建于春秋时的宋襄公，位于宋城附近，是一处古代遗迹。

在王宫和苑囿中，梁孝王还学战国时的信陵、孟尝等公子，招揽了天下四方许多具有各种各样才能的人，文学之士有著名的司马相如、邹阳等，另外还有一些善于耍弄阴谋诡计鸡鸣狗盗之徒。后世成语中有"梁园虽好，不是久留之家"的梁园，应当就是指这梁孝王的东苑。

孝王又在王国境内大量制造弩弓长矛等兵器，达数十万件，府库积累的金钱财物上百万，珠宝玉器超过长安。

窦太后还让景帝让孝王享受皇帝出行时的仪仗和威仪：这位亲王竟可打着皇帝的龙旗，乘着皇帝的车驾，跟随着千乘万骑，到处驰骋游猎，就像皇帝出游一样。

梁孝王如此的行为，在当时，被称为"僭越"，是具有造反意图的，是冒犯天子的"大逆不道"的行为，但是出于窦太后的溺爱，景帝虽然心中也很不以为然，而碍于母后的威权和意旨，以及梁孝王并没有真正起兵造反，不得不容忍下来。然而，在实际上，却给汉朝的中央政权制造了又一个巨大的潜在的威胁。

景帝七年十月，梁孝王再进长安朝见太后与景帝。景帝急命派出专门的使节，持着皇帝特颁的符节，以及皇帝专乘的车马，迎接孝王，直接到皇宫殿廷之下。

梁孝王向景帝行了三拜九叩的大礼，景帝命太监将孝王扶到殿上，执手相见，问寒问暖，让孝王深受感动。按制度，藩王到京师朝见，礼仪完成，就应该赶紧回到自己的封国，谨守臣仪。可孝王又提出，希望能多留些日子，好为太后尽些孝道。景帝也都答应。孝王留下，并住在皇宫中，与景帝同出同进，同乘一辆马车。梁王宫中的随从官员，可以像景帝宫中的太监、随从一样，自由进出汉皇的宫殿和上林苑囿。景帝对待梁王，可说是亲爱有加，百意顺从。景帝的如此行为，一面大约看在母亲窦太后的面子，一面也可能是他以怀柔的手段，笼络梁孝王，以避免激起梁孝王的反抗，产生新的骨肉相残的悲剧。

此时，景帝东宫发生了一件大事。在景帝四年前立的栗太子，因为其母栗姬过度的争宠行为，惹恼了景帝，就在梁孝王在京师的时候，被废了。

这道诏命，让窦太后和梁孝王兴奋了好一阵，以为这次总该让梁孝王做太子了吧！于是她再次出面干预，重提梁孝王入继大统的事。正在景帝为难，已到不得不允诺的时候，袁盎等一班大臣却又向景帝提起汉朝的"家法"：皇位继承应该先立子而不该先立弟。景帝以大臣们的阻谏为由，再次将册立新太子的事搁下了。窦太后的干预再次受阻。

到了第二年的四月，景帝终于决定，立他的儿子胶东王刘彻为太子。窦太后和梁孝王的期望再次落了空。

梁孝王只得怏怏地回到梁国，可是他有些不甘心。他知道是袁盎等人向景帝进的言，因而对袁盎等产生了仇恨，派了刺客，潜入长安，公然刺杀了朝廷大臣。刺客逃到了梁王府邸。梁孝王企图包庇刺客，但经不住朝廷捕盗官员的督促和王府相国韩安国等人的劝说，梁孝王让刺客自杀后，交出了他们的头颅，这才了事。这事梁孝王做过火了，连窦太后都有些不满，景帝则十分恼怒。

但窦太后每听到景帝与梁孝王间产生矛盾，总是偏袒在梁孝王一边，痛哭诉说："皇帝要杀我的儿子啦！"景帝不得不在表面上恢复与梁孝王的亲密关系，但实际上越来越疏远。

景帝中元三年（前147年）冬天，梁孝王再次入朝，又上疏请求留在长安，但未得允许。梁孝王只得闷闷不乐地回到梁国。第二年春天，梁孝王就生了场病，不治而死。

死讯传到长安，正在病中的窦太后伤心痛哭，数落道："我的儿子终于被皇帝杀了，我老婆子依靠谁呀。"

大约窦太后在做汉文帝的皇后时，因伤心过度，她的眼睛就因病致盲了。景帝很担心母亲的健康，为了给她安慰，景帝与他姐姐长公主刘嫖商量，将梁国的土地分为五个小国，分封给梁孝王的五个儿子，又给梁孝王的五个女儿，另外赐"汤沐邑"，才稳定了老太太的情绪。

然而梁孝王的去世，与窦太后的过分溺爱，不是没有关系的。

唐代史学家吴兢在《贞观政要》中评论梁孝王和窦太后的事迹时说：

《传》曰："臣闻爱子教以义方。"忠、孝、恭、俭，"义方"之谓。昔汉窦太后及景帝并不识义方之理，遂骄恣梁孝王，封四十余城，苑方三百里，大营宫室，复道弥望，积财镪巨万计，出警入跸，小不得意，发病而死。

义方是指做人行事应该遵守的规范和道理。批评窦太后多次干预景帝的立储，而不遵循治国和治家的规范、道理，致她的儿子经不住考验，稍不如意，竟忧郁病死。吴兢的批评是有道理的。

窦太后虽不像吕后那样强悍和对权势热衷，但对朝政的干预，却也显示着她的执着和倔强固执的性格。她对景帝立太子的事务的干预，虽然没有获得预期的结果，但却也始终持续不断地进行着。在其他一些朝政事务上，还是充分地显示出她的巨大的影响力。直到她去世为止，她始终以她的意见左右着汉景帝、汉武帝两朝对国家的管理、对官员的生杀降调，甚至左右整个皇朝的意识形态和思想潮流。她以一个女人的执着，对汉代初年文、景、武帝之世的一段历史，发生过重要的作用。

景帝时，有个官员叫郅都。他公廉清正，不收受贿赂，敢于在朝堂上面对皇帝、权贵直言相谏，以执法严厉著称，尤其对强宗豪族和依仗权势不守法纪的列侯宗室之家，打击不遗余力。当时济南郡有一个豪强大族瞷氏家族，同宗族人三百多家，横行不法。几任济南太守都不敢招惹他们。景帝让郅都去任济南太守。他到任后即将瞷氏宗族中为首的、最为强横的几家宗族抓捕起来，灭族抄家。瞷氏的其他宗族再也不敢嚣张，社会也因此获得一时的安定。他也因此获得一个雅号——"苍鹰"。

但他做事有时过于严酷和不近人情，因此在当时的社会，被视为酷吏，而不被认可。他在担任中郎将时，有一次，侍从景帝到上林苑打猎。景帝的一个宠妃如厕，不巧有一头野猪向那厕所奔去。这可急坏了景帝，他先示意郅都赶过去施救，郅都却迟迟不动。急得景帝拿起兵器，要亲自去营救。郅都却阻在景帝面前，跪伏地上，苦劝道：

"死了一个妃子，还可以再找个妃子，天下还缺少女人吗？陛下有个三长两短，可怎么得了。纵然陛下不爱惜自己，可万一出了意外，对得起宗庙社稷和太后吗！"

景帝闻言，只得退还，眼睁睁地看着自己的爱妃即将被野猪的牙爪撕扯成片而一筹莫展。幸得那头野猪只在厕所周围拱了一阵，却往它处去了，那宠妃的年轻生命才得以保存。郅都对景帝的忠心虽然可嘉，但眼睁睁地看着一个柔弱的生命去消亡，而冷冰冰说什么宗庙社稷，坐视不顾，也未免太残忍和不近人情了。可是这件事让郅都博得窦太后的欣赏，并获得太后所赏赐的黄金百斤。

然而，后来郅都在处理临江王的案子时，却得罪了窦太后。

临江王名刘荣，是景帝的长子，他的母亲是景帝的妃子栗姬。他先被景帝选立为皇太子，史称栗太子。后来又被废除，改封临江王，都于江陵。

刘荣在江陵做了四年的临江王，却被人告发到朝廷，说他修建王宫时，侵占了宗庙墙基和庙墙周围的空地。这是违犯当时的律例和礼法的，因此被诏命传至京师，由中尉府审讯。这时的主审官就是郅都。

临江王侵占宗庙墙垣和庙周土地的事是否属实，史无明言，不过从他被召赴京时，"江陵父老流涕窃言，曰：'吾王不反矣。'"及临江王死后，其蓝田墓地有"（飞）燕数万，衔土置冢上，百姓怜之"等记载看来，他的案件，似乎含有冤情。而临江王到中尉府狱时，也曾想见景帝或上书自辩。可是，郅都竟不容临江王有分辩的机会和权利。当临江王要一些刀笔竹简来给景帝上书时，郅都却禁止办事小吏给他提供书写用具。还是魏其侯窦婴叫人偷偷地给了临江王刀笔和竹简。

大约临江王曾经被册立为太子，而此时景帝又另立胶东王刘彻为太子，景帝担心临江王心怀怨气，将来恐其成为新太子的权位争夺者，内心已有除去临江王的意思，而郅都正是窥透了景帝的心事，所以对临江王采取置之死地的措施。临江王大约也看透了景帝与郅都的玄机，所以，他写了一封向景帝谢罪的书奏后，就在狱中自杀了。

对于郅都的行为，窦太后非常愤怒。她叫人搜罗了郅都的一些违法的事件，要景帝治郅都的罪。景帝认为郅都忠心耿耿地为自己办事，本来没有什么罪，却又拗不过窦太后，只得采用阳奉阴违的办法，先免了郅都的官，随后又任命他为雁门太守，防卫匈奴。匈奴也很畏惧郅都的严明廉洁和勇敢，不再敢进犯雁门边关。匈奴首领曾经让部下用稻草扎成郅都的人像，作为骑兵射箭的靶子。可是射手们一瞄准郅都靶像，手就发抖，没有人射中过。可见郅都在匈奴人眼中的威名是如何的强烈和震慑人心。

为了除去郅都，匈奴施用了反间计，放出谣言，说郅都与匈奴有勾结，等等。而窦太后本来恨郅都入骨，当她获得了郅都的叛国"罪证"后，就强迫景帝逮捕郅都以治罪。景帝深知郅都的忠心，不至于叛汉投敌，想释放他，便为他辩护说："郅都可是忠臣呀！"窦太后闻言，立即反驳道："临江王就不是忠臣吗？"言下之意是，你为何纵容郅都将临江王逼迫自杀呢？听了太后的反问，让景帝语塞。他不得再违拗母后，违心地下诏，就在雁门将郅都处死。由这番对话，可以感知，临江王的案子，十之八九属冤案，郅都逼死临江王，大都出于景帝的本意。否则何以窦太后一以临江王之事反驳，景帝即语塞而退让呢？

由此案件也可看出，窦太后的意志，对景帝的干预和影响是多么大。窦太后一动怒，即使是景帝所中意的臣子，最终也未能获得保护。

窦太后对诸侯王的废立，她的意见也是举足轻重的。

七国之乱被平定后，发动叛乱的首恶吴王刘濞逃到东越，被东越人杀死，将头呈送给朝廷；楚王刘戊则兵败自杀。吴、楚两国已经没有王了。如何处置这两个最大的诸侯王国呢？

这刘濞，是汉高祖的亲侄，很早就跟从刘邦打天下，所立战功很多，因此得封于吴国，为吴王。到文景时期的刘姓宗室诸王中，他可以说是辈分最高、资格最老的了。而楚元王刘戊的辈分较低。他祖父是第一代楚王，名交，是高祖的同母兄弟。到刘戊，是第三代楚王了。因为这是当时两个最大的宗室诸侯国，与景帝一系的宗室关系又比较紧密，而且在大乱之后，天下宗室，人心惶惶，景帝为安定宗室诸侯的情绪，向天下显示皇帝的恩德声威，于是他想保存这两个封国的建制，封建两王的后人继承各自的王位。对吴国，景帝准备让刘濞的弟弟，没有参与造反的德侯刘广做新的吴王。刘戊的儿子刘礼，此时在汉朝朝廷做宗正官，没有参加其父的叛乱，因此景帝准备让刘礼继承楚国的王位。

可是，当景帝将此事禀报到窦太后那儿时，即遭到太后的激烈反对，她说：

"现在宗室诸王，多半是传了几代的后辈子孙，而吴王刘濞却是高祖、吕后封的老王爷了。他跟高祖打天下，功劳也大，本应该为我汉家宗室诸王的榜样，以贤良忠顺之心，竭诚拥戴朝廷。现在倒好，成为叛乱的首恶，搅得天下不安，危及陛下与我老婆子的性命。为什么还要让这样凶恶之人的封国得到延续，宗庙有人祭祀呢？一定要绝灭掉他的王国！"

由于窦太后的激烈反对，吴国最终没有获得重新承认。刘濞旧有的境土，被改为江都国，将原汝南王刘非，改封江都王。从此，在两汉的版图内，吴国的建制不再出现。只有楚国获得太后的恩准，刘礼得继承

『备受命运垂青』——汉文帝皇后窦漪房

· 33 ·

王位，后称楚文王，奉礼楚王的宗庙社稷。在《史记》中，楚元王的历史得入"世家"，而吴王刘濞的历史被贬为列传。

不过，窦太后的意见，有时也会受到一些抵制，企图未能得逞。有一次，窦太后突然对景帝说："皇后的哥哥王信，应该给他封个侯爵吧。"窦太后说的这位皇后，指的是景帝的王皇后，也就是窦太后的儿媳；王信则是景帝的舅兄。景帝却有些顾虑，申说道："南皮侯与章武侯，在先帝时都没有获封，是儿臣即位后，才封的。王信恐怕还不应该被封侯吧？"南皮侯，是窦太后的侄儿、窦广国的儿子窦彭祖的封爵，章武侯则是窦广国的封爵。但广国的侯爵是在他死后才获得的。窦太后对此事，心中一直不满，她提出王信封侯之事，实际是在发泄她对窦家兄弟未能及时获封的不满。因此，她以不妥协的态度，坚持道：

"人主应该各自根据当时的情况办事。窦长君在世时，一生都不得封侯。直到他死后，因为他的儿子窦彭祖的原因，连带得到一个追封。一想起这事，我就很恨。我劝皇帝赶快给王信封侯吧！"

这番话说得非常直白。景帝还是满怀疑虑，不敢贸然封予爵位，便拉出大臣来作抵挡，请求说："请太后让我与丞相商议一下，好吗？"即使像吕后那样的强悍，在给诸吕封王前，也曾在朝廷上向大臣们吹过风，试探朝臣的舆论。窦太后强悍不如吕后，而王信又不是她的亲属，她的建议，似不过事后发泄一下内心的愤懑而已，而朝仪制度她也不能公开地违反。因此，她同意景帝去征求丞相大臣的意见。

哪知当时任丞相的周亚夫，搬出了汉高祖的"最高指示"，议奏道：

"（高祖皇帝曾有规定）不是刘氏宗室的人不得封王，没有功劳的人不得封侯。违背规定的，天下共击之。王信虽然是皇后之兄，却无尺寸之功，给他封侯，违反了高祖皇帝的规约吧。"

景帝无话可说，将丞相的意见给窦太后禀报了，窦太后也无话可说。王信封侯的事也就搁了下来。但窦太后是个倔强而固执的女人，她一般不采取过于强制的手段来打击她的对手，而是善于利用合法的手段，寻找对手的疏漏，来打击对手，郅都就是被她"以汉法中之"而处死的。周亚夫后来也渐渐失去景帝的信任，最后以拟谋反的罪名，被逮下廷尉，活活饿死，而王信终于获封为盖侯，恐怕与窦太后的持续的活动是有关系的吧。虽然史书上没有进一步明确的说法。

窦太后对汉初政治的影响，最为深远的，恐怕要数她在意识形态上，对黄老学说的信奉、提倡与坚持吧。

黄老学说，提倡一种无为而治的政治观念和施政手段。无为而治，不是不治，也不是无为，而是提倡不乱为，不生事，顺应自然的、社会的、生产的运行秩序，让生产、生活有个较为轻松的成长环境。所谓"萧规曹随"（意思萧何是汉朝名相，汉初许多政策是他制订的，曹参继萧何为相，对萧何制订的政策，遵行而已，不随便改动），正是这所谓"无为而治"的最明白的注说。此种意识形态和施政策略，比较符合汉初的政治和思想状态，以及现实的社会生活，对恢复汉初的经济活动，起过良好的作用。此种政治，从高祖吕后，到窦太后与文景之世，基本坚持了五六十年。直到汉武帝时，才逐渐放弃它，而采取以儒家学说为中心的，兼取百家的较为有为的意识形态的政治学说。在吕后之后，窦太后以其太后之尊的身份，与临朝参政的威势，以及她那倔强固执的性格，持续提倡，对黄老之说的坚持和发展，功不可没。

史书的记载是，正由于"窦太后好黄帝、老子言"，所以文帝、景帝及皇太子，还有窦家的亲属们，都不得不读黄帝、老子之书，尊奉黄老之术。当时朝廷上下，弥漫着极浓厚的黄老学术的氛围，言谈之间，必称黄帝、老子。

然而，这并不是说，在汉初，儒家学说就毫无影响，儒家学者一片沉寂。根据《史记·儒林列传》的叙述，高祖初定天下时，儒生们就已经开始学习传授儒家各种经典，演习礼仪。儒者叔生通依据儒家经典，为新兴的皇帝汉高祖制作了一套朝廷礼仪。刘邦依据叔孙通的安排，享受了群臣朝拜的大礼，欢呼："吾乃今日知为皇帝之贵也。"孝文帝虽然"好刑名之言"，却也征召了一些文学之士。孝景帝虽然不大量任用儒生，却也在朝廷设置一些儒家的博士。

例如鲁国研究《诗经》的学者申公，就曾拜见过汉高祖；又在吕后时游学长安，担任楚王太子刘戊的老师。《诗经》韩诗的传人燕人韩婴，曾在孝文帝的朝廷上做过博士。孝文帝曾派晁错专门到济南向传习《尚书》的九十多岁的老儒生伏胜学习《尚书》。而《齐诗》的传人辕固生、传习《春秋》的学者胡毋生、汉武帝时最著名的学者董仲舒等，在孝景帝时，也都做过朝廷的博士官。还有一些大臣如窦婴、田蚡等，也都喜好儒学。他们时时在皇帝面前，争取自己的地位，向黄老学说发动挑战。而在对这些儒师们的应战中，窦太后则是黄老之学的一支倔强的中坚力量。

在这些儒家经师中，辕固生可以说也是一个迂腐而倔强的人。为了争取儒学的地位，他曾多次在皇帝、太后面前，与持黄老之言的学者展开激烈争论。

有一次，他与一位姓黄的道家学者在景帝面前争论"汤武革命"的价值和意义。黄生坚持说，商汤伐桀、周武伐纣，不是由于受到什么天命，与一般的臣弑君没有什么不同。而辕固生则坚持说："因为夏桀、商纣暴虐昏乱，失去民心天命，民心天命都归顺了商汤、周武。商汤、周武兴起称王，是天命所归，想不登上君位也由不得他们自己。"

黄生反驳说："帽子虽然坏了，还是应该戴在头上，鞋子虽然是崭新的，也只能踩在脚下。桀、纣虽然失道，也是君主，汤、武虽然是圣人，也只是臣子。君主有了过失，臣下应该去劝谏他改过，以尊奉天子，而汤、武等所谓圣王却利用君主的过失，去讨伐他、诛杀他，取其君位而自立，不是弑君是什么。"

辕固生急了，强辩说："如果像你这么说，那么我们的高祖代替秦皇而登上天子的宝座，错了吗？"

辕固生以为搬出秦汉改朝换代的事实，会博得当朝皇帝的认同，而不免洋洋得意着。岂知汉朝立国已近六十年，秦汉递代的历史已成过去，当前的任务，是要确认朝廷的至尊地位，任何人不得找任何借口来推翻当朝的统治。辕固生的天命论的说法，并不符合汉朝皇帝的口味和需要。尽管从理论上说，辕固生的说法未尝没有他的道理。但此一时也，彼一时也。辕固生不能不说是既固执又迂腐。他的迂腐就在于他不像孔子那样，成为"圣之时者也"——让自己的学说跟随时代的变化而进化。

汉景帝以一句幽默的话，来结束这场争论："吃肉不吃马肝，不能说不知美味；谈学的人不说'汤武受命'，也不算愚蠢。"马肝是不能吃的，吃了就要死人（古人有此说法）；汤武革命也是不必说的，说了也会捅出大娄子。会听话的人都知道，这是明显地不赞成儒家的"革命"说。这场争论，明显以辕固生的失语而告结束。此后，儒者再没有敢鼓吹接受天命，放逐诛杀失道国君的了。

双目失明的窦太后听到景帝向她叙说辕固生的迂腐，也不免莞尔而笑起来。她想当面领教一下这位儒家大学者的本领，就叫人将辕固生召到太后宫来问话。

窦太后首先发问："你读过老子的书吗？"

"略微看过。"辕固生不屑地回答道。

"你认为老子书中说的道理怎样？"窦太后又问。此时，太后仍保持着与辕固生讨论学问的态度。

大约辕固生还没有从与黄生的那场不利的争论中恢复过来，精神有些恍惚，不是就事论事地讨论老子书的内容，而是轻蔑地说："老子书？不过是些'家人言'罢了！"

"家人言"三字，旧时有多种解释，有人说，它是指老子说的话如同常人的口水话，老生常谈，没有什么深意。有人说，"家人"如同奴仆丫头，指下层民众的低级语言，不值得进入高贵的学术殿堂。笔者则怀疑"家"字恐是"豕"字之误。家与豕，字形接近易混。而且家字本义，实是豕圈，即猪圈。《周礼·冬官》有豕人，是掌管养猪的官员。豕人，意谓养猪的人，古人又称牧猪奴。"豕人言"，当是骂老子的书不过是放猪娃子的低级语言而已。从下文窦太后罚辕固生与野猪搏斗的事反推，正是因辕固生骂老子书是牧猪娃子说的话，或者说竟是猪叫，才会引发窦太后想到要让猪来惩罚他。当然，笔者这样解释，也还只是就字形和逻辑上作的一点推测，还没有找到版本的根据。不过，不管如何解释，"家人言"总是一句带有污辱性性质的骂人话。辕固生作为一个经师，竟然如此意气用事，随口辱骂论敌，确也显出当时一些经师的水平和修养并不很高。难怪后世有些儒家学者，虽然不赞成窦太后的行为，对辕固生也很不以为然，认为他的遭遇是咎由自取。

辕固生的这一声辱骂，将窦太后气得怒火中烧，随即应声喊道："'司空城旦书'在哪里！"

这声呐喊，又很令人费解，历代学者多有一些解释，但也都不能令读者感到顺畅。

司空，古代既可指掌管工程的官员，又可指掌管狱囚的官吏，也可以指一种刑狱、牢狱之名。城旦，古代的一种刑罚，以指称及受此刑罚的囚徒。"司空城旦书"，当指法律刑名文书。前人的解释大致也是如此。但前人进一步解释，认为窦太后的意思是：在贬斥儒家经典，说那些经书不过是跟法律文书一样的东西，难道要我接受这种杂乱的文书吗？然而，如此解读，窦太后与辕固生争论时那种剑拔弩张的现场气氛就变得不很协调。而且窦太后"尚黄老"，"黄老"也"尚刑名"，窦太后怎么会自贬黄老刑名之书呢？依笔者的体会，窦太后说这话时，非常气愤，她喊出这句话，表露了她恨不得立即从哪本法律文书上，找条罪名，给辕固生以严厉的惩罚。因此，窦太后喊出的话，恰当的译述当是：

哪里有"司空城旦书"（惩罚罪人的律令文书）？赶快找来，我要给这家伙严厉的惩罚！

窦太后崇尚黄老之学，黄老之学也称刑名法术之学，遇到问题，窦太后自然要找刑名法术之书来作自己的根据，哪里会将自己崇尚的法律书籍比作无用之书，去贬低自己呢？

窦太后说到做到，她创造了一个新的刑罚，让这个骂黄老之学为"豕人言"的儒家经师，去跟野猪搏斗。

在粗木桩围扎起来的一个很大的猪圈里，一头硕大而凶恶的野猪在噗哧噗哧地喷着气，两颗獠牙伸出嘴唇之外。一面用力在地上蹭着，大约是关久了，才放出来，浑身不自在，正想找点什么发泄一下哩。

窦太后叫人把辕固生架来，对他说："你骂黄帝老子是豕人之言，你现在就去与这头野猪辩论辩论吧。活着出来算你有本事，命大；被野猪咬死，只能怪你运气不好了。"说着就叫人将赤手空拳的辕固生推进猪圈去。

景帝陪在一旁，感到太后如此做法总有些不妥，忙帮辕固生向窦太后求情，请求饶他这一次。正在气头上的窦太后哪里肯听，只是固执地催促卫士们将辕固生推入圈里。

辕固生倒也有一副倔脾气，并不讨饶，一言不发，任随被推入猪栅栏中。一时间，那野猪也被这个突然近身的两脚站立的怪物惊住了，双眼盯着辕固生，辕固生也双眼目瞪着野猪。眼前随时会爆发一场人猪大战。周围观看的官员、太监、宫女都屏住气，为辕固生捏着一把汗。窦太后毕竟是个女人，此时此刻，也不禁心软下来，为这老头儿的性命担忧起来。

就在这时，景帝从卫士腰间刀鞘中飞快地抽出一把快刀来，迅速丢给圈中正在发怵的辕固生。

众人一片呐喊，辕固生从紧张中惊醒过来，刚接刀在手，那畜生便猛然向老头儿跃起扑来。辕固生也顾不得生死了，圆睁两眼，双手擎刀，向野猪猛戳过去。因为野猪扑得狠，它的胸脯正迎着刀尖，只听得噗哧一声，那长长的刀尖连着整个刀身，都刺进了野猪的心脏。一股鲜血，"嗞"的一声，顺着刀侧的血槽喷出，溅得辕固生一脸一身。那野猪跃了一半，就倒了下来，躺在血泊中，压在辕固生的身上，嘴中还冒着血泡，咕噜咕噜地哼了一阵，挣扎了几下，终于死了。

辕固生被人从野猪身下拉出来，他也瘫了。景帝忙叫人将他扶出圈外，送回住处去。

窦太后尽管双目失明，却对人们的喧闹，野猪的咆哮，兵刃的撞击，刺中野猪后大伙儿的欢呼，野猪临死时的挣扎，都听得十分清楚。她感觉到了胜利，但她也感到太浓烈的血腥味儿。她没有欢笑，而是默默地，再没有说什么，让宫女推着她的车辇，回到宫中，自去安歇。

一场让人与野猪以及兵刃与鲜血参与的儒道两家的"学术讨论"和"批判"，就这样以野猪的丧命和儒生的惨败而告结束。窦太后依靠她的权势，再次维护住了黄老之学在朝廷上，在政治思想和学术文化等意识形态领域中的尊崇和地位。此后，在景帝统治时期，再没有儒生敢向黄老之学作挑战了。

转眼又过了不少年头，公元前140年的一天，在位十六年的汉景帝终于"驾崩"了，皇太子刘彻继位做了皇帝。这个新皇帝就是历史上赫赫有名的雄才大略的汉武帝。

新皇帝自有一番新的气象。汉武帝在位时，对文化和经济、政治、战争等领域的意识形态、施政措施，都作了很大的变动，以契合他那大有作为的雄心和事业。他首先要做的最重要的事，就是想改变一下由道家的黄老之学占据汉初学术和意识形态以及政治舞台的局面，改变行之数十年的"无为而治"的精神状态。他一上台，就开始提拔重用儒生，并要仿照儒生说的学说，改革政治、礼仪等制度。

　　景帝时期的大臣中，魏其侯窦婴是窦太后的从侄、武安侯田蚡是王皇后的同母弟，虽都是外戚，但都很喜欢儒术。由于窦太后的压制，不敢公然表露。可武帝即位后，这两个人便活跃起来，他们向武帝推荐了两个专门学习《诗经》的学者，兰陵人王臧及代国人赵绾，以赵绾为御史大夫，王臧为郎中令。王、赵二人都是《鲁诗》传人申公的学生。王臧在景帝时也一度被任用，后来在窦太后的干预下被罢免，现在再次获得任用，都很兴奋，竭力帮助武帝推行儒家的教化。

　　王、赵还把他们的老师，八十多岁的申公请到京师，推荐给皇上。汉武帝很尊重申公，向他请教如何治理国家，怎样处理国家的"治乱之事"。武帝想了解一下儒家经师治理的具体办法。可是申公不知是不是太老了，没有能体会到这位一心要大有作为的天子的心思，竟不着边际地对武帝说什么"治理国家不在于说得如何，理论、规划多么漂亮，重要的是你实际做得怎么样"，这番话也不能说错，孔夫子就说过："为政以德，譬如北辰（像北极星），居其所，众星拱之（永远固定在北极上空，其他星宿自然围着它旋转）。"这是儒家的一种观点。然而在武帝听来，它与黄老之学的"无为而治"又有什么不同呢？他对这位著名的老学者很失望，他以沉默来表示他的失望，让申公与他的学生们非常尴尬。

　　但是，窦婴、田蚡、王臧、赵绾等人却很活跃，在他们的积极鼓吹与策划下，汉武帝的新政一时搞得热火朝天。综合《史记》《汉书》中有关传记的记述，在短短的时间内，他们大致实行或准备实行这样一些改革的内容与措施：

　　第一是设明堂。明堂据说是古代帝王宣明政教的地方，国君与大臣们聚在这里举行朝会、祭祀、庆赏、选士、养老、教学等重大典礼。儒家极力称颂这种明堂制度。《孟子》说："夫明堂者，王者之堂也。"可是春秋战国以来，此种制度早已失传，而只存在儒家的叙述和记忆里。武帝在儒生们的鼓吹之下，认真地讨论明堂的制度，以及在长安城南建造一座明堂的可能。

　　第二，下令让长期居住在京师的列侯到他们的封地上去。这些列侯，大都是皇帝的后妃的娘家亲属，被封予爵位的人。

　　第三，免除各地关隘的税收。

第四，依据古代的礼制，制定举行各种典礼时，参加者依等级所穿的礼服的制度，以明确区别尊卑贵贱的等级，制止僭越礼制的行为。

　　第五，揭发和惩罚外戚中，特别是窦氏家族中那些不遵守法纪，胡作非为的人，将他们从皇家宗室族籍中除名。

　　第六，广招方正贤良文学之士，在朝廷中多设经学和文学博士，其中说《诗经》的，《鲁诗》有申培公（即申公），《齐诗》有辕固生（就是被窦太后赶去与野猪拼命的那位先生），《韩诗》有燕国的韩婴，说《尚书》的有济南的伏生，说《礼》的有鲁国的高堂生，说《易》的有菑川的田生，说《春秋》的有齐国的胡毋生、赵国的董仲舒等。总之，他们一意在汉武帝前"隆推儒术，贬道家言"。

　　这些施为，都是对黄老之学的严重冒犯。而其中下令列侯都必须离开京师奔赴自己的封地，及处分窦氏宗族中不能遵纪守法的人的两条，更直接触犯了窦太后及其娘家亲属的利益。窦家的这些亲戚们便整天到窦太后那里去告状，诉说王臧、赵绾等人的恶行。更为要命的是，建元二年，赵绾以御史大夫身份，上奏武帝，请求朝政大事不要再向东宫，即不要向窦太后禀奏，不须取得窦太后的批准。

　　然而，汉武帝虽然有一颗急于改革的心，也在王、赵等人的鼓吹下开始采取一些措施，但是，在他即位的头几年，窦太后还健在。窦太后是他的祖母，此时更晋升为太皇太后。她虽然两眼失明，可是仍然紧紧地掌握着临朝称制的大权，是沉重地笼罩在武帝身上的巨大的影子，难以驱去。武帝处理国家政事，都要依制向她禀告。而且汉朝向称以孝治天下，汉朝的皇帝称号中都有一个孝字，武帝对他的老祖母，也是非常恭谨孝顺的，所以，他凡事不得不考虑老祖母的意见，尽管他并不一定同意太皇太后对儒家的看法。因此，赵绾的奏请，让他十分尴尬和难办。

　　这段时间里王臧、赵绾的各种变革措施已让窦太后窝了一肚皮气，而今竟敢请求皇帝停止向她奏事，这不就是一次要夺她老人家的大权的宫廷政变吗？她再也按捺不住胸中的怒火。她叫人暗中调查到王、赵二人的一些不检点的地方和过失，便将武帝找到宫中，责备他怎么可以使用这样违法乱纪的人做朝廷大臣，处理国家政务。大约王、赵二人确也做过一些见不得人的事，被窦太后抓了个正着。汉武帝不能庇护，只得撤掉二人官职，交与廷尉审理。王、赵二人在牢狱中自杀而死。丞相田蚡、太尉窦婴也被撤职，另外任命柏至侯许昌为丞相，武强侯庄青翟做御史大夫。申公被赶回老家，不久病死。而一年来所轰轰烈烈进行的一系列变革，都被废弃。朝政和主流思想，又回复到从前。这一幕，颇有点儿像二千年后，清朝慈禧太后对光绪与康有为的百日维新的干预的预演。历史的巧合，有时真是令人预想不到。

直到建元六年，窦太后因病，"山陵崩"了，武帝才从她那巨大的身影中挣脱出来。他随即任命田蚡为丞相，摆脱了黄老刑名之学的拘绊，废黜百家之言，独尊儒术，广延文学儒士数百人。董仲舒、公孙弘等人都在此时脱颖而出。公孙弘更以他的《春秋》之学，从一般庶民，做到了天子的三公，封侯拜爵。而汉武帝的雄才大略，终于得展，而汉朝的国力、军力大增，终于击败了自战国秦汉以来，一直威胁北方边疆强悍的匈奴骑兵，开拓了汉朝的版图，巩固了国家的统一和完整。

在中国历史上，窦太后可说是以临朝称制的太后的身份，以她手中的权力，第一个强悍地左右着汉初数十年的政治和学术思潮的女强人，而且是成功地进行干预的女强人。但是她与更为强悍的吕后，有着不同的风格。她一般不用强迫的手段，而是将权术与学术结合起来，迫使敌手就范，而让她收获胜利的果实。她懂得必要时的克制，因此为窦氏娘家争取到不少政治的经济的利益，却又避免了吕氏用血淋淋的手段对付政敌以捍卫自己的权势，而遭到的历史的非议。她的成功，是不亚于吕后的。

"失去爱情"——汉武帝皇后陈阿娇

皇后小传

陈阿娇，汉武帝刘彻的原配妻子，窦皇后的外孙女，从小备受宠爱，母亲一家帮助刘彻登上皇位。她地位显赫、美丽骄纵，早期与刘彻恩爱有加，唯一美中不足的是没有子嗣。后来，她的妒意越来越重，汉武帝对她渐渐冷落。最后，陈阿娇被废后，汉武帝再没有去看过她。

出生帝王之家的陈阿娇嫁给汉武帝刘彻是顺理成章的事，他们之间是否真的有爱情遭到很多人的质疑。其实在他们结婚之前是有过一段真挚的情感的，汉武帝刘彻和陈阿娇可以算是青梅竹马、天造地设的一对，可是历史既然选择了刘彻做皇帝，选择了陈阿娇做皇后，不可避免地，他们将以失去爱情为代价。

陈阿娇是何方美女，也许大家并不怎么熟悉，她的知名度比不上妲己、褒姒之流，但只要说出一个典故——"金屋藏娇"，你们就一定会做大彻大悟状，喔，原来就是她啊。没错，陈阿娇就是"金屋藏娇"中的那个"娇"，身世煊赫得需要金屋来藏。

陈阿娇出身王侯世家，她的曾祖父陈婴和刘邦一起打天下，刘邦做了皇帝后就封他为堂邑侯，死后侯爵一直由他的子孙们继承。到了陈阿娇老爹这一代，来头更大了，阿娇的老爹陈午倒插门，娶了汉景帝的姐姐刘嫖做老婆，而阿娇就是他们的掌上明珠。汉景帝驾崩后，他的儿子刘彻继位。阿娇是刘彻的表妹，阿娇的老娘刘嫖是刘彻的姑妈。

这仅仅是表面上的亲戚关系，更深层次的关系是，刘彻能够登上皇帝宝座全靠了他的姑妈刘嫖。这里面的故事还得从"想当年"说起。

想当年汉景帝在位的时候有两个宠妃，一个是栗姬，一个是王娡。栗姬为汉景帝生下儿子刘荣，王娡为汉景帝生下儿子刘彻。汉景帝起初深爱的是栗姬，自然把她的儿子刘荣立为太子。刘嫖是个势利眼，她起初想把自己的女儿阿娇嫁给刘荣，哪知栗姬心高气傲，不识好歹，拒绝了刘嫖。刘嫖气得想跳楼，差点要骂街，从此对栗姬怀恨在心，与王娡联合起来要把栗姬搞下台。

刘嫖惯用的伎俩是挑拨离间，在汉景帝面前铆足了劲说栗姬的坏话，说她是一个心狠手辣的蛇蝎女人，用巫术诅咒那些与皇帝睡过觉的美女，还折磨她们，比当年的吕雉还有过之无不及。

汉景帝是非常痛恨吕雉的，偏偏栗姬就是一个心胸狭隘的女人，惩罚一个宫女的时候恰巧被汉景帝撞见，于是对她的好感大打折扣。而王娡这边也极尽所能地向汉景帝谄媚，说自己在生刘彻的前一天做了一个奇怪的梦，刘邦在梦里出现，送给自己一个太阳，自己把太阳吞了下去，第二天就生下了刘彻。

王娡一边在挑拨离间，一边在谄媚，栗姬根本不是刘嫖和王娡的对手，很快汉景帝就废掉了原太子刘荣，另立刘彻为太子。刘嫖和王娡在这场权力斗争中大获全胜，而栗姬则被活活地气死。

所以说，没有刘嫖，刘彻就当不上皇帝。刘彻和老娘王娡对刘嫖也是感激涕零，即使刘彻当上皇帝之后也对自己的姑妈敬重三分。刘彻当上太子后，刘嫖就迫不及待地把自己的女儿阿娇嫁给了刘彻，刘彻母子举双手欢迎。

据说在把女儿嫁给刘彻之前，刘嫖曾带阿娇到太子府去串门。刘嫖用糖果贿赂了当时还是顽童的刘彻，把刘彻小子抱在膝盖上，说："彻儿，你想不想娶老婆啊？"

刘彻一边吮着糖，一边不假思索地回答："当然要！"刘嫖指着旁边的一个宫女，问："这个好不好？"刘彻小子把脑袋摇得像拨浪鼓似的："不好。"刘嫖又指着阿娇："阿娇好不好？"

刘彻小子听了姑妈的话后，乐不可支地说："要是阿娇给我做老婆，我就盖一座黄金屋子给她住！"

这就是"金屋藏娇"的由来。不得不佩服大众的想象力和断章取义的能力，金屋藏娇，原本指的是光明正大、明媒正娶的大老婆，而几千年流传下来却成了情妇、小老婆的代称。假使刘彻泉下有知，不知道作何感想。据说这一幕被恰巧赶到的汉景帝看见，认为这是天意，就成全了刘彻和阿娇的这门亲事。

公元前140年，刘彻十七岁，这一年刘彻做了皇帝，阿娇也顺理成章地升格为皇后。

锦衣玉食的童年，成年后集美丽与权势于一身，要风得风，要雨得雨，阿娇可谓是命运女神的宠儿。嫁给刘彻后，刘彻虽然没有实现当初的诺言，为阿娇盖一座金屋，但对阿娇的宠爱是有目共睹的。阿娇犹如掉进了蜜罐里，爱情地位双丰收，幸福得晚上做梦都会笑醒，她希望一辈子都是这样，最好时间就停留在此刻，不再流逝。

但是时间没有听她的，照样流逝，一年过去了，阿娇过着自己的幸福生活，两年过去了阿娇开始觉得无聊，三年过去了阿娇没有时间无聊了，因为她有了她有生以来最大的烦恼——一直无法生育。

我们都知道，宫廷里的女人不像当今社会的女人，有一个爱自己的丈夫，即使无法生育还可以过前卫时髦的丁克生活，不但不会受到别人的嘲笑，还会被认为这是有个性的表现。但是皇宫里面的女人，尤其是皇后，生男孩子是她最重要的任务。没有儿子，什么荣华富贵都会成为过眼云烟，转瞬即逝。历史上那些没有子嗣的皇后和嫔妃都没有好的下场。

阿娇伴着这样的烦恼度过了十余个春秋，在这十年里她噩梦不断，总是梦见自己因为没有儿子的缘故被汉武帝刘彻废掉，被囚禁甚至赐死。

阿娇为啥不能生育史书上没有记载，阿娇的老娘刘嫖遍寻名医，没有弄清女儿无法生育的原因，也就没能治好女儿的病。病急乱投医，宫廷御医看过，民间的赤脚医生也看过，什么祖传秘方啊，宫廷秘制啊都吃过，依然是竹篮打水一场空。光花在治病上的钱就用去了九千万——那时候的九千万是个什么概念？相当于小康之家能够坐吃山空地过上八千五百年。呜呼，从老百姓那里搜刮来的民脂民膏全花在了治疗阿娇自己的不育症上面。

一切办法想尽之后，阿娇和老娘开始拜观世音菩萨，乞求于神灵，

 『失去爱情』——汉武帝皇后陈阿娇

但观音娘娘也无法帮助她，阿娇开始绝望。也许是老天爷看她太顺利了，要给她点苦头吃吃。

无法生育对阿娇是一个致命的打击，可是阿娇却并没有因此收敛她火暴骄横的脾气，照理说她应该觉得对不起皇帝丈夫才是，应该对刘彻更加体贴更加尊重才是，可是她却怨天尤人，时不时在床第之间向刘彻大发牢骚，搞得刘彻烦了，就不搭理她了。

这不能怪阿娇，要怪就怪她的老娘，就像阿娇的名字一样，阿娇从小到大被老娘娇生惯养着，捧在手上怕碎了，含在嘴里怕化了，阿娇的小姐脾气由此而来。

阿娇依仗自身煊赫的家世没有把皇帝丈夫放在眼里，把刘彻看得死死的，不准他和别的女人来往，刘彻在睡梦中叫别的女人的名字她就一哭二闹三上吊，与泼妇没啥区别。

阿娇并不是不聪明，而是太聪明，太聪明的人犯了错误死不认罪，在吃醋这件事情上阿娇犯了一个错误，而且钻进了牛角尖。也许是出于对爱情的忠贞，也许是出于私欲，也许她觉得刘彻就应该对她这样——她像男人要求自己的妻子那样，要求刘彻对她从一而终，此生只爱她一个人，不准爱别的女人，如果有来生也只能爱她一个人。

这真是一个天大的笑话，阿娇的愚蠢与她的容貌一样出众，她也不想一想，这可能吗？就算是一个普通老百姓也希望自己多子多福，更何况皇帝？自古帝王风流成性，这不全是帝王一个人的错，也是宫廷制度的错。

所以，懂得这个道理的嫔妃就不会计较皇帝丈夫有多少个小老婆，守着自己的一亩三分地，倒也相安无事，也容易产生幸福感。而不懂得这个道理的人，往往争得头破血流，鱼死网破。

阿娇就是不懂得这个道理，在承受了无法生育这样一个沉重的打击之后，她的第二个打击又悄然而至。

对阿娇的第二个沉重打击是刘彻爱上了歌女卫子夫。

对卫子夫的事迹在后面的文章里我们将有详细的介绍，现在只介绍一下卫子夫的身份。她是刘彻姐姐平阳公主家的女奴，以唱歌为生。刘彻到姐姐家闲逛，姐姐让美女招待弟弟，弟弟一眼就相中了光彩夺目的卫子夫，姐姐就悄悄地把卫子夫送进了宫里。

刘彻先是瞒着阿娇与卫子夫偷偷约会，慢慢地就明目张胆起来，阿娇知道了，气不打一处来，和刘彻大吵一架，然后哭着跑回了娘家。阿娇一把鼻涕一把泪地向老娘哭诉："我这么爱他，他却这么对我！要不是娘你，哪有他刘彻今天。他倒好，恩将仇报。"

老娘刘嫖安慰女儿一番，马上跑到已经身为皇太后的王娡那里去抱怨。想当年，王娡要看刘嫖的脸色，现在倒了过来，刘嫖要看王娡的脸色了。

王娡懂得感恩，很给刘嫖面子，允诺要教训教训自己的宝贝儿子。

刘彻是个孝子，经王娡一番耳提面命之后，刘彻又对阿娇好了起来。刘彻也不想为了一个女奴公开与皇后决裂。

如果阿娇就此息事宁人倒也罢了，可是她的心胸实在太狭隘，吃醋吃得太厉害，她一想到卫子夫以一个女奴的身份和自己争抢男人就气得咬牙切齿，恨不能把卫子夫千刀万剐。于是，她要报复卫子夫，最直接的办法就是把她干掉，一了百了。

但刘彻是何等聪明的人，他早就料到阿娇会下此毒手，于是就专门把卫子夫接到一个隐秘的住处，并下旨没有得到皇帝的命令任何人不允许踏入卫子夫的住处，否则格杀勿论。阿娇一下子没了辙，她还没有蠢到要搭上自己的性命。

奈何不了卫子夫，积了一肚子怨气的阿娇又想出一个狠招，她要干掉卫子夫的弟弟卫青，以此来要挟卫子夫，要她识相点赶快滚蛋。

卫青大家都很熟悉了，是抵抗匈奴的大英雄。

卫青因为姐姐的缘故从而成为一个传奇性的人物，命运极富戏剧性。

他是一个私生子，是老娘与别的男人私通的结果。他先是跟着老爹度过一个悲惨的童年，长大后又投靠了老娘。老娘当时在平阳公主家做女奴，求公主给卫青安排一个差事。平阳公主见卫青相貌堂堂，又虎背熊腰，于是就叫卫青当了骑奴，公主走到哪里，他就骑着马跟到哪里。

卫青表现很出色，平阳公主芳心大悦，又把他举荐到建章宫做了一名低级官员。在建章宫，卫青广交朋友，后来被封为侯爵的公孙敖也在这时候成了卫青的铁哥们儿。

话说卫青正在建章宫干着活，突然被一群蒙面大汉劫了去，不用说，这肯定是阿娇干的好事。可人算不如天算，半路杀出一个程咬金，卫青的哥们儿公孙敖恰好撞见了此事，于是纠集自己的一批打手又把卫青抢了回来。

之后，公孙敖急急忙忙地禀告刘彻，说阿娇要对卫家赶尽杀绝。刘彻一听，龙颜大怒，逆反心理像火一样蹿了出来，你越看不惯卫家，我就越要提拔卫家，你爱怎么着就怎么着，最好活活气死你！

于是刘彻很快就擢升卫青为建章宫总管兼皇帝的贴身侍卫，从此卫青步步高升，做官一直做到大将军，后来被封为侯爵。最不可思议的是，他还娶了曾经是自己主子的平阳公主做老婆。

提拔了卫青，刘彻又封卫子夫为"夫人"（夫人的称号仅次于皇后），从此与卫子夫形影不离，如胶似漆。

阿娇虽然没有被气死，但也气得吐了血。吐了血之后，她擦了擦嘴巴，又想出一个法子来。

当人为的办法无法挽救自己垂危的爱情之后，阿娇开始乞求于神灵。这是阿娇犯的第二个错误，犯错误的直接后果是遭到毁灭性的打击。

没有子嗣，爱情也被卫子夫抢了去，阿娇恼怒的同时也失去了理智，她听信了一个小人的话，企图用巫术，依靠妖魔鬼怪来助她一臂之力，把她从悬崖下拉上去，结果不但没有拉上去，反而被推下了万丈深渊。

阿娇心急火燎地找到了当时最有名的巫婆楚服，楚服依靠她嘴巴上的功夫把阿娇说得像鸡啄米似的一个劲儿点头，她确信楚服有无边的法力。

于是，楚服和她的手下在皇宫里设坛请神，作法念咒，整天噢嘛哩嘛哩噢，好不热闹，好不张扬。

阿娇的老娘刘嫖了解侄儿的脾性，知道刘彻天不怕地不怕，就怕妖魔鬼怪，告诫女儿不要胡来，即使要胡来也不要过于张扬。

刘彻为什么会怕妖魔鬼怪？因为他自己本身就相信这个世界上有妖魔鬼怪，到了晚年，刘彻也变得愚昧，相信这个世界上有长生不老的灵丹妙药，被那些所谓的世外高人李少君之流玩弄于股掌之中，结果害死了好多人。

这是刘彻最敏感的禁忌，千万不可触碰，但是阿娇没有听取老娘的告诫，继续在皇宫里作法，把皇宫搞得乌烟瘴气。

隔墙有耳，一位一直对阿娇骄横跋扈怀恨在心的宫女终于胆大包天地向刘彻打了小报告，说皇后娘娘在皇宫里设坛作法，诅咒刘彻和卫子夫家人早死。

宫女的小报告也许是子虚乌有，阿娇是诅咒，但再诅咒也不会诅咒到自己的丈夫刘彻身上，但问题的关键不是诅咒谁，而是巫蛊这件事情本身太具杀伤力。前面说过，每一个帝王都有自己的禁忌，刘彻最敏感的禁忌就是巫术，不管你诅咒谁，只要你作了法，刘彻就无法忍受。

刘彻的反应是凶暴的，他当即下令一个叫张汤的酷吏查办此事。张汤用灭绝人性的严刑拷打逼迫巫婆楚服和她的手下"自动招认"，确有此事，皇后娘娘确实诅咒了刘彻和卫子夫。

结果一出悲剧就此上演：包括楚服在内的三百多个无辜者全部被砍头。而对阿娇的惩罚是废掉皇后的称号，将其囚禁于长门宫。无疑，这样的惩罚对阿娇来说是一个毁灭性的打击。她不服，她喊冤，她哭叫，但没有人相信她。她颓然地跌倒在地上，披头散发的，一向骄横的她第一次流下了屈辱的泪水，预感到自己的末日就要来临。

阿娇的老娘听到女儿被废的消息，无异于平地一声惊雷，她匆匆忙忙地赶到皇宫，跪在地上替女儿求情。

刘彻大概也觉得有点过意不去，一日夫妻百日恩，何况自己能够登上皇帝的宝座姑妈是费了不少心的。于是就表面答应刘嫖自己会常常去看望阿娇，时机到了再把她放出来。但那仅仅是表面上答应，刘嫖一走，刘彻就把自己的承诺抛到了九霄云外，整天和卫子夫游山玩水，吟诗作赋，哪管阿娇的死活。

囚禁在长门宫的阿娇整日与泪水相伴，每天望眼欲穿地希望看到刘彻向她走来，每一次听到外面的脚步声，她就敏感地冲出来，但每一次都大失所望，来看她的是她的老娘，刘彻一次也没有光顾冷清的长门宫。

于是，阿娇在老娘面前痛斥刘彻不是个东西，还把全天下的男人一棒打死，说男人没有一个是好东西。

"失去爱情"——汉武帝皇后陈阿娇

但阿娇并没有彻底绝望，以自己煊赫的身世她实在不甘心竟然败在一个女奴的手上，她咽不下这口气，她在做最后的挣扎。她没有反省自己失败的根源，继续把希望寄托在旁门左道上。她挖空心思又想出一个"妙计"。

话说我们的刘彻，为了在自己心爱的女人卫子夫面前显示自己的品味和格调，附庸风雅，竟然爱上了吟诗作赋。当时红遍大江南北的辞赋家是司马相如，刘彻仰慕他的才华，就把他请到宫里来，加以厚待。

阿娇听说这件事情后，马上唤来了老娘，叫老娘一定要想办法找到司马相如，然后花重金请他以阿娇为主题，写一篇足以让刘彻感动的赋，然后教官女们传唱，希望有一天刘彻能够听到，唤起刘彻的旧情，然后她就"复得亲幸"。

死马当做活马医，阿娇的老娘刘嫖只好依计行事，千方百计地找到司马相如，和他讨价还价，以三十五公斤黄金的价格成交。司马相如没有辜负阿娇母女俩的厚望，洋洋洒洒六百余字，用世界上最美妙最华丽的词语写下了中国历史上最为凄惨的《长门赋》。

《长门赋》是一篇动人的抒情之作。它以第一人称如泣如诉地刻画了曾经受宠的阿娇被废黜的经过，以细腻曲折的笔触，刻画了阿娇的悲凉处境和凄苦心情，有自咎，有期冀，辗转徘徊。

夜长如梦，阿娇时而抚琴排遣，时而遥瞻帝宫，时而涕泪纵横，时而中庭踟蹰——赋的具体内容不列出，有兴趣的读者可自行查阅。

世界上最难搞懂的是爱情，爱情可以使你大富大贵，也可以使你一无所有。覆水难收，破镜难圆，男女间的感情一旦破裂，复合的可能性几乎为零，更何况刘彻正和自己的新欢卫子夫打得火热呢。

幸运的是《长门赋》终于传到了刘彻的耳朵里，不幸的是刘彻只是夸奖了这篇赋写得超级棒，而对阿娇却丝毫没有回心转意的念头。

消息传到长门宫，阿娇再也经不住这沉重的打击，晕倒在地上，从此一病不起。

又过了一年，阿娇的老爹归西。又过了数年，阿娇的老娘也死掉。刘彻下令撤销陈家世袭的侯爵。阿娇自此再无希望。公元前110年，阿娇死在了长门宫。她是怎么死的我们不知道，是绝食而死还是悬梁自尽？是割腕还是咬舌？总之，我们只知道她是死了，汉武帝第一位美丽绝伦的妻子囚死在长门宫。阿娇的死，留给我们沉痛的思考。

自作孽，不可活。也许我们说阿娇是宫廷权力斗争中的牺牲品，但归根结底她是死在自己的个性之下，煊赫的身世造就了她骄横的性格，成就了她皇后之尊，也毁掉了她人生。真是成也萧何，败也萧何。

「失去爱情」——汉武帝皇后陈阿娇

"从歌女到皇后"——汉武帝刘彻皇后卫子夫

皇后小传

　　卫子夫，汉武帝的第二任皇后。她出身歌女，受到武帝宠幸，生下三女一男，儿子为汉武帝的长子刘据。卫子夫为汉武帝皇后三十八年，儿子刘据被封为太子，深得武帝信任。她的性格低调谦恭，主管后宫事务。后来，因为巫蛊之祸受到陷害，自杀明志。

　　以女奴的身份一跃成为大汉朝的国母，这是卫子夫以及卫氏家族做梦也想不到的事。

　　卫子夫的传奇经历固然有她自身努力奋斗的因素。但更多的是不可控制的因素。在卫家风光无限的时候，在卫子夫即将高升皇太后的时候，却又以卫家灭门的惨剧收尾，二十多年的绚烂爱情，四十多年的荣华富贵，一瞬间灰飞烟灭，正所谓造化弄人，令人扼腕。假使生命可以重来，假使再给卫子夫一次选择，她还会选择与汉武帝相遇吗？

　　时下"草根"这个词语被大家炒得火热，咱也凑凑热闹，把这个词语套在卫子夫身上。啥是草根，一句话就是民间的意思，老百姓的意思，比如一个没有念过大学中文系的人或者一个无名小卒突然之间写了一本大卖特卖的书，于是被称为"草根作家"。比如郭德刚，大红大紫之前，他的相声不被学院派看好，可是老百姓喜欢，一不小心就火了，于是大家称他为"草根相声演员"。

　　卫子夫在当皇后之前是一个歌女，连普通老百姓都不如，可以算是草根中的草根了，可就是这一草根却击败了身世煊赫的阿娇，你说邪乎不邪乎？

所以，卫子夫成为历朝历代贫苦美少女的超级偶像，她们不再为自己出身卑微而伤心绝望，她们相信自己总有一天会像卫子夫一样麻雀变凤凰，就好比时下娱乐界有了李宇春，很多女孩子都相信自己有一天也会突然成为超级大明星。

呜呼，没有梦想的人生是苍白的人生，把白日梦当成梦想的人生则是愚蠢的人生。

卫子夫的身世实在是没什么能夸耀的，正史根本不愿意提及，野史只有那么一点零星记载，于是我们知道卫子夫是卫青的姐姐，但奇怪的是姐弟俩却有不同的老爹，他们各自的老爹是谁书上没说。姐姐卫子夫是私生女，弟弟卫青是私生子，他们共同的老娘无名无姓，卫子夫在汉武帝的姐姐平阳公主家里做女仆。

卫青怎么进宫的前面已经说过，卫子夫怎么进宫的还得说一说。

在阿娇的故事里我们知道她一直没有为刘彻生下一男半女，刘彻倒不急，认为自己还年轻，但皇帝不急太监急，刘彻的姐姐平阳公主急了，皇帝老弟没有子嗣这可是天会塌下来的事情。

她认为刘彻没有子嗣，全是阿娇以及那些宫女们的错，是她们不中用，有毛病，她要亲自为老弟选拔宫女。于是，平阳公主不辞辛苦地搜罗了一群美女，卫子夫就在其中，把她们分成若干等级，第一级别的美女琴、棋、书、画、唱歌、跳舞样样精通，不是一般人能够进入的，需要走后门才可以进入。

卫子夫是女仆的女儿，当然没有资格进入第一级别，只好屈居在第二级别，以歌舞声色为重，至于琴、棋、书、画平阳公主就懒得教她们了，大概她以为有了第一级别的美女，第二级就无所谓了，充个数而已。

公元前139年某一天，刘彻领着浩浩荡荡的队伍去长安郊区渭水边祭奠鬼神，完事后顺便到姐姐家里串门。

平阳公主大喜，赶紧唤来第一级别的美女伺候。众美女呼啦一下像开闸的水涌向刘彻，有的勾住他的脖子，有的坐在他身边为他斟酒，有的挽住他的胳膊，还有的坐在他腿上，无一不娇声嗲气。

可是刘彻却无动于衷，俨然一个柳下惠，这并不是说刘彻不正常，而是这样的美女他见多啦，还有一个原因就是没有看到令自己有感觉的。没有感觉自然不会滋生出伟大的爱情。

平阳公主只好再唤出第二级别的美女，于是我们的卫子夫隆重登场了。在一群载歌载舞的美女中，刘彻一眼就发现了卫子夫，之后感觉马上就来了。

爱情这东西真是奇妙，如果要问刘彻为啥单单选中卫子夫，估计他自己也回答不出来。

刘彻耐着性子听完卫子夫宛若夜莺一般的歌声，欣赏完卫子夫犹如飞天一般的舞姿，就向姐姐使眼色。平阳公主立刻就明白了老弟的意思，于是把卫子夫领到尚衣轩，也就是换衣服的地方，刘彻屁颠屁颠地跟了进去。在尚衣轩发生了什么事情，不用说大家都知道啦。

从尚衣轩出来，平阳公主当即就表示要把卫子夫送进宫里，刘彻龙心大悦。

卫子夫的传奇生活就从这里开始。临行的时候，平阳公主装作很舍不得的样子，对卫子夫千叮咛万嘱咐，搞得像热恋中的男女生离死别似的，平阳公主这样做的目的无非就是想提醒卫子夫：苟富贵，毋相忘。

初入皇宫的卫子夫并不是一帆风顺，由于贵为皇后的阿娇的破坏，卫子夫几乎守了一年的活寡。

刘彻虽然心有卫子夫，但那时候他的翅膀还很嫩，还不敢为了一个女奴与皇后决裂，于是把卫子夫安置在一个秘密住处。

一年后，宫里释放一批宫女，大概是卫子夫再也无法忍受清冷与寂寞的生活，与其像小鸟一样困在笼中，还不如出去继续做平阳公主家的歌女，唱唱歌跳跳舞。

于是卫子夫也递交了申请书。申请释放的宫女要经过皇帝亲自批准，当念到卫子夫的名字的时候，刘彻一震，再抬头一看，跪在自己面前的卫子夫早已泪流满面。刹那间，前尘往事涌现心头，因为阿娇那个女人，刘彻此刻深感辜负了卫子夫一番情意。于是，一番甜言蜜语外加山盟海誓又把卫子夫留了下来。

卫子夫没走成，阿娇气得跳脚，于是就发生了前文所述的一连串毒害卫家的事情，结果偷鸡不成蚀把米，卫子夫反而因祸得福，更加受刘彻的宠爱。至阿娇被囚禁长门宫后，卫氏家族更是沾足了卫子夫的光，权倾朝野。

卫子夫的哥哥卫长君任宫廷警卫官，弟弟卫青任大将军，相当于全国武装部队总司令，后来还娶了他的主子平阳公主做老婆。

卫子夫的大姐卫君孺嫁入豪门宰相公孙贺府邸，卫子夫的二姐卫少儿嫁给平阳公主的家人霍仲儒，老爹老娘不咋的，却生了一个为国家安全问题作出巨大贡献的儿子霍去病，与他的舅舅卫青一样也当上了大将军。

而卫子夫本人也于公元前128年正式成为"草根皇后"，卫子夫所生下的儿子，据说是刘彻的第一个儿子，刘据也很快被立为太子。而此时，刘彻的上一任皇后阿娇却在长门宫默默地垂泪。

卫子夫的传奇生活也因此走到了巅峰，谁也不会想到一个奴婢出身的女人竟然会摇身一变，成了母仪天下的皇后。卫子夫的传奇生活很快就从宫廷流传到了民间，民间的说书人作歌曰："生男不必太欢喜，生女不必太悲伤。试看卫子夫，一家霸天下。"

俗话说盛极必衰，在卫家势力达到巅峰的时候，危机也悄然而至。

卫子夫是一个端庄贤淑、温柔敦厚的女人，因为自己的卑微出身，她处处小心翼翼，阿娇的骄横在卫子夫身上找不到一丁点的踪影，因为她的谦卑与自知之明，才使得她稳坐皇后宝座三十余年。

刘彻晚年的时候是一个旅行爱好者，常常巡游，一方面饱览祖国的大好山河，体察民情，另一方面寻找长生不老之药。每次外出的时候，刘彻都很放心地把家事交给卫子夫，把政事交给太子刘据。

卫子夫的聪慧也抵抗不住她的年老色衰，人到中年的她虽然风韵犹存，但与年轻时候的美貌相比自然差了一大截。

而刘彻本来就不是一个痴情的人，喜新厌旧是大多数男人的心理，刘彻更是如此。于是他不再光顾卫子夫的寝宫，而把头埋在以王夫人、李夫人、钩弋夫人为首的美女堆中，一年下来难得见上卫子夫一面。

卫子夫没有像阿娇那样打翻醋坛子，但毫无疑问卫子夫年老失宠是卫家势力受挫的第一个危机。

卫家势力受挫的第二个危机出现在太子刘据身上。

刘据是刘彻的长子，初为人父的刘彻开始是喜欢刘据的，可是后来慢慢地发现刘据一点不像自己：刘据遗传了母亲卫子夫敦厚善良的性格，而刘彻却聪明能干，文治武功，很具有男子气。

于是，刘彻就怠慢了刘据，后来专宠赵钩弋所生的刘弗陵，这是后话。刘据和父亲在政治观念上也大不相同，刘据喜欢和平，而刘彻在位期间，却四处征伐，于是刘据经常劝谏父亲。刘彻在心里看不起他，表面上却微笑着说："我这么辛苦，是为了让你以后轻松一点。"

刘彻喜欢酷吏，刘据却讨厌任何严刑拷打。对关押在牢里的囚犯释放的释放，减刑的减刑，学着自己的老祖宗汉文帝那样取消肉刑，一旦发现囚犯是冤枉的，立即平反。

刘据这些措施深得民心，可是却得罪了一大群酷吏。这些酷吏之所以被刘彻重用正是因为他们擅长杀戮和逮捕，精通严刑拷打，这下刘据端了他们的铁饭碗，这些酷吏自然对刘据恨之入骨。酷吏群是一股庞大的势力，他们开始为了自身的利益勾结起来，处处设计陷害太子刘据。

卫子夫似乎觉察到了这一点，多次劝说儿子遇到大事大狱，应该留给父亲裁决，不宜自作主张。而刘据认为自己是太子，他们不敢对自己怎样，继续我行我素。

偏偏在这时候卫子夫的弟弟卫青大将军一命呜呼，这对卫家是一个巨大的损失，也是一个巨大的打击。与父亲不和，母亲又失宠，老舅又归西，那些酷吏群更加嚣张啦，刘据的太子之位岌岌可危矣。

有一次，刘据拜见母亲，拉了些家常，多待了些时间，一个叫苏文的酷吏见缝插针地向刘彻打小报告："太子与宫女乱搞起来啦！"刘彻一听，并不恼怒，嘿，你小子啥都不像我，就爱美女这一点像我。于是，反而增加太子东宫二百多个美女。

又有一次，刘彻小病在身，一个叫常融的宦官鬼话连篇地对刘彻说："太子听说你病了，脸上一团高兴。"他言下之意就是说，你的儿子巴不得你早死呢，你死了他好做皇帝！

刘彻听了龙心大为不悦。等过了一会儿，刘据来了，刘彻一看不是那么回事，刘据的脸上明明有哭过的痕迹，谁说他脸上一团高兴了？于是就派人把常融杀了。

刘据的眼泪是真是假，值得我们怀疑，又不是死了父亲，只不过是小病而已，哪来的那么多泪水？从这件事情可以看出，刘彻刘据父子的感情淡如薄纸，也许是刘据听到了风声，知道常融说了自己的坏话，为自保，不得不伪装哭过的样子。

在卫家危机四伏的情况下，两次巫蛊事件使得卫家势力急剧衰退，最后导致全族灭亡的惨剧。

我们知道每个时代每个皇帝都有自己的禁忌，秦始皇对儒生最为忌讳，一个儒生不小心说了秦始皇的坏话，秦始皇就下令活埋了一大批儒生；清朝的时候，皇帝又对文字敏感起来，因"清风不识字，何故乱翻书"之类的诗文而导致的文字狱不计其数。而汉武帝刘彻在位的时候，最敏感最忌讳的就是鬼神，他相信鬼神又害怕鬼神。

刘彻在位的时候至少发生了三次影响较大的巫蛊事件，第一次事件在上文阿娇的故事里已经说过，卫子夫得益于这次巫蛊案，荣升皇后。第二次巫蛊案使得卫家的男女老少死掉一半。第三次巫蛊案，卫家被满门抄斩，卫子夫悬梁自尽，太子刘据不得已起兵造反，最后走投无路也随母亲自杀身亡。卫子夫可谓成也巫蛊，败也巫蛊。

现在我们来说第二次巫蛊事件。在第二次巫蛊事件中卫家充当配角，充当主角的是公孙贺家族。

事情发生在汉武帝征和元年（前92年），卫子夫的姐姐卫君孺和她的宰相丈夫公孙贺——他们的宝贝儿子公孙敬声犯了大错误。公孙敬声当时官任太仆，相当于现在的交通部长，是一个恶少，依仗自己的老爹是宰相，姨妈是皇后，作恶多端，而且胆大包天，竟然私吞公款一千九百万钱。卫家就算势力再大也包不住这么大的一个乱子，于是酷吏群揭发了公孙敬声，公孙敬声被捕入狱，论罪处斩。

公孙贺骁勇善战，英雄一世，而此时却为自己想出了一个馊主意，他想替自己的儿子戴罪立功。当时正巧有一位阳陵侠客朱安世犯案而未被官府抓获，于是公孙贺请求刘彻，愿缉捕朱安世为子赎罪，刘彻看在他一生为朝廷效力的份上答应了。

宰相的势力是强大的，公孙贺果然把朱安世抓住了，朱安世被抓后得知公孙贺为了替儿子赎罪而逮捕自己，愤然曰："这老不死的想害我，恐怕自己也要灭门了！"于是在狱中上书，告发公孙敬声如何与阳石公主私通，如何用巫术诅咒刘彻赶快死掉，又如何在刘彻常走的御道旁边埋下用来诅咒的木偶。

晚年的刘彻已经成了一个超级大笨蛋，一听到这样的话就像疯子一样立刻失去理智，还没有做任何调查，就凭朱安世的一面之词，就下令逮捕公孙贺父子。又把这个案件交给酷吏杜周处理，杜周见表现自己的机会来了，非常卖命，硬是用铁棍逼他们招了供。

结果是公孙父子囚死监狱，公孙家族男女老少全部被砍头。受此牵连的卫子夫的女儿阳石公主、诸邑公主双双自杀，卫青的儿子卫伉被斩首。卫家亲属几乎牵连进去一半。

阳石公主、诸邑公主都是卫子夫的女儿，长平侯卫伉是卫子夫弟弟卫青的长子，也是卫子夫的亲外甥，公孙贺家族与卫子夫是至亲关系。这些人死后，卫子夫和太子刘据的地位更是处于风雨飘摇的境地，所以史家评述说："巫蛊之祸起自朱安世，成于江充，遂及公主、皇后、太子，皆败。"

接下来就是第三次巫蛊事件。这次巫蛊事件的主角是卫子夫和太子刘据，充当导演的则是老奸巨猾、阴险狡诈、恨不能将卫子夫母子千刀万剐、碎尸万段的小人兼刽子手江充。

如果说卫子夫从歌女到皇后，平阳公主是她的福星，那么令卫氏家族从兴盛到灭亡的江充就是卫子夫及卫氏家族的灾星了。

江充是赵国邯郸人。他有个妹妹擅长歌舞，嫁给了赵国太子丹。江充本人也受到赵王彭祖的宠幸，为赵王的门客。后来他得罪了赵太子，赵王派人杀了江充全家，只有江充一人逃到长安，江充向刘彻打小报告，说赵太子丹荒淫无耻，不但跟姐姐通奸，还跟他老爹的小老婆乱搞。刘彻大怒，废掉了赵太子丹。

江充揭发有功，刘彻召见江充，江充长得很魁梧，穿着新奇的服装，刘彻见了很惊奇，愚蠢的想法又来了，以为他是世外高人，对左右的侍从说："赵国果然有很多高人啊！"

江充这个小人很快就得到刘彻的宠信，做官做到直指绣衣使者，相当于首都特别检察厅厅长，专门负责抓捕长安附近的盗贼。当时长安贵族多奢靡，江充对这行现象进行了严格整治，刘彻便认为江充是忠臣。江充更是有恃无恐，连公主都不放在眼里。

有一次，一位公主带着仆从奔驰在皇帝专用的御道上，江充派人把队伍截住，公主说："皇太后曾下令特许我用御道。"江充狡辩说："既然允许公主使用，其他人不准使用。"于是把仆从和车马全部没收，并把这件事告诉了刘彻。刘彻不但不恼怒，反而赞赏江充的做法，更加信任江充了，江充之名"威震京师"。

第二次巫蛊事件不久，刘彻病倒了，移驾到长安附近的广泉宫疗养。这时候刘彻已经六十七岁了，随时都有可能一命呜呼。

江充一向与太子刘据不合，刘彻还在的时候还有个靠山，一旦刘彻死了，太子刘据做了皇帝一定不会放过自己。于是，为以后着想，江充勾结了一批酷吏，趁刘彻还在人世，密谋要把太子刘据搞下台，最好是搞死。

不用猜，江充用的还是那一套，把太子刘据和皇后卫子夫陷于巫蛊案之中，这一招对晚年的刘彻屡试不爽。

于是江充摇着尾巴对刘彻说："殿下，你知道你为啥得病吗？"刘彻摇头。江充又说："都是妖魔在作怪，老百姓最近乱用巫术。"刘彻吓出一身冷汗，遂命江充彻底大搜查。

江充先是在长安城作威作福了一番，抓去一批无辜的老百姓，对他们进行"逼供"：残忍的酷吏们把烧红的铁条放在所谓的犯人身上烙，用铁钳去拔犯人的头发、牙齿甚至生殖器。是人都受不了这种折磨，于是他们只好"自动招认"。

江充这样做的目的是使刘彻确信自己的病是由巫蛊引发的，为把毒手伸向太子和皇后铺路。

在长安城乱搞了一通之后，江充又说："根据我们的精密调查，巫蛊的大本营就在皇宫。"

刘彻头一点，一场声势浩大的搞得鸡犬不宁的皇宫大搜捕立即展开。

实打实的搜查当然搜不出什么东西，江充在大搜捕之前早就派人偷偷地把桐木人藏在了太子和皇后的居所。

于是，江充派出去的酷吏把太子和皇后居住的宫殿翻了一个底朝天，皇后卫子夫已经吓得不能够站立，需要人扶着才能够站稳，太子刘据一副泰山压顶不为所动的样子，他相信不做亏心事，不怕鬼敲门。

如此装腔作势地搜捕了一番，然后，江充报告刘据说，他"终于"在太子和皇后的宫殿搜到了用来诅咒的桐木人。

卫子夫当场晕倒在地，刘据也大惊失色，他大叫着"这是陷害，这是阴谋"，要亲自面见老爹澄清事实，但江充坚决不许。紧要关头，刘据问他的老师石德怎么办。石德说："明摆着，江充小人要置你们母子俩于死地。为了救命，不如先杀了江充，再做打算。"

事已至此，只好殊死一搏，于是刘据下令逮捕江充，并把他的手下一网打尽，江充至死也不会想到太子会使出这一招——反抗皇帝老爹的命令。江充被抓后很快就被杀了，头被丢去喂狗，死不足惜。

不幸的是漏网之鱼——江充的手下苏文跑到刘彻那里，把一切告诉了刘彻。刘彻气得大叫"反了，反了"，马上命令宰相刘屈牦逮捕刘据。

刘屈牦率领的政府大军与刘据的数万军民联合兵团在长安北部短兵相接。可怜我们的刘据，他手下的那些将士，哪是政府大军的对手，本身又没有多少打仗的经验和才干，于是乎，血流成河，刘据的老师石德等得力将士全部战死。

刘据带着自己的两个儿子狼狈出逃，逃出长安城，来到湖县，投奔他的一个老部下。

老部下舍身相救，不料在安置他们的时候被湖县的县令发现。当时已经下达了全国通缉令，湖县的县令也是一个酷吏，见生意来了，便迫不及待地率兵捉拿逃犯刘据。刘据和老部下再次反抗，但寡不敌众，最终彻底失败了。刘据不想受辱，于是悬梁自尽。他的两个儿子和老部下也命丧黄泉。

刘据叛变时，卫子夫忧心忡忡，茶饭不思，夜不能寐，噩梦不断。不久，一个令她绝望的消息传来：太子刘据失败，逃亡，生死未卜。而卫子夫本身也卷进巫蛊案之中，她预感到自己悲惨的结局即将来临，可是她怎么也想不通的是，自己辛辛苦苦三十多年侍候刘彻，打理后宫，没有功劳也有苦劳，结果呢却弄得个陷害自己的丈夫这样一个大逆不道的罪名。呜呼，人间还有清白乎？人间还有王法乎？

不久，刘彻派人到卫子夫所居住的宫殿没收了她的皇后玉玺。卫子夫交出玉玺之后，拒绝再受任何的凌辱，于是三尺白绫绕过梁顶……

卫子夫是一个善良的女子，却做出如此刚烈的决定。自杀之前，她痛哭了一场，把所有的委屈都哭了出来。

卫子夫死后被刘彻草草地安葬在长安城南的桐柏亭。卫子夫的一生在香汗淋漓的传奇中开始，在血淋淋的传奇中结束，她带给卫氏家族长达三十八年之久的荣耀，也带给卫氏家族瞬间的满门抄斩——刘彻不久就下令屠灭卫家三族。宫廷的政治斗争为人间带来一片血腥，受害的往往是那些无辜的人。

我们常常说一个伟大的男人背后一定有一个伟大的女人，如果刘彻也算伟大的话，那么他背后伟大的女人无疑就是卫子夫。但她依然是个可怜的女人，依然没有逃脱大多数美女共有的命运——作为男人的玩物、政治的棋子。

『从歌女到皇后』——汉武帝刘彻皇后卫子夫

"杀母立子"——汉武帝皇后钩弋

皇后小传

钩弋夫人，年轻貌美，能歌善舞，生刘弗陵，为汉昭帝。汉武帝立弗陵为太子，害怕钩弋夫人在他死后女主乱政，将她囚禁，后来钩弋夫人郁郁而死。面对无情的汉武帝，钩弋夫人是不能活着的，只能是皇权的牺牲品。

卫子夫女士的遭遇，使我们初次见到专制帝王对妻子和亲生儿子的冷血无情。这种场面，在历史上不断出现。继卫子夫女士之后的这种悲剧主角，则是钩弋女士。钩弋女士像泉水一样的清白无辜，她唯一的罪状是，她太年轻和太漂亮。呜呼，人生，几乎每个人——包括帝王和皇后，面前都有深不可测的悬崖，一旦身不出己地陷下去，都要碎骨粉身。

钩弋女士的生命太短，在史书上占的篇幅太少，事迹寥寥无几，除了她传奇性的奇遇和奇祸外，我们对她可以说一无所知。而只知道她是一个破落户女子，纯朴、快乐，没有像王姞女士那种追求权势的欲望。她对她的身份——当皇帝的"小老婆"，心满意足。史书上只记载她姓赵，没有记载名字，我们称之为钩弋夫人，是因为她后来被封为"钩弋夫人"的缘故。

她是河间人（河北河间），史书上说她："少好学，性沉静。"大概形容圣人形容惯啦，顺手牵羊，也用到美女身上。事实上，她的童年是悲惨的，至少是不快乐的，沉静尚有可能，好学恐怕没有那种环境。老爹的名字，已被湮没，不知道犯了啥法，却跟中国史学之父司马迁先生同一命运，被判处"宫刑"，受刑后，充当皇宫守卫官（中黄门）。而钩弋女士，大约六岁的时候，得了小儿麻痹，以致右臂瘫痪，右手紧握，不能伸展。这是一个痛苦的家庭，父亲处刑，女儿卧病。史书上没有提到她娘，只提到她姑妈赵君姁女士，可能母亲早逝，把女儿交给姑妈抚养。

不过上帝同时也赐给钩弋女士美艳夺人的容貌和身材，她一直卧病在床，而身材竟仍能苗条，可谓天生尤物。有一年，大概是公元前96年或前95年，皇帝老爷刘彻，视察北部地方，走到河间，一个巫法师（望气者）宣称，天上祥云裛绕，显示有奇女出现。

这是不是事先布置好或勾结好的，恐怕一言难尽。

既然有奇女子，刘彻就下令搜查，结果在赵家把钩弋女士找到，一看她的花容月貌，老色迷的魂立刻就出了窍。唯一可惜的是，她的玉手残废，谁去掰都掰不开。刘彻亲自去掰，咦，怪事发生，玉手竟轻松地伸展啦，跟一个健康的人一模一样。更怪的是，史书上说，在她紧握的玉手里，还藏着一个玉钩。刘彻大吃一惊之后，对自己竟有这种"掰手"的无边神力高兴得嘴巴都合不住，当时就把她收归己有。跟当初宠爱阿娇女士、卫子夫女士一样，宠爱入骨，称她为"拳夫人"。

掰手伸展，又得玉钩，假设不是事后加添的鬼话，则一定是一种事前布置的预谋。对一个瘫痪在床的人，任何医生，即便他是皇帝老爷，都不能手到病除。

唯一的可能是，钩弋女士童年卧病是真的，右手不能伸展过也是真的，但她后来逐渐痊愈。于是摇尾系统安排下天罗地网，还弄了一个玉钩放到她手里，教她登台亮相。一方面用美色诱惑刘彻的心窍，一方面用奇迹满足刘彻的大头症。只要刘彻先生龙心大悦，献美女有功的朋友就有官升啦！

刘彻十分宠爱钩弋女士，特地在首都长安城南建筑巨厦，名"钩弋宫"，改称钩弋为"钩弋夫人"。那一年，刘彻已五十三岁，钩弋女士大概十七八岁，老夫少妻，自然把钩弋女士当成活宝。而钩弋女士也真争气，在当年就怀了孕。所有女人都是怀孕十月就生的，偏偏赵钩弋女士却怀了十四个月。

当代作家柏杨先生建议妇产科医生查考有没有这种可能性，如果没有这种可能性，恐怕又是摇尾系统的一项谋略。最初只不过希望因献美女得到好处，现在则希望因怀孕的异象，得到更大的好处。

公元前94年，钩弋女士生下一个男孩，命名刘弗陵。刘彻老年得子，乐不可支，曰："听说唐尧帝伊放勋的娘，怀孕十四个月才生。而今钩弋的儿子，也是怀孕十四个月，简直是太妙啦。"就题名钩弋女士的宫门为"尧母门"。

转眼之间，刘弗陵小娃已经四岁，四岁那一年，是公元前91年，发生江充事件，皇后卫子夫女士和皇太子刘据先后自杀。皇太子的宝座悬空，成为刘彻儿子们争夺的目标。

刘彻共有六个儿子，长子刘据被封皇太子，其他五个儿子都被封王爵：齐王刘闳、燕王刘旦、昌邑王刘髆、广陵王刘胥，最小的儿子就是刘弗陵。现在，大哥刘据自杀，二哥刘闳夭折，身为三哥的刘旦，如果依照当时的宗法制度，皇太子的宝座，非他莫属。但刘彻有点不喜欢他，他曾在他的封国上书给老爹，要求回到首都长安服侍老爹。很明显他是在试探老爹的意向，刘彻果然不答应。那么，最有希望的该轮到四哥刘髆。于是闹出了一场血流成河的宫廷斗争。

刘髆的娘是西汉历史上著名的美女李夫人。李女士的名字失传，盖中国传统文化中，女人不值钱也。她的出身一点也不煊赫，而是当时被认为最下贱的歌女。她哥哥李延年则是一位宫廷音乐师，而且能歌善舞，每逢演唱自己谱的歌曲时，刘彻都大大地感动。有一次李延年在舞蹈时唱曰：

北方有佳人

绝世而独立

一顾倾人城

再顾倾人国

即令她倾了城与倾了国

我还是爱她

只因佳人难再得

西方佳人海伦，倾了特洛伊之城。东方佳人褒姒，倾了周王之国。但佳人如果实在美艳绝伦，纵然倾了城兼倾了国，只要能一亲芳泽，也心甘情愿，何况并不一定非"倾"不可耶乎。刘彻叹曰："世界上真有

· 64 ·

这种美女哉？"老姐平阳公主（就是推荐卫子夫女士那一位）就透露消息，告诉老弟说，李延年的妹妹，就具备这种倾城倾国的条件。刘彻急忙让李延年把妹妹找来。他见过的美女多啦，可是一见李女士，立刻发晕。

从此，刘彻就把卫子夫女士抛到脑后，沉迷在李女士的美妙怀抱之中，几与李女士形影不离。而她不但美艳绝伦，而且比哥哥还要能歌善舞，以致把刘彻搞得如醉如痴。有一次，刘彻头皮发痒，顺手取过李女士的玉簪去搔。其他宫女们发现玉簪竟有如此妙用，就都改用玉簪，希望刘彻也去她卧房搔上一下。看情形这项目似乎没有达到，但却有很大的后遗症，因为宫廷大批采购玉簪的缘故，全中国玉的价格，竟告猛涨。

不断缠绵的结果，李女士生下一个儿子，就是我们所叙述的引起血流成河的男主角刘髆。对李女士来说，这段时间正是鲜花般的日子，可是，不知道是幸或是不幸，李女士病倒在床。再宠爱的美女，一旦病倒在床，皇帝老爷也绝不会跟小民夫妻一样，在榻前嘘寒问暖，侍奉汤药，当然另找别的美女拥抱去啦，刘彻自不能例外。

然而，李女士的病情日益沉重，医生束手无策，消息传到刘彻耳朵里，刘彻立即前来探望。李女士一听御驾光临，就用被子把头蒙住，向刘彻泣曰："我害病太久，憔悴不成人形，不能相见。只把孩子跟我哥哥托付给你，求你照顾。"刘彻曰："亲爱的，你的病很重，可能没有起色，为啥不当面托付孩子和哥耶？"李女士曰："圣人说过，做妻子的容貌不修饰，不能面对丈夫，实不敢相见。"刘彻急曰："只要你让我见最后一面，我马上就擢升你哥哥当大官。"这是一个动人的甜言蜜语，性情老实的人，不被说服者几希。可是李女士坚持不肯，曰："升官不升官，只在你一念之间，不在我们见最后一面。"刘彻先生觉得不是滋味，李女士越是不要见，他越是想见。而李女士胸有成竹，老家伙越是想见，她越不要见。后来，逼得紧啦，李女士转身向里，蒙着头一味啼哭，索性不再说话。刘彻以皇帝之尊，又在他的皇宫之中，他想见谁就见谁，想玩谁就玩谁，想不到竟碰了李女士的钉子，勃然大怒，一跺御脚，回头就走。

刘彻跺脚而走，在病榻旁伺候李女士的姐妹们一齐花容失色，盖得

『杀母立子』——汉武帝皇后钩弋

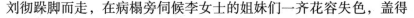

罪了专制帝王，比得罪一条疯狗还要危险，不但孩子不管，不但哥哥升不了官，可能还有别的灾难。就埋怨她曰："你这个傻子，皇帝对你这么好，怎的那么倔强，使他伤心？见一面托付哥哥，岂不更为可靠，难道你恨他呀？"李女士叹曰："你们不了解臭男人，我之所以坚决拒绝跟他见面，正是为了孩子、哥哥着想。我因为长得漂亮，才能从卑微的地位爬上来。以美色被人宠爱，一旦美色衰退，爱情也就消失。一旦爱情消失，恩情也就跟着消失。老家伙之所以一直爱我，不过是爱我的容貌，如今忽然发现我已成了一个黄脸婆，大非往昔，他绝对不会怜惜，而只会感到作呕，还肯管我的孩子和哥哥？"

从李女士病危时拒不跟皇帝丈夫刘彻见面，以致使刘彻跺脚而去，可看出李女士的绝顶智慧，如果换了别的人，准推被而起，抱住刘彻鼻涕一把泪一把，那就糟啦。她只几句话，就把臭男人的全部家当，都抖了出来，她那明艳如花的容貌之后，智商至少有四百二十。呜呼，特别在此告诫女性读者，如果臭男人既倾倒你的"外在美"，又敬慕你的"内在美"，用不着去跑卦摊，准前途如锦。如果臭男人只倾倒于你的"外在美"，对"内在美"只字不提，你不过是个绣花枕头，一旦色衰爱弛，只好靠着骂"臭男人都没良心"，过日子矣。如果臭男人只满口奉承你"内在美"，对"外在美"守口如瓶，那也是一种警钟，你可得小心你的外表，不要死心眼相信该臭男人的甜言蜜语，说他才高一等，跟别人不一样，只在乎你的内在美，不在乎你的外在美。你如果有此死心眼，就要付出此死心眼的代价。

这里所说的"外在美"，可不是专指狭义的面如桃花，而是包括身材、衣着，尤其是由高贵气质所发展出来的高贵风度。没事时或有事时，都请细细品味李女士的金言。

李女士不久就香消玉殒，刘彻跺脚之怒，早已忘光，大恸特恸，把她安葬在长安近郊，坟墓成三角形，高七公尺，周围六十步，民间称之为"习仙台"，也称之为"英陵"。

果如李女士所料，刘彻脑筋里仍是她健康时如花似玉的印象，眷恋思念，不能自已。于是擢升她的大哥李广利先生担任陆军元帅（贰师将军），她的二哥李延年先生担任音乐部部长（协律都尉）。这时有一位职业灵媒专家，看见刘彻失魂落魄，茶不思饭不想的模样，向刘彻声称，他能召请李女士的亡魂跟他相见，刘彻兴奋异常。

这位职业灵媒专家，姓名不传。《汉书》说是少翁先生，《史记》说招的不是李女士的魂，而是刘彻另一位"小老婆"王女士的魂，《西汉纪年》则只笼统地说某先生某女士。我们对此不作考据，盖考据也无从下手。只能依常情推测，刘彻请灵媒专家招魂，当然有可能性，既招王女士之魂，也可能招李女士之魂和其他任何一位红颜薄命之魂，不可能只招一次就洗手不干。所以招李女士之魂是可以肯定的，如果不是少翁先生主持，当另有归国学人或青年才俊主持也。

招魂的那天晚上，灵媒专家大忙特忙，把李女士生前睡的纱帐放下，灯火齐明，香烟缭绕，布置下一个"万径人踪灭"的神秘气氛。然后请刘彻坐在另外一座纱帐里，遥遥观望。灵媒专家装腔作势，口中念念有词之后，刘彻隐隐约约地看见李女士在纱帐里出现，然后下床，轻移莲步。他怦然心动，正想上去拥抱时，那美丽的幽灵却冉冉消失。

刘彻先生的伤感是可想而知的，为了纪念这场相会，他作诗曰：

是耶，

非耶。

立而望之，

偏何姗姗其来迟？

"姗姗来迟"从此成为中国的成语，但两千年引用下来，变成了人们赴约时超过约会时间的形容词。刘彻对李女士大概是深情的。那时，为了远征南粤王国（现在广东、广西两省和越南共和国的北部），在长安城南开凿了一个巨湖——训练海军。他时时泛舟湖上，自作悼歌，教宫女们歌唱。他的另一首悼亡歌曰：

衣襟啊，悄悄无声；

玉阶啊，静静尘生。

空房寂寞，是多么寒冷；

一片一片落叶，堆积在门前数层。

情人啊！

可知道我的心神不宁。

（原文：罗袂兮无声，玉墀兮尘生，虚房冷而寂寞，落叶依于重扃，望彼美之女兮，安得感余心之未宁。）

『杀母立子』——汉武帝皇后钩弋

两首悼歌都充满了感情，由宫女们分别歌唱，凄婉惆怅，更增加刘彻的伤怀。有一天，他在一座名为"延凉室"里休息午睡，梦见李女士躺在身畔，送给他一种"蘅芜香"。刘彻猛地惊醒，人虽已杳，但枕席上和衣服上，却幽香扑鼻，好几个月不散。为了纪念这场春梦，乃改"延凉室"为"遗芳梦室"。

蘅芜香，也名杜兰香，也名木兰香，跟现代的巴黎香水一样，在公元前一世纪时，固是贵重的香料。

刘彻除了为李女士做了一首悼亡歌，还为李女士做了一篇悼亡赋。赋是公元前二世纪到公元一世纪间，中国文学最流行的文体。在阿娇女士的篇幅里出现的《长门赋》作者司马相如先生，本是一个穷困潦倒的知识分子，稍后又因和富家女郎发生爱情私奔，而更名誉扫地。但他所写的赋，在一个偶然的机会里，被刘彻的御眼看到，佩服得五体投地，嚷嚷曰："他一定是一个古圣先贤，我要是跟他做朋友，就不虚此生矣。"恰巧一位宦官老爷是司马相如先生的同乡——都是蜀郡（四川西部）人。于是，运气来啦山都挡不住，司马相如被召到首都长安，派到中央政府任职，从此飞黄腾达起来，连被罢黜的皇后都要找他。一向瞧不起他的那位岳父大人，当初咬牙切齿地说，他第一眼就看出司马相如是一个文人无行的下三滥。而现在，他来了一个突变，到处大嗓门宣称，他第一眼就看出司马相如是一个才华横溢、不拘小节的伟大人物。

这个故事显示出赋的时代价值，刘彻悼念李女士的赋，在中国帝王文学中，居很高的地位。

赋曰：

俏俏的面庞，纤纤的胴体啊，命运是那么短促不长。设帷帐盼望着等候着啊，为什么不回到你的家乡。那坟墓已荒芜了啊，幽幽的黑暗，深锁着我的悲伤。你所乘坐的马匹舆轿，都留弃在山陵外啊，却去度漫漫长夜，不见阳光。秋风飒飒使人流泪啊，桂枝样的玉姿霎时消亡。心神憔悴，遥遥思念啊，挣扎着振起，目眩口张。我把你托付给那阴沉的墓穴啊，不到半年，已一片芜荒。想到你一去而不再回来啊，只剩下往事惆怅。像娇艳的荷花在等待风吹啊，散布出更多的芳香。雍容华贵的风度啊，却艳若桃李，冷若冰霜。更想到当你欢宴后斜扶栏杆啊，美目流盼，蛾眉微扬。多么地爱你，心随着你转啊，可是你却姗姗来去，模糊彷徨。短短的欢乐化作永别啊，纵然梦中都不能相忘。你不要去转世投胎，永不回来啊，让芳魂飘飘，再踏我们的门墙。然而芳魂却终于散去了啊，回首往事，徒增悲凉。天垂暮而道路又远啊，辞别你重回皇宫椒房。那落日匆匆西坠，刹那间一抹苍茫。沉湎怀思，意迷心僵。这份思潮像流水，永嵌在此心中央。难表我的情意，且听我歌唱——

美女四射的艳光，把鲜花都遮盖住啊。

那些心怀嫉妒的人，怎么能跟你相比啊。

正当你小猫般的年龄，却忽然夭折啊。

你哥哥和你儿子，他们都泣涕痛哭啊。

那是多么悲痛，他们的声音不能停止啊。

可是他们听不到你的应声，往事已逝去啊。

憔悴叹息，为稚子洒下眼泪啊。

隐忍不言，相信我不会忘记恩情啊。

善心的人从不发誓，岂肯逼着我承诺啊。

你既一去不返，我再告诉你我的心啊。

去吧，幽途迢迢，劝你安寝啊。

你去的地方有新的住处，已不是故宫啊。

呜呼哀哉，永怀念你的芳魂啊。

现在，我们把该赋原文，抄在下面，以便读者查考：

美连娟以修嫮兮，命樔绝而不长。饰新宫以延贮兮，泯不归乎故乡。惨郁郁其芜秽兮，隐处幽而怀伤。释舆马于山椒兮，奄修夜之不阳。秋风惨以凄泪兮，桂枝落而销亡。神茕茕以遥思兮，精浮游而出置。托沉阴以圹久兮，惜蕃华之未央。念穷极之不还兮，惟幼眇之相羊。函菱荻以俟风兮，芳杂袭以弥章。的容与以猗靡兮，缥飘姚摩愈庄。燕淫衍而抚楹兮，连流视而娥扬。既激感而心遂兮，包红颜而弗明。欢接狎以离别兮，宵寤梦之芒芒。忽迁化而不反兮，魄放逸以飞扬。何灵魂之纷纷兮，哀裴回以踌躇。势路日以远兮，遂荒忽而辞去。超兮西征，屑兮不见。寝淫敞恍，寂兮无音。思若流波，怛兮在心。

乱曰：佳侠函光，陨朱荣兮。嫉妒阘茸，将安程兮。方时隆盛，年夭伤兮。弟子增欷，洿沫怅兮。悲愁于邑，喧不可止兮。向不虚应，亦云已兮。嫶妍太息，叹稚子兮。懰栗不言，倚所恃兮。仁者不誓，岂约

『杀母立子』——汉武帝皇后钩弋

亲兮。既往不来，申以信兮。去彼昭昭，就冥冥兮。既下新宫，不复故庭兮。呜呼哀哉，想魂灵兮。

后来，刘彻死后，追封李女士为"孝武皇后"，此是后话，不必管它。前已言之，刘彻不久就把李女士生的儿子刘髆，封为王爵——昌邑王，封国在山东金乡。

我们对李女士介绍得太多啦，事实上她是最幸运的皇后姬妾之一。既然刘彻哀悼已毕，我们也就到此为止。之所以介绍李女士，在于介绍她的儿子刘髆。现在，终于等到他以王爵的身份出场了。不过他本人并没有现身，现身的是他的舅父和表姐的公公。

在亲戚关系上，贰师将军李广利先生是刘髆的舅父，而宰相刘屈牦先生跟李广利，又是儿女亲家——刘屈牦的儿子，娶了李广利的女儿。他们最大的希望是，刘髆先生能被立为皇太子。

公元前90年，也就是皇后卫子夫女士和皇太子刘据先后悬梁自尽的次年（他们母子死于前91年），皇太子宝座的争夺战进入高潮。恰好北方的匈奴汗国大军分兵两路，一路进攻五原（内蒙古五原），一路进攻酒泉（甘肃酒泉）。西汉政府派遣李广利前往五原赴援（另外一位侯爵马通，前往酒泉赴援）。当李广利先生的大军开拔时，宰相刘屈牦送行到渭河桥上。李广利悄悄曰："老哥，你以宰相的高位，如果能想出办法使刘髆当上皇太子，就可以永享富贵，再没有后患。"刘屈牦满口承诺。

从李广利这段话可看出，他对政治行情毫不了解。呜呼，对小民而言，宰相当然是高位，可是对皇帝而言，宰相不过一粒芝麻。但我们应注意"再没有后患"一语。刘彻在位五十年，杀起人来，六亲不认。他所任用的宰相，几乎都是被杀，甚至全族被杀，每一位宰相都胆战惊心，不知道明天会发生啥事。刘屈牦之所以企图教刘髆当皇太子，不过希望换外甥当主人，保住老命，想不到，更加速他的灾祸的来临。

其实，即便拥戴成功，刘髆现在当了皇太子而将来当了皇帝，刘屈牦也不见得准能保住老命，纵是舅父老爷李广利，也同样不见得准能保住老命。专制帝王差不多都忘恩负义，有天良的不多。等到我们介绍七世纪五十年代唐王朝王皇后的遭遇时，再加说明。

全国最高的文武首长，联合起来拥戴刘髆当皇太子，本属于高度机密，不可能有第三者知道。然而，竟有第三者知道啦。一个名叫郭穰的宦官，把这件事和盘向刘彻端出，而且又说，宰相的夫人还请了女巫祈神祷鬼，诅咒刘彻先生赶快死掉。前已言之，刘彻最怕的就是这玩意儿，所以也最恨这玩意儿，他听了后七窍生烟，下令把刘屈牦缚到厨车上，拉到东市腰斩。尊贵的宰相夫人和膝下的公子哥儿，则一齐绑到华阳街，砍头示众。

亲家母李广利夫人自然也被牵扯在内，刘彻下令逮捕她，囚禁监狱。李广利这时正在五原前线跟匈奴作战，接到消息，吓得手足失措。一位担任参谋的胡亚夫建议曰："你要是能立大功，还有资格向皇帝赎罪。如果单身回国接受审判，恐怕有去无回，要想再来此地，不可复得矣。"

这项分析十分中肯，李广利就挥军北进，向匈奴发动猛烈攻击，匈奴军团西路军总司令（左大将）战死，第一亲王（左贤王）率军向后撤退。李广利追击，想直捣匈奴汗国的首都（王廷），可是，李广利被囚，他本人命运朝不保夕的消息，已在军中传开。他的参谋长（长史）了解他的心情，曰："你是拿我们的生命，来挽救自己的厄运呀。"跟他的同党们密谋，打算逮捕李广利，将其打入囚车，送回长安。呜呼，如果如此，那比自行回国投案还糟。李广利遂来个措手不及，把参谋长捉住处决。他知道军心已去，他的权威已不能使他有所作为，而回去也是一死，左思右想，把心一横，单身独马，竟向匈奴军团投降。

呜呼，中国远征军总司令向敌人投降，在历史上是一个笑柄，这是被颟顸的政府和一意孤行的帝王所逼出来的。

刘彻决不会放过李广利的，因为巫蛊正踩了他的痛脚，而李广利投降匈奴，使刘彻的行动更振振有词，他的反应是，屠杀李氏全族。李女士千种风情和百般恩爱，这时候都付流水，连娘家一个孩童的性命都不能保护，全被杀光。跟卫子夫女士一样，李女士为她的家属带来无比荣耀，也带来灭门灾难，而荣耀的时间，却比卫子夫女士短得多。

刘髆是刘彻第四个儿子，一场大屠杀下来，他不像他大哥刘据那样被牵连在内已属万幸，更不要说坐皇太子的宝座矣。刘彻的第五个儿子刘胥，是个莽汉型的花花公子，他喜欢空手跟猛兽——狗熊之类的动物——决斗（《西京杂记》上说，在后来的某一次搏斗中，被抓破胸

『杀母立子』——汉武帝皇后钩弋

腔，一命归阴）。而且，这不过其中一端，其他荒腔走板的怪事，层出不穷，无论老爹刘彻和所有大臣，从没有考虑到他可以继承帝位。

那么，书归正传，现在只剩下钩弋女士生的幺儿刘弗陵啦。当刘弗陵长到五六岁的时候，体型健壮，声音洪亮，又十分聪明智慧。刘彻常夸奖他，说他长得跟老爹一模一样，爱他奇紧。

刘彻到现在别无选择，不过事实上他已选择定啦，他的皇帝宝座，要由刘弗陵去坐。然而，他考虑到一个严重问题，那就是他的娇妻钩弋女士太年轻，而且花容月貌，他一旦死后，她顺理成章地就当上合法的皇太后，掌握全国最高权力。不但可能，简直是可以确定的，她会弄一顶或很多顶绿帽子戴到死去丈夫的头上，谁都无法干预。然而这还不是主要的，主要的是，孩子还小，不能治理国家，国家大权势必滑到身为皇太后——事实上不过一个大女孩的少妇之手。吕雉女士的影子在刘彻的脑海中不断浮起，他认为公元前二世纪初西汉王朝初期的吕姓大批封王，几乎篡夺了西汉王朝政权的局面，将要重现。

一想起他死后的混乱，刘彻便汗流浃背，唯一的预防措施，就是干掉钩弋女士。

公元前 88 年，刘彻七十岁，钩弋女士不过二十五六岁。——史书上没有记载钩弋女士的芳龄，是我们推测如此。盖今年她的儿子刘弗陵只有七岁，假定她入宫后第二年第三年生产，而她入宫时假定是十七八岁，则今年正开始丰满，逐渐成熟。她可能想到她的前途如锦，却不知道宫廷有异民间，她的丰满和成熟，正是使她横死的种子。

俗不云乎："伴君如伴虎。"老虎看起来温顺如羊，可是谁都不知道它啥时候兽性大发，更不知道啥原因使它兽性大发。专制帝王也是一样，因为他的权力使他超越于法律约束和道德规范之外。呜呼，一个超越法律约束和道德规范的人，本身就是一场灾祸，而且能把灾祸蔓延到别人身上。

公元前 88 年，心怀杀机的七十岁老汉刘彻，带着天真烂漫的二十五六岁的娇妻的弋女士，前往甘泉宫避暑。有一天，他抓住了钩弋女士一个小小的错处——那是什么错处，史书上没有记载，我们也不必追究，一个有权的人要找一个没有自卫能力人的茬，易如反掌。刘彻找到了钩弋女士的茬之后，勃然大怒，而且一怒不可收拾。钩弋女士被吓得浑身发抖，急忙拔下头上的首饰——这是古时女性们认罪乞怜的表示——向老汉丈夫下跪磕头，请求宽恕。刘彻理都不理，只告诉身旁的宦官曰："带走她。"当宦官们押解着她要下去的时候，像被晴天霹雳击中了的钩弋女士，霎时间明白她已面临险境，她回头向老汉丈夫乞求宽恕。呜呼，只要他一句话，她就能活下去，她的性命就系于他的一语，可是，老汉却面色铁青，一言不发。最后，只淡淡地曰："快带走，你不能再活。"

钩弋女士被送到皇宫的特别监狱（掖廷狱）；班固先生的《汉书》说她"有过见谴，忧死"。一个正在盛年的老奶，即令所遇的变故再大，一夜间忧死也绝不可能。而且在语气上看来，仿佛错都在钩弋女士身上，是她有了过失，受了责备，忧愁了一夜就死啦。这是儒家思想中最使人作呕的"为尊者讳"典型之一，因杀妻凶手是皇帝的缘故，竟企图用文字魔术抹杀真相。

钩弋女士是怎么死的，毒死？绞死？扼死？用土袋闷死？我们不知道。我们只知道两点：第一、她到临死都不明白她的小小"过失"，怎么会受到这么严厉的死刑。她在被执行的刹那，恐怕还在盼望，甚至相信，对她万般恩爱、百依百顺的老汉丈夫，一定会回心转意。第二、她是当天夜间就丧生的，这可以从刘彻翻脸的迅速和猛烈推测出来。这不是法律案件，需要调查纪录。这是政治案件，权力魔杖的喜怒就是证据，而且必须迅速行动，才可以避免忽然间一念之慈改变了主意。

在阿娇女士和卫子夫女士的案件中，她们自己多少有点过失或沾点过失的边。可是，钩弋女士这场冤狱，实在找不到她的过失，她纯洁得像一株水仙花，天真得像一个婴儿。她的实质罪状不过四项：第一、她太娇美。第二、她太年轻。第三、她生了儿子。第四、她的儿子又将被立为皇太子。刘彻再一次显示专制帝王的冷血，对他爱入骨髓的年轻妻子，竟下得了毒手。但残忍的还在于他所采取的手段，为啥不能在钩弋女士睡梦中使她无痛苦地死，而必须张牙舞爪，动用法律，说她犯法犯罪，将其投到天牢，交由刽子手凌辱？史书上说，钩弋女士死的那天，长安城暴风大作，尘土蔽日，长安居民为这位美女的下场，感伤哀悼。

刘彻也察觉到人们对他的心狠手辣不满，有一天，他问左右的侍从官曰："外面对这件事有啥反应？"如果是真性情的人，准口吐真言曰：

"都说你是个禽兽。"然后喀嚓一声，脖子成为两截。侍从官当然不会像这些人这样冥顽不灵，婉转答曰："人们的困惑是，为啥要立儿子当皇太子时，却先杀了他娘？"刘彻曰："你们这些蠢货，懂得个屁！自古以来，国家之所以大乱，往往由于君王年幼而他娘年轻（主少母壮）。年轻的女主人寡居一室，骄横淫乱，谁能制她？你不见吕雉女士露的那一手乎哉？"

钩弋女士死后第二年——公元前86年，刘彻正式宣布立八岁的刘弗陵当皇太子。第二天，刘彻的罪恶生命告一结束，翘了辫子。刘弗陵接任西汉王朝第八任皇帝（汉昭帝），追封老娘为皇太后，发兵二万人扩建老娘的坟墓"云陵"——在甘泉宫之南。然而，已无法使老娘起死回生矣。

"细腰飞燕"——汉成帝皇后赵飞燕

赵飞燕（前32年—前1年），汉成帝的皇后。她出身婢女，但身材窈窕，舞姿优美，轻盈，如飞燕一般，备受汉成帝喜爱。她和妹妹赵合德专宠后宫达十多年，因为没有子嗣，她残害皇子，后来被逼自尽。

汉成帝的第二任皇后赵飞燕出身于当时社会最底层的官奴。官奴，顾名思义，就是官家的奴隶。在汉代的官府里，有许许多多被称为官奴的男女供官吏们驱使，他们大多是因为触犯了王法禁律而被籍没入官的，地位十分低下，毫无人身自由，就连他们的子女也是世袭的官奴。赵飞燕的父亲赵临便是这些人中的一个。

赵飞燕的出生也颇具传奇色彩。据《汉书·外戚传》记载：不知是何年何月何日，一个女婴降生在了赵临家。守着呱呱啼哭的婴儿，赵临夫妇脸上没有喜悦，而是满脸的愁容："官奴的命运本来就十分悲惨了，上天为何又让这孩子生在我赵家，往后的日子可该怎么过啊？"出于万般无奈，赵临夫妇决定将新生的女婴扔掉，由她自生自灭。一天，赵临偷偷将包裹好的婴孩丢在了荒郊野外。孩子是丢掉了，可赵临的心头却像压上了一块大石头。三天之后，怀着一颗负疚之心，赵临又悄悄来到丢弃孩子的地方。令他大吃一惊的是，那个被遗弃了三天的女婴居然还活着，他心中窃想，这孩子或许还真有什么福分呢。于是，赵临连忙把一息尚存的婴孩抱回家，并开始精心地加以抚育。

一晃十几个年头过去了，昔日的襁褓婴孩，此时已长成了体态婀

娜，面如桃花的妙龄少女。官奴之女的生活使她饱受了人间的艰辛，但也使她养成了工于心计、争强斗狠的禀性。在过去的这段日子里，赵飞燕又有了一个妹妹，名叫合德。虽比赵飞燕年幼，却也长得如花似玉、艳丽动人。

在汉代，官奴的子女便是国家的财产，他们的命运去留全由官府主宰，年少的赵家姐妹便是这样。起初，她们在长安宫里做了几年婢女，后又几经周折，被打发到了阳阿公主府。

阳阿公主见赵飞燕容貌俏丽，体态轻盈，人也很伶俐，心里十分喜爱，就让人教她唱歌习舞，充作府中的舞伎。凭着天赋聪明和辛勤苦练，几年下来，赵飞燕已能歌如莺语，舞似燕行，技艺远在群芳之上。公主见她舞技绝伦，且出落得倾国倾城，心中大喜，暗想必有他用，于是为她取艺名飞燕。一时间，赵飞燕声名鹊起，长安城里的男女老少都知道阳阿公主府里有个色艺双绝的赵飞燕。

当时的皇帝乃是汉成帝刘骜。这刘骜自继其父元帝登了帝位以来，既不开拓疆土，也不管朝中之事，他把朝中一切政事都交给他的母舅——大将军王凤掌理，自己做了个不管政事的太平天子，大肆享乐起来。他又常常喜欢微服出行，出宫游玩，为此朝臣多有劝谏。无奈他一概不听，还变本加厉地与阳阿公主勾搭成奸。阳阿公主别看对下人说话拿腔拿调，一副老气横秋的样子，可她对这位异母之兄的皇上却是极尽媚惑之能事。阳阿公主当时也不过二十几岁，仍然像二八女子那样闪烁着青春光彩，且又异常美貌。成帝自与她颠鸾倒凤之后，便时时想着阳阿府。一天，成帝又耐不住寂寞微服出游，悄悄溜进了阳阿府。阳阿公主一见皇上驾到，慌忙设宴，请成帝上座，自己在下相陪。

为助兴，公主命府中舞伎献技。环佩金玉声中，赵飞燕在阳阿公主的授意下独自舞上一曲。成帝一见倾心，只见飞燕面如姣花，目似秋水，体态轻盈，纤修有加；歌舞起处，似花枝轻颤，举动翩然，恍如燕子凌空。一曲未尽，便有万种风情，妙不可言。唐代诗仙李白在他的《清平调》中曾这样赞叹飞燕之美：一枝红艳露凝香，云雨巫山枉断肠。借问汉宫谁得似，可怜飞燕倚新妆。

等到赵飞燕舞毕，成帝才醒了神儿，当此之时，他一门心思就全在赵飞燕身上了。于是阳阿公主马上撤宴，传令赵飞燕更衣随成帝入宫。

赵飞燕闻命，心中惊喜，这真是一步登天，立即随人去更衣，跟着成帝进了汉宫。

这成帝虽然政事不甚问津，但皇权却牢牢在握，他想如何，谁也奈何不得。此次虽是微服出行，回到宫中却是堂堂正正，猎得一名艳女，他欢喜得不知如何是好，立即将赵飞燕安排在淑德宫。消息很快传至皇后及其他嫔妃耳中，自然引起她们一阵恐慌。不过她们又觉得这不过是皇上随便找的一位艳女玩玩而已，几天之后，说不定就会像穿过的鞋子一样抛在一边。其实，这一次她们都想错了。没想到飞燕竟然会"流丹浃藉"，成帝感觉到了她的与众不同，于是对她恋恋不舍。第五天以后，视赵飞燕如掌上明珠，白天不去上朝，日夜都在飞燕宫中，其她嫔妃统统被丢在脑后。转眼几个月过去，成帝贵体轻减，飞燕自是得意无比，俨然成了后宫的主人。

尽管如此，赵飞燕的心头却总笼罩着一层愁云。自己出身微贱，难免被那些出身名门望族的嫔妃所轻视，而且自己势单力薄，实在难与众多对手相抗衡。考虑了很久，赵飞燕决定把妹妹合德也弄到后宫。从此，飞燕常在成帝耳边极言舍妹如何之美，比自己有过之而无不及，直说得成帝内心发痒，恨不得马上一见。于是，一道圣旨将赵合德召进宫中。

合德入宫顿使"六宫粉黛无颜色"。只见赵合德肤如白雪，鬓如乌云，柳眉凤眼，双颊红润欲滴，的确美艳胜过飞燕。龙心大悦，自觉艳福远胜祖宗武帝。待赵家姐妹草草道过别后之情，成帝便将赵合德贮之金屋。这天夜里，成帝又是一晚通宵达旦，其乐可想而知。第二天，成帝传令大摆筵席，庆贺新得美人之喜。成帝与飞燕比肩正坐，合德在旁含羞相陪。酒过三巡，成帝乘着酒兴说道："以前出塞的王昭君，天下称为美人，祖宗元帝思之至死；今合德，也是天生尤物，比之王昭君，大概有过之而无不及，朕艳福不浅啊。"

赵飞燕在旁听成帝如此夸奖妹妹合德，思他昨宵妹妹房中猎艳，不觉心头掠过一丝妒意，没有开口，闷闷地呷了一口酒，好久才启动朱唇，说道："启奏陛下，我姐妹今日共奉君王，王之大恩永世不忘。俗话说，名不正则言不顺，我入宫已有多时，现今尚无封号，宫中活动多有不便，皇上何不开开大恩，也好让我姐妹脸上有光。"

成帝听后，忙说道："飞燕之言有理，封号出自朕口，举手之劳，以前多有疏忽。今朕即封你姐妹同为婕妤，诏布群臣知晓便是。"飞燕姐妹闻听，忙叩头谢恩。酒罢之后，成帝立即携了赵合德去了寝宫。从此成帝便与赵氏姐妹花朝夕缱绻，十分快乐。

赵飞燕终于进了宫，常伴帝王左右，她把妹妹赵合德带进宫来本是为了帮她夺权，哪知竟带来了一个竞争对手。她不甘心，但是合德是她的妹妹，她即使嫉妒也只能隐忍，毕竟在宫中人心叵测，还没有打败对手就自己窝里斗是肯定不行的。

时间过得飞快，赵飞燕越来越觉得成帝更喜欢的是妹妹，思来想去，自己要想胜过妹妹就只有爬上更高的位置，她的野心在一天天膨胀起来。一天，飞燕与妹妹闲聊，合德说道："姐姐入宫已经很久了，为什么还没有怀上龙胎？"飞燕说道："我也正在愁这件事，这产育龙儿是我们姐妹的头等大事。你想想，皇上看上我们，还不是因为我们长着一副好容貌？俗话说'人无千日好，花无百日红'，后宫美女如云，等到我们姐妹青春一过，色衰爱弛，没个龙儿，地位岂能长久。我招你入宫也就是为这个，如果万一我不能生育，妹妹能产下龙儿，你我姐妹的地位还是有希望保住的，希望你好好侍奉君王，一旦产下龙儿，就是你我姐妹大福了。"合德听了也觉有理。姐妹又闲谈了些别的，不觉红日西沉，成帝下朝后立即传合德去陪，合德立即前往。赵飞燕见自从合德来了之后，成帝已对她日渐疏远，心中不是滋味，但因宠幸的人是自己的亲妹妹，却不好做什么。

数月之后，赵飞燕独自一人躺在凤榻之上，设想着自己的将来。她想，她与合德虽说是亲姐妹，但共同侍奉一个男人，这样做跟敌人没有什么两样。现今两个人都是婕妤，如果想要胜过妹妹，则必须登上皇后宝座。自己现今尚未完全失宠，如果再不抓紧，皇后桂冠将来肯定会戴在妹妹头上，机不可失，时不再来，思来想去，她觉得必须先下手为强。

赵飞燕虽然这样想着，却也不知道该怎么实施，因为皇后之位没有空缺。现在的皇后姓许，是昌邑人，大司马车骑将军平恩侯许嘉之女，被霍家毒死的西汉王朝第七位皇帝刘询的皇后许平君的侄女，出身地位极其显赫，根本不是她赵飞燕能够相比的。而且皇后智慧非凡，人长得也很清丽，见多识广，饱读诗书，可以说是才德兼备。自当上太子妃之日起，她就把成帝控制得很紧。可是这许皇后虽然总是被宠幸，但是却始终没有怀孕，于是成帝的母亲——太后王政君和大将军王凤对许皇后十分不满。此后又接连有日食、地震出现，一些别有用心的人乘机说此类变异乃上天示警，令皇上大选美女，以广子嗣。结果，成帝以此为借口，渐渐摆脱了许皇后控制。那许皇后因渐渐变老，成帝几乎不招她侍寝。这样一来，许皇后诞育皇子也就更没有希望了。皇上不来她房中睡觉，她倒也可忍耐，但成帝对她娘家的人满不在乎，她就无法忍受。凡赏赐馈赠许家，一律紧缩，许皇后觉得自己显赫出身，认为这是辱没了家声，对成帝及太后王政君不满起来，结果便给皇上上了一封奏书，以鸣不平。成帝看过奏折，不但没有怜惜皇后，反而有些反感。到现在，成帝已经和许皇后十分生分，不再像夫妻一样了。赵氏姐妹轮番侍寝，已将此情了然于心，于是她们便准备发动一场阴谋，来把许皇后拉下台。

成帝宠着赵家姐妹，自然希望从她们身上生个龙子出来。他觉得自己临幸二姐妹已经很长时间了，总该有一个会怀上身孕的，然而却始终没见动静，这让他很不开心。有一次，他询问赵飞燕为什么怀不上身孕。赵飞燕见时机已到，便在枕边煞有介事地说道："皇上还用问我，去问皇后娘娘好了。"

成帝问道："爱妃这话是什么意思？"

赵飞燕说道："有一件事宫中几乎到处传着，唯独皇上不知。"

成帝问道："什么事？爱妃请讲。"

赵飞燕危言耸听地说道："皇后娘娘身为六宫之主，母仪天下，本来应该以皇上子嗣为重，她因自己怀不上皇子，便和她的姐姐许谒、班婕妤结伙，用巫蛊诅咒宫中嫔妃，令我们都无法生育。而且我还听说，她还咒大将军王凤和皇上。照这样下去，我姐妹怎么可能怀上龙子，皇上和大将军恐怕也有生命危险。"

成帝听后，本对自己已过而立之年却无子嗣苦恼，飞燕的话正触动了成帝的痛处，忽然想起许皇后最近很多不寻常的行为，于是信以为真。第二天一早，便将枕上听到的事告诉了母后王政君。王政君听了很是震怒，立即下令将许皇后、许谒、班婕妤逮捕起来。

『细腰飞燕』——汉成帝皇后赵飞燕

于是皇后之位被空置起来，赵飞燕欢喜异常，立即向成帝请求搬到长信宫去侍奉皇太后王政君。成帝因为有比赵飞燕更美的赵合德侍寝，就恩准了赵飞燕的请求。赵飞燕于是搬进长信宫，在那里开始拼命巴结王政君。那王政君见赵飞燕如此孝敬，又恪守妇道，心中十分高兴。

数日之后，皇太后王政君便让成帝惩处囚犯，许皇后被夺去一切封号，贬为平民，囚禁在昭台宫；其姐许谒被处斩；许氏家族全都被赶出长安，遣返老家山阳。就这样，赵飞燕只不过吹吹枕边风，就轻易扫清了通往皇后宝座的障碍。

皇后既倒，凤冠空悬。赵飞燕又千万百计向成帝献媚，使出了浑身解数把成帝魅惑得团团转，使得成帝立即要擢升赵飞燕为皇后。成帝将自己的打算说给了太后王政君听，王政君虽然对赵飞燕印象很好，却碍着她的出身表示不同意。而且朝中一些大臣也竭力阻挠立后之事，使得成帝进退两难。正当成帝踌躇之际，淳于长出现了。淳于长是太后王政君的外甥，他摸透成帝心思，感觉到这是一个巴结晋升的好时机。于是便常到太后面前说成帝如何孝顺，飞燕如何贤惠，又言国不可一日无后，如是再三，终于把太后给说动了。一日，太后叫来成帝，对他说："皇儿，皇后之位空悬，不利家国。你想要封婕妤赵飞燕为皇后，她人品还不错，但是出身太卑贱。我刘家向来都没有封贱女为后的先例，依哀家的看法，宜先封其亡父赵临为侯，这样就可以堵住朝臣之嘴了。"成帝听后连声称是。

几天后，成帝当着朝臣面立即追封赵临为咸阳侯。朝臣闻听此令，大都知成帝是为封赵飞燕铺路，一般人认为无论谁当皇后都碍不了自己当臣，谁也不愿招灾惹祸出来劝谏，所以都奉承皇上明断。唯有谏议大夫刘辅不知好歹，上了一封奏书竭力反对赵飞燕为皇后。奏书上写着："我听说上天要兴旺谁，一定会先赐予他吉兆。上天要让谁倒霉，一定先降下祸秧。这是从古到今的定理。周王朝姬发要建立大业之时，就有鱼鸟的祥瑞，而君臣们仍戒慎恐惧，互相勉励。何况到了现在，上天既没有降福给皇上，让皇上得子，又屡屡的降祸，发生天灾。即使日夜自我责备，改过向善，挑选正经的女子求子求孙，恐怕都为时已晚。想不到陛下纵情纵欲，还找了一个卑贱的官婢，让她去当皇后，我是怎么想都想不通。俗话说得好'腐烂了的木头不可以当柱子，出身寒微的婢女不可以当主子'，连上天都愤愤不平，必然产生祸事，连菜市场上的小贩都知道，偏偏没有一个官员敢说一句话。臣很伤心，不得不冒死进谏。"

成帝览过奏章，不禁勃然大怒，他认为自己所处的是盛世，而刘辅却说有不祥之兆，尤其是竭力反对立赵飞燕为后更令他难以容忍，于是便令人将刘辅逮捕入狱。朝臣知道后，都很震惊。刘辅是以耿直闻名，很受朝臣们敬重，于是有中将军辛庆忌、右将军廉保、光禄勋师丹、太中大夫谷永等联名上书为他求情。成帝见这个处罚太不得人心，便改令将刘辅押往孝工狱。出过气之后，又将刘辅贬为鬼薪（即苦工），以解心头之恨。同时，成帝又降旨封淳于长为定陵侯，以表彰其说服之功。

永始元年（前16年），赵飞燕被册封为皇后，册封其妹赵合德为昭仪，其地位仅次于其姐。赵飞燕终于戴上了她渴望已久的凤冠。

皇后的位置已经得到，那现在的目标就是怎样保住皇后的位置。如果不想步许皇后的后尘，只有怀上龙子才能保住自己的凤冠霞帔。于是她想出了一个计策。

赵飞燕梦想成真，内心有说不出的得意。从此，她在后宫之中有了发号施令的权力。但她的野心不止于此，她还有更大的愿望。

飞燕当上皇后以后，与其妹合德双艳合璧，宠冠后宫。许多嫔妃根本见不到君王一面，只能暗暗叹息。成帝大封赵氏姐妹，心中极为舒畅，觉得虽然无穷尽地取乐于她们，却也对得起她们。从此更是对赵氏姐妹依恋非常，左拥右抱，尽享齐人之福。

时光转瞬即逝，赵飞燕的宿敌许皇后已被毒死，宫中除其妹之外已无人能与她抗衡，尽管皇帝越来越依恋其妹赵合德，但她对胞妹比较放心，料想她不会出来夺后位的，而且其妹与她一样，也一直没生育皇子。提到生皇子，这倒是赵飞燕的一块心病。她知道许皇后被废，除了自己做了手脚之外，也与她没有生育皇子有关。眼下宫中虽然是她与妹妹合德专宠，但如果自己长期不生育皇子，皇嗣无人，必然令太后、皇帝、众臣担忧以至不满。说不定又要为皇帝立新妃，那新妃如诞育了皇子，就有可能与她争后位，而且随着时光流逝，自己的容貌会慢慢衰退，后果不堪设想。

因此，赵飞燕此时最大愿望是怀个儿子。但是怎样才能怀上孩子

『细腰飞燕』——汉成帝皇后赵飞燕

呢？她想到妹妹几乎独占了皇帝，夜夜笙歌，但也怀不上孩子，便猜想是成帝患有不能生育之症，就算再勾引成帝与她频频同房，恐怕也是没有用的。于是她便产生了"借种"的荒唐想法。她认为不论此"种"来自于谁，只要生在自己腹中，怀孕之后勾来皇上睡几次，这所怀之子皇帝便赖不掉了。有了皇子，一切便都好办了。有了这个想法，她便付诸实施，暗暗物色男子，不久，便找到了不少对象。赵飞燕斟酌了很久，发现只有成帝侍郎冯无方最为理想，一者俊美，二者又与成帝某些地方长得相像。但是怎样把冯无方勾到床上，这却是个难题。赵飞燕此时处境与那些寡居的太后们并不一样，成帝健在，要实现这一想法，必须秘密地进行，不然一旦露了马脚便会弄巧成拙。再者说冯无方现在是侍郎，他有没有这个胆量还是个问题，因此，刚开始赵飞燕只是单方面的想法。

一天，成帝玩腻了饮酒赏花，就命人在太液池中造了一条大舟，取名为龙舟。等舟造好之后，就带上赵飞燕、赵合德登舟轻泛，备了酒菜边饮边玩，还让侍郎冯无方为他们吹笙助兴。赵飞燕因平日已暗暗注意冯无方，此时有冯无方在身旁，心中自然兴奋异常。可是，冯无方对于这些都不知情，只是专心地吹笙侍候一帝后妃快乐。龙舟游着游着，不觉已游到了河中心，突然从西北刮来一阵大风，直吹成帝龙舟。赵飞燕身子重量较轻，竟然被风吹起，眼看便要落水。成帝便喝令冯无方赶快去救赵飞燕。冯无方领命后，立即放下手中乐器，麻利地用双手握住了赵飞燕双脚。赵飞燕虽然处于危险之中，但看到是冯无方来救她，并且抓住了她的双脚，顿时觉得心神荡漾，她知道不会落水，就势凌风而舞，宛如飘飘仙子。冯无方见状在下面配合的很默契，成帝看到这样的舞蹈，龙心大悦，连连说"此景只应天上有"。成帝尽兴之后就回宫了。

成帝回到宫中，想起刚才情景仍回味无穷，立即传令设宴。饮乐之中大赏了冯无方，又极力夸赞他救护皇后有功，颁命冯无方从此可自由出入禁中侍候皇后。

成帝也有些昏聩了，自古侍奉皇后、嫔妃都是阉宦，从来没有男子自由出入禁中的做法。赵飞燕在旁听到成帝的命令，心中暗暗高兴，觉得是天遂人愿。冯无方虽然现在还没有在宫中猎艳之心，但得这样优厚的待遇，每天都可以看到众多天姿国色的嫔妃，还有皇后，心中也是暗喜，慌忙叩谢。吃完饭之后，成帝还是选择赵合德侍寝。赵飞燕独守空房，直觉得寂寞难耐，盼着早点天明，就可以和冯无方温存。

终于，天亮了，冯无方果然大摇大摆地入宫向赵飞燕请安，并问赵飞燕需要他做什么。赵飞燕见他这么一副正正经经的样子觉得好笑，连忙说道："我也没什么大不了的事，今天你来，陪我聊聊天就好了。"冯无方连连说遵命，就陪伴赵飞燕闲扯起来。时间长了，二人便熟了起来。赵飞燕本是天姿国色，在玉衣锦冠的衬托下更加妖娆，而且赵飞燕不仅容貌过人，也有些许才气；冯无方本来就是个阳刚男子，又正是青春年少，觉得与皇后在一处说笑十分快乐，渐渐的就日久生情，觉得一天见不到皇后就会心神不宁。

人都是有感情的。两个人常在宫中相见，干柴遇烈火难免会把持不住，没过多久，冯无方见赵飞燕美貌如花，实在难耐，赵飞燕又极尽撩拨，于是与赵飞燕暗中做了不齿之事。就这样又过了几个月，赵飞燕仍发觉自己腹中空空，不觉有些心冷。她密嘱一个心腹宫女到宫外去求生子之法。宫女果然悄悄出宫，回来之后对赵飞燕说道："奴婢已经找到了生子的妙方。一位医术很厉害的大夫告诉奴婢说，可以让求子的人做一对男女布偶放在床上，并且画上符咒。行房事之前将两个布偶先交合，然后念三遍符文，只要那个男人不是废物，就肯定会怀上珠胎。"

赵飞燕听后十分高兴，马上暗暗派人做了男女两个布偶，然后照那个大夫说的话把布偶放在床上，等冯无方来了之后就默念符咒三遍，然后再共度巫山好梦。又是好几个月过去了，赵飞燕仍没有怀上孩子，心中觉得可能冯无方也是有不孕之症，于是令冯无方从此不必再来侍候了。

赵飞燕想，"借种"恐怕不能指望一个人，应该多找些人试试，这样几率才比较大，怀上孩子也会更容易一些。于是她秘密的在宫中开设了一间密室，说是这个密室是用来供奉神仙求子用的，无论任何人都不准擅自入内。然后她将宫中一些孩子比较多的侍郎依次秘密召到这个密室里来，与她云雨交合，可是没想到又过了几个月却依然没有怀孕的征兆。然而赵飞燕仍然不肯死心，结果是"借种"闹剧愈演愈烈，所招之的人也与日俱增。一些人尝过赵飞燕凤体的快活后，就当作艳事美谈，难免会在喝醉后露出一些蛛丝马迹。局外人听了之后，便暗中当作淫趣之事风传了起来。时间长了，传来传去，终于传到了成帝的耳朵里，成帝心中不悦，他虽然恋着赵合德，却也决不允许他人染指自己的女人，给自己戴绿帽子，于是就准备找个时机捉奸。成帝知道如果想捉奸，就必须秘密进行，而且要出其不意才行，于是成帝开始留心起来。赵飞燕不知道成帝已经开始防着她，依然我行我素，疯狂地与男人交合不休。

一天，成帝出其不意带着随从到了后宫，飞燕正在云雨交合之中，左右急忙报告。赵飞燕又惊又急，衣服没有整理好就慌忙出迎，而且说话颠三倒四，成帝起了疑心。进来坐下不久，又听见衣柜中有人轻声咳嗽，心中更是明白了怎么回事，但家丑不可外扬，一时也不好说破，于是挥袖就走了。之后，成帝便有了杀赵飞燕之心，赵合德极力劝说才救下姐姐一命，但成帝却从此不再到赵飞燕寝宫中去，而专宠合德一人。

赵飞燕偷鸡不成蚀把米，非但没有"借种"成功，反而被成帝发现，并且差点害了自己性命。她频繁与不同男人苟合也未能怀上孩子，只好作罢。但是她还是担心自己的皇后之位会受到威胁，所以又想出了其他的办法。

身为后宫的女人，从她们进宫起的那一刻，她们的命运就已经注定了。她们要不断地争权夺势，没有得宠的努力魅惑皇上，得宠了的又努力保住自己的位置。经过后宫数年的明争暗斗，她们已经从刚进宫时的单纯，变成了现在的视生命如草芥，为了达到目的，心狠手辣，不惜一切。

赵飞燕对生育龙子已完全绝望了，为了保住自己的位置，只好再想别的办法。她刻意防范成帝因临幸其他宫女而生子，因为假如龙子生出来，母以子贵，一定会危及到她的皇后之位。而成帝尽管宠爱赵氏姐妹，但他毕竟是刘家皇权的传人，看着自己年龄越来越大，赵氏姐妹又迟迟未能怀孕，他十分着急。赵氏姐妹由于很会保养身体，虽然入宫数年，仍然面若桃花，宛如仙女一般。尤其是赵合德，依然像少女一般的风情万种，更令成帝无法割舍。因此，他虽为无子而着急，却始终没有考虑再立新妃，尽管有太后和一些重臣一再提醒，他却不听劝谏，置若罔闻，因为他若立新妃，赵氏姐妹必然会生气，成帝不想失去她们。不过皇子他还是想要生的，为此只能在其他已立的妃子或者宫女身上下工夫。

成帝在位时，据说宫女已达四万余人，这自然给成帝猎艳带来极大便利。然而自从赵氏姐妹入宫，二人对成帝防范甚严，成帝又不愿得罪赵氏姐妹，因此四万宫女便在后宫中空度岁月。而供他与赵氏姐妹使用的宫女，都是经过赵飞燕精心挑选的，相貌平平，这是赵飞燕阻止宫女"偷腥"的主意。

元延元年（前12年），后宫中一位名叫曹宫的宫女生下了一个男孩。合德听说后，立即派人去除掉曹宫母子。赵合德派人发矫诏用丸药毒杀了曹宫。为了掩人耳目，合德又迫使服侍过曹宫的六个宫婢投河自尽。后来，她又四处打听曹宫所生男孩的下落，这个刚出世不久的婴儿最终也未逃脱出合德的毒手。成帝得知后十分气恼，但慑于赵家姐妹的骄悍，只好不了了之。

第二年，后宫中的许美人又生下了一男孩，成帝看到自己终于有了子嗣，心中十分欢喜。谁知赵家姐妹知道后大怒，只见赵合德柳眉竖起，怒不可挡，竟然用手指着成帝责问道："陛下常常骗臣妾说是从中宫姐姐那里来，既然是来自中宫，那许美人的孩子从何而来？你曾发誓不辜负我们姐妹，如今许美人生下了皇子，莫非你想立她为后不成？"说完，便捶胸顿足，放声大哭起来，而且还向墙上撞去。成帝赶紧拉住她，连连给赵合德赔不是，并且对合德说："我并没说立许美人，我说过在你们两姐妹还没生下龙子之前不会留下别的孩子的，你尽管放心好了！"不出多久，成帝诏令中黄门靳严向许美人索要婴孩，并将小儿装入苇篚中，送到赵合德居住的地方，赵合德与成帝看过之后，他们又把苇篚封好，由宫婢交给掖庭狱丞籍武偷偷活埋。

赵氏姐妹继续摧残怀孕的嫔妃，以至于生了孩子的都杀掉，还没有出生的都堕胎。这样导致成帝从此绝嗣，只能在皇族中选择皇储。

赵飞燕这个方法的确保住了她的地位，然而却害的成帝断子绝孙，从此宫中再也无人能与赵氏姐妹相比。然而赵飞燕却开始嫉妒起自己的妹妹，成帝总是召赵合德侍寝，却很少召她。从妹妹进宫起，她的嫉妒之心就有了，只不过由于当时有共同的"敌人"，所以姐妹俩当然会联手对付外人。可现在情况已经不同，姐妹反目已是迟早的事。

后宫是一个争斗永不休止的地方，赵飞燕的皇后之位虽然保住了，但是成帝却只专宠赵合德，不由得暗中的较量又将开始了。

　　转眼之间，赵飞燕在宫中又迎来了一个生辰。皇后母仪天下，是天下所有女子的典范，皇后的生辰是全天下的大事，因此，朝廷每逢此时都会大张旗鼓地庆贺一番。这种庆典，皇上也必须到场。尽管成帝对赵飞燕已不是很感兴趣，但这次庆典属于例行公事，必须前往，于是成帝便与赵合德一同来到举行庆典的地方——凤仪殿。酒菜丰盛，歌舞欢狂，生辰大典热闹非凡。赵合德坐在成帝右侧相陪，两人一同频频向赵飞燕举杯敬酒。赵飞燕虽是今天庆典被祝贺的主人，但是眼见妹妹与成帝如同浑然一体，自己虽是皇后，却像个陌生人，心中很不快。酒饮到酣畅之时，赵飞燕忽动真情，在席上失声痛哭起来。众人大惊，都怕是哪里做的不周到，惹的皇后伤心难过。成帝见状，急忙劝慰道："今日是你的生辰，大家前来为你祝贺。你贵为天下之母，德行举止都是天下的榜样，放眼天下，处处升平，不知有多少人在为你高歌，你应高兴才是，怎么竟然如此伤心？"赵飞燕低声说道："真是令人悲伤啊！这生辰大典虽然是好事，却也告诉我又过了一年，我也又老了一岁。想当初我在阳阿府上当舞女时，皇上到公主家，我在那里歌唱跳舞，你那痴痴的样子我至今难忘。公主知道皇上的意思，让我来侍候皇上，皇上对我有大恩，把我带到皇宫中。没过多久我便成了你的妃子，皇上当时喜欢我而在我脖子上咬的齿痕仍在，但现在一切却都不一样了。这些事情现在想起来，好像是昨日发生的一般，又好像是一场梦，令人觉得醒后是一场空。如今我容貌一天比一天衰老，又没有子嗣，皇上心中难道还有我吗？想来也真让人悲伤，我就忍不住哭了。"

　　成帝见她说起往事，也思忆起当初认识赵飞燕的情景，后来到赵合德进宫，就只一味宠幸赵合德，忽然觉得有些对不起她，便说道："皇后何必如此伤感。岁月无情，任是铁打金铸之人也有衰老的时候。你看，朕如今和你初识那时候相比，不也衰老了许多吗？而且头上已经有了白发。朕如今虽恋着合德，但她是你亲妹妹，不也和恋着你一样吗？何必凡事尽往坏处想，来，朕敬你一杯。"

　　说罢自斟了一斗佳酿，又给赵飞燕满上，举杯到赵飞燕面前，说道："茉莉花谢，留香常在，燕子虽老，仍可翩翩，高山永固，岁无疆时。"

赵飞燕见成帝赋诗敬酒，也端起酒杯，赋诗一首道："沧海常流，帝德无竟，凤不影单，龙常眷顾，祝愿我皇，无疆万寿。"赋罢，与成帝一饮而尽。

赵合德在旁，见其姐与成帝眉来眼去地又赋诗又敬酒，竟然把她给冷在一旁，心中很不是滋味。她倒不怎么埋怨成帝，只是觉得姐姐太不知耻，刻意想将皇帝从她身边夺走，于是一双凤眼斜着姐姐，连撇带瞪，又怪声怪气地说道："多好的一对！"

赵飞燕听出这是话中有话，多带讥讽她的意味，心中极为不快，心想：我的好妹妹啊，如果不是我带你入宫，你能得到现在这样的恩宠吗？如今竟然不把当姐姐的放在眼里，今夜我一定要皇帝住在我宫内，让你独守空房一宿，看你能如何。想罢，便一脸哀怨之色的对着成帝说道："皇上如果念及昔日之情，今宵恭请留宿贱妾宫中，叙叙旧时之事，好吗？"

成帝不知道她们姐妹正拈酸吃醋，听赵飞燕如此说，觉得近来一味守着赵合德，便点头答应了下来。

庆典结束后，成帝便吩咐两名宫女送赵合德回少嫔馆安歇，他与赵飞燕携手前往皇后所住宫中。谁知到了门口，成帝突然又变了主意，说道："朕近来身体不舒服，离开少嫔馆恐怕睡不着觉了，皇后今晚还是自己睡吧。"说完就让宫女在前打着灯笼引他回馆。赵飞燕见"到手的肥肉"就这样没了，心中自然极度不快，"哼"了一声，独自回宫休息去了。

赵飞燕回到寝宫倒在床上，心中越来越怨起妹妹赵合德来，后悔当初让妹妹入宫，夺了自己的宠。自己虽然每夜也有男人陪伴，但毕竟不是皇上，充饥而已，一点儿乐趣也没有，思来想去，便下决心要把成帝从妹妹那里夺回来。

第二天早上，赵飞燕便面对镜子端详起自己的面容，觉得仍然年轻，桃花依旧，又吩咐心腹去民间为她搜寻美容之药，一门心思想从容貌上压倒妹妹。后来，美容之药找到了，赵飞燕服用后果然漂亮了许多。于是在成帝面前卖弄风骚，可是成帝对她依旧没什么兴趣，仍然对赵合德眷顾不已。到了无可奈何的时候，她便派人去刺探成帝与赵合德房事隐私。前往刺探的宫女向赵飞燕报告说："皇上恋着昭仪，主要不是她的脸蛋，而是她的凝脂般的玉体。"

赵飞燕道："这话有什么证据？"

那宫女说道："奴婢听说有一天晚上，昭仪光了身子在浴池中沐浴，皇上听说后便悄悄地溜过去，从门缝里偷看，被侍者发觉告诉了昭仪。昭仪一听害了羞，急忙躲到烛影后的阴暗地方。皇上虽然只见一眼，却已留恋不已。过了几天，昭仪又去浴池沐浴，成帝知道后，便吩咐侍者不准她去通报，待昭仪入浴，皇上便蹑手蹑脚从门缝往里瞅了个够，听说皇上越看越迷，只见昭仪裸身坐在浴池中，就好像掉落凡尘的仙子一般，娇不自胜，亮丽非凡，令皇上意乱神迷，像丢了魂一样。还听皇上当时说可惜不能有两个皇后，如果有的话，非封昭仪也做皇后不可……"

赵飞燕听到这里，顿时生起无限妒意。幸亏赵合德是她的亲生妹妹，如果换上另一个人，以她那专横的脾气，非要前去把她撕个粉身碎骨不可。往下的话她实在不想再听了，便令那宫女回去休息。

这一晚上，赵飞燕又是失眠，她已无法忍受如此冷落，胡思乱想着如何夺宠的办法，想来想去便想出一个东施效颦的办法来。她也仿效妹妹赵合德，去浴池沐浴，然后令人去暗示成帝前来偷看。谁知成帝人是来了，但心根本没在这里，他见赵飞燕在水中扭动，看着很恶心。赵飞燕竟然毫不知趣，还撩起水珠来做些挑逗动作，结果没等赵飞燕洗完，成帝早走了。赵飞燕发现成帝已走，自己顿觉索然无味，爬出浴池灰溜溜地回房，有气无力地倒在床上，无可奈何地说道："我这辈子算是完了，皇上的爱只在一身，这可怎么办呢？"

可怜赵飞燕想尽一切办法争夺成帝宠爱，可惜仍然争不过自己的妹妹。万般无奈之下她又有了别的主意。

后来，成帝"良心"发现，偶尔也会到赵飞燕宫中几次，赵飞燕受宠若惊之余，心中又生一计。那就是假装怀孕，等到十月期满，从宫外抱一个小孩以充她所生，于是赵飞燕便召集心腹秘密商定此事。赵飞燕事后对其心腹又有高额赏赐，诸人自然尽心尽力去为赵飞燕效命。

几天之后，成帝又来临幸赵飞燕，赵飞燕撒娇似的谎称她正怀上身孕。成帝不相信，她便叫来宫妇检验给成帝看，那宫妇装模作样地检毕，跪下奏道："皇上大喜，皇后果然孕了龙子。"

成帝盼子心切，立即信以为真。赵飞燕说道："既然如此，请皇上十月之内勿近妾之身，以保顺利产下龙子，承传刘氏基业，皇上可许臣妾之请？"

成帝说道："如此最好，只要你能生下龙子，朕定照办。"

赵飞燕嗔道："既然怀了身孕，哪有不成的道理。"

成帝说道："那好，那好，朕在你怀子期间不再过来也就是了。"说罢即于当晚回到少嫔馆去了。

赵飞燕向成帝说了已经怀了龙子之后，立即采取下一步行动。她招来心腹宦官王盛，让他到长安郊外贫苦人家居住乡落去探访与她同时怀孕的妇女。王盛鼎力去办，果然访得数十个，并且跟他们商定了买婴儿的价格，回报赵飞燕后，飞燕自然大喜。

赵飞燕从此便躲在宫中，将腹部逐日隆起，俏脸又作弄了几块蝴蝶黑斑。局外人不知情，盛传皇后怀上了身孕。太后王政君听说后，觉得喜从天降，也过来看望，望着赵飞燕的大腹笑逐颜开，嘱令赵飞燕一定要留意保护肚子里的龙子，赵飞燕点头遵命。

不知不觉中十月已经过去，赵飞燕自己订了产子日期及时刻，便令王盛去预订的贫家买子，一些心腹暗暗为她弄来些猪血，以造临盆假相，欺骗外人耳目。一切布置停当，赵飞燕在寝宫内悄然等待。

再说王盛，逐一走访原订买子人家，其中只有一家人于当晚天黑之时临了盆，事有凑巧，生下正好是一个男婴。那王盛立即拿出百金将此婴买下，装在一个小箱之内，趁着黑夜悄悄带回皇宫。赵飞燕见婴儿已经带到，就着烛光打开一瞧，生得还真有些像成帝的样子，心中大喜，于是便做起产子闹剧，将那婴儿放于被中，招来产婆，实际上都是赵飞燕的心腹，闹闹嚷嚷，将那事先准备好的猪血泼洒在棉褥上，又掐了那婴儿一把，婴儿大哭了起来，于是便向外间传言皇后生了龙子，令人飞报皇上及皇太后。众人听到消息后，都聚集到此来观看。婴儿由乳母抱出去，先给成帝过目。成帝就着烛光仔细瞧了一番，连称像自己，龙心大悦，重赏前来产婆，并令赵飞燕和乳母细心养护，不得有丝毫闪失，赵飞燕装作满脸憔悴的样子点头答应。皇太后王政君也看了看孩子，连称好个皇孙。唯有赵合德与众人不同，她早已猜定这是姐姐的一场骗

『细腰飞燕』——汉成帝皇后赵飞燕

局，她在旁一边看着，一边冷笑不止。

第二天天明，成帝将皇后产子消息通告百官。百官一起贺喜，热闹非凡。

谁知上天有眼，不令外人篡汉，不出五天，那婴儿忽然得了一场奇怪的病，就这样夭折了。消息立即传报成帝及皇太后，成帝及皇太后听到消息后大吃一惊，立即处决乳母，并且严责赵飞燕，成帝还仰望上苍滴下数行清泪。人死不能复活，众人没有别的办法，只好接受了这一现实。

赵飞燕可以说是黔驴技穷了，她绞尽脑汁想尽办法，却无奈最终仍是一场空。天不助她，机关算尽，一切都没有穿帮，但假皇子还是死了，除了感慨之外她还能做什么呢。

赵飞燕在假皇子死后，她便开始安分起来。不和赵合德争了，赵合德也越发得意起来，夜夜要成帝陪在身边。

绥合二年三月十八日，体格健壮、素无病恙的成帝突然暴病而亡，一时间宫廷内外众说纷纭。赵氏姐妹受宠已久，在宫中树敌太多。成帝一死，众人便群起而攻之。皇太后王政君下令大司马大将军王莽追查成帝死因，由于赵合德夜夜侍寝，那成帝的死因当然与赵合德脱不了关系。合德深感大势已去，只得自杀。

合德之死以及她最后的遭遇，让赵飞燕耳不忍闻，目不忍睹，忧伤不已，只能暗中流泪，悔恨自己害了同胞的妹妹，以至于现在只剩自己一个。痛定思痛，更觉得难以接受，一种恐惧悄悄袭上心头。以前成帝在时，是她们姐妹的靠山，后宫其他人侧目，皇太后诸多不满，她们都可以靠着成帝的宠爱抵挡得住。现在成帝已经死了，存留下来的赵飞燕失去了乘凉的大树，众人开始蠢蠢欲动，打算向赵飞燕清算以往积怨。好在赵飞燕没有直接涉及成帝之死的大案，暂时还无法将她扳倒。皇太后虽然对赵飞燕不满，但一时还来不及对其清查，因为朝廷必须赶快议立新帝，国不可一日无君。

皇太后王政君主持众人议立新帝。筛遍刘氏之后，有人提出定陶王刘欣继承大统。这刘欣是元帝庶孙，定陶恭王刘康之子。生母是丁姬。刘欣三岁被嗣立为王，擅长文辞律法，元延四年曾入朝，颇得成帝好感，称其才能不凡。他的祖母傅氏当时也跟随刘欣入宫，成帝无子，而今刘欣又得成帝欢心，便有希望将来被列入大统之选。傅氏本就不是寻常的女辈，当时就乘机以重金贿赂赵合德及赵飞燕。赵氏姐妹由此对刘欣很有好感，时常在成帝面前夸赞刘欣，以致成帝几次想立刘欣为皇太子。所以此议一出，立即得到众人赞许，便迎了刘欣继了成帝之位，他就是历史上的汉哀帝。

刘欣登上汉家宝座，立即尊太后王政君为太皇太后，其祖母傅氏也被尊为皇太后。赵飞燕是原本的皇后，哀帝继成帝之位，也被尊为皇太后。

赵飞燕听了这封号之后，心中才稍稍安稳了一些时候。然而，现在的她犹如惊弓之鸟，总觉得会有不幸的事即将发生，整天提心吊胆，心神不宁。哀帝刘欣察言观色，看出了她的这种心理，便亲自前往赵飞燕住的宫殿探望她。哀帝深知他能当上皇帝，和昔日赵氏姐妹多次举荐关系很大，现在大权在握，自然应当报昔日之恩，所以见了赵飞燕，便对她说："太后不要多虑，我刘欣能有今日，是以前多仰仗了太后保举。太后无子，不要心存悲凉的感觉，把我当成你的亲生儿子对待就好了。"

赵飞燕说道："想我赵氏姐妹，自从侍奉先帝，自问没有失德的地方，而他人却都想置我于死地而后快。今有皇上此言，我就安心了。"说罢，垂下数行清泪。哀帝一边好言相慰，一边发誓要以天子之威保住赵飞燕的皇太后之位。两人又谈了些昔日相见的种种往事，哀帝便离开了。

赵飞燕自从得到了哀帝的帮助，她的心与哀帝靠得更紧了，恍惚觉得那是自己所生的孩子当了皇帝一般，于是便将自己后半生希望完全寄托在哀帝身上。她深知自己今后的大敌是以太皇太后王政君为首的党羽，为了巩固自己的地位，赵飞燕必须借助皇上的力量把这些党羽及早除掉，不然自己便无法安然。

然而好景不长，哀帝将太皇太后的侄子王莽免职后，不久便得了重病，久治不愈，驾崩归天了。赵飞燕被这一突然事变吓得呆若木鸡，本来就已极度孤独的她，现在就更加孤独了。哀帝驾崩，朝政大权立即被王政君掌控。由她主议，立了元帝庶孙、中山孝王之子刘衍为帝，历史被称为汉平帝。在立帝之前，王政君利用皇权在握的机会，将侄儿王莽重新招回，任了大司马领尚书事之职，由他去迎立时任中山王的刘衍为帝。刘衍对王莽心存感激，所以刘衍即位之后，大权便掌握在王莽手中。王莽自觉此时比以往任何时候都要显贵，仿佛自己已经达到了一人之下、万人之上的境界，于是在排斥异己过程中的第一个打击对象便是赵飞燕。

赵飞燕在哀帝在世时，除了笼络哀帝感情外，也拼命巴结哀帝祖母傅太皇太后，无奈这傅太皇太后先于哀帝驾崩，而哀帝一死，赵飞燕真正成了孤家寡人，朝中自此再没有一个同党了。赵飞燕在哭完哀帝之后，思前想后越来越觉得自己无路可走，越来越觉得害怕，她自知自己再也没有能力与王政君的党羽抗衡了，只得静静地躲在后宫之中垂泪不已。

王氏外戚蛊惑平帝连降二旨，先将赵飞燕除去皇太后封号，随即又废为庶人，让她迁出皇宫，移居成帝的延陵。两旨为：

一、"前皇太后赵飞燕与昭仪赵合德俱侍帷幄，姐妹专宠锢寝，执贼乱之谋，残灭继嗣，以危宗庙，悖灭犯祖，无为天下母之仪，贬皇太后为孝成皇后，徙居北宫。钦此——"

二、"孝成皇后赵飞燕自知罪恶深大，朝请希阔，失妇道，无供养之礼，而有虎狼之毒，宗室所怨，海内之仇也，而尚在小君之位，诚非皇天之心。夫小不忍乱大谋，恩之所不能已者，义之所割也，今废皇后为庶人，着就其园——"

数次打击之后，赵飞燕彻底绝望，于是便上吊自尽而亡，终年三十七岁。

一代倾城美女赵飞燕就这样香消玉殒了。当她在得宠时嚣张跋扈，残害帝嗣就已经注定了她悲惨的命运。树敌太多必然会导致群起而攻之，虽然当时有成帝这棵大树可以挡风遮雨，但是世事无常，在做这些恶事的时候，也应该想想，如果有一天这棵大树轰然倒塌，那自己又当如何自处？赵飞燕败就败在自己未能看得长远，更败在她的恶行昭彰，淫乱后宫、媚惑君王、残害帝嗣……这一桩桩、一件件的恶行，把她推向了不归路。

"三十年感情"——光武帝皇后阴丽华

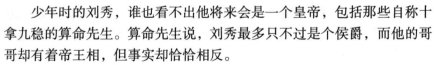

✿皇后小传

    阴丽华（5年—64年），是东汉光武帝刘秀的结发妻子，第二任皇后，是汉明帝刘庄的生母。刘秀仰慕她的美貌，对她极为钟情。阴皇后并不恃宠而骄，而是经常为丈夫着想，贤良端庄，与刘秀是患难夫妻。刘秀与阴丽华有三十年的感情，感动世人。

    刘秀是中国历史上为数不多的用情比较专一的帝王之一，他是一个值得女人终身托付的好男人，他一生最重要的两个女人是阴丽华和郭圣通。但刘秀并不是把心分成两半，一半给阴丽华，一半给郭圣通。无论是白衣飘飘的少年，还是绿林好汉山大王，还是九五之尊的光武大帝，刘秀对阴丽华的爱始终如一。而与郭圣通的结合则是历史强加给他的一场政治婚姻，在爱情上，郭圣通是个可怜的女人，但是她又是中国被废的后妃群中最幸运的一个，她是唯一一个没有被打入冷宫的废后，不但如此，刘秀对她的家人也都善待，而她本人也过着自由、富足、安稳的生活。

    少年时的刘秀，谁也看不出他将来会是一个皇帝，包括那些自称十拿九稳的算命先生。算命先生说，刘秀最多只不过是个侯爵，而他的哥哥却有着帝王相，但事实却恰恰相反。

    这也不能全怪算命先生，少年时的刘秀确实胸无大志，是一个喜欢在田间戏耍的顽童，而他的哥哥刘绩却喜欢读儒家经典，研习兵书，还广交朋友，常常口出狂言，与少年刘秀形成鲜明的对比。

虽然有着尊贵的皇室血统，刘秀是汉高祖刘邦的九世孙，但到了他这一代，已经和普通老百姓没啥区别，他的父亲刘钦只是个南顿令而已。这使得我们的刘秀从小就没有什么架子，是一个温柔、善良、很有亲和力的少年郎，常常和他的奴仆打成一片，不分彼此。这或许为刘秀日后能够获得群众的拥护打下了基础。

没有任何一点迹象可以看出刘秀有皇帝命，除了他的出生略带传奇色彩之外。据说，他的父亲刘钦和母亲樊娴都于公元前 6 年生下了他，那一年，方圆百里任何一家的收成都比不上刘家，刘家的田地还出现了一茎九穗的现象。

刘钦对这个时候出生的刘秀非常疼爱，兴奋地为他取名为"秀"，意思就是庄稼出好穗。

虽然刘家已经不再是什么宗室成员，但刘秀的家境在当地还是数一数二的。父亲好歹是一个县令，母亲呢，还是当地巨富的女儿，父亲和母亲的感情也非常好，所以少年时的刘秀不愁吃不愁穿，过年还有新衣服和压岁钱。

刘秀生活在一个大家庭里，刘秀有两个哥哥，刘绩、刘仲，还有两个姐姐，刘黄、刘元和一个妹妹刘伯姬。

大家庭和睦、团结、热闹，生活在这样的大家庭里，刘秀的童年是快乐幸福的。

与哥哥姐姐们不同的是，哥哥姐姐们骨子里仍脱不了贵族的傲气，总以宗室成员自居，看不起下人。而少年刘秀常常忽略自己是主人的身份，与奴仆们一起在田间里劳作，从不轻视他们。哥哥笑话他没有出息，以后一辈子是个庄稼汉。

少年时的刘秀心地非常好，有一件小事可以说明。一个过路的乞丐向刘家讨口水喝。当时父母不在家，兄弟姐妹几个在院子里玩耍。乞丐走到哥哥身边，哥哥向乞丐唾了一口，叫他滚开。乞丐走到姐姐身边，姐姐虽然没有向乞丐吐口水，但却捂着鼻子跑开了，边跑边说，脏死了，臭死了。

乞丐最后走到刘秀身边，刘秀拍拍手上的泥土，跑到屋里，舀了满满一瓢水给乞丐。

乞丐喝完了，刚要走，刘秀说，等等。

乞丐纳闷，还会有什么事情呢？

一会儿，刘秀出来了，手里多了两个香喷喷的烧饼，而这两个烧饼是他的午餐。

乞丐感激涕零，接过烧饼的手直哆嗦，他还从来没有遇到这么懂事这么好心肠的孩童。乞丐送给刘秀最后一句话是，他将来一定大富大贵。

乞丐走后，哥哥姐姐都说刘秀傻帽，把烧饼给了乞丐，你自己吃什么？

刘秀只是笑笑，并不作答。他的笑，是那么天真。

很快，刘秀长大了，长成了一个翩翩少年。

公元8年，天下发生了一件大事，这件大事让刘家上下痛心疾首兼义愤填膺：王莽建立了自己的新王朝。

从大的方面来说，这是刘氏家族的奇耻大辱；从小的方面来说，刘氏子孙失去了富贵的特权，很快沦为普通老百姓。刘秀一家也跟着遭了殃，这时候，刘秀的父亲已经去世，他跟他的两个哥哥寄居在叔叔刘良家里。

这时候刘秀十四岁。十四岁，放到现在，还是一个孩子，祖国的花朵，但在古代已经是一个小大人了。

十四岁的刘秀陷入窘迫的生活当中。但他的心态非常好，这是他长年累月与下人待在一起的结果，对于改朝换代的变故，他并不觉得有多大的失落。而他的哥哥刘绩却不同了，对王莽的篡汉表现出极大的愤慨和鄙夷，常常在家抱怨，并扬言要匡复汉室。

此时的刘秀虽然还没有远大的政治抱负，但在环境的影响下，在哥哥的熏陶下，他的心境开始慢慢转变，他明白必须为自己的将来做打算了，不能再是以前那个无忧无虑、醉心于田园的"庄稼汉"了。

于是在刘秀二十岁那年，他选择了去长安读书。在长安的太学他用心攻读，同时不忘结交豪侠。几年后，刘秀的思想发生了巨大的变化，匡复汉室虽然还不是他的远大目标，但是要成就一番事业已经成了他的心愿。只是这番事业具体是什么，他还没有详细目标。但后来与他一起打天下的好友就是这时候结交的。

从长安游学归来的刘秀已经是一个风度翩翩的青年公子了。

对男人来说，一辈子最重要的两件事莫过于事业和爱情。没有事业的男人被别人看不起，没有爱情的男人被自己看不起，既没事业又没爱情的男人不是男人，爱情事业双丰收的男人是男人中的极品。

此时的刘秀对自己的事业和爱情都有了定位：仕官当作执金吾，娶妻当得阴丽华。

执金吾是什么样的官？其实它是一个没有多少实权的官，只不过很威风，就是掌旗帜的，皇帝或者达官贵人出行时，两边警卫列队，掌旗官在最前面开道，手拿顶端刻着"金乌鸟"雕像的巨杖，骑着高头大马，雄赳赳、气昂昂，确实风光。

刘秀在长安游学的时候曾经亲眼见过一次执金吾出行的盛况，刘秀好生羡慕，于是立志也要当这样的官。

这样看来，那时候的刘秀对自己的事业定位也太低了点，还停留在浅层次上面，不过也不难看出，他确实是一个比较容易满足、很可爱的男人。

那么，刘秀对自己的爱情的憧憬又是怎样的呢？

"娶妻当得阴丽华"，阴丽华是何许人也？刘秀的老乡是也。那时候，阴丽华是刘秀的家乡最美丽的女子，爱美之心人皆有之，刘秀也不能免俗。

他是怎么认识阴丽华的呢？

那时候阴丽华还是一个天真无邪的少女，比刘秀小九岁，还远没到出嫁的年龄。但刘秀还没有见到她，只听到这个名字，就浮想联翩了，他觉得这个名字真是妙不可言，名字的主人肯定也是美丽绝伦。

一见面，果然是也。阴丽华的美貌确实让刘秀心动不已，于是他在心里立下愿望：娶妻当得阴丽华。现在不能娶，将来一定要娶。如果娶不到阴丽华，也要娶像阴丽华一样的女子。

刘秀是通过他的姐夫认识阴丽华的。

刘秀的姐姐刘元嫁给了邓晨。邓家和阴家有一定的姻亲，经常走动。刘秀游学回来后就住在姐姐家里，由于志趣相投的缘故，刘秀和姐夫成了死党。

有一次，姐夫邓晨领着刘秀去拜访阴丽华的哥哥阴识，恰好遇到阴丽华在院子里给牡丹花浇水。

阴丽华的花容月貌在牡丹花的衬托下更加妩媚动人，刘秀立刻被吸引住了。

　　刘秀对姐夫借口说是看美艳无比的牡丹花，但明眼人一看就知道他是在看比牡丹花还美艳的阴丽华。

　　姐夫也不揭穿他，反正阴识还没有回来，就让他多饱一会儿眼福吧。爱上一个人只需要一秒钟，就那一次，刘秀就忘不了阴丽华了。

　　但姐夫却不断地打击他，说要是以前，他们俩还是很般配的。但是现在，刘秀连没落王孙都不如，阴家好歹是一大户人家，阴丽华又是阴家的心肝宝贝，刘秀啥都没有，拿什么娶人家呢？

　　听姐夫这么一说，刘秀有点沮丧。其实，刘秀也不是啥都没有，至少他还是一个美男子。刘秀是中国历代帝王中少有的美男子。古代的史官对名人的相貌是避而不谈的，而唯独对刘秀，他们毫不吝啬地称赞他丰神俊朗，是世上数一数二的美须眉。

　　史书上说，刘秀的身高七尺三寸，换算一下也就是一米七五左右，不高也不矮，但他的身材非常匀称，身上没有一丝赘肉，穿上长袍，往风里一站，衣袂飘飘，大有玉树临风之美感。另外刘秀的五官也很标致，皮肤白皙，眼睛可以说话，当然也可以放电，他的美与中国第一美男潘安类似，按照现在的标准，属于花样美男型，是标准的师奶杀手。

　　但是美满的婚姻仅靠一副臭皮囊是无法获取的，何况阴丽华小姐还不是师奶，于是刘秀打算听取姐夫的建议，认真地做好以下两件事：一是发展自己的事业，男人有了事业，一百个阴丽华都可以随便娶；二是与阴丽华小姐的哥哥阴识搞好关系，从而进一步培养与阴丽华小姐的感情。

　　而此时的阴丽华小姐还只不过十五六岁的年纪，除了对这个爱慕她的大哥哥有些好感之外，再无其他。而她也决然想不到，三年后，她竟然嫁给了他，她更想不到，他后来居然当上了东汉的开国皇帝。

　　一旦事业与爱情联系起来，便一发不可收。

　　乱世之中，刘秀开始逐渐展现出他的英雄气概。

　　我们知道，之前的刘秀温文尔雅，含蓄内敛，断然不会在大庭广众之下秀自己。

　　但接下来的一件事，让我们对刘秀刮目相看。

当地有一位名士叫蔡少公，是一位预言家，能够预知未来将要发生什么大事。

刘秀和姐夫邓晨去拜访他，那天宾客满堂，蔡少公预言将来的天子一定是刘秀。

但此刘秀非彼刘秀。当时与王莽一起篡汉的刘歆，在新王朝成立后，当了王莽的国师。他也不知咋搞的，就在前几天，一时心血来潮，把自己的名字改成了刘秀。

于是，宾客们都无一例外地认为，蔡少公所说的刘秀一定是国师刘秀。

这时候，刘秀站起来，当仁不让地说："凭什么就一定是国师？王侯将相宁有种乎？为什么不可以是刘秀我呢？"

刘秀的这番话让在座的各位元老大吃一惊，很多人都对他嗤之以鼻，哪来的无名小辈，在这里大放厥词？这里有你说话的份吗？也不掂量掂量自己几斤几两！

刘秀的话大大地刺伤了那些所谓的名士的自尊心，他们几乎要群起而攻之了。刘秀的姐夫见势不妙，忙赔礼道歉，然后拉着刘秀灰溜溜地走了。

事实上刘秀的人缘向来都很好，只不过他的根据地应该在普通老百姓那里，而不是在道貌岸然的所谓的名士那里。

不过，今天，刘秀的姐夫要重新认识一下这位"不鸣则已，一鸣惊人"的小舅子了。

邓晨开玩笑地说，刘秀，你娶阴丽华的日子不远了。

就在刘秀说完这番大话的五个月后，他揭竿而起了。

首先起义的并不是他，而是他的哥哥刘绩，也就是那位经常发誓要匡复汉室的仁兄。可惜这位仁兄胆量和志气虽绰绰有余，但没啥脑子，也没有人缘。据说他起义的时候，没有一个人响应他，父老乡亲们都认为他是一个不踏实的人，于是纷纷逃跑。

刘绩很是尴尬，也很恼火，手足无措之际，他的好弟弟刘秀在关键时刻帮了他一把，当然也帮了刘秀自己一把，从此他的人生将步入新的历程。

刘秀第一个响应他的哥哥，穿上了红袍高冠的戎装。乡亲们见刘秀也揭竿而起了，不几天都跑了回来，说要跟着刘秀打天下。乡亲们不相信他的哥哥，但很信任他，连刘秀那么老实稳重的人都起义了，跟着他肯定没错。

刘秀的人气相当旺，旺得让他的哥哥羡慕得要死，不几天的工夫，凭借自身的人格魅力，刘秀为哥哥招集了八千子弟兵。

表面上，哥哥是这支队伍的领导人，实质上，弟弟才是这支队伍的领导人。凡是哥哥的命令必须征得弟弟的同意，大家才肯执行；而弟弟的命令无须征得哥哥的同意，他们就执行。

这使得哥哥很郁闷，但对弟弟不得不心服口服。好在他也没有郁闷多久，就一命归西了。

起义军发展很快。刘秀和哥哥刘绩，打出"刘邦九世孙"的旗号，推立汉朝宗室刘玄为皇帝，建立了自己所向披靡的"绿林军"。

哪知刘玄长了个白痴脑袋，担心刘绩的威望影响自己的前程，找了一个莫须有的罪名把刘绩杀了。

正在外面打仗的刘秀听到这个消息，悲痛不已。为避免重蹈哥哥的覆辙，他只好强忍丧兄之痛，回到刘玄的中央政府，当面向刘玄谢罪，并表示他对刘玄的忠心一万年不变。

刘玄对刘秀的甜言蜜语很满意，继续让他担任重要职务。

而就在这时，一直跟在刘秀身边作战的阴识看出了刘秀的远大前程，说服家人，把如花似玉的妹妹阴丽华嫁给了刘秀。

娶妻当得阴丽华。多年的愿望终于实现。刘秀当然高兴。为了进一步迷惑刘玄，刘秀以娶妻为幌子天天花天酒地，刘玄见刘秀如此这般，对他的戒心彻底丧失，认为刘秀也只不过是一个纨绔子弟，将来不会成什么大器。

而以刘玄的智商，纵使他有一百个脑袋，也不会想到，这一切只不过是刘秀在演戏罢了。到了晚上，想起冤死的哥哥，刘秀就忍不住流下悲伤的泪水。男儿有泪不轻弹，而刘秀却从来不掩饰自己的泪水。阴丽华也是唯一见过刘秀流泪的女人。

一个男人当着一个女人的面痛快地流泪，说明这个男人对这个女人的感情已经达到了巅峰。

阴丽华是幸运的，也是幸福的。

她在梦里都会笑，老天把这样一个深情的男人给了她。

就在刘秀与阴丽华结婚的这一年，刘玄也把自己的根据地驻扎在了洛阳。

这时候，刘秀还是刘玄的部下，他还没有想过，杀掉刘玄，自己做皇帝。

但刘玄的威信实在令人不敢恭维，他定都洛阳不久，各路群雄并起，纷纷建立自己的王国，谁也不买他的账。

刘玄气得鼻子直哼哼，派刘秀以大司马的名义，领着一小撮军队（刘玄怕刘秀叛变，只给他一小撮军队），去全国各地镇压地头蛇，用武力威逼他们归顺中央政府。

表面上看，刘秀斯斯文文，不是将才，可是他所到之处，没有人不服，真是怪哉，可能刘秀有一定的军事天赋，只有在关键时刻才能被激发出来。

于是，刘秀的一小撮军队像滚雪球似的越滚越大，越过黄河，到达河北赵县时已经有一万人。

这时候，刘秀的部下开始劝他自立门户，刘秀豪情万丈，虽然没有明确表示要脱离玄汉政府，但他的心里已经决定这么做了，只是在等待恰当的时机。

刘秀这一步迈得很关键，你想得到什么就会去做什么，一个胸无大志的人是很难成为天子的。

可就在这个时候，一个不好的消息传来，一个叫王郎的算命先生，宣称自己是真正的皇室后裔，是汉成帝刘骜的儿子，在河北邯郸坐上了金銮宝座，成立了自己的中央政府。

王郎说，他的原名叫刘子兴，为了躲避赵氏姐妹的毒杀，被宫女抱到了民间，沦落为算命先生。

在刘骜与赵飞燕的爱情故事里，我们已经知道，刘骜是没有子嗣的。这个王郎到底是从哪里冒出来的只有天知道，毫无疑问，这是一个政治阴谋。

可问题是，黄河以北地区的老百姓都相信这个政府，而不相信刘玄的政府，各地郡县争先恐后地脱离了玄汉政府，纷纷投靠邯郸政府。

一山不容二虎。王郎做了皇帝，立即下令捉拿刘秀，并开出十万户侯爵的重赏。从中不难看出，当时刘秀的势力和威力。

尽管这样，刘秀依然势单力薄，无法与强大的邯郸政府抗衡。他三十六计走为上计，从河北赵县逃到河北冀县，就在冀县，刘秀面临三个选择：要么与王郎抗争到底，不过要借助新的政治力量；要么投降；要么逃回洛阳，让刘玄派出更强大的镇压军。

我们来分析一下这三条路：向王郎投降没有任何好处，只有死路一条，今天投降，明天就人头落地；逃回洛阳也不太现实，一则路途过于遥远，二则刘玄也派不出更多的军队，三则即便逃了回去，也不见得有好果子吃。据说已经有人密报刘玄说刘秀有谋反之心，只是还没有抓到证据而已。以刘玄的多疑性格，回去后，刘秀一定得不到善待。

于是，只好选择第一条路了。

可是，哪里还有额外的政治力量能够被他利用呢？

刘秀深思熟虑了三天三夜，终于想到了一个很牛的人物。

他就是河北真定司令官刘扬，曾经的真定王，拥有十万余众的民兵。

问题是，现在的刘扬已经归顺了邯郸政府，所以，得派一个信得过的口才极好的使者前去说服刘扬，让他退出邯郸政府，与刘秀结盟。

这是一次巨大的冒险，刘秀并没有十足的把握，万一刘扬不同意与他结盟，刘秀就彻底完了，刘扬的十万大军向他杀来，他插翅难飞。

可是不冒险连生存的希望都没有，冒险还有一丝希望，成败在此一举，刘秀不得不背水一战。成大事的人需要敢于冒险的勇气和决心。

刘秀派出的使者是刘植，他是不可多得的人才，巧舌如簧，能把死的说成活的、把黑的说成白的。

刘植胸有成竹地前往真定王府，刘植一走，刘秀的心就悬在了半空中，他忧虑万分，害怕刘植一去而不返。

谢天谢地，刘植毫发无损地回来了，而且还给刘秀带来了振奋人心的好消息。

刘植兴高采烈地说，刘扬已经答应和我们结盟啦！但是——

刘植一说到但是，刘秀的心又提到了嗓子眼，但是什么，快快说来。

但是，他老人家要和你结为亲家！

刘秀蒙了，我和阴丽华结婚还不到半年，还没有生下一男半女呢，怎么做亲家？

刘植乐呵呵地说，刘扬不要你的儿子，也不要你的女儿，他要你做他的外甥女婿，他要把他的外甥女郭圣通嫁给你！而且我已经答应他了。

郭圣通是什么来头呢？她的来头自然比阴丽华大得多。单她的舅舅是刘扬这一点就可以彻底把阴丽华压倒，她的舅舅可以给刘秀十万大军，估计阴丽华整个家族也拿不出一兵一卒。

郭圣通的爹是一个好人，把数百万的财产继承权给了他同父异母的弟弟，受到老百姓的拥戴和尊敬，后来他当过真定郡政府的科级干部。郭圣通的母亲，也就是刘扬的亲妹妹，被称为郭主，是当时真定王刘普的女儿。郭圣通还有一个哥哥，叫郭况。兄妹俩都依靠着舅舅刘扬。

郭圣通花容月貌，聪明伶俐，深得刘扬的喜爱，把她当作亲生女儿一样对待。这不，当刘秀派出使者与他交涉的时候，他看出刘秀非等闲之辈——并不是所有的人都可以成为邯郸政府悬赏十万的通缉犯——于是打算把外甥女嫁给刘秀。刘扬的目的很明显，一损俱损，一荣俱荣。

面对飞来的艳福，换作其他男人，早已乐得屁颠屁颠了，可是刘秀却高兴不起来，他向刘植叫苦曰："可是我已经娶了阴丽华做妻子啦！"

请注意刘秀这一句话，在盛行多妻妾的古代，依然恪守只娶一个妻子的原则的男人太少了，这显示出刘秀对阴丽华的深厚感情，显示出刘秀忠贞不贰的爱情观。假使阴丽华听到刘秀这么说，一定也很高兴。

这时候，刘植的三寸不烂之舌又派上用场了，他对刘秀说，这有什么呀，男人三妻四妾再正常不过了，何况加上郭小姐你才两个。再说了，你又不是多情而娶郭小姐，你这是不得已的办法，是为了以后江山社稷着想。阴丽华知道的话，也会谅解你的。如果她不谅解你，说明她也不是真的爱你，这样的女人也不值得你珍惜呀！最重要的是，我们的身家性命都在刘扬手中呢，如果你不答应做他的外甥女婿，后果很严重。

什么话都被刘植说了，刘秀还有什么推辞的理由呢？

于是，皆大欢喜，一场突如其来的政治婚姻由此产生。

刘扬选了一个黄道吉日，把外甥女嫁了过去。

而刘秀总觉得对不住阴丽华，想当初自己暗恋她多年，终于娶了她，可是现在又娶一个郭圣通，怎么对得起她呢？于是，刘秀左思右想，还是给阴丽华去了一封信，向她说明娶郭圣通是非常之举，他的心依然在她身上。可见，我们的刘秀对阴丽华是多么一往情深。其实这样的事，在这非常时刻，他完全没有必要向妻子报告。

直到洞房花烛夜，刘秀才得以看见郭圣通的庐山真面目，果然如她舅舅所说的，是一标准的美女，她的美跟阴丽华的美不同，她身上散发着一股与生俱来的优雅气质，这是阴丽华所没有的。

可是，遗憾的是，郭圣通迟来了一步，如果她在阴丽华之前出现，或许还可以得到刘秀的真爱，可是用情专一的刘秀既然已经有了阴丽华，郭圣通就只能靠边站了，她的爱情悲剧也在所难免。情人眼里出西施，纵使她比阴丽华高贵，纵使她比阴丽华风情万种，但在刘秀的眼里，只有阴丽华是最美的。

直到现在刘秀都不能否认，他的江山有一半是郭圣通的。政治婚姻给刘秀带来了巨大的政治利益，刘秀的军队和刘扬的军队强强联合，邯郸军团根本不是对手，很快就缴械投降了。

消灭邯郸政府，杀掉王郎后的第二年，刘秀向天下人宣告，他要脱离名存实亡的玄汉政府，他要自己做皇帝。

公元 25 年，刘秀在河北柏乡建立自己的政权，史称东汉。刘秀成为东汉的开国皇帝，估计他自己都想不到会有这么一天。

又过了一年，刘秀把都城定在繁华如梦的洛阳。

现在，刘秀和心爱的人阴丽华团聚了，免不了要卿卿我我，缠缠绵绵。

郭圣通被冷落在一边，心里很不是滋味。她心里有些怨恨，想当初，需要我舅舅的时候对我嘘寒问暖，现在仗打完了，自己做皇帝了，就把我丢在一边了。

等到刘秀把郭圣通介绍给阴丽华时，阴丽华客客气气，礼礼貌貌的，而郭圣通却板着脸，一句话也不说。

暗战还没开始打呢，第一回合郭圣通就输了。

刘秀对郭圣通很不满意，但他是一个温柔的帝王，没有发作。

国家稍微安定后，一件令刘秀头疼的事情摆在了他的面前：国家不

『三十年感情』——光武帝皇后阴丽华

可一日无君，后宫也不可一日无主，现在他做了皇帝，谁来做皇后呢？

阴丽华和郭圣通，这两个女人对他都很重要，他实在难以抉择。

当然，刘秀身边的人都知道，在感情上，他倾向于阴丽华，可是郭圣通却像一块石头压在他心头，因为她背后有强大的靠山，如果得罪了她，弄不好她舅舅的十万大军就会叛变。

这可不是闹着玩的事情，刘秀虽然做了皇帝，但如果要和刘扬单挑，他仍然不是刘扬的对手。所以，无论如何要稳住刘扬，先度过这几年的危险期再说。

可是，他又不想让郭圣通做皇后，不然这些年的奋斗他都白费了，这些年他所做的一切都是为了什么？都是为了阴丽华！他要证明给她看，他是一个好男人，是一个优秀的男人，他可以让她过上幸福的日子。可以说，刘秀是在为爱打拼。而做皇帝则是他额外的收获，并不是他初始的目标。

想来想去，刘秀决定先来一个折中的办法，既不封阴丽华为皇后，也不封郭圣通为皇后，先把她们一律封为仅次于皇后的贵人再说。

合理安排了这两个女人，刘秀接下来就开始封赏与他一起打江山的功臣们。邓禹为酂侯，吴汉为舞阳侯，阴丽华的哥哥阴识也被封为侯爵。刘秀如此大方，一个叫丁恭的博士杞人忧天，劝他说："你封这么多人为侯爵，尾大不掉，将来不怕他们叛变？"

刘秀笑着说："大臣们叛变是因为皇帝做得不好，还没有听说过因为封赏过多而叛变的。"

可就在他说完这句话不久，还真有人叛变了。

也正是因为这起叛变，刘秀才下定决心封阴丽华为皇后。

叛变的人物正是刘秀一直谨慎防备的刘扬。

早在与刘秀结盟之时，刘扬就心怀鬼胎，他的如意算盘是：等刘秀打下江山后，趁刘秀得意忘形之时，窃取他的胜利果实。

可他想歪了，刘秀并没有得意，更没有忘形，更糟糕的是，他的叛变计划被忠于刘秀的部下听到了。结果可想而知，刘秀在刘扬还没有出击前，擒贼先擒王，就把他逮捕了。

刘扬自然是死路一条，但刘秀宽宏大量，只杀了刘扬一个，刘扬的部下一律不追究。刘秀此举深得人心，刘扬的将士们对刘秀彻底臣服，发誓要效忠他，如有背叛，天打雷劈，不得好死。

　　这对郭圣通来说无疑是一个沉痛的打击，噩耗传来，她暗自饮泣。她现在所拥有的一切都是靠舅舅的支持才得来的，现在舅舅成了叛徒，作为他的外甥女，她会有什么好下场？别说皇后了，连贵人这个身份能否保住都说不准。

　　果然，处理了刘扬后，刘秀大喘了一口气，现在他要封阴丽华为皇后了，已经让她受了一年的委屈，再也不能让她受委屈了。他已经找不出不封阴丽华为皇后的理由。

　　不料，刘秀没想到的事情发生了。

　　如此天大的好事，很多宫女做梦都在想的事，阴丽华却拒绝了，她拒绝做皇后！

　　刘秀蒙了，这是咋的了？

　　他首先想到的是，自己是不是做错了什么，阴丽华是在跟自己怄气吗？

　　可他得到的答复却是，阴丽华说自己不配做皇后，她很感谢这么些年来刘秀对她的爱护，她也很爱他。可是，皇后不是他们两个人的私事，是关系国家的大事。而她出身贫寒，更重要的原因是她一直没有为刘秀生下一个儿子，而郭圣通已经为刘秀生下长子刘强。她不知道她以后还能不能生育，一个没有生育能力的女人怎么可以做皇后？所以，她恳请刘秀册封郭圣通为皇后，立她的儿子刘强为太子。

　　这真是一个深明大义的女人，刘秀听了阴丽华的话，心里像打翻了五味瓶，感动、欣喜、愧疚……他还想劝她，孩子等做了皇后再生也不迟。但阴丽华是一个有主见的女人，她决定了的事就不会再反悔，在她的坚持下，刘秀只好放弃册封她为后的念头。

　　这样，命运就把皇后的宝座送到了郭圣通面前。公元 26 年，刘秀正式册封郭圣通为后，郭圣通成为东汉王朝第一任皇后，她的儿子刘强也顺理成章地被立为东汉王朝第一任太子。

　　举行册封仪式那一天，刘秀的心情是不好受的，按照礼法，阴丽华必须向皇帝皇后行跪拜大礼，自己最心爱的女人，如今却要跪在自己的面前，他不忍心看到这一幕，把头偏向一边。这个小举动自然被敏感的郭圣通察觉到了，封后仪式也因为刘秀的心不在焉，新任皇后郭圣通心里也不是滋味。

　　不过，此时此刻的郭圣通对阴丽华充满了感激之情，她刚刚死了舅舅，失去了唯一的靠山，阴丽华在这个时候把皇后的位置让给她，无异于雪中送炭。于是，私下里，郭圣通亲切地叫阴丽华"姐姐"。而阴丽华总是一脸温和的微笑。

　　阴丽华放弃了皇后的身份，却得到了刘秀越来越浓烈的爱。郭圣通当上了皇后，刘秀却对她越来越冷淡。如果可以选择，郭圣通宁愿要刘秀的爱，也不要这个皇后。可是，她不是阴丽华，即使她不要这个皇后，刘秀也不会爱上她。这是命，她不得不认命。谁叫她遇上的是刘秀这样一个专情的男人呢，只是他专情的对象是别人而不是她。

　　为弥补阴丽华没有做上皇后的愧疚，刘秀经常光顾她的寝宫，嘘寒问暖，有时一天要去好几次，而郭圣通的寝宫实则成了冷宫。

　　只是在阴丽华的提醒和劝说下，刘秀才偶尔光顾几次郭圣通的寝宫。

　　而阴丽华越是这样谦恭，刘秀越是觉得对不住她，一次，刘秀要封阴丽华的所有兄弟为侯爵。

　　阴丽华再一次婉言谢绝，她说自己只是一个妾，她的兄弟们怎么能够越礼做侯爵呢？

　　刘秀又赏赐珠宝给阴丽华，她依然拒绝，她说如今国家刚刚稳定，百废待兴，发展生产需要大量的人力财力，她一个女流之辈，要那么多珠宝奄什么用呢？

　　刘秀没辙了，他想对阴丽华好一点，阴丽华却三番五次地拒绝他的好意。刘秀有点失落，阴丽华看出了他的心思，劝慰他说，我们算是患难夫妻了，我知道你的心里在乎我，所以其他的都不重要了。你不要觉得对不起我，你应该放手去做你应该做的事情，那样我也心安。你的心在我这里，这比什么都重要。

　　话已经说到这个份上，刘秀总算心里好受一些。

　　但刘秀对阴丽华的偏爱依然如故。东汉建国初期，不免有些战乱。刘秀每次出去打仗，都不忘记带阴丽华一同前往，而总把郭圣通丢在宫里，理由也很充足，皇后需要处理后宫烦琐的事务，无法抽身。而这样做的好处是，一方面可以表达对阴丽华的爱意，另一方面可以增加阴丽华的生育机会。

刘秀对阴丽华的爱终于感动了上苍，公元 28 年，阴丽华终于为刘秀生下一个儿子，他就是后来的汉明帝刘庄。

阴丽华为刘秀生的第一个儿子给刘秀带来了好运，他一连打了好几个胜仗。回宫后，他大大封赏了刘庄。

整个后宫沉浸在喜悦之中，宫女们都来祝贺阴丽华幸运地产下一个龙子。

而这时候，有一个人不高兴了，她就是郭圣通。作为皇后，按道理，她应该率领嫔妃们来向阴丽华道贺，以显示她母仪天下，可是她却没来。

郭圣通躲在自己的屋子里生闷气，在她看来阴丽华生下了皇子，就等于在她的身边埋下了一颗炸弹，她的皇后之位，她儿子的太子之位随时有可能不保。

以前郭圣通对阴丽华心存感激，现在她没有感激，只有嫉妒，嫉妒刘秀对阴丽华的爱，她想不通，她有哪点比不上阴丽华？为什么刘秀对她的爱不及阴丽华的百分之一？

有了这样的心境之后，阴丽华的笑容在她眼里不再是笑容，而是阴险狡诈的阴谋。

郭圣通已不再叫阴丽华姐姐，不再与她往来。

不久发生了一件让郭圣通胆战心惊的事。首先这件事对阴丽华来说是不幸的。一群凶暴的强盗半夜闯进了阴丽华的娘家，抢走了所有值钱的东西，还把阴丽华的母亲和弟弟杀死了。

噩耗传来，阴丽华当即晕倒过去，醒来后悲恸不已，哭得死去活来，眼泪都哭干了，嗓子都哭哑了，谁也劝不住，包括在一旁手足无措的刘秀。

可以理解，阴丽华之所以如此伤心，是因为她的父亲死得早，母亲给了她最多的爱，她与母亲的感情似海深，可是如今日子刚刚好起来，还没有来得及报答母亲，母亲就这样凄惨地离她而去，她能不悲恸欲绝吗？

让郭圣通胆战心惊的不是阴丽华的丧母之痛，而是刘秀对这件事的处理。为宽慰爱妻，刘秀下了一道诏书，诏曰：

『三十年感情』——光武帝皇后阴丽华

吾微贱之时，娶于阴氏，因将兵征伐，遂各别离。幸得安全，俱脱虎口。以贵人有母仪之美，宜立为后，而固辞弗敢当，列于媵妾。朕嘉其义让，许封诸弟。未及爵士，而遭患逢祸，母子同命，愍伤于怀。《小雅》曰："将恐将惧，惟予与汝。将安将乐。汝转弃予。"风人之戒，可不慎乎？其追爵谥贵人父陆为宣恩哀侯，弟诉为宣义恭侯，以弟就嗣哀侯后。及尸柩在堂，使太中大夫拜授印绶，如在国列侯礼。魂而有灵，嘉其宠荣！

诏书包含了三层意思：

第一层意思是刘秀在诏书里面表达了他与阴丽华的患难夫妻情。

第二层意思是称赞阴丽华的大度，郭圣通的皇后之位是她让出来的。

第三层意思是追封阴丽华的父亲阴陆为宣恩哀侯，弟弟阴诉为宣义恭侯。让阴丽华的另一个弟弟阴就代替阴诉为长子，继承宣恩哀侯的爵位。

第一层与第二层意思对郭圣通刺激很大，尤其是第二层意思让郭圣通心寒，她可以料到，刘秀在颁布这道诏书的时候完全没有考虑她的感受，念念不忘与阴丽华的患难情也就罢了，让她无法忍受的是，连阴丽华让位这样的隐私也公布于众。这让郭圣通的脸面往哪搁？现在天下人都知道了，郭圣通的皇后之位是阴丽华让出来的，也就是说，郭圣通并不是靠自己的本事坐上皇后位置的。

郭圣通不是阴丽华，她一生下来就养尊处优，她觉得自己受到了莫大的侮辱。她甚至怀疑，是阴丽华让刘秀这么做的。郭圣通对阴丽华的误会和怨恨也越积越深。

而接下来发生的一件事，让郭圣通的愤怒和怨恨出离了理智，一发不可收拾。

这件事与她的宝贝儿子刘强有关，也与阴丽华的儿子刘庄有关。

刘强是太子，可他却不怎么招刘秀喜欢。原因有二，一是他母亲的缘故，刘秀既然不喜欢他的母亲，自然对他也不怎么喜欢。二是刘强的想法和刘秀的想法不合拍。

刘秀虽然在马背上夺得了天下，但心里面很痛恨战争，无论什么样的战争，都会造成成千上万的人死亡，受苦的总是老百姓，他曾经是老百姓，深有感受。刘秀不像汉武帝刘彻，崇尚武力，不断开拓疆土，他喜欢休养生息，喜欢用温柔的政策治理国家，这完全符合他的本性。

可刘强呢，像极了当年的汉武帝，不止一次当着文武百官的面，扬言要以武力治国，开拓更多的疆土。刘秀好几次试探他，他都这样回答。这委实让刘秀受不了，甚至怀疑他是不是自己的亲生儿子，怎么一点不像自己呢？

不满意的结果是，刘秀经常责备刘强，说他好大喜功，说他心里面没有老百姓等等。

父亲教导儿子再正常不过啦，但在郭圣通眼里，怎么看怎么不舒服，就是觉得刘秀偏心。

要说偏心，也确实是偏心。爱屋及乌，对阴丽华的长子刘庄，刘秀疼爱有加，怎么看怎么喜欢。

公元39年，天下大定，刘秀举办了一次规模浩大的人口普查活动。

在送来的全国各地的案表中，他无意之中发现了一张神秘的字条，字条上写着这样一句话："颍川弘农可问，河南南阳不可问。"

显然这是普查人口的官员故意留给刘秀看的，因为有些话他们不好当面对皇帝说。

同在一片蓝天下，都是东汉的子民，凭什么有些地方可以查有些地方不可以查？刘秀看了这张字条很生气，问左右的官员。官员吓得脸色煞白，支支吾吾地说不知道，说这张字条是他们从街道上捡来的。

这时候，年仅十二岁的刘庄发话了，他说："颍川、弘农这两个地方虽然有很多富豪，人口也很多，但是由于这两个地方没有多少人在朝中做官的缘故，所以可以随便查；但河南、南阳就不同了，河南是全国的首都，全是达官贵人，南阳又是皇帝的老家，全是皇亲国戚，这两个地方就算他们的奴婢数量、田宅规模超越了规格，也只能睁一只眼闭一只眼，管了就会惹来祸端。"

刘秀一听，嘿，有道理。再派人去调查，果真如此。由此，刘秀盛赞刘庄是一个神童，将来一定能够成就大事。由于高兴的缘故，刘秀无意之中说了一句，要不是已经立了太子了，太子之位应该是刘庄的才对。

估计刘秀也就那么一说，并没有真正易储的意思，可这话偏偏就传到了郭圣通的耳中，触动了她最敏感的神经，她的愤怒像火山一样爆发了。

不在沉默中爆发就在沉默中灭亡。我一忍再忍，结果呢，什么好处都没有捞到。现在，连太子都要废了，我还忍什么？

于是，郭圣通冲进刘秀的房间，劈头盖脸就是一顿臭骂，说刘秀如何忘恩负义，没有她舅舅哪有他今天，说刘秀如何不公，她到底哪一点比不上阴丽华了？她到底哪一点做得不好了？为什么要这样对她？太子刘强，好端端的，为什么要废他？他犯了什么错？是不是阴丽华叫你这样做的？

看来郭圣通确实积压了太多的怨气，是一个不折不扣的怨妇，她已陷入疯狂，越说越来劲，越说越痛快。刘秀怎么解释她都听不进去，不得不退一步——离开房间。郭圣通还追着他骂他敢做不敢当。

郭圣通还不解气，又跑到阴丽华那里大骂一通：说自己瞎了眼，看错了阴丽华，说她是狐狸精，人面兽心，当面一套背后一套，说她不得好死，说想抢她儿子的太子之位，没门，自己会和她抗争到底。

阴丽华平白无故地遭到郭圣通这样一顿臭骂，心里相当委屈，可是她又不能还口，为避免矛盾激化，她主动向刘秀请求回娘家避一避。

这让刘秀受不了，堂堂一个天子连自己心爱的女人都保护不了，这像什么话？你郭圣通算哪根葱？竟敢把我的女人赶走？

刘秀挽留阴丽华，但阴丽华坚持要离开，刘秀只得依了她。

就这样，刘秀和郭圣通的矛盾已经达到白热化，但郭圣通并没有就此作罢，阴丽华走后，她依旧每天跟刘秀大吵大闹。刘秀避开她，她就说刘秀去和别的女人鬼混去了。其实，刘秀除了阴丽华和郭圣通以外，再无其他女人。

刘秀终于忍受不了这个歇斯底里的女人了，于公元41年突然发布一道废后诏书：

皇后怀执怨怼，数违教令，不能抚循它子，训长异室。宫闱之内，若见鹰鹯。既无《关雎》之德，而有吕、霍之风，岂可托以幼孤，恭承明祀。今遣大司徒涉、宗正吉持节，其上皇后玺绶。阴贵人乡里良家，归自微贱。"自我不见，于今三年。"宜奉宗庙，为天下母。主者详案旧典，时上尊号。异常之事，非国休福，不得上寿称庆。

大意是说郭圣通依仗她皇后的身份，欺负弱小，不能一视同仁地对待并非她亲生的孩子，没有母仪天下的风范，却有吕雉一样的狠毒，这样的女人怎么可以让她继续做皇后？而阴贵人贤良淑德，足以母仪天下，皇后的位置应该由她来坐。

　　这道废后的诏书来得太突然，纵使郭圣通有所预感，但她也接受不了。

　　据说当官员去她的寝宫要她交出皇后印信时，她死死抓住印信不放，语无伦次，说这不是真的，说皇上不会废她的。

　　最后，她跌坐在地，手一松，印信连同她的话语"我错了"一起掉了下来。

　　现在终于知道错了，可是已经晚了。

　　郭圣通的结局完全是性格使然，是她自己逼自己走上了这样一条道路，她是在作茧自缚。没有谁和她抢皇后，阴丽华想做皇后的话不会等到那时候，是她的疑心害了自己，如果她大度一些、看开一些、收敛一些，她的悲剧就不会发生。

　　阴丽华终于坐上了皇后的宝座，这虽然不是她本身的愿望，却是刘秀多年的愿望。

　　已经是皇后的阴丽华依然谦恭，对多次中伤她的废后郭圣通并没有采取落井下石的态度，反而为她求情，让刘秀本着宽厚仁慈的态度来处理郭圣通。

　　刘秀听取了阴丽华的建议，他自己本身也乐意这么做，他本来就是一个心软的君主。

　　于是又一道诏书向郭圣通飞来。绝望中的郭圣通以为这次是要把她打入冷宫或者直接杀头，不料诏书却说，刘强继续当他的太子，郭圣通的二儿子刘辅被升为中山王，而她本人被封为"中山王太后"，和儿子一起生活。

　　这对郭圣通来说是莫大的惊喜，她怎么也没想到，刘秀会这么处置一个废后。

　　确实，这在历史上也是第一次，在丈夫还没有死的情况下就做了太后，但惊喜还在不断增加。

　　郭圣通的哥哥郭况被封为阳安侯，郭况的儿子郭璜娶了阴丽华的女儿湉阳公主，成为驸马；郭圣通的堂哥郭竟被封为新郪侯；郭圣通堂弟郭匡被封为发干侯；郭圣通的叔叔郭梁没有儿子，刘秀就封郭梁的女婿做南侯。

都说一人得道，鸡犬升天，而郭家却因为郭圣通一人失"道"，而全家升天。大千世界，真是无奇不有。

接下来就是处理废后的儿子刘强了，虽然他现在是太子，但谁都看得出来，他的太子之位岌岌可危。

刘秀之所以还让他做太子，不是他不想废太子，而是想让太子主动辞职，让事情在和平的状态下解决。

刘秀的心思被太子刘强的一个心腹郅郓看出来，他劝告刘强早日离开是非之地，事情已经很明显，皇上喜欢阴皇后，也喜欢阴皇后的长子刘庄，而你的母亲刚刚被废掉，你就像吊在半空中的水桶，迟早会掉下来。与其被摔下来，还不如自己主动下来，这样对大家都好。

刘强恍然大悟，听取了郅郓的意见，向刘秀打了好几次辞职报告。起初刘秀假惺惺地推辞，后来他宣称在无奈的情况下接受了太子的辞职申请。

刘强下台后不久，阴丽华的长子刘庄就晋升为太子。

刘强下台的消息传到郭圣通那里，她已经能够坦然接受，现在她已经变了一个人，一切都看开了，看淡了，她在儿子的封国里，过着无忧无虑、与世无争的日子，回想前尘往事，她觉得，那时候的她太傻了。

她曾经付出过，她以为她会让刘秀爱上她，可是她输得很惨，也输得心服口服，现在她只是衷心地祝愿，刘秀和阴丽华白头偕老。

九年后，郭圣通的母亲去世。刘秀为这位岳母举行了隆重的葬礼，并亲自出席了她老人家的葬礼，这在当时是一件很轰动的事情，刘秀给足了郭圣通面子。之后，刘秀又大发慈悲，把郭圣通父亲的灵柩从真定运到洛阳，跟她的母亲葬在一起。

这一切，郭圣通看在眼里，感动在心里，想起曾经的所作所为，实在羞愧难当。

母亲死后的第二年，郭圣通，这个不幸的皇后，却是幸运的女人，在无牵无挂中，安然地闭上了眼睛。

郭圣通死后，刘秀与阴丽华又度过了五年的恩爱生活，然后于洛阳南宫前殿逝世。

不几年，阴丽华也随刘秀而去。

刘秀对阴丽华三十年的感情告诉后人，拥有三宫六院七十二妃的帝王也有真爱。

『三十年感情』——光武帝皇后阴丽华

"和亲使者"——匈奴呼韩邪学子皇后王昭君

皇后小传

　　王昭君，被列为中国古代四大美女之一的落雁，出生于普通的民家，被选入宫。汉元帝没有见到她的美貌，将她送去和亲，成为匈奴的皇后。她才貌双全，深明大义，促进了汉朝和匈奴的关系，将汉王朝的先进文化带到西域，得到人们的喜爱。

　　王昭君，南郡秭归（今湖北兴山）人。父名王穰，约在公元前 1 世纪初。出生在江南农村。

　　王昭君从小就聪明伶俐，勤奋好学，善良勤勉，深得父母的宠爱。十多岁的时候，父母专门在自己家门前为她修了一座望月楼，让她在楼上读书作画，弹琴歌舞，刺绣梳妆。王昭君长得亭亭玉立，仪表艳丽。许多慕名登门求婚者都被他委婉地谢绝了。汉元帝继位以后，广泛搜罗天下美女，充实后宫。十七的王昭君以"良家女"被选入宫。元帝因妃嫔众多，不能逐一召见。于是命令著名的画家杜陵人毛延寿摹绘宫女肖像。然后进献皇上御览，元帝按图索骥，择优召幸。

　　王昭君被召去让毛延寿画像。昭君天生美貌，但她生性清高，她断然拒绝行贿。毛延寿索贿不成，便恼羞成怒，借机宣泄私愤。画笔之下故意把昭君的花容月貌绘成泥塑木雕一般，昭君被易妍为丑的形貌自然无法取悦于元帝，一个才貌双全的女子就这样被冷落在后宫中。

　　入宫多年的王昭君因毛延寿的卑劣行径而未能见御，想起自己可能在汉宫中无聊地虚度一生，内心就感到战栗。她渴望能够脱离深宫，回到与世无争、充满欢愉与生机的生活。元帝竟宁元年（前33年），匈奴呼韩邪单于入朝，希望能从后宫中选得绝佳女子与匈奴和亲，元帝慷慨允诺。掖庭令到后宫查问，后宫那些美貌女子宁愿百无聊赖地度日，也不愿前往不为人知的匈奴，而王昭君却毫不犹豫地表示自愿前往匈奴。

匈奴是我国北方的一个强大的游牧民族。汉匈之间的关系一直时弛时张。武帝即位（前140年）以前，国力较弱，汉朝对匈奴的政策是和亲，为的是换取北部边境的暂时安宁。王昭君虽然身居宫中，对于汉匈两族关系，也有所耳闻。竟宁元年（前33年）春，元帝呼韩邪单于为庆贺郅支伏诛和呼韩邪入朝而改元"竟宁"。昭君对汉匈两族关系，已有一定的认识。当呼韩邪单于求亲时，她便慷慨应召，自愿扮演一个"和平使者"的角色。

呼韩邪单于面乞和亲。觉得前代已有取宫室子女充作公主嫁与单于的先例，不妨从后宫中随便选择一个未曾召幸的女子嫁与已投降的呼韩邪。于是，他诏令："谁愿意去匈奴，朕就把她当公主看待。"在汉代的女子看来，出塞是一件极不寻常的事，所以多数宫女犹豫不决。此时满腹愁怨的王昭君主动请行。元帝闻讯后十分欣慰，当即允诺，并吩咐准备嫁妆，选择吉日，为呼韩邪单于和王昭君送行。

王昭君装束停当，向元帝辞行。元帝惊呆了！没想到昭君竟是一个芳容绝代的女子，只见她云鬓低翠，容貌丰美，粉颊绯红，服靓丽，体态身材无不合度，那两道黛眉，浅颦微蹙，似乎含有嗔怨的模样。左右臣僚也为之倾倒，元帝后悔莫及，但事已法挽回。呼韩邪单于欢欢喜喜地谢过元帝厚恩，便携带昭君出塞。

王昭君随同呼韩邪一起，在汉朝和匈奴官员的护送下离开栖身数载的汉宫，前往漠北。王昭君出塞时，头戴红背兜，身穿红斗篷，骑着白马，怀抱琵琶，前往漠北。王昭君一行经过了汉朝的左冯翊（今陕西西安）、北地（今甘肃庆阳）、上郡（今陕西榆林）、西河（今内蒙古东胜）、朔方（今内蒙古杭锦旗）、五原（今内蒙古包头）等地。王昭君坐在毡车上，领略大自然的美景。望着愈来愈近的单于廷，一种难以说清的思绪涌上了她的心头。

到达匈奴中部的单于廷后，呼韩邪单于加封王昭君为"宁胡阏氏"

『和亲使者』——匈奴呼韩邪学子皇后王昭君

（匈奴称妻为阏氏），即匈奴皇后。

王昭君过上了住穹庐，披毡裘，食畜肉，饮乳酪的游牧生活。王昭君慢慢适应了匈奴族的生活方式，善良勤勉的王昭君，把汉朝的文化介绍给他们，匈奴人民都很喜爱她，尊敬她。

呼韩邪单于开辟了北部少数民族地方政权接受汉朝中央领导的先例，促成了塞北与中原的统一，开创了汉匈在两族的团结合作。汉匈关系和平友好，关市畅通，两族人民的互市和接触可以不受或少受限制，匈奴人可从汉人手中获得生产和生活用品，汉族文化可以传入匈奴，从而使匈奴人的社会生产力和日常生活都迅速地提高；同时匈奴文化也传播到中原，丰富了祖国的文化宝库。呼韩邪单于在汉朝支持下，结束了匈奴二十余年来的分裂状态。统一安定了匈奴政治的混乱局面，王昭君与呼韩邪单于婚后的第三年，汉成帝建始二年（前31年），呼韩邪单于病死。

王昭君与呼韩邪单于成婚后一年多便生下了一个儿子，取名伊屠知牙师。呼韩邪单于死后，大阏氏所生的雕陶莫继位，号复株累单于。此时，王昭君上书汉成帝要求归汉，汉成帝敕令王昭君“从胡俗”。因为匈奴有“父死妻其后母（不是生母）”的习俗。在匈奴人的观念中，嫁入本氏族的女子，属于夫家的氏族。夫死之后，必须约束在本氏族之中不得外嫁。因此，除生母外，都由儿子或兄弟继承她们的婚姻关系，使她们不能脱离夫家的氏族共同体。接到成帝的敕令后，王昭君体会到汉朝的用意，打消了当汉的念头，忍受了“子蒸其母”（虽然不是亲子）的委屈。再嫁给了复株累单于雕陶莫。王昭君又与复株累单于雕陶莫生了两个女儿，长女名云，后嫁给右骨都侯须卜当，称须卜居次（即须卜公主）；小女嫁给了当于氏，故称当于居次。归君的儿子伊屠知牙师做了匈奴的右日逐王。随着岁月的流逝，王昭君病死在匈奴。王昭君以一个良家女被选入东汉后宫，她刚直的性格，致使被冷落，开始了漫长而愁苦的后宫生活。为摆脱孤寂无聊的后宫生活，她决定充当“和亲使者”，远嫁匈奴，肩负起发展汉匈两族团结友好的关系的特殊使命。若似女中豪杰。

王昭君在汉匈两族关系史上写下了光辉一页，关于她的事迹流传至今达七百七十多首诗词之作；歌咏赞唱，称王昭君“巾帼英雄”。王昭君的形象在历史长河中闪烁光芒，被世代称颂。

"女政治家"——北魏文成帝皇后冯氏

✿ 皇后小传

　　冯太后，北魏文成帝的皇后。在宫中长大，目睹了宫廷斗争的腥风血雨，性格复杂，是一个擅长权谋的女政治家，主持多次改革。处事果断，有着政治敏感性，当儿子献文帝威胁到她的地位时，她毫不迟疑毒死儿子。孝文帝即位后，她临朝听政，在她的治理下，北魏王朝的统治得以巩固。

　　冯太后（441年—490年）是北魏文成帝的皇后。长乐信都（今河北冀州）人。文成帝死时，她靠"惊世一跳"奠定了她一国之母的绝对权威。随后以太后身份捕杀了图谋反叛的丞相乙浑，临朝听政。多年后，又迫使儿子献文帝禅位给孙子孝文帝，以太皇太后身份再次临朝称制，先后执政二十五年，孝文帝前期的改革多由她亲自主持。她先后实行俸禄制、三长制、均田制等多项改革措施，增加了国家收入，改变了鲜卑族的落后局面，进一步推进拓跋政权封建化，巩固了北魏王朝的统治。为孝文帝迁都洛阳以后的繁荣打下基础。死后谥为文明太皇太后，葬于永固陵。

　　在历史上，冯氏是一个很厉害的女人，她对政治有着与生俱来的敏感性。她聪明果决，猜忌而长于权术，以重赏、重罚驾御群臣，为其所用。自北魏献文帝尊冯氏为皇太后以后，她垂帘听政。在冯氏的指导和辅佐下，北魏孝文帝把"太和改制"推向高潮，冯太后对历史的推进有很大帮助。

　　冯氏，据说在她出生的时候，天空中有神奇的光亮。当时不知道这道异光是福是祸，但她的父亲冯朗的后半生却充满了坎坷与不幸。她也因出生时的不同寻常，小小年纪就饱经人间沧桑，历尽了常人少有的艰辛与磨难，甚至一生当中也充满了艰难险阻。她出生时这道奇异的"神光"，确实预示着她一生命运的不同寻常。冯氏出生之时，距她祖上建立的北燕灭亡已有六七年的时间。北魏太武帝拓跋焘也已完成了中国北方的统一，并与南朝形成了对峙的局势。而身为北燕国国主后裔的冯氏家族，在这种南北对峙的大局下，能否永远享受安逸的生活，实在是难说。

冯氏出生后不久，哥哥冯熙就因叔叔冯逸战入蠕蠕（即柔然，居于阴山一带的少数民族），被人带着逃避到氐、羌中生活，差点走失，多年以后才把他找回。年幼的冯氏又突然遭遇到了飞来横祸，不知是朝廷对她那位曾为北燕王子的父亲心存疑虑，还是冯朗果真有什么不轨之举，总之是冯朗因受一桩大案株连被太武帝下令诛杀了。按照惯例，冯氏因尚年幼又是女性，便被没配入宫，成了拓跋氏的婢女。值得冯氏庆幸的是，冯氏在宫中得到了她姑母的多方照应。

原来，在冯朗兄弟逃出北燕投降北魏后，穷蹙的冯文通在太兴四年（434年）派尚书高颐奉表入魏，请罪称藩，乞求太武帝，愿以小女儿充入掖庭，以求生路。太武帝答应后，冯文通就派人将最小的女儿送给了太武帝，不久被立为左昭仪。她在冯氏被没配入宫后，动了恻隐之心，求得皇帝允许后，让冯氏与自己同住，这样，冯氏避免了学做苦役的营生。由于姑母待她"雅有母德"，冯氏虽然仍是卑贱的宫中婢女，但她幼小的心灵却得到了几分慈母般的温情，这也让其在日后的宫廷斗争中多少有了些人性的味道，而非赤裸裸的血肉争斗。

冯氏幼年的坎坷，多亏了姑母的悉心照料。常年的宫中起居，冯氏已渐渐积累起了丰富的人生阅历，也养成了她复杂的感情性格。

她十一岁的时候，宫中发生了一场重大事变。正平二年（452年）三月，中常侍宗爱谋杀了太武帝，然后秘不发丧，假冒皇后赫连氏的名义将尚书左仆射兰延、侍中和匹等召入宫中，依次绑起来秘密处死。东平王拓跋翰也被他杀害，而后立吴王拓跋余为帝。宗爱自封为大司马、大将军、太师，都督中外诸军事、领中秘书，封冯翊王。既录三省，又总戎禁，坐召公卿，大权在握。拓跋余就像他的傀儡一般，于是想要把那份本应该属于自己的权力争夺过来，结果被宗爱发现了他的居心，于是派小黄门贾周等在一天夜里，趁着他祭神的机会把他杀了。短短几个月，宗爱连杀两位皇帝，引起朝野震动。就连雄才大略的太武帝拓跋焘最终也死于宦官手中，这令人对其宫中势力不得不刮目相看。此事给在宫中的冯氏心中留下了难以磨灭的痕迹。不过，宗爱虽手握军政方面的大权，可毕竟是个太监，不可能自己去坐皇帝的位子。不久，殿中尚书长孙渴侯与尚书陆丽又迎立了宗室拓跋濬即位。即为北魏高宗文成皇帝。

文成帝拓跋濬是太武帝太子拓跋晃的长子，太武帝对他十分喜爱，拓跋濬小的时候就常在祖父身边，聪明伶俐，太武帝称其为"世嫡皇孙"。拓跋濬五岁的时候，曾因随祖父北巡，遇到一位刚刚降服的部族首领处罚他的手下，拓跋濬没等祖父发话就自作主张，对那位首领下令说："这人今天有福气，他有幸遇到我，你就应当立即释放他。"拓跋焘闻听深感惊奇，说道："这小子年龄虽小，却知道处理大事，看来有天子的风度。这个孩子不可小瞧。"拓跋濬登临帝位之后，其性格能力得到更充分的施展。

文成帝拓跋濬即位之初，朝中形势仍然不算安宁，人心惶惶，顾虑重重。他果断地把宗爱、贾周等作恶不法的宦官诛杀，并且灭了他们三族；同时，又在兴安元年（即正平二年，452年）十月，把尚书长孙渴侯升为尚书令，加仪同三司，以骠骑大将军拓跋寿乐为太宰，都督中外诸军事，并录尚书省事。结果二人争权，遇事不能互相合作，只一个月时间，文成帝即将二人赐死。为了防止宗室再出祸端，文成帝即将广阳王建、临淮王谭诛杀，太尉张黎、司徒古弼因为议不合旨，将二人黜出朝廷，贬为外官。平南将军、宋子侯周忸进爵为乐陵王，南部尚书、章安子陆丽进爵为平原王。后又委任二人为太尉、司徒，以镇西将军杜元宝为司空，共辅国政。

拓跋濬即位之初仅用一两个月的时间，以赏罚分明为手段，把纷杂错乱的朝廷内部之争平息下来，并且井井有条，这充分地显示出他治理国政的才干与刚毅性格。

后天环境对人的影响是很大的。皇宫中到处充满了尔虞我诈，明争暗斗，使人眼花缭乱，即使在皇帝身边红极一时，也有可能在一夕之间命丧黄泉，满门抄斩。残酷的宫廷斗争让冯氏在宫中深有感触，这一桩桩、一件件，不免使这位年仅十余岁的清纯少女对政治斗争多了一些更深刻的感受，她终于理解了自己祖辈的下场，也明白了这戒备森严的皇宫内院常常隐藏着无穷的争斗与杀机，到处充斥着刺鼻的血腥味。

这场政变对冯氏的生活产生了重大影响，使她的一生发生了极大的变化。因为十三岁的文成帝登基不久，就选中她做了贵人。而这一年，冯氏才只有十一岁，比文成帝还要小两岁。

做了约三四年贵人的冯氏，在太安二年（456年）正月乙卯（二十九日）这天，被文成帝立为中宫皇后。此时，她还只是个十四岁的女子。冯氏被立为皇后，除了她的聪慧与才貌深得文成帝喜欢外，与她在宫中生活多年，深谙宫内诸多事情和礼仪也有关系。因为宫中嫔妃要得正位中宫，必须先要手铸金人，若能铸造成功，则视为吉祥如意，若是铸而不成，则妃嫔不能被立为皇后。

手铸金人在北魏历史上属于祖宗的规矩。魏道武帝拓跋珪时，曾宠幸慕容宝的小女儿慕容氏，手下左丞相卫王仪等奏请立慕容氏为皇后，拓跋珪遂从群臣之议，让慕容氏先铸金人，铸成之后就立她为后。拓跋珪登国（386年—396年）初年所纳刘氏夫人，专理内宫事务，深受宠爱，但她铸金人没有成功，而无法成为皇后。北魏明元帝时，曾经娶了姚兴的女儿西平长公主为夫人，姚兴及后秦国君承其姚苌的大业，灭前秦、西秦及后凉，成为关中强国，与北魏、东晋相抗衡。北魏明元帝娶了姚氏，也是她铸金人不成，无法被册封为皇后，但因为与后秦的关系，明元帝对她很是宠幸，她出入居处都享受皇后的礼遇，后来屡屡想立她为皇后，终未如愿。只等泰常五年（420年）不幸死去，明元帝才赠予皇后玺绶，加谥号为昭哀皇后之号。所以，按北魏旧俗要正位中宫，铸成金人是必不可少的。

为什么要铸金人才能遂愿？史书上只说是"以成者为吉"，但因为什么"以成者为吉"，并没有明说，也许这与鲜卑旧俗传统有关。宋末元初的胡三省是个大学问家，他在《资治通鉴》注中曾说过："魏人立后，皆铸像以卜之。慕容氏谓冉闵以金铸己像不成。胡人铸像以卜君，其来尚矣。"也说铸金像是为了占卜。也许铸像以卜吉凶还有更深的内容包含其中。这与佛教当中造像的本义有没有关联，是值得深究的。佛法东进以后，虽遭北魏太武帝拓跋焘毁禁，但民间信仰仍无消减，太武帝晚年就已对禁令有所松弛，到文成帝即位后，群臣都一再要求彻底解除对佛教的禁令，足见社会上下对佛教的信仰。兴安元年（452年），文成帝也颁诏各州县许立佛寺，准许剃度出家，并亲自为师贤等高僧剃发，在僧侣的建议下，于平城（今山西大同）西北约三十里的武州山南麓，开凿五所石窟，每窟中雕凿石佛像一座，像高达六七十尺，遂成著名的山西云冈石窟造像的缘起。此后，北魏对于佛教势力的兴盛推波助澜，到宣武帝胡灵太后时，于洛阳周围广造佛寺，天天高宣佛号，笃信佛祖，使北魏佛教的鼎盛达到高潮。

到了太安四年（458年）的时候，文成帝率兵巡视阴山，车驾深入大漠，使蠕蠕（柔然）绝迹远逃，乌朱贺颓、库世颓等率部求降。冯后为文成帝凯旋而归而欢呼雀跃，并陪他一起观看了庆典活动。冯后懂得识大体，她不仅为国家的兴盛而开怀，而且也在宫中为国家的未来而操劳。冯后对文成帝乳母常氏谨遵孝道，并且对拓跋浚的儿子拓跋弘精心哺育抚养，她的作为赢得了宫内宫外、朝廷上下一片赞誉之声。

常氏，是辽西人氏，太武帝太延（435年—440年）年间，被纳入宫中，后成为文成帝拓跋浚的乳母。因慈祥宽顺，对拓跋浚尽心护理调养，他即位后，尊其为保太后，不久又更名为常太后。在她逝世后，拓跋浚更是按照她的遗愿将她安葬到广宁（今属辽宁）磨笄山。可见拓跋浚对她的尊敬之情。拓跋弘，是文成帝拓跋浚与梁国蒙县（今河南商丘南）人李氏所生之子。李氏即刘宋济阴太守李方叔的女儿，后被人劝说降魏。太武帝南征，永昌王拓跋仁出寿春（今安徽寿县），偶见李氏姿容美丽，就纳其为妻妾。兴安二年（453年）七月，永昌王仁与濮阳王闾若文谋反，被赐死于长安（今陕西西安），李氏被送到平城（今山西大同）宫中。有一次，文成帝偶登白楼远眺，突然发现美艳绝俗的李氏，不禁心动，就问身边的人："你们看，这位女子相貌如何？"左右一看，也不约而同地说："果然是天仙下凡！"文成帝得众人附和，也不再看景，即从楼台之上下来，迫不及待地把李氏召来，就在宫内的斋库之中与李氏同赴云台。事也凑巧，这一次的云雨私情，没想到竟然让李氏怀了身孕。宫里的罪人出了这样的事，常太后（文成帝乳母）就派人召她入宫问个明白。李氏只有将事情原委如实相告，说："是得皇

「女政治家」——北魏文成帝皇后冯氏

121

亲临幸，才有了身孕。"常太后半信半疑，又把看守斋库的人召来追问，以便验证虚实。而守库者当时觉得此事有趣，就暗中在墙壁上把事情写了下来，恰逢上面追查，就如实说了，所说之言与李氏陈述相符，常太后就不再追究。兴光元年（454年）秋七月，李氏生下一子，取名拓跋弘，李氏也因此被册为贵人。太安二年（456年）二月，也就是冯氏被册为皇后的第二个月，拓跋弘被立为皇太子。按照道武帝拓跋珪当年所定的规矩，凡后宫妃子所生之子被立为储君，太子生母都要被赐死，这样做的目的是防止母以子贵，独揽朝政。这样，皇太后就按祖宗家法将李贵人赐死。临死前，她将后事托付给自己在南方的几个兄弟，并且把牵挂的人都一一写在遗嘱之中，每托付一件事，都叫一声她几个兄弟的名字，每叫一声，心中都充满留恋与难割难舍，忍不住泪如雨下。她不曾料到的是，冯后把她的弘儿当作自己的亲生儿子一样抚养，想必她在九泉之下也会得到安慰的。冯后尽心尽力哺育太子，竭尽慈爱，使文成帝也深感欣慰。贵为皇后的冯氏，生活中一帆风顺。她理解文成帝为国操劳的艰辛，尽力为他排解各种烦闷与不快，特别在生活上给他以温存体贴，每次文成帝出征、巡视归来，冯后都以她的百般柔情化解皇帝的一路风尘。在冯后身边，文成帝仿佛忘却了朝廷上大臣的争斗，忘记了柔然、刘宋于南北的威胁。冯后与文成帝的后宫生活是在举案齐眉、相敬如宾、和谐美满中度过的。如果历史的轨迹只是这样顺利地延续，那么冯太后则会成为一个温柔贤惠，母仪天下的皇后。但历史就是喜欢和人开玩笑，它偏不顺着你的想象继续下去。冯后做皇后尚不到十年，这种夫妻恩爱的生活就画上了休止符。和平六年（465年）五月十一日，被誉为"有人君之度"的文成帝竟英年早逝，崩于平城（今山西大同）皇宫的太华殿，年仅二十六岁。

真如晴天的一声惊雷。丧夫的悲恸，令她痛不欲生。几天中，冯后天天以泪洗面，呜咽不止。她为丈夫这么早就离她而去而悲伤，更为自己命运多舛而哀痛。三日后，按照北魏的旧俗制度，焚烧文成帝生前的御用器物等——这种葬俗至今在中国北方的一些乡村仍有遗存，并把这个叫作"烧三"，仪式中朝中百官和后宫嫔妃一起哭泣哀吊。当宦官举着火把将堆积如山的衣物点燃时，已哭成泪人的冯皇后却大声哀号着扑向了烈火，可见她对文成帝的感情之深。周围的人都被她的举动惊呆了，等他们回过神来，急忙冲上去从烈火中救出冯后，幸亏行动及时，冯后才未被烧死，但烟熏火烤，冯后早已不省人事。过了很久，她才慢慢地睁开眼睛，周围的人们才松了口气。坎坷的命运，往日的荣华、安逸及夫君的早逝，迫使冯皇后要更坚毅顽强地面对生活。

这样的经历，对于一个二十多岁的女子来说，实在太过凄惨。然而，"天将降大任于斯人也，必先苦其心志，劳其筋骨，饿其体肤，空乏其身，行拂乱其所为也"。这样的悲惨遭遇犹如身在云端却一瞬间坠落地狱一般，确实极度痛苦，然而祸福相依，这样的人生经历却也锻炼了冯后坚韧的心智，得益良多，为此后风云变幻的政治生涯奠定基础。

拓跋浚驾崩后，冯后被尊为冯太后。然而国主新丧，朝廷中有许多势力开始蠢蠢欲动，冯太后为了保护年幼的小皇帝，以一介女流之身抵挡动乱之潮。锋芒初露，心怀不轨之心的人已经溃不成军。足见她过人的智慧和政治手腕。

当时，侍中车骑大将军乙浑野心勃勃，大有乘国丧主的机会谋权篡位的野心。他为了铲除异己，竟然假传诏书，在宫中诛杀尚书杨保年、平阳公贾爱仁、南阳公张天度。

殿中尚书、顺阳公拓跋郁统领殿中卫士数百人，从顺德门入宫，要求面见皇上。乙浑无奈，只能让太子拓跋弘临朝。乙浑因此对拓跋郁怀恨在心。当时，侍中、司徒、平原王陆丽正在代郡温泉养病。乙浑派司卫监穆多侯召陆丽回京，以便加以控制。

穆多侯到了代郡温泉，对陆丽说："乙浑心中已无君主。如今，先帝（拓跋浚）刚刚去世，你一向德高望重，深为奸臣忌恨，应当稍作停留，暂缓回京，以便观察事态的发展变化。等到朝中安定之后，再入京也不算晚。"陆丽边摇头边说："哪有听到君主去世的消息，因为考虑自身安危而不去奔丧的道理！"并且即刻飞马奔赴平城。

乙浑在朝中为所欲为，不把宗室诸王和其他大臣放在眼里。陆丽为了皇室权威而不断与他发生争执，结果被乙浑所杀，穆多侯也同时被杀。穆多侯的先祖从神元帝拓跋力微时起，就忠心侍奉拓跋部，并世代与皇室联姻，对北魏有大功。穆多侯的兄长穆寿在拓跋焘时，与崔浩共同辅佐朝政，权重一时。穆多侯在拓跋浚一朝，历任殿中给事、左将军，后升任司卫监，一向忠于拓跋氏皇室。殿中尚书、顺阳公拓跋郁密谋诛杀乙浑，结果事情泄漏，反被乙浑处死。

一时间，满朝大臣都感受到了乙浑带来的压力。他专擅朝政，排斥异己，诛杀不服从他的人，引起拓跋贵族和朝臣的极端不满。

在拓跋氏皇权遭受严重威胁的关键时刻，冯太后挺身而出，力挽狂澜。

自从文成帝拓跋浚去世后，冯皇后被尊为皇太后，身处深宫，忧愁不已。她对朝廷大事却不能不关心，因为新君实在年纪太小，又身居父丧，难以控制政局。为了保住小皇帝的性命，只有靠她了。乱世之中方能显出英雄本色，为了诛杀奸臣，冯太后也只能亲自出马了。

面对着乙浑的专横跋扈，冯太后在暗中加紧筹划对策。

冯太后为对付乙浑，曾打算把在地方任职的兄长冯熙调入朝廷，以便牵制乙浑，也可以助自己一臂之力。可是，由于冯太后这一想法被乙浑看穿了，所以被搁置下来，没有实现。

一计不成，冯太后又生一计。冯太后又与亲信宦官张遇、张祐等人秘密谋划，毅然做出重大决策，以皇上名义宣召乙浑入宫议事，并且命侍中拓跋丕与元贺、牛益得率兵守卫宫门，同时挑选十几名身强体壮的宦官隐伏在宫内，一举而将乙浑收捕。乙浑毫不知情，掉入陷阱，终于被捕。然后，冯太后向朝廷上下宣告乙浑的叛逆罪行，并将乙浑及其同谋逆臣全部屠灭三族。

要么不做，要么做到最好。下手一定要狠决，以防后患，冯太后深谙此道。于是，她临危不惧，以其非凡的智谋和魄力挫败了拓跋皇族历史上又一次未遂的宫廷政变，使北魏王朝转危为安。这是冯太后入宫以来在权力争夺中初露锋芒，充分展示了她的狠毒、灵活的政治手腕。

冯太后铲除乙浑以后，鉴于拓跋弘年纪幼小，尚无法独理政务，又经历乙浑专权乱政，于是决定打破旧的传统观念和规制，宣布以皇太后的身份临朝称制，执掌北魏的军国大政。

冯太后经过认真考察，启用贤臣。任用颇有名望又忠于朝廷的中书令高允、中书侍郎高闾及贾秀等人，共参朝政，并以高允为首辅。还明确规定，凡属军国大事，都要禀报太后裁决。

高允是一位历仕三朝的元老重臣，一向忠于拓跋氏皇室，并且为官清廉正直，是难得的治国栋梁之才。

高闾是渔阳雍奴（今河北武清东）人。他自幼丧父，勤奋好学。长大以后，深通经史，学识渊博，才华横溢，下笔成章。高闾原名高驴，崔浩对他十分器重，为其改名为闾。拓跋焘在位时，高闾入仕北魏，任中书博士。拓跋浚即位后，高闾升任中书侍郎。

冯太后加授高闾为南中郎将，赐安乐子爵爵位，后来又进封侯爵，官至尚书令，加给事中，参掌机要政务。冯太后临朝称制时期的诏令、文书等都出自高闾之手。

贾秀的先世历仕北魏王朝。其父贾彝在拓跋焘时官至尚书左丞，参掌朝政。贾秀在步入仕途之后，历任中书博士、中书侍郎，曾执掌吏曹事。拓跋浚在位时，贾秀受封阳都子爵位，加授振威将军。

冯太后因贾秀为官正直，敢于和专权擅政的乙浑相对抗，对他十分器重。并且准许贾秀的长子出任郡守，但他坚决辞让，不肯接受这一特殊恩典。

冯太后这次临朝称制，到皇兴元年（467年）八月为止，因为拓跋弘的长子拓跋宏降生，她亲自抚养长孙，还政于拓跋弘。

冯太后初露锋芒，尝到了手握大权的滋味，让她对权位有些不舍，不想轻易放权。冯太后虽然还政，但实际上仍然参与处理军国大事，辅佐拓跋弘执掌朝政。

平定乙浑之乱，稳定政治局势，冯太后表现出果敢善断的政治才干。接着，她再露锋芒，宣布由自己临朝称制，直接掌握朝政，代行天子大权，以杜绝因皇帝年幼发生朝廷再遭奸臣欺凌的事情。

冯太后这次临朝听政，前后仅有十八个月的时间。这期间，她凭借多年宫中生活的阅历和非凡的胆识，使北魏动荡的政局稳定下来。对北魏的发展有着深刻的影响。

冯太后在夫君拓跋浚去世时，年仅二十四岁。过早的寡居生活，使她深感宫闱的寂寞难熬。

因此，她在选拔任用官吏时，既重视才干和能力，也注意容貌，以便从中挑选男宠。

李敷、李奕就极受冯太后的宠信。

李敷是赵郡平棘（今河北赵县）人。其祖父李系，曾入仕后燕，任散骑侍郎。拓跋焘平定中山（后燕都城，今河北定州），李系归附北魏，被任为平棘县令。李敷之父李顺自幼博学多才，颇有才干和谋略，知名当世。明元帝拓跋嗣在位时，李顺历任中书博士、中书侍郎。拓跋焘时，他以军功升任散骑常侍，进封侯爵，倍受宠信。后来，李顺在出使北凉期间接受贿赂，阻挠拓跋焘征伐北凉，事发后被处死。李顺死后数年，拓跋焘又对他追悔不已。李敷在拓跋焘时入仕北魏，起初被选入中书教学，后因忠厚勤谨而入侍东宫，侍奉太子拓跋浚。又改任中散大夫，与李沂、卢遐、卢度世等人共同参掌机密决策，并负责撰写和颁发诏令。拓跋浚即位后，李敷甚受宠信，历任散骑常侍、南部尚书、中书监，赐爵高平公。凡朝廷大政，都会让他参与谋划讨论。李敷先后在拓跋焘、拓跋浚两朝都深受宠信，其兄弟、亲戚在朝中任官者有十数人。冯太后临朝称制时，李敷以其弟弟李奕承受的特殊宠爱而更加得到重用。

李奕是冯太后在深宫排解寂寞的合适人选，他既有才华，又容貌俊美。冯太后任命他为散骑常侍、都官尚书，封安平侯爵，并常借议事之机，把他召入太后内室一番云雨，以填补理政之余的空虚。

由于冯太后内行不正，宫闱丑闻不断传出。而李奕也因为这些丑闻，成为了众矢之的。拓跋弘觉得颜面无光，于是下令杀了李奕。

在李奕被杀之后，冯太后虽然气恼，但也没有办法。只是把恨深深埋藏在心底。冯太后过了一段独居生活，然而她发现自己仍然无法忍受寂寞煎熬，于是又挑选了王睿、李冲作为男宠，与其私通。

王睿，是太原晋阳（今山西太原）人。他从小承袭父业，精通天文和占卜，并以容貌俊美闻名远近。他在拓跋浚时入仕北魏，任太上令。冯太后临朝称制以后，王睿以才貌俱佳而受到宠幸，被越级提拔为给事中，不久又升任散骑常侍、侍中、吏部尚书，封太原公爵。随着冯太后的宠爱之情与日俱增，王睿也逐渐手握大权，参掌机要政务，朝廷的文武百官对他都十分敬畏。一次，冯太后与文武百官及众多宾客前往虎圈观赏皇家御兽。一只老虎猛然间跳出圈外，几乎冲到冯太后的御座之前。当时，左右侍从人员都被惊呆，不知所措。在这危急关头，只有王睿执戟防御，老虎终被他赶退。冯太后极力赞扬王睿的忠心，对他更加宠爱信任。不久，王睿便被升任尚书令，并加授镇东大将军，封中山王爵。

王睿经常出入内宫，冯太后秘密赏赐的珍品多得无法计算。但是别人一概不知，因为这些赏赐的财物多半是在夜间用带帷幕的车辆运往王睿宅第的，并派亲信宦官护送。此外，冯太后又赐给王睿田园、奴婢、牛马、杂畜，全都是最好的。冯太后在赏赐王睿时，恐怕被人看出存有偏爱，所以许多大臣和左右侍从人员都借机受到大量赏赐。王睿晚年患病期间，冯太后多次前往其宅第探视。去世之后，冯太后异常悲痛，亲自前去吊唁。冯太后下诏，追赠王睿为太宰、卫大将军、并州牧，赐谥号宣王。又令内侍长董丑奴负责营建王睿的坟墓，并在平城南郊大道右侧兴筑祭庙，按时祭祀王睿。

李冲，陇西狄道（今甘肃临洮）人，是十六国时期西凉开国君主李暠的后裔。他自幼丧父，由兄长李承抚养成人。李承对这位弟弟十分推崇，常说："这个小孩才能不是常人能比的，正是我们李家的希望寄托。"李冲在拓跋弘即位后入仕北魏，以才华出众和俊朗的外形成为冯太后的男宠，并很快升任内秘书令、南部尚书。后来，李冲官至尚书令，封顺阳侯爵，又进爵陇西公。

冯太后对李冲恩宠日隆，每月的赏赐多达数千万。冯太后把宫中的珍宝和器物秘密送给李冲，供他置办和充实家产，使一向清贫的李冲迅速成为有名的富室。

冯太后的男宠除王睿和李冲之外，还有南朝齐国的使臣刘缵。

刘缵在冯太后临朝称制期间，多次出使北魏。冯太后第一次见到刘缵时，觉得他容貌出众，一表人才，便不时设宴款待，然后留宿宫中，聊度寂寞长夜。

一次，刘缵看到北魏的官员把皇宫府库中的珠宝交给商人拿到市场上出售，他无限感慨地说："贵国的金银珠宝特别多，一定是因为深山大河盛产这些珍贵物品。"负责接待的主客令李安世对他说："我们并不特别看重珍宝，所以其价格贱得如同瓦砾。"刘缵起初打算购买一些珍宝带回去，可是听了李安世的话，感到十分惭愧，于是打消了这个念头。冯太后得知上述情况后，赏赐刘缵大量珍宝。

冯太后自知行为有失检点，唯恐朝野上下对此发出议论。所以官员们在言谈之中，只要稍稍涉及到此类问题，就被冯太后怀疑为有意对她进行讥讽，遂立即予以诛杀。冯太后对拓跋弘宠信的侍从人员，即使发

『女政治家』——北魏文成帝皇后冯氏

现小小过错，也必定加以鞭打杖击。

冯太后随意罢黜和诛杀拓跋弘宠信的文武官员，尤其是淫乱宫闱的行为，引起拓跋弘的强烈不满。但是，拓跋弘对冯太后又十分孝顺，实在无法启齿直接劝谏抚育他成长的母后，这样的事情也不便于和朝廷大臣商议。所以，拓跋弘陷入深深的矛盾与痛苦之中。

拓跋弘从小喜好黄老之学和佛教的学说，在位时期常常引见朝士和僧侣，共同谈玄论理，而对世俗的荣华富贵渐生淡泊之心，甚至时常想出家修行。

拓跋弘在与冯太后的矛盾逐渐加深的情况下，由于自己的志向得不到自由伸展，遂于苦闷之中萌生出退位的想法，打算以此脱离政治斗争的漩涡，避免与冯太后发生直接的权力之争。

冯太后在拓跋弘退位之后，辅佐幼主拓跋宏执掌朝政的过程中，与太上皇拓跋弘的矛盾日益加深，最后竟然到了鱼死网破的地步。为了权力，母子二人争吵不断加剧。

皇兴元年（467年）八月戊申，平城（今山西大同）的紫宫传来了婴儿的啼哭，原来是献文帝的妃子李夫人为她生了个皇孙——拓跋宏。冯太后喜得长孙，自然是件十分惬意的事。也许是皇孙触动了她女性中慈爱的一面，时隔不久，她就决定停止临朝，不听政事，转而担起了亲自抚养皇孙拓跋宏的责任，由已经十四岁、初为人父的献文帝亲政。献文帝亲政以后，想有所作为，对冯太后宠重与信任的人加以贬斥，而试图重用提拔一些对冯太后不满的人结成自己的心腹，结果是与冯太后发生了冲突。冯太后虽然心中对献文帝的作为感到不快，但也没有立即发作。到了皇兴四年（470年），冯太后则再也忍不住了。

不久，拓跋弘终于决定禅让皇位，但他感到皇太子拓跋宏年纪尚小（拓跋宏年仅五岁），难免像他一样受制于冯太后，所以想把皇位传给叔父拓跋子推。

皇兴五年（471年）八月，拓跋弘下诏说："我钦慕太古生活，志向恬淡，不喜名利，特命太子继承大位。我只想悠闲自乐，修身养性。"然后，拓跋弘命陆豠为太保，令其与诸位大臣共同辅佐新君。

拓跋弘禅位后，虽然移居崇光宫，常与僧侣参禅悟道，表面上似乎过着隐居的世俗生活。可是，实际上他并没有脱离政治活动和权力之

中国历代皇后
ZHONGGUOLIDAIHUANGHOU

争，这位太上皇仍然过问和处理国家的重大事务。他不仅经常发表政见，有时还到各地巡视民情，考察地方官吏，并曾多次率兵北征柔然，南伐刘宋。

拓跋弘的上述活动，表明他实际上仍是北魏政权的操纵者。这对于冯太后来说，这无疑是她实现独掌朝政的一大障碍，甚至是一种威胁。

冯太后不能容忍太上皇的继续存在，于是在延兴六年（476 年）六月，命人在食物中投放药物，毒杀了拓跋弘。

拓跋宏为父皇拓跋弘谥号献文皇帝，庙号显祖。

这时，在位的皇帝拓跋宏年仅十岁。冯太后被尊为太皇太后，又一次执掌北魏的军国大政。拓跋宏对冯太后一向十分孝顺，现在更加尊崇敬肃，事无大小，全部禀告太皇太后裁决。经过一番紧张而激烈的斗争，冯太后终于牢牢地控制了北魏的最高统治权。冯太后为了稳固执掌朝政的地位和权力，恩威并施，宽赦与诛杀兼用。

冯太后对拓跋弘宠信重用的文武官员，大加贬黜和杀戮。

代北人万安国曾是拓跋弘的心腹。其先祖为部落首领，祖父万真率部众随同拓跋焘征战，以功授平西将军，封敦煌公爵，累官至骠骑大将军、开府仪同三司。万安国的父亲万振在拓跋浚时，娶高阳公主，拜驸马都尉，官至散骑常侍、宁西将军、长安镇将，赐爵冯翊公。万安国聪明敏捷，体健貌美。他在拓跋弘时娶河南公主，拜驸马都尉，任散骑常侍。拓跋弘对万安国特别亲宠，经常与他同室共寝，又为他建造宅第，赏赐多达数万。拓跋弘又越级擢拔他为大司马、大将军，封安城王。可是，拓跋弘刚刚去世，冯太后便以伪造诏令谋杀私家仇人的罪名，命万安国自杀。

陆定国，为陆俟之孙、陆丽之子。陆氏父祖历仕拓跋嗣、拓跋焘和拓跋浚，立有殊勋。陆丽在乙浑专权时被害。陆定国自幼丧父，拓跋浚把他收养在宫中。陆定国常与拓跋弘在一起玩耍游乐，两人关系亲密，情同手足。拓跋弘即位后，任命陆定国为散骑常侍，特别赐封东郡王，加授镇南将军。后来又越级提升为司空。在拓跋弘去世不久，冯太后就以"依恃恩宠，不遵法度"为由，罢黜陆定国所有官职和爵位，发配军中当兵。

皇宫是一个险恶的地方，权力之争可以让兄弟相残，母子决裂，亲

「女政治家」——北魏文成帝皇后冯氏

情不再。在这样一个勾心斗角的地方，一个女子若非有过人的天赋、过人的智慧、敏锐，是不可能生活下去的。冯太后的做法，也许在今天看来太过偏激，但是在当时那种情况下，为了权力可以不择手段，如果不先对付别人，别人就会先对付你。那么，这样的做法也就无可厚非了。

想要重掌大权，那就必须先诛异己。如果留着那些反对自己政见的人存在，长此以往，必将带来一场灾难。于是，冯太后对拓跋弘的宠臣、宠妃都毫不留情，果决狠辣。

冯太后对拓跋弘宠妃李夫人（拓跋宏生母）家族，更是残忍。

李夫人为中山（今河北定州）人，其祖父李益在拓跋焘时入仕北魏，历任殿中尚书、都官尚书、左将军，封南郡公。又娶拓跋焘妹妹武威公主，拜驸马都尉，后来官至侍中、尚书左仆射。

李夫人之父李惠历任散骑常侍、侍中、征西大将军、秦益二州刺史等职，进爵中山王。

李惠为官理政，长于思考，明察秋毫。他在雍州刺史任上时，官府正厅房梁上有两只燕子争巢，一连几天，争斗不已。李惠令属下官员们审理两只燕子争巢一案，判断谁是谁非。大家都推辞说："这样的事情只有有大智慧的人能够推测，不是我们这些愚笨的人所能知晓的。"于是，李惠让一个兵士用软竹弹射两只燕子，不一会儿，一只飞走，一只仍旧不动。李惠对众人说："这只留下来的燕子留恋自己筑的巢，宁可忍受弹射之苦，也舍不得离去。而飞走的那只燕子，则经不起痛苦，轻易地飞走了。"

一次，有两个分别担着食盐和柴草的人，一起放下担子在树荫下休息。当要挑着担子继续赶路时，两个人为了一张羊皮争吵起来，他们都说这张羊皮是自己的东西，并为此来到州府要求公断。李惠让这两个人出去等候，回头对综理府事的官员说："可以通过拷问这张羊皮，搞清它的主人是谁吗？"大家认为他是在说笑话，谁都没有回答。李惠令人把羊皮放在一张席子上，以行刑用的木杖击打一阵，结果打出不少盐屑。李惠说："得到实情了。"然后让两个争羊皮的人前来观看，那个挑柴草的人当场认罪服法。

拓跋弘在位时，擢升李惠为开府仪同三司、青州刺史，他也有很好的政绩和声誉。可是，冯太后一向忌恨李惠。在拓跋弘去世后，冯太后便令人诬告李惠企图叛投南朝刘宋，遂下诏把他诛杀。李惠的弟弟李初、李乐及其所有的儿子，因受牵连而同时被杀，并没收全部家产。

冯太后还对拓跋族权贵和汉族大族人物施以恩典，加以笼络。

拓跋丕曾在诛除乙浑时立过大功，冯太后再次临朝称制后，任命他为侍中、司徒公，封东阳王。拓跋丕之子拓跋超出生时，冯太后亲自前往其宅第，特别加以赏赐。冯太后还下诏，为拓跋丕建造一座最好的府第。竣工时，冯太后率文武百官前去祝贺。后来，拓跋丕又被擢升为太尉、录尚书事。

此外，冯太后对淮南王拓跋他、淮阳王尉元、河东王苟颓和尚书游明根等元老重臣，都待以优礼，赏赐舆马和大量金帛。每逢遇有军国大事，便把他们召入宫中，一起商议。

冯太后还重用一批才貌俱佳之士，王睿、李冲等继续参掌机要，并作为冯太后的男宠，经常陪伴她度过理政之余的寂寞时光。

冯太后又宠信和重用一批宦官，以他们充当心腹和耳目，形成执掌朝政所依靠的重要力量。冯太后宠幸的宦官有王琚、王质、张枯、抱嶷、王遇和苻承祖等人。

冯太后不仅对拓跋弘生前宠信过的官员大肆罢黜和诛杀，而且还利用种种机会消除拓跋弘的影响。

在拓跋弘的神主（祭祀牌位）放入皇家祖庙时，有关部门上疏奏请："依照以前的惯例，掌管宗庙的官员都应该加封爵位。"可是，秘书令程骏提出意见，说："加封爵位，赏赐采邑，是帝王最重视的事情。能得到封爵的人，无非是帝王的近臣或贤才，或者是对国家有功劳有贡献的人，从来没有听说因为先帝神主入庙而有关的官员受封爵位的。以前，皇家这样做过，那也是一时的恩宠，怎么可以作为后世的法则继续实行？"

冯太后对程骏的意见极表赞同，并借机对群臣说："凡是议论国家大事，都应当依照古代的典制常法，不可一味地援引前朝惯例。"冯太后因程骏的意见正合她的心愿，所以特别赏赐给他衣服一套、绸缎二百匹。

但与此同时，冯太后对一些怀念拓跋弘的节义之士，予以特殊表彰，以笼络民心。

恒农北陕（今河南陕县）人王玄威，在拓跋弘去世之后，于州城门外建起一座草庐，然后身穿丧服，每天只吃些菜粥，还不时悲恸哭泣。本州刺史苟颓把这件事上奏朝廷，冯太后诏令询问详细情况。王玄威禀告说："先帝（拓跋弘）君临天下，百姓深受恩惠，凡是活着的人都敬仰万分。因此，在先帝离开我们之后，我不胜悲痛。"冯太后又诏问王玄威有什么愿望和要求，可以上疏陈述。王玄威说："听到大丧的消息，我觉得为臣如同为子，对君主和父祖只是悲痛和怀念，没有什么渴求。"在拓跋弘去世百日这天，王玄威变卖自己的全部家产，置备素食，以供前来参加祭祀仪式的四百人餐饮。拓跋弘去世一周年时，王玄威又设置供一百名僧侣吃的素食进行祭祀活动。到了除服那天，冯太后派人给王玄威送去一套白绸衣服，让他换下丧服。并责令州刺史，对王玄威予以大力表彰。

代北人娄提，在拓跋弘时曾任内三郎。他得知拓跋弘去世的消息后，对别人说："圣明的君主离开我们远去了，我还活着有什么用？"说完便拔出佩刀自杀，几乎致死。冯太后下诏，赏赐娄提二百匹帛。

为政之道，刚柔兼得。只刚不柔往往会将事情拖入死胡同，只柔不刚则会使人散漫而殆误大事。刚柔兼有，方能战无不胜。刚者，不论对手是谁，态度只有一个，雷厉风行，令行禁止。柔者，只要能达到目的怎么办都可以，最简单的也最困难。冯太后却很胆略地去做，不能不令人对她的阴柔和刚毅所叹服。

赏罚分明是为政之道。也只有有赏有罚、功过分明才能得人心。冯太后的这一手刚柔并济、赏罚分明让臣子归心，忠心不二的为她服务。

冯太后第二次执掌北魏朝政期间，南朝刘宋又连续发生内乱，后来被齐国所取代，从而形成北魏与南齐的对峙局面。冯太后想要讨伐齐国，然而她忘记了自己虽然是治国能手，但是论军事才能还是稍逊一筹的，这也为伐齐无功埋下了伏笔。

北魏冯太后于萧道成称帝的当年（479年）十一月，趁南朝政权更换，统治未稳之机，决定出兵南伐。冯太后派梁郡王拓跋嘉率兵进攻淮阴（今江苏淮阴），陇西公拓跋琛率兵进攻广陵（今江苏扬州），河东公薛虎子率兵进攻寿春（今安徽寿县），并令诸将陪奉以前投奔北魏的刘宋皇族刘昶一起南伐。许诺获胜之后，为刘昶重建宋国，作为北魏国的附庸，让他在江南世代相传，永葆帝业。

南齐的南兖州（治所在淮阴）刺史王敬则听到北魏军将要渡过淮河南下的消息，十分恐惧，遂弃城逃回建康。京城官民一片惊慌，纷纷准备逃亡。第二年正月，萧道成派兵抵御北魏大军的进攻。北魏军攻击钟离（今安徽省凤阳县东北），被南齐徐州刺史崔文仲击败。崔文仲派军主崔孝伯北渡淮河，进攻北魏茌眉戍（今安徽怀远西北），败杀其守将龙得侯等人。

北魏梁郡王拓跋嘉与刘昶率兵直驱寿春，步骑号称二十万。在将要攻城的时候，刘昶向全体将士叩拜，并泪流满面地说："但愿大家同心协力，帮助我雪此奇耻大辱！"

南齐豫州刺史垣崇祖召集文武官员商讨对策，他打算加强外城防御设施，并且修筑堤坝，堵截淝水，以固守城池。大家都说："从前，佛狸（拓跋焘）率兵南下时，南平王（宋国的刘铄）镇守此城，拥有的军队十分强盛，数量是我们今天的数倍。但他仍然以为城池太大，难以保全，因而退守内城。况且，从来也没有人筑堤，截过淝水，恐怕徒劳无益。"垣崇祖说："如果放弃外城，敌寇一定会占领，那时他们外筑楼橹（用以侦察和攻城的高台）、内修长墙，把我们紧紧包围在里面。那么我们只有坐以待毙，束手就擒。严守外城和兴筑水坝，我已经做出了决定，任何人都不要再劝了。"于是，垣崇祖令将士们在城西北修筑堤坝，堵截淝水。又在堤坝北面另筑一个小城，挖掘一条很深的护城河，派数千人防守小城。垣崇祖布置说："敌寇见此为小城，认为一举可以夺取，必定全力攻击，以求攻破小城之后再破坏水坝。我们就掘堤放水冲击，这样，北魏军将士都将变成死尸，顺水漂走。"齐军修完小城和堤坝后，北魏军果然像蚂蚁一样涌来，攻击小城。这时，垣崇祖头戴白纱帽，乘坐轻便小轿，登上城楼观阵。他抓准时机下达决堤放水的命令。北魏攻城大军顷刻间都被大水冲进护城河中，人马淹死者数以千计，余众纷纷逃走。南齐徐州刺史崔文仲攻克茌眉成之后，又派部将陈靖进攻北魏的竹邑（今安徽宿州），败杀其守将向仲都。

崔叔延攻破北魏睢陵（今江苏睢宁），败杀其守将梁恶。

这时，刘昶因为南方已进入雨季，上疏请求班师，冯太后准许。当年八月，冯太后又派平南将军郎大檀等三个将领率兵进攻朐城（今江苏

『女政治家』——北魏文成帝皇后冯氏

· 133 ·

连云港西），将军白吐头等两个将领进攻海西（今江苏灌县东南），将军拓跋泰等两个将领进攻连口（今江苏涟水），将军封延等三个将领进攻角城（今江苏清江西南），镇南将军贺罗进攻下蔡（今安徽寿县东北），五路大军同时向南齐发动攻击。

九月，梁郡王拓跋嘉率领十万大军围困朐山，南齐守将玄元度固守城池。青、冀二州刺史卢绍之派其子卢奂率兵增援，玄元度大败北魏军。接着，南齐又派将领崔灵建等率领一万余人从淮水入海，在夜间高举火炬，冲向北魏军营寨。北魏军不知虚实，撤退逃走。十月，冯太后又任命昌黎王冯熙为西道都督，与征南将军桓诞率军进攻义阳（今河南信阳），镇南将军贺罗率兵进攻钟离（今安徽凤阳东北），两路大军同时进发。

太和五年（481年）正月，北魏军进攻淮阴，包围南齐守将成买于角城。萧道成任命镇军将军李安民为都督，与将军周盘龙等率兵前往救援。北魏军沿淮河北岸大肆抢掠，长江以北的百姓纷纷渡江南下。成买奋力抵抗北魏军，战败被杀。周盘龙之子周奉叔率领二百人攻入北魏军阵中，魏军一万多骑兵分左右两翼把他们层层包围。有人告知周盘龙，说："奉叔已经战死。"周盘龙立即跃马挺矛，杀入北魏军阵地，横冲直闯，左右拼杀。周奉叔冲出重围后，又返回阵中寻找其父，父子两人在北魏军阵内狂呼大叫，拼力冲杀，北魏军无人敢抵挡。北魏军遂败退，死伤将士数千人。与此同时，南齐游击将军桓康在淮阳也大败北魏军，并攻克樊谐城（今江苏宿迁西北）。

垣崇祖在寿春击败北魏军后，预料魏军可能在淮河北岸再次发动进攻，遂把下蔡的驻防军移师淮河以东。不久，魏军果然前来，打算攻击下蔡，但得知守军已经转移，便准备拆毁城墙。这时，垣崇祖率兵渡过淮河，反击北魏军，俘杀数以千计。

太和十一年（487年）正月，南齐的桓天生自称是东晋权臣桓玄的宗族后代，与雍州（今湖北省北部）、司州（今河南省南部）境内的少数民族联合起兵，占据南阳（今河南南阳）故城，向北魏请求出兵，进攻南齐。冯太后遂派兵增援桓天生。萧道成命丹阳尹萧景先统率步骑兵直驱义阳（今河南信阳），派护军将军陈显达、征虏将军戴僧静等率水军进抵宛城、叶县，共同征讨桓天生。桓天生带领北魏军一万余人进攻泌阳（今河南泌阳。）陈显达派戴僧静等在深桥（泌阳之南）迎战北魏军，俘杀北魏军数以千计。桓天生退保泌阳，戴僧静驱兵进围，不克而还。桓天生又引北魏军进攻舞阴（今河南泌阳西北），被南齐守将殷公愍击败，桓天生受伤逃走。后来，北魏南部尚书公孙邃、上谷公张倏率兵与桓天生再次进攻舞阴，又被殷公愍击败。桓天生逃往蛮荒之地。第二年四月，桓天生又一次引北魏大军占据隔城（今河南省桐柏县西北）。萧道成命游击将军曹虎率领大军抵御，辅国将军朱公恩率前锋部队在途中与桓天生的游击部队相遇。双方交战，桓天生大败。朱公恩遂进围隔城。桓天生引北魏军步骑一万余人增援隔城，曹虎将其击败，俘杀二千余人。曹虎与朱公恩联兵攻克隔城，败杀北魏襄阳太守帛乌祝，并俘杀北魏军二千余人。桓天生逃走。

接着，陈显达率兵进击北魏。冯太后派豫州刺史拓跋斤率兵迎敌。北魏军修筑醴阳（今河南桐柏西），被陈显达攻陷。陈显达乘胜进击醴阳，守城的北魏军将士都要求出城迎战，镇将韦珍说："他们刚刚来到，锐气正盛，不能急于与之交锋。只要大家同心协力，坚决守住城池，等他们攻击得精疲力竭，我们再出城反击，可以一举成功。"于是，北魏军登城拒守。十几天后，韦珍于夜间打开城门，出兵袭击，陈显达率兵退走。

此后，在一段时间内，北魏与南齐没有发生大规模战事，继续维持着对峙局面。

冯太后时国内争权很有自己的一套手腕，但对于和敌对政权间的军事斗争，却明显地稍逊一筹。在她两度临朝称制期间，与南方的刘宋和南齐进行的多次交锋中，北魏均未能取得重大战果。

虽然冯太后未能争得一处城池，然而却也没有丢失过一寸土地。虽说无功但也无过，而她在政治方面的治理确是对后世有很大的裨益。

『女政治家』——北魏文成帝皇后冯氏

"聪慧贤后"——唐太宗皇后长孙皇后

🌸 皇后小传

　　长孙皇后（601年—636年），祖先为北魏拓跋氏。长孙皇后贤惠，得到唐太宗的尊重和欣赏。她自称不干预朝政，聪慧的她却常以古事劝诫皇上。她写出浪漫的《春游曲》传世，对妃嫔宫人通情达理，与唐太宗是一对恩爱的夫妻。她优雅又活泼，年仅三十六岁去世，唐太宗非常思念她，可见唐太宗对她的感情之深。

　　说起长孙皇后来，熟悉历史的人绝不陌生，但要问一句，长孙皇后的芳讳怎么称呼呢？大概鲜有人知。说来也奇怪，这么怪异的名字即使在学识渊博的读者看来似乎也有点莫名其妙——长孙观音婢。

　　长孙是姓，源于鲜卑族；观音乃是从天竺舶来的佛教神祇；婢者，奴也；这三个风马牛不相及的名词联系在一起，着实让人丈二和尚摸不着头脑。难道是长孙皇后的父亲长孙晟信仰佛教，想把自己的女儿献给观音为奴？不过，佛家讲众生平等，怎么会蓄奴呢？

　　这个奇特的名字或许将成为未来史学界的一个课题，此处暂且存疑。观音婢十三岁的时候，嫁给了十四岁的李世民。

　　说起来姻缘巧合，这场婚姻竟是因为李世民的母亲窦夫人的一番话而造就。奇就奇在，这番话并非窦夫人当着媒妁的面所说，而是幼年时跟舅舅周武帝所说，因为年龄小见识大，才引出观音婢和李世民的这段姻缘。

　　观音婢的婆母娘窦氏，即李渊的夫人，是定州总管神武公窦毅与周武帝姐姐襄阳长公主的女儿。关于窦氏的诞生有许多神话传说，但都不可信，而周武帝非常喜欢这个外甥女，从小就将其养在宫中。

窦氏的孩提时光在一个战乱频仍的年代中度过。当时的天下局势，南北朝并立。北朝分裂为北周和北齐两个帝国，另外在辽阔的蒙古草原上存在一个强悍的游牧民族建立的大帝国——突厥汗国；南朝陈帝国占据东南一隅，做着六朝残梦。

北周帝国和北齐帝国都想吞并对方，统一北方，但仅凭自身的力量很难实现，因此对突厥汗国极尽拉拢之能事，欲促成二对一的优势局面。尤其是北周帝国，几次对北齐帝国用兵都败北而归，是否能够与突厥汗国结成联盟，关系着北周帝国的生死存亡。

那个时候结盟最常用的一种方式就是联姻。两个国家结成儿女亲家，亲家翁的事当然责无旁贷，伸出援手也名正言顺。

正赶上突厥可汗的小女儿阿史那到了谈婚论嫁的年龄，突厥可汗要从北周帝国和北齐帝国中挑选一位乘龙快婿。草原那边一宣布择婿，北周和北齐两个帝国就较上劲了，非要把阿史那争到手不可，双方展开了求婚拉锯战。

突厥可汗呢，是个老无赖，今天想让北周的皇帝做女婿，睡一觉醒来后，又想认北齐的皇帝当姑爷，俗话说墙头草两边倒，这位可汗就这副德性。他把自己的女儿同时许配给两家，也不规定年限，准备着观察几年，看北周和北齐哪边的实力更强一些。

这样一拖就是五六年的光景，周武帝都有点心灰意懒了。这位草原可汗却对自己设置的游戏乐此不疲。五六年里，闹剧接二连三。先是扣下了北周的求婚使团，又截留了北齐的迎亲队伍，折腾来折腾去，终于在意兴阑珊的时候，选择周武帝作为突厥汗国的爱婿。

就像猫捉老鼠游戏一样，猫把老鼠玩弄得筋疲力尽，才美滋滋地享受大餐。这里倒不存在猫吃老鼠，但被突厥可汗吊足了胃口，周武帝得到阿史那后，心中充满了怨气。阿史那虽是个无辜者，却不得不承担她父亲玩弄花招所导致的不良后果。

阿史那虽然拥有倾国倾城的容貌，但周武帝却不愿意亲近她。周武帝视这场旷日持久的求婚拉锯战为平生奇辱，恨透了突厥可汗，这个老狐狸，挑三拣四，东倒西歪，拿我堂堂北周皇帝当娱乐工具，哼，我决

『聪慧贤后』——唐太宗皇后长孙皇后

定报复你，让你心爱的老闺女守活寡！

说到做到，周武帝的作风向来如此。可怜的突厥公主阿史那为此终日悲啼，她也恨老父亲，没事瞎折腾什么呀，这不是拿我的幸福当儿戏吗？虽然贵为皇后，但皇帝连看都不想看她一眼，忒没面子不说，大好的青春也白白浪费。因此她抑郁难平。

这一切，都被小窦氏看在眼里。也不知小小年纪哪来的如此敏锐的洞察力，她就觉得长此下去不是办法，一旦突厥可汗知道自己女儿在北周没好日子过，一定会恼羞成怒，两国结怨，这对北周帝国大大地不利，糊涂的舅舅怎么就看不出来呢？

于是她趁着周武帝举行宴会的时机，劝舅舅说，舅舅，你可不能再冷落舅母了，舅母终日悲啼，泪人一样，你怎么忍心？况且现在天下尚未平定，突厥汗国国势强盛，希望舅舅看清形势，控制自己的怨气，对舅母加以抚慰，这才是以天下苍生为念，只有在突厥人的帮助下，我们才能平北齐，灭江南，统一天下！

为什么选择宴会的时机说出自己的观点，小窦氏有自己的想法。宴会之上，百官毕集，当着他们的面劝谏，有力度，周武帝就不会把自己的话当作小孩子话，而不往心里去。

这番话说出，真可谓一鸟入林，百鸟压音，全场的人都惊呆了。不光现场，恐怕读者也会吃惊不小吧？这是从小孩子嘴里说出来的话吗？就连当时的宰相见识也不及于此，谁承想竟是一个声音稚嫩的小女孩。真是羞煞古往今来的当官做宰人。

周武帝听后，惊讶不已，看看瞠目结舌的百官，再看看幼小可爱的外甥女，心里又骂开了，这群废物，一个个吃啥啥没够，干啥啥不行，见识比不上一个女娃娃，阿史那嫁过来这么长时间了，没一个朝臣劝过自己，自己也没当回事，今天小外甥女说出来，问题还挺严重，不能不谨慎对待。

由于小窦氏的这番话，周武帝果然改变了对阿史那的态度。以前像陌生人一样，现在竟能捐弃前嫌，做起了快乐的夫妻。阿史那虽是突厥可汗的女儿，但性格秉性与她的老爹有云泥之别，百般温柔，万种风情，周武帝后悔冷落人家那么长日子。阿史那对小窦氏心怀感激，没有她，自己这种活牌位的生涯还不知道何时是个头呢。

突厥可汗从使者的口中得知，爱女在北周帝国事事顺心，样样遂意，也佩服周武帝是个英雄人物，心怀宽广，因此加强了联盟关系，令北齐帝国十分不安。

　　小窦氏的这番话所引起的连锁反应大大超乎意料，周武帝改善与阿史那的关系不过是个开头而已。

　　小窦氏的老爹听了这番话，乐得合不拢嘴，转身对老婆说，咱闺女要才有才，要貌有貌，不可以随随便便嫁人，要精心为她挑选贤婿。这话撂下不久，上门求亲的人比比皆是，都是名门望族。但窦老头不在乎，只要才貌配得上女儿，出身品第倒在其次。

　　于是展开了海选，经过长达几年的艰难淘汰赛，终于选出了窦家的超级女婿——李渊，就是后来的唐高祖。结婚后不久，窦氏生下四个男孩，依次取名为李建成、李世民、李玄霸、李元吉，取"建世玄元"的吉祥美意，一家六口过着平淡快乐的生活。

　　小窦氏的一番话，还让当时在场的一个人无比惊诧，就是被封为平原公的长孙炽——观音婢的伯父。他活了这把年纪从未见过如此有见地的小女孩，如果不是亲见，他绝不会相信六七岁的女娃娃讲起话来竟似宰辅一般，头头是道，深明大义。

　　他喃喃自语，窦老头了不起啊，竟养出这么如花似玉、见识一流的闺女来，将来小窦氏长大了，也绝非庸碌妇人可比，必定也会诞生卓尔不群的孩子，到时候要是能结成婚姻，功名不可限量，富贵不可限量。

　　这样的想法一直在长孙炽的心里盘旋。李世民等四兄弟诞生后，长孙炽更加坚信自己的想法，可惜的是他的那些女儿，不是太大，就是太小，没有适合联姻的，但这门绝佳的姻亲绝不能错过，因此就想到了弟弟长孙晟。

　　这位长孙晟即是长孙观音婢的老爹。有一天，做哥哥的请弟弟喝酒，长孙炽就说，兄弟，富贵就在眼前，不可不图啊！长孙晟不明白，就问怎么回事。长孙炽语重心长地说，那窦氏出语不凡，孩提时就震动朝野，如今嫁人生子，个个都不是等闲之辈。如今观音婢也日渐成长，如果能与李家通婚，长孙家的前途未可限量。

　　长孙晟听哥哥说得有理，但李家没这个意思，这个事情怎么好开口。长孙炽一看弟弟一根筋，就提醒他，机不可失，时不再来，过了这村可就没有这店了。一旦被别人家抢了先，我们家的富贵就鸡飞蛋打了，这时候还讲什么规矩礼道，倒提亲！

一句话点醒梦中人，长孙晟不再顾及颜面，亲自跑到李府提亲。李渊夫妇爽快地答应了，一盘问岁数，二儿子李世民最合适不过，于是当场约定，观音婢聘给李世民，成年后择时完婚。

人们常说，一场婚姻背后都有月老牵红线，一边系到男的腿上，一边系到女的腿上，纵跑到天涯海角，也要回来做夫妻。李世民和观音婢的这场姻缘，牵红线的却不是月老，而是观音婢的婆母娘窦氏，都因了她的那番话，才成就了一对千古无匹的帝王夫妻。

长孙晟为女儿定下终身大事后，没过多久即一命呜呼。

擎天柱刚倒下没几天，长孙家就乱成了一锅粥。长孙晟前妻的儿子长孙安业露出了丑陋面孔，为了独霸家产家业，欲将观音婢和她的母亲、哥哥赶出家门。没有了老父撑腰，孤儿寡母受尽欺凌，最后无奈只好投奔舅舅高士廉。

长孙安业没有伯父那样超前的眼光，他要是知道他赶走的是未来大唐王朝的皇后和宰相，一定会找包耗子药，结束自己的狗命。

高士廉没有嫌弃他们，把娘儿仨安顿下来，吃喝不愁。观音婢虽然缺少了慈父的宠爱，但舅父适当地弥补了缺憾。高士廉待观音婢像亲闺女似的，吃的穿的，玩的住的，没有一样拘管了她。

不过再好，终究是寄人篱下，就是舅父百般疼爱，不说什么，但保不齐下人们说三道四，零零星星地传到观音婢耳中，漫漫长夜也曾哭过，时间一长，人情冷暖，世态炎凉，尽皆体味。

幸亏舅父的爱护是出于真心，哥哥长孙无忌虽同样饱尝艰辛滋味，在母亲、妹妹面前却是一副乐天派，逗引她们高兴，是个有心人，要不然真不知道观音婢怎么挨过苦涩和忧伤的少年时光。

由于住得不远，长孙无忌自小就跟李世民交好，可以说是发小儿。又知道李世民是未来的妹夫，较之他人更加亲近。在他的帮忙下，李世民和观音婢也有往来，但少年恋爱，偷偷摸摸的，不过是写些卿卿我我的书信，互相吐露相思爱慕之情。

这样鱼雁传书四五载，两人感情加深，彼此了解，更加渴望走进对方的世界，做一对只羡鸳鸯不羡仙的恩爱夫妻。到了李世民十四岁，观音婢十三岁那年，两个人终于携手步入婚姻殿堂——他们结婚了！

初为人妇，观音婢尝到了快乐的滋味，十分陶醉。但不顺心的事也接踵而来，奸兄长孙安业直到她结婚，也不允许妹妹回娘家，害得观音婢归宁的时候，只能回舅舅高士廉家，不成体统。

还有，那位见识远大的婆母娘早在他们完婚之前就去世了，观音婢原来想着，这位慈爱的婆婆会给她温暖，没想到竟成了永远的遗憾。李渊又续娶了别人，毕竟老公不是人家亲生，又免不了看他人脸色。

人生总是难免痛苦，一波接一波，直到将你打败。幸好老公是个依靠，宽厚的肩膀足以抵挡人生的种种灾难。李世民非常懂得疼老婆，这一点在古代男权社会来讲，似乎很难得。看到观音婢的脸上挂满愁绪，李世民就会默默地抱住她，让她靠在肩膀上，传递给她温暖和安全。

能跟这样的老公长相厮守，未尝不是老天对她辛酸命运的一种补偿，但偏偏不是这样，新婚生活虽然甜如蜜，但却不是李世民想要的。他要做大事，身着戎装，请缨提旅，在乱世中创下一番基业。

观音婢拿这个酷爱冒险、迷恋军事的老公没有任何办法，只能听之任之，她心中想，他是我最爱的人，我决不能做他的绊脚石，我要支持他的事业。

俗话说，时势造英雄。隋末炀帝失道，九州风云激荡。各路英雄豪杰揭竿而起，纷纷欲取而代之。沧海横流方显英雄本色，正是这苍茫扰攘的乱世激起了李氏父子建立一番基业的雄心壮志。

隋大业十三年（617年）夏天，李渊在太原起兵，同年十一月，攻下长安，次年建立唐朝，改元武德。李世民因功被封为尚书令，加爵为秦王。观音婢也随之成为秦王嫡妃。这些故事上嘴皮一碰下嘴皮说起来容易，实际上其间东征西讨，血流漂杵，稍走错一步棋，就不能成就今日之果。

观音婢对这种身份地位的提升心有余悸。这是老公身先士卒，不顾生死换来的。说句宿命的话，老公是大命人，福大命大造化大，能在两军阵前保全性命，若不然，霉星高照，后果不敢想象。那些夜晚，观音婢不知掉过多少泪，失眠过多少次。

唐朝建立后，观音婢觉得丈夫的戎马生涯应该结束了，谁知四方尚未平定，所谓的成功不过是万里长征迈开了第一步。

「聪慧贤后」——唐太宗皇后长孙皇后

　　现在，大哥李建成被立为太子，自古储君不能统兵上战场，四弟李元吉又小，征讨天下的大担子自然落到老公身上。老公充满了激情，像个慷慨激昂的战神似的，以天下苍生为己任，有这样的老公真是幸福，可刀尖上混日子，什么时候是个头啊？

　　长安城的冬天，冷风刺骨。雪花不大，却急匆匆地飞降，时间不久，到处却已是一片银白。寒冬腊月，要是能猫在家里烤火读史，那该多好！世上偏是不称心的事情居多。

　　李世民从父亲那里回到秦王府，观音婢早把炉火烧得旺旺的，亲自炒了小菜，又烫了陈年美酒。先替老公掸扫了落雪，而后夫妻两人对饮。

　　观音婢因喝了点酒，两腮如绽开了两朵火红玫瑰，姹紫嫣红，十分妩媚。李世民既怜且爱，伸手温柔地摩挲，极尽温存，且说，这半年来，苦了你了！观音婢忙用手止住老公，你在外打仗才叫辛苦呢！

　　李世民站起身来，眼前浮现出战士们摇旗呐喊、奋力厮杀的身影，又加上酒力，眼圈一红，竟淌下泪来，说道，我一个人的辛苦算得了什么？将士们才是最辛苦的，把脑袋别在裤腰带上，随时都可能为国捐躯，可叹天下未平，还免不了征战，不知还要死多少人，造就多少孤儿寡母。说罢，饮了一杯酒，若有所思，呆立不动。

　　观音婢从后面将老公抱住，深情款款地说，想那些辛酸事做什么，将士们也是为了能有好日子过，我只担心你！每次你出去打仗，我夜里都睡不好，好像窗外埋伏着千军万马，时而呐喊拼杀，时而撕心裂肺地惨叫，真是折磨人，好几次还梦到你被敌人砍碎了身体，七零八落的，吓得我浑身冒冷汗，再也睡不下去了。

　　李世民听观音婢说起这噩梦，不由得笑出声来，梦都是假的，我何尝那样没本事，竟被敌人捉了去？观音婢说，还笑呢，人家关心你，还取笑人家。李世民听了，将观音婢揽在怀中，情意绵绵地说，放心吧，有你保佑我，什么意外都不会发生的！

　　观音婢甜甜地笑了，忽又想起一档子事来，便问，父皇叫你有什么事啊？李世民轻描淡写地说，没什么事，不过是过了冬，要出兵呢，讨刘武周、王世充、窦建德、刘黑闼，削平了这些军阀，咱大唐才能一统天下！

观音婢失望地说，又要打仗了？唉……什么时候能过上太平日子啊。李世民没说什么，将她抱紧，观音婢感到一阵温暖和自信涌遍全身。

寒冬腊月很快就过去了，大河开化，杨柳抽丝，大地回春，万物复苏。到处都是生机盎然的景象，可惜李世民来不及欣赏，就带领大军平定山东去了。

老公又去打仗了，留下观音婢牵肠挂肚。

时间飞逝，李世民在接连打败刘武周和王世充后，一鼓作气，在武德四年（621年），神话般地以绝少兵力战胜了窦建德，李渊非常高兴，晋封李世民为天策上将，位在诸王公之上，并可以开府养士。

李世民每一开战则身先士卒，东奔西杀皆与士兵同列，深得人心。开府后，广揽饱学之士，吟风弄月，声名鹊起。四五年的光景，大唐只知一个天策上将，太子李建成相比之下逊色许多。大概也在于他成为太子后，很少在外出战，失去了很好的历练机会。

太子李建成也是个非常有本事的人，论战功当然及不上弟弟李世民，但论后勤保障、供给部队也算得上一大能手。太原起兵之时，他与李世民分别都督左右两路主力，建唐后，他因是长子被立为太子，才失去了领兵作战的机会。他眼见着弟弟的声威声望渐渐超过自己，心里岂有不恨的？因此与四弟李元吉搞在一起，聚在东宫，秘密开会。

李世民也以自己功大而心中渐起不平。凭什么我在外出生入死，太子却坐享其成？这偌大的天下，十之八九都是我打下来的，太子他凭什么白夺了我的胜利果实？老爹也够偏心的，打着立长立嫡的幌子，把原本属于我的储君之位硬是给了太子。

雄才大略的李渊，对二儿子的不满情绪有所了解，但他不想破坏规矩，李世民的功劳大，官升得也高，天策上将，大得足以比肩太子，还想怎样？难道非要把太子之位从建成那里要回来给你不成？爷俩也有了罅隙。

这可苦了观音婢了，老公跟公公、大哥、小弟都合不来，而且矛盾有愈演愈烈的趋势，急坏了她。李世民常年在外打仗，家里的事免不了观音婢替他周旋。孝敬公婆，团结姆娌，尽量帮老公挽回局面。

不过，尽管观音婢尽心尽力，怎奈积怨已深，嫌隙已重，天策上将

『聪慧贤后』——唐太宗皇后长孙皇后

府和东宫太子府之间已势同水火，绝难挽回。**李渊**老子难做，起兵反隋那样的大事都没难倒他，儿子反目成仇，他胸中**却**实无一策。

不过有一点可以肯定，即使李世民功劳再大，李渊也是向着太子李建成的。

李世民的野心，不必为其讳言。

当时李世民不过二十几岁，血气方刚，青春澎湃，有一些过激的想法并不为怪，何况天下是他打下的，有的是他说嘴的地方，要说他没野心，才是咄咄怪事。

李世民的野心主要表现在平定山东后，大肆培植私人势力。平刘武周、王世充、窦建德诸割据势力，李世民并未将胜利果实交给别人，而是自己独揽。尉迟敬德、秦叔宝、程知节、张公瑾等唐初名将纷纷罗致麾下，再加上长孙无忌、房玄龄、杜如晦等谋士，一并成为李世民的私党，与太子、齐王抗衡。

李渊对此相当不满，心想，老二这是想干什么，老子是皇帝，哥哥是太子，你就该安分守己做好你该做的事，你以**为**搞小动作，我就会睁一只眼闭一只眼？

李渊跟最亲信的大臣裴寂私下里说，我们**家**老二，在外头带兵久了，君命有所不受，让他身边的那些读书汉教唆得再不是我昔日的乖儿子了！

于是，李渊渐渐疏远了秦王，对太子和齐王**更**加宠爱。而李世民打胜仗越来越多，没几年的工夫，山东平定，**居功至伟**。太子李建成感到压力甚重，倚仗着老子的偏爱，拉着齐王一起，对秦王展开挖墙脚、掺沙子的行动。

对外作战方面，太子开始警觉。以前作为太子，忌讳领兵作战，因为容易出意外，李渊也不太能容忍这样的事情。**现**在情况不同了，皇帝疏远秦王，太子大有机会可乘，竭力把出任对外**大**战役最高统帅的机会争到手。事实上也是成功的，武德末年，本来属于李世民出任对外作战最高统帅的机会，大多被建成、元吉所取代。

以上不算，建成、元吉还施尽伎俩，从内部瓦解秦王的私人势力。不惜重金邀买尉迟敬德、段玄志等大将，收买**不通**，则尽力排斥诬陷，曾将尉迟敬德下狱，程知节贬谪，房玄龄和杜如晦也被赶出秦王府，想要彻底拔净秦王的**羽翼**，用心不可谓不毒，不可谓不狠。

除此之外，**仿效秦**王，大肆培植私党。原来太子在东宫，无缘对外作战，培植私人武**装**力量是很难的，有心无力。现在皇帝不大待见秦王，建成、元吉正**可趁**机扩充东宫势力，招兵买马。这么做也是见效的，很短的时间内，**建成**就罗致了魏徵、王珪、韦挺等私属，并从长安招募两千多流氓充当打手，号称"长林兵"。元吉也有谢叔方等战将效命。

这样一来，通过以上几项举措，建成、元吉的实力竟超过了李世民，而且得到了**李渊**的**默**认和许可。如果不是这样，做太子的私下里植党营私、招兵买马，岂不是犯了君王的大忌？李渊没有出来制止，就说明他是有私心的，对建成、元吉反制李世民的行为未加挟制。默不作声即是鼓励，建成、元吉更加有恃无恐。

观音婢是个非常有见识的女子，她看到老公步步维艰，别人争一步，老公就让一步，别人抢一步，老公就退一步，以老公锐意进取的性格，怎么会如此退让不迭呢？肯定是心里盘算重大的计划，目前尚不成熟，故一再隐忍不发。公公也是的，兄弟阋于墙，就不知道出来调和一下，缩在那里，任儿子们私相争斗，也不怕天塌下来。

武德七年（624年），长安仲夏，天还不是很热，曲江里荷花盛开，游人如织。长安城是个大都市，当时的面积足有现代西安城郊加起来的十倍大。如此大的城市，胡汉杂居，人口过百万。每天无论皇宫出了什么事，饭店照常营业，青楼照样开张，一派歌舞升平的景象。

这天，秦王府来了一位客人。此人出身微末，是个名不见经传的小角色。他叫常何，乃是皇宫北门——玄武门的守将，三十岁左右的年纪，连鬓络腮的胡子，黑黝黝的脸膛，一排洁白的牙齿，如扇贝一样，一副干净利落、做事果敢的样子。

他此次前来秦王府，并未身着官服，而是微服出来，显然是为了掩人耳目。秦王府内，李世民正在殿前徘徊，可能是等得有点急了。殿内是观音婢忙碌的身影。她排摆好桌案，又亲自司炉烧水。旁边小几上，放着清香扑鼻的花茶。桌上是一席丰盛的菜肴，杯盘罗列，各种佳肴美味应有尽有。另有美酒，刚从府窖里搬出来，看得出是多年的陈酿，一揭封，酒香四散，醇香满堂。观音婢一边忙碌着，一边已经快醉了。

常何进府，早有人过来接引，又有人到大门外去看，以防太子、齐王那边的人盯梢。俱无恙，方才掩紧了大门，甲兵们护卫好，李世民才放心引常何进殿内去。

落座后，李世民就说，常何，我想与你共谋大事，不知意下如何？常何忙问什么事。李世民说，太子欲置我于死地，步步紧逼，我已无路可退，父皇也不怜惜，一味纵容，我想举事除去太子，以安天下，素知将军忠义，引为知己，希望将来能助我一臂之力，事成之后，不敢忘恩。

说着一躬到地，常何如何承受得起，忙用手拦住，举杯饮了一大杯酒，豪爽地说，承蒙秦王看得起，备下美酒佳肴，俗话说，士为知己者死，明天就是死了，常某也值了，秦王有事，请直言相告，决不推辞！

观音婢这时手里捧着茶，接着说，常将军，没什么要紧事，不过秦王看重你，想跟你交朋友，举事也不在一朝一夕，从长计议吧，且饮了这杯香茗，这茶乃是去南边做生意的大商家送的，保管你喝了一杯想两杯。

常何见秦王、秦王妃这样看待自己，心里感激不尽，自己算什么呢，好听点是玄武门的守将，不好听是一条看门狗而已，齐王就几次三番这样说过。常何接过王妃手中的茶，细细品来，果然异香无比，生津止渴，不由连声称赞。

三人一直聊到傍晚，夜色徐徐降下时，常何才小心翼翼地出了秦王府，转眼就消失在夜幕中。至于聊了什么，不知其详。

接着发生了杨文干事件。这年六月，庆州都督杨文干发动叛乱，因往日与建成私交甚厚，又送了不少私人武装以充实东宫。事发后，李世民便散布谣言，说杨文干造反是太子指使的，想要里应外合，抢夺皇位。

李渊并不相信太子会勾结地方将领发动政变，因此没有彻底追究，尽管他不喜欢秦王，但毕竟是自己亲生的，顾及兄弟俩的感情，尽量地弥补裂痕，对杨文干事件的处理结果是各打五十大板，不偏不倚。

但一点作用也没有，兄弟俩的关系不但没有缓解，反而剑拔弩张，矛盾进一步尖锐。为此李渊伤透了脑筋。武德九年（626年），为了解决兄弟间的纠纷，李渊准备邀齐裴寂、萧瑀、陈叔达、封伦、颜师古等朝中重臣，参与处理家事，时间定在六月初四。

这次李渊想一锤定乾坤，一是要把秦王心怀异志的图谋昭告天下，在群臣面前形成定案，使秦王知道收敛，实在不行废之，也不能扰乱国家；二是要巩固建成的太子之位，他是嫡长子，名正言顺，中规中矩，没什么要低头的地方。

可惜的是，李渊老而昏聩，对自己的二儿子疏于了解。秦王现在已经无路可退，必将孤注一掷，胜败存亡之际，他是不会手软的。

六月二日，李世民召集长孙无忌、张公瑾、房玄龄、杜如晦、尉迟敬德、侯君集等谋臣武将商议对策，决定举事。

六月三日，天文台观测到太白星的位置正对应地上的秦地的分野，太史令报告李渊说，太白星临秦地，秦王当有天下。

李渊大吃一惊，连忙召见秦王责问。秦王心里怦怦乱跳，以为事未举而先发了，一听是天文方面的事，事又关己，于是极力辩解，因机揭发建成、元吉与后妃有染，并说自己并未做对不起兄弟的事，建成、元吉对待自己却像是给王世充、窦建德报仇似的，岂非亲者痛而仇者快？

李渊听说太子与后妃有染，也傻在当场了，真假莫辨。因此埋怨秦王，为何不早报？正好，我定在明天调解纠纷，你们兄弟一齐来，当面对质，真相自然大白。

事情紧急，正如箭在弦上不得不发，观音婢时刻支持李世民的决定，并以实际行动参与进来。

六月四日清早，李渊和几位大臣早到朝堂等待。秦王府众将士在玄武门布下埋伏。玄武门守将常何并未像李渊报告异常。一会儿，秦王李世民偕秦王妃长孙观音婢亲临现场。生死未决之地，竟夫唱妇随，也堪称奇景。

秦王府将士深受鼓舞，誓死以报秦王。观音婢身着戎装，表现异常从容镇定。心中早做了打算，纵然失败，也是和心爱的人死在一起，这等幸福又岂是常人能体会的？她以崇敬的眼神看着老公，这等英雄，这等神武，下辈子还嫁他。

不过一盏茶的工夫，太子李建成与齐王李元吉到了，看见常何脸上并没有预警信息，因此放心大胆地穿过玄武门，进入皇宫。

没走几步，李世民擒贼先擒王，抬手就是一箭。箭声迅急，裹动空

『聪慧贤后』——唐太宗皇后长孙皇后

气嗖嗖直响。太子尚在迟疑间，飞箭正中面门，登时栽落马下，即时毙命。

齐王李元吉惊骇不已，仓皇张弓，连射三箭皆未中的。这时尉迟敬德赶来，连发数箭，射中元吉坐骑。元吉一看不好，往旁边树林跑去，秦王紧追不舍。快追到的时候，被旁逸的虬枝挂下马来，元吉返回，欲用弓弦将秦王勒死。危急时刻，尉迟敬德赶来解围，元吉起身又跑，竟被尉迟敬德一箭射杀。

这个时候，玄武门外都炸开了锅了。东宫众将得到消息，纷纷赶来，与前来叩关的齐王府将士会合，怎奈秦王指派大将张公瑾把守城门，固若金汤，飞鸟也不能过。这些将士挤在玄武门外，开始攻打城门，由于人数众多，时间一长难保无虞。尉迟敬德情急之下，用槊挑了建成和元吉的首级扔到玄武门外，门外众将一看谋主已死，才纷纷作鸟兽散去。

建成、元吉被诛后，尉迟敬德浑身血迹斑斑，提着大槊，奔向朝堂找皇上算账。此时李渊因等得不耐烦了，带领着大臣去海池泛舟散心。正在海池上飘呢，尉迟敬德就到了，李渊吓坏了，这是怎么了，一身血，还直往下淌呢。

尉迟敬德说，太子、齐王作乱，已被秦王诛杀，特派臣前来保护皇帝安全。李渊一听心里咯噔一下，这下完了，老二先下手为强，大事已做成。

这时旁边的大臣，识时务地说，太子、齐王本来就不怀好意，又无功于天下，嫉妒秦王的居功至伟，狼狈为奸，今天秦王诛杀他们，也在情理，皇帝应该视秦王为国之栋梁，将国事托付与他，就没什么事了。

李渊无奈，只好违心地说，太好了，这是我的夙愿！正好李世民赶到，也不想落一个杀君弑父的恶名，因此见好就收，马上跪下来，向父皇告罪。

玄武门之变遂告结束。

在这场政变中，观音婢是打算跟老公一起死的，她心里明镜似的，老公的实力不如太子，老公之所以发动政变乃是情非得已，被逼无奈。这样孤注一掷的豪赌，幸好老天有眼，要不然必死无葬身之地。老公若是死了，自己也无意逗留人间，虽不是同日生，但是同日死，这也是美好的结局。

李世民也抱了同**观音婢**一起死的决心，事情成功当然最好，就可以共赴"执子之手，**与之偕老**"的盟约，如果事情不成功，那就成仁，一起堕落地狱，决不**乞怜**求生，无论哪种情况，都要与自己的女人一起面对。

这才是真正的**爱情**，无论成败富贵，终相厮守。

玄武门事变之后，**李渊**做出了两项承诺。一是立秦王为太子，并昭告天下；二是宣布自己**退居二线**，做太上皇，不再过问政事。两个月后，李渊宣布禅位，二十八岁的李世民即皇帝位，次年改元贞观，历史上开启了崭新的一页。

李世民登基后，**观音婢**的地位也发生变化，由原来的秦王妃到太子妃，又在极短的时间**内被册**立为皇后，时年二十七岁。

因是患难夫妻，得偿所愿后，较以前更加恩爱。李世民以九五之尊，一如既往地爱恋长孙皇后。长孙皇后呢，身份改变了，不仅是后宫诸妃的表率，还是普天下女人的榜样，肩上的担子自然不轻，时刻不敢懈怠，尽心尽力做好贞观皇帝的贤内助。

在长孙皇后的心目中，老公也发生了微妙的变化。他不仅是自己的老公，还是天下人的皇帝，一言一行，都不能当作单纯的个人行为来考量，而是有着国家和政治的背景，切不可干预政事，做一个叫老公为难的老婆。

初为皇后的那几日，观音婢夜里辗转反侧，难以安眠。因自幼读过不少历史，对那些身为皇后者宠极而衰最后结局悲惨的前车之鉴，极为惊心。因此时常提醒自己，切莫重蹈覆辙，入万劫不复的境地，那样，既伤害夫妻的结发深情，又妨害国体纲常。要做就做个贤德的皇后，母仪天下，替老公管好家，排忧解难。

长孙皇后的哥哥长孙无忌，自小与李世民相交，太原起兵后不久就投奔到李世民麾下，出任参谋，成为心腹干将，玄武门事变中又是主谋，高祖禅位也有他的功劳，因此李世民登基后，长孙无忌被任命为尚书右仆射，封为赵国公，手中握有人事任免大权，位极人臣，权倾朝野。

不久，李世民觉得这些封赏与大舅子那些功劳比起来差得远了，因

"聪慧贤后"——唐太宗皇后长孙皇后

此又格外加恩，允许长孙无忌随意出入皇帝寝宫，并准备提升他为宰相。李世民将这个想法告诉了长孙皇后，让她先高兴一下。

没想到长孙皇后非但不高兴，还语气坚决地劝说皇帝不要这么做。她说，我现在身为皇后，深受皇帝宠爱，家族也因此显赫发达，实在不应该再让家族子弟当官做宰相了，皇帝饱读诗书，难道忘记两汉吕、霍两家外戚的旧事了？没有一个有好下场的。殷鉴不远，怎能不吸取教训，希望皇上不要叫哥哥做宰相。

李世民一愣，这是怎么说话的，本来是想让皇后高兴的，没想到碰了一鼻子灰，他赶紧解释，我给你哥哥高官显爵，并不是因为他是外戚，我也不想落一个重用外戚的名声，宰相这个名头，你哥哥是当得起的，都是因为他的才干和功劳，与外戚无涉。

长孙皇后劝了好几次，但没有用，李世民任人不唯亲，只唯才，尽管长孙皇后有这样那样的顾忌，他仍让长孙无忌当了宰相。长孙皇后见劝不动，就苦口婆心地劝自己的哥哥，辞掉这个任命。

没等长孙无忌固辞呢，麻烦就来了，偏有那些嫉贤妒能，见不得人家做高官的，给李世民上了一道奏折，说长孙无忌官做得太大了，恐怕要图谋不轨。

李世民哪里肯信，把奏折递给长孙无忌看了，又公示朝上诸臣，意思是皇帝对长孙无忌是无比信任的，你们的奏折不起作用，以后不要徒劳费力了。

奏折虽然没起作用，但也吓了长孙无忌一大跳。妹妹让他不要接任宰相的劝告言犹在耳，自己这儿还犹豫呢，朝堂上就有人告了，还是妹妹有远见，她的话得听。

尔后长孙无忌和长孙皇后一起说服皇帝接受长孙无忌辞去宰相的请求，李世民无奈，把长孙无忌"降"为开府仪同三司，比宰相略低，但仍在三公之位。这已是皇帝的让步了，长孙皇后也不再多言。

李世民看出妻子顾虑颇深，就写了一道诏书，把成败利害讲清楚，诏书上说：上古的黄帝得了有力的牧宰，成为五帝之首；齐桓公有了管仲的辅佐，成为春秋五霸之一；朕得了长孙无忌，才能平定天下，你们就不要辞让官爵了。

后来长孙皇后又请舅舅高士廉出山，帮忙说服李世民，但无济于事，自始至终，长孙无忌受到重用，并非出于李世民对皇后的宠爱，而是他的真本事和大功劳。

这件事即告一段落。长孙皇后也是一番好心，一是怕哥哥不知收敛，重蹈覆辙；二是怕皇帝背上重用外戚的恶名，影响他的决策。

对亲哥哥晓以大义，对那个坏了良心的同父异母的哥哥长孙安业，她也没有报仇雪耻，而是以德报怨，轻描淡写地就把旧的一页揭过去了。

前文说过，长孙安业极不是个东西，父亲长孙晟死后，他昧着良心将长孙皇后母子三人赶出府门，彼时长孙皇后还小，孤儿寡母，受尽屈辱，这件事在她幼小的心灵上，留下了一道伤痕。

贞观初年，长孙安业因外戚的缘故，当了一名监门将军，官职虽不高，但以他的德行，也算格外天恩了。没想到的是，长孙皇后对往事毫不介怀，长孙安业却始终耿耿难安，不领妹妹的情，最后竟参与了刘德裕的谋逆大案，当上了冤大头。刘德裕是看不起他的，只不过看他是长孙皇后的哥哥，才拉他下水，临死拉一个垫背的。

事发后，李世民大怒，同样是朕的大舅子，差别怎么这么大？他不明白，要将长孙安业处以极刑。

长孙皇后得知后，立刻跑来求情，她说，长孙安业谋逆，罪在不赦，不过当年他赶我出家门乃是尽人皆知的事情，如今把他处以极刑，别人会怎么说我？一定会认为我为了报复当年屈辱，才怂恿你杀死哥哥的，况且对皇上的名声也是有害无益的。

李世民觉得有道理，就宽赦了长孙安业。长孙安业才免于一死，从而感恩妹子胸怀广大，妹夫也能以仁义度人，是一对仁爱夫妻。

长孙皇后平日在深宫最喜读书，见地高远，若托生为须眉，也肯定会位至三公，为一国的栋梁。她与李世民经常在一起讨论问题，从古至今，无所不谈，有些看法对李世民治国理政大有裨益。但长孙皇后始终坚持自己的底线，决不干政！可到了眼看着皇帝老公要做错事的关头，尤其是朝臣劝谏不了的时候，她就会挺身而出，替有理的一方说话，做一回敢于"逆龙鳞"的女直臣。

读者都知道贞观名臣魏徵，原来是太子洗马，建成的死党，玄武门事变后归顺秦王，成了一名言官。这个人有点意思，不怕死，敢于犯颜

『聪慧贤后』——唐太宗皇后长孙皇后

直谏，经常搞得李世民下不来台，不过李世民胸怀宽广，从谏如流，并不记恨他，还把他的画像挂到凌烟阁上，推为功臣第四，仅次子长孙无忌、李孝恭和杜如晦。

就是这个魏徵，李世民拿他实在没有办法。一天下朝回来，李世民没好气，咬牙切齿地边走边骂，总有一天，我要杀了那个乡巴佬！正赶上长孙皇后迎出来，就问谁是乡巴佬，怎么回事。李世民就把朝堂上的一幕说了。

原来，李世民要嫁爱女长乐公主——他跟长孙皇后生的女儿——但嫁妆超过永嘉公主十倍，永嘉公主是李世民的妹妹，魏徵得到消息后，就跑来进谏，说长乐公主的嫁妆不能超过姑姑的，有违礼法。李世民说，我嫁爱女是家事，你一个外臣跑来干吗？魏徵抢白皇帝道，皇帝无家事！最后，李世民无奈，只好收回成命。

李世民对长孙皇后说，魏徵那个老家伙，经常不给我面子，我迟早要杀了他！长孙皇后听了，连忙止住话头，换了朝服再出来相见，说道，这是皇上的福气，妾听说，主明臣直，魏徵敢于犯颜直谏，正说明皇上是有道明君，妾应该向你道喜呢。

李世民恍然大悟，不仅不再怪罪魏徵，而且认为皇后深明大义，有这样的可人儿相伴终身，真是无与伦比的幸福。

有一年，李世民病倒了。国事繁忙，经常宵衣旰食，日理万机，纵是铁打的身子也受不了。长孙皇后急坏了，昼夜服侍在皇帝老公身边，别人不放心，宫女太监见识少，万一有个纰漏，谁也担当不起。

一病就是仨月，在长孙皇后的精心照料下，李世民终于转危为安，脸上渐有了血色，吃饭也较往常多了。这天，李世民靠在软榻上休息，长孙皇后小心翼翼地端来一小碗八宝粥，慢慢地喂老公吃，看见老公终于有了好转，泪水扑簌簌落下。

李世民看着顿生爱怜，一边摩挲长孙皇后的手一边说，别伤心了，我这不是好了吗，这些天多亏了你了，你也好好休息几天吧！因碰到长孙皇后的裙边，里面硬邦邦的，就问什么东西。长孙皇后哪肯说，支支吾吾。李世民不肯放过，就拆开看了，竟是一包毒药，就问，怎么把毒药带在身边？

长孙皇后拭去眼泪，柔情无限又无比坚决地说，"若有不讳，义不独生！"意思是说，你要是有个三长两短的，我也不活了！

这又让人想起玄武门前的那一幕，夫妻俩共赴死难，终生厮守，此情此景，让人歔欷不已。尤其是做了帝王皇后以后，还能保持对彼此的爱恋，甚至是热恋，真是难得。平时读史见惯了帝王移情别恋，宠了扔，扔了宠的烂事，才知道李世民和长孙皇后之间的深厚感情来之不易，值得敬佩。

可是好景不长，李世民病好了以后，长孙皇后又一病不起。可能是因为前段时间服侍老公过于消耗精力，全靠一股子精神支持着，老公病好了以后，这根紧绷的弦松了，精神也一下子垮了。

长孙皇后得的是哮喘病，根深蒂固，难以治愈。在病榻上，长孙皇后屈指细算，自己嫁给老公已经二十三个年头了，这二十三年来，酸甜苦辣，一言难尽。虽说老公知疼知热，但从身世经历来说，自己终究是个苦命人。

自幼被赶出家门，寄人篱下。长大后嫁给李世民，因他戎马倥偬，久不在家，只剩下自己独守空房，担惊受怕。当上皇后以后，更加如履薄冰，不想使自己成为皇帝老公的羁绊，时时刻刻为皇帝老公着想，何曾有过一时一刻的私心。

贞观十年（636 年），长孙皇后拖着病体，陪同李世民宫外视事，因时在深秋，风寒露重，回宫后病情加重了，纵是妙手回春也难医治了。

太子李承乾——长孙皇后所生的嫡长子，就想大赦天下，祈求老天为母亲延寿。长孙皇后坚决不同意，她认为，生死由命，是人力不能改变的，如果行善积德能够延寿，我自问平生无愧于心，如果不是这样，大赦天下有什么用，岂不是庸人自扰？况且大赦是国家大事，让你父皇为了我一人擅改法度，实在是大不应该。

太子见母亲不肯，只好作罢。因太医也拿不出办法来，只能这样病恹恹地挨着，挨过一天算一天，挨过一夜算一夜，求老天爷开眼罢了。

李世民本想听从太子的建议，礼佛大赦，但被长孙皇后阻止了，也无计可施，那么英明神武的唐太宗到了这般时候，只能日夜陪伴床前，看着共患难的结发妻子，日渐消瘦，病体沉重，心疼不已，终日以泪洗面。

『聪慧贤后』——唐太宗皇后长孙皇后

六月二十一日，长孙皇后走到了生命尽头，弥留之际，想的仍不是自己，对皇帝老公说，要想保全我的家族，就不能让他们掌握权要，充任那些轻散的职位就好了，至于我，多活几年也无益于世，死了便好了，再也不用浪费国家财富，我只要求死后因山下葬，不立坟，不用重棺厚椁，一切从简，还希望皇上亲君子远小人，从谏如流，开创盛世，臣妾就无所遗憾了，也算皇上没白疼我一场！

说完花容憔悴，溘然长逝，年仅三十六岁。李世民捶胸顿足，痛哭失声，心中想起那句誓言来，"死生契阔，与子成说，执子之手，与子偕老……"言犹在耳，人今何在？芳魂已随清风白云散去，再难寻觅，谁还能与我共赴誓约啊，呜呜……

一个顶天立地的大男人，此时此刻，泪人一般，遥对着床前明月，往昔一幕幕恩爱的情景浮现出来，真不想独活于世间。

李世民是个伟大的君王，他所开创的贞观之治，至今仍为人所仰慕，津津乐道。可以说，这个名垂千古的贞观之治，这份功劳，有李世民的一半也有长孙皇后的一半，长孙皇后是可以与李世民分享的。她的死对李世民来说是一个巨大的打击，从那以后，潇洒神武的大唐天子不见了，多了一个纠缠于累累家事的孤僻老头。

挽歌响起了，随着长孙皇后一起埋葬的，不仅仅是她的芳魂，还有一个千古帝王的英气、豪气和锐意进取的勇气，还有一段令人羡慕的爱情神话，还有一段令人追忆的治世传说，还有一段响彻云霄的贞观长歌……

"女皇帝"——唐高过皇后武则天

🌸 皇后小传

武则天（624 年—705 年），中国历史上唯一的女皇帝，唐高宗的皇后。武皇后工于心计，一步步登上后位，仍然没有满足，在唐高宗驾崩之后，改国号为周，登基为武皇。她擅长治国，任用贤能，同时也杀害了很多无辜之人。她是一位杰出的女政治家、书法家。

唐贞观二十二年，中国历史上的一代英主、太宗李世民的身体已经虚弱不堪，如风中残烛，加上乱服丹药，又不能远离女色，看上去虚弱而有些浮肿。

大臣们都悄悄议论："陛下真是日薄西山啦！"

这些日子，太宗眉头紧锁，一副心事重重的样子。无人知道他为何心事重重，只有他自己明白，这心事源自一个预言。

有一天，他午睡起来，悄悄步出寝宫，听见两个宫女在议论，其中一个说："听说有个女主武王……"

另一个宫女十分惊恐，忙伸手捂住说话宫女的嘴，环顾四周，直朝她摇头。

太宗感到惊讶，让寝宫管事将这两个宫女拉去审问，一个时辰后，管事来回话。他脸上带着惊惶，在太宗面前局促不安，太宗说："她们说了什么，你照实说来！"

管事神色慌张，怯怯懦懦地说："陛下，老奴万万不敢说！"

这一来更引起太宗的好奇心："你照实说，朕赦你无罪！"

管事经过几次犹豫，才结结巴巴地说："陛下，她……们说，大唐……大唐三代以……后，会……有个姓武……的女皇！"

李世民一听这话，脑袋里有些发懵，略一思索，他摆摆手说："这些小宫女，就喜欢瞎说话！"

管事缓步退出去，活像一只惊弓之鸟，急急惶惶地走了。

静下来后，李世民感到心中有些烦恼。他从来不信命，不信谣言，但奇怪的是，随着自己慢慢变老，内心深处居然开始相信这些没影的东西，从不信变成将信将疑。

一天，宫内观测天象的官员上报说，发现太白金星在天上出现。这一异象被称为太白经天。那时，人们相信，这一奇异的天象常常是人间天子更替的预兆。在长安的街巷和房间，从朱雀桥畔到皇城根下，传言仿佛隐秘的无声无息的洪水，在静静地弥漫和悄悄流传。

三月的一个午夜，太史令李淳风秘密奉诏入宫。他主管天文历法，就像现在的占星术大师，人们相信，这样的人可以凭借天象预测人间的兴衰祸福。

前一天下午，李淳风一直没有休息，他孤独地站在观天台上，久久凝思。

一眼望去，灞河两岸萧瑟一片，寒鸦盘旋哀鸣。远处，终南山的积雪依然没有融化，反射着夕阳的微光。在经历一个太久的寒冬之后，长安城依然未能感受到春天的气息。李淳风立在寒风中，心潮澎湃，银须华发都被这一年里最后的朔风吹起，直欲飞去。

他早已听说"女主武王"的传言，太白经天的异象已让民间谣传纷然，其实皇帝是最后知道的。

李淳风一宿没睡。他知道，皇帝很快会召他进宫。果然，皇帝派来请他的人在午夜抵达。那时，他正伏在精致的红泥小火炉边，抬头对侍从轻声说："入宫！"

李淳风站在太宗皇帝的寝宫中央，所有人都被支走了。太宗问："太白金星屡现天际，先生您精通天象，熟知天文阴阳之道，请为我一解！"

李淳风躬身答道："日月星辰自有其运行轨迹，偶有异象也不少见，臣下只是担心，这恐怕真会吻合坊间流传的谣言。"

太宗问："什么谣言？"

李淳风说："我大唐三世皇帝之后，会亡于武氏之手。"

太宗说："朕已有耳闻，这可信么？"

李淳风略加沉吟后答道："臣经过一番推算，发现这个人如今已在陛下的宫里。不出三十年，她将会取代大唐天子掌管江山，李唐子孙也有不少人会遭她毒手。"

太宗一听大惊，说："你给我指出这个人！"

李淳风无法推辞。

太宗连夜把后宫的女眷分成一百人一队，李淳风随手指了一队，太宗说人太多，再具体一点。又分成五十人一队，李淳风指了其中一队。

太宗叫李淳风再明确些，李淳风躬身回答："陛下，臣老眼昏花，认不出来。再说天机不可泄露，陛下您只能自己猜测。"

太宗把李淳风叫到一边，说："将这五十名宫女都杀掉，这样总不会有人漏网，我大唐岂不江山永固？"

李淳风惊惶地跪下说："陛下，天数有定，此人要祸乱大唐江山也是注定，数十年后她死去，江山依然归我大唐。如果您将此人杀掉，触犯天数，将会引来更大灾祸！"

太宗只得作罢，但此事如一块巨石压在心头，让他每日郁郁不乐。

李淳风指出来的那五十人中，有个名叫武媚娘的年轻才人，很多年以后，她有个大名鼎鼎的名字，叫武则天。太宗一念之差，这个女人的性命得以保全，而她却改变了历史的轨迹。

隋炀帝大业十一年，李渊奉皇帝命令讨伐叛逆，途径武则天的父亲武士彟的地盘，临时决定下马休整。这个临时决定，导致武士彟的一生永远被改变，数十年后，又影响了武则天的生命轨迹。

在山西并州文水，武家的四儿子武士彟是个商人，专营木材生意。隋炀帝大兴土木，建造亭台楼阁，武士彟作为商人的嗅觉很灵敏，马上贩运木材，迅速发家致富。

那时的社会重农抑商，商人有钱却没有社会地位，武士彟拿钱买来个小武官的职位，但他野心勃勃，希望能攀上李渊这根高枝往上爬。

为迎接路过的李渊，武士彟拿出一大笔钱，将驿站修葺一新。李渊即将要坐上去的坐垫都换了新的，饮食、茶水、器具，都尽可能搜罗到最好的。准备完毕，武士彟和所有臣僚一起，等候在驿道边，准备迎候李渊。

不一会儿，李渊的前锋马队抵达，兵士们下马，将驿站内外都把守得严严实实。刀枪剑戟森森如林，铠甲锃亮，战马嘶鸣。在阳光的照射下，驿站周围散射出片片白光。

多亏那一笔钱，武士彟被安排在靠前的位置。他看见李渊骑一匹白马，左右两名副将，后面跟着大队亲兵，一行人明亮的铠甲外罩着披风，鲜衣怒马，裹挟着阵阵威风，那气势好不吓人。

李渊在驿站内休息两个时辰，然后开拔。李渊身为一方诸侯，早已过惯锦衣玉食的生活，但在一个小地方能得到如此款待，已经大大超出自己的期望。李渊不但是个有勇有谋的将军，也有非比寻常的政治手腕，因此他已经清晰地感受到接待者的用心。

临走前，李渊吩咐卫士去打听谁是这次接待的策划人，卫士前去问话时面无表情："今天的接待是谁准备的？"

众人面面相觑，不知道李渊的真正意图如何，都噤若寒蝉。

武士彟心里也有些恐惧，生怕得罪这位权贵。

众官僚都混迹官场许久，懂得明哲保身和多一事不如少一事的生存之道，于是都拿目光盯着武士彟。李渊的卫士上去就问："是你准备接待的吗？"

武士彟战战兢兢地说："是的，将爷！"

卫士："你报上名来！"

武士彟拱手道："小人武士彟，山西并州文水人氏。"

那卫士调头就走，一句话都没多说，到得李渊身边，报上了武士彟的名字。

整个驿道上"恭送李大人"的声音此起彼伏。

李渊手扶剑柄，大步跨向自己的骏马。武士彟提起精神，扯着喉咙高喊一声："下臣武士彟恭送大人凯旋！"

听到武士彟的名字，李渊转头看向他，见这个三十岁左右的武官相貌平平，眉宇间却闪着精明。

在李渊的注视下，武士彟心里如同擂鼓，他不知道自己的高喊是否已经惹怒李大人。不料李渊对着武士彟点点头，然后转身跨上骏马，蹄声得得，不久便消失在驿道尽头腾起的烟尘里。

过了良久，武士彟心中才平定下来，他对自己说："李大人注意到我了！"

两年后，隋炀帝的统治已经逼得让百姓流离失所，怨声载道，天下烽烟四起，各路反王互相攻伐，逐鹿中原。

李渊被皇帝封为唐公，镇守太原地区。这时，他想起了当年的武士彟，招手叫过亲兵："去查，并州文水的武士彟现在何处？让他即刻来见我！"

两天后，武士彟出现在李渊面前，恭敬地向他施礼问安，凭着商人灵敏的嗅觉，他知道当年的投资现在将要得到收益。

果然，李渊提拔他当行军司铠参军，掌管兵器。此后不久，武士彟发现李渊这个人有揭竿造反、夺取天下的野心，经过一系列利弊分析和犹豫不决，他决定在李渊面前表现点什么。

有一天，武士彟单独向李渊禀奏军情，他突然跪倒在地，弄得李渊惊问："你这是为何？"

武士彟磕头如捣蒜，说："请大人恕我无罪，我才敢说！"

李渊心中疑惑，但还是耍滑头地说："说吧，恕你无罪！"

武士彟说："下臣做了个大逆不道的梦！"

李渊心中一怔，说："一个梦嘛，何至于此？"

武士彟说："我梦见您骑着龙在天上飞翔，还梦见您穿着黄色蟒袍。"

说这话时，武士彟寻思着李渊心中不会不高兴。李渊心中果然暗喜，他觉得武士彟为人机灵，已看出自己有实力问鼎天下，但他还是尽力克制住表现出喜悦的冲动，他需要冷静。

李渊说："这样的梦不能再做，此事只有你我二人知道，若传出去必被问大逆不道之罪，你我性命难保！"

武士彟马上发誓保守秘密。

他清楚地知道，自己这一宝已经押对，李渊没有出言呵斥，说明自己已经说中他的心事。

不久，武士彟变卖所有家产，凑了万贯钱财，一起献给李渊，他对李渊说："我现在已经一无所有，只剩下这条命和一腔热血，我愿意拿这条命来永远效忠您！"

李渊对武士彟的忠心很信任。后来李渊造反成功，武士彟一家彻底翻身，他的两个哥哥当了高官，他自己也当上工部尚书。不久，他的原配夫人死去了，因为关系密切，李渊亲自来做媒，要给武士彟娶个媳妇。

虽有丧妻之痛，但皇帝亲自做媒，将隋朝一个王爷的侄女杨氏夫人嫁给武士彟，这对他来说绝对是无上荣耀。

婚后，杨氏夫人一连给武士彟生了三个女儿，二女儿就是武则天。

武则天才几岁时，李渊调命武士彟就任利州都督，利州有个有名的相面大师叫袁天罡，传说此人能通过面相看出一个人一生的吉凶祸福。

一天，袁天罡路过武家，看见杨氏夫人，不禁惊叹："夫人，您面相不凡，必然生有贵儿贵女啊！"

杨氏一听，喜不自禁，于是把袁天罡请进家，让他看所有的孩子。武士彟原配所生的两个儿子和杨氏所生的三个女儿齐刷刷站了出来。袁天罡看了武士彟的两个儿子，手捋白须点头说道："嗯，这两个孩子以后定能保得家庭殷实！"

杨氏听了很高兴。袁天罡看了杨氏所生的大女儿，说："这个姑娘面生贵气，以后定是个贵妇人！"

杨氏欣喜若狂，不知道武则天以后的命运怎样。当时武则天还是个婴儿，因为夫妻俩希望再生个男孩，于是将小男孩的衣服穿在武则天身上，抱出来给袁天罡看。

袁天罡一看脸色骤变，呆立当场。

杨氏和武士彟都已感觉到袁天罡的异样，杨氏问："先生，您看我这个孩儿一生运势如何？"

袁天罡说："没看清楚，你让她走两步给我看看！"

武则天就下地走了几步，大大的眼睛紧盯着袁天罡，袁天罡十分吃惊地说："大人，夫人，你们这个孩子面相非凡，将来定然大富大贵，不过可惜他是个男孩，如果是个女孩，必将君临天下！"

这太荒谬了吧？怀中的孩子正好是个女孩，她将来难道能君临天下？

那时从未听说过一个女人能君临天下，母仪天下还差不多，所以武士彟和杨氏听后兴味索然，觉得这个老头浪得虚名，是在胡说八道。

武则天童年时，武士彟先是在长安当官，后来去过河南豫州、四川利州、湖北荆州等地做官。

十二岁那年，武则天和家人在荆州生活。在那无忧无虑的童年里，夕阳，燕子，青草，映山红，都是那么温馨地印刻在记忆的深处，散发着岁月的温香。家庭显赫富足，兄弟姐妹五六人其乐融融，还有怎样更幸福的童年呢？

但是也就在这一年，幸福却戛然而止。公元635年，李世民已经当了九年皇帝，李渊早已经是大唐的太上皇。这年五月，太上皇李渊因病崩于太安宫垂拱前殿，享年七十岁。

几日后，荆州都督武士彟闻得李渊死讯，五十九岁的武士彟悲痛欲绝，连续咳血，又过了几日，原本龙精虎猛的武士彟居然呕血而死。

武士彟的夫人杨氏带着三个女儿，护送丈夫的灵柩回到山西并州老家，并州都督亲自主持武士彟的葬礼。

武士彟一死，他和前妻所生的两个儿子就开始看继母杨氏和三个妹妹不顺眼，武则天的两个堂兄对她们母女的态度尤其恶劣。突然从云端跌入深渊，还要经常承受几个兄长的欺凌，武则天幼小的心灵里布满阴霾。

两年后，十四岁的武则天已经长成一个小美人，杨氏看着女儿精致的脸庞，想起自己这两年在武家所受种种怨气，不禁满心希望女儿早日飞上枝头变凤凰。毕竟在那个时代，美貌是一个女人的重要资本。

杨氏是隋朝皇族，她的家族在唐朝初年依然有巨大的影响力。当时，杨家有三个女人是太宗皇帝的嫔妃，这些人开始有意在宫里放出风声，盛赞武则天的美貌和德行。

有一天，太宗皇帝听到她们的议论，当时他正好后宫寂寞，已经难寻新宠，于是告诉后宫总管："你派人去山西并州，宣武则天进宫为才人！"

武家有女初长成，一朝选在君王侧。杨夫人深知宫闱残酷，也许女儿一生都将在深宫内寂寞终老，事到临头却难以割舍母女之情，日夜啼哭，颇为凄凉。

武则天听到母亲的悲泣，不禁心中酸楚，她坚定地说："娘，这里世态炎凉女儿已经受够了，入宫也许能改变我们的命运！"

女儿小小年纪却如此决绝，杨氏心中伤痛稍减。

皇宫派来的人找到武家，把武则天接上华丽的车子，这时杨氏在门前伤心欲绝。看着妹妹也许真能时来运转，平常不待见武则天母女的家人们也都换上笑脸出来相送，武则天不冷不热地拜谢他们。

临走时，杨氏拉开车子的珠帘，一边流泪一边悄声对女儿说："你这一去，娘亲将日夜挂念，担心你难以适应后宫的残酷啊！"

武则天强作笑颜地说："娘亲慎言，见皇帝也不一定是件坏事呢！"

在北方，时节已经到了春天的尾巴上，满眼的杨树和松柏都苍翠欲滴，武则天的车子扬起征尘，在杨氏的视线中越来越小，最后消失无踪。杨氏觉得全身的力气都仿佛已经被抽空。

武则天来到皇宫，她带着无奈，同时也怀着梦想。她明白，只有首先吸引皇帝的注意，并得到赏识和宠幸，自己才有出头之日。

她决定在皇帝面前表现自己。

经过好多日子的等待，她终于等来一个机会。

那时太宗得到一匹烈马，叫狮子骢。这匹马的毛貌似雄狮，高大神骏，性子极为爆烈，没有人能够驯服它，太宗十分着急。

这日秋高气爽，太宗心绪颇佳，便带领一群嫔妃来马厩里看这狮子骢。太宗围着马转来转去，叹息着说："真是一匹良驹，可惜没人能够驯服！"

众嫔妃听了都默默无语，谁也不敢在皇帝面前大放厥词。

这时武则天越众而出，朗声说："陛下，妾能够制服它！"

太宗乃是久经战阵之人，习惯了男人的金戈铁马，但见一个柔弱清丽的女子说出这样有底气的话来，心中不禁有些吃惊，便问："你如何制服它？"

武则天说："妾只需要三样东西。"

太宗问："哪三样东西？"

武则天答道："铁鞭，铁锤，匕首。"

太宗问："你难道能够用这些东西驯服一匹烈马？"

武则天说："陛下，此马性格暴躁，我会先用铁鞭抽打，如果它不服，我就用铁锤砸它脑袋，如果它还不服，我就用匕首杀了它。"

太宗听了，当时就呆立原地：一个如花似玉的姑娘，怎么会说出如此狠辣的话来呢？他犹豫了好久才说："你的办法不错！"

武则天欲借狮子骢引起太宗皇帝注意，这招明显已经失败。

更糟糕的是，贞观末年，宫外忽然开始流传"女主武王"的传言。李淳风精确地预言到唐朝社稷的变局，也是在他的劝阻下，武则天保住了性命。

武则天保了命，但另一个人却为这个预言丢了脑袋，他叫李君羡。

李君羡的生命几乎和"武"字结缘。也正是这种缘分，最终要了他的命。

他是玄武门的守将，骁勇善战，当时受封为武连郡公，又生在洛州武安。李君羡不知道，太宗皇帝虽然在李淳风劝阻下没有杀那些嫔妃，但那个预言却是他心头巨石，他一直想杀死将会毁掉大唐社稷的那个人。

有一天，太宗在宫内宴请武将，武将们平时粗鲁不文，看到皇帝在座，都感到很拘束。

席上，太宗说："你们大家不要闷坐着，说说笑话嘛！"

大家还是不做声。

太宗说："那你们就报上小名来大家听听，挨个来！"

这下武将们都活跃起来，他们的小名千奇百怪，众人都被逗乐了。轮到李君羡时，他局促地说："末将的小名叫五娘子！"

一个高大威猛的将军，小名竟是个弱女子的名字，很不相称，众人哈哈大笑，太宗也尴尬地陪着笑了几声。"五"字与"武"字谐音，李君羡这个小名儿又触动了太宗心头痛处。

不久，太宗皇帝找个借口，把李君羡杀掉了。

太宗以为解决了祸根，武则天也因此而高枕无忧了。

贞观二十一年，太宗皇帝中风。两年后的五月二十六日，因为痢疾引发宿疾，五十二岁的太宗驾崩于终南山翠微宫，那时终南山的阴坡仍然有积雪未融，阳坡上已经花开草长百鸟乱飞，一片欣欣向荣景象。

临死前，太宗皇帝把国舅长孙无忌和元老褚遂良请到面前说："请你们忠心辅佐太子，稳定朝局！"

两位重臣马上安排禁军护送太子李治回到长安，很快稳定局势，这

『女皇帝』——唐高宗皇后武则天

时他们才护送太宗灵柩返回长安。两天后，他们向天下宣布太宗皇帝驾崩。

六月一日，李治即位，历史上把他称为唐高宗。

太宗死去了，按照皇宫里的规矩，武则天被安排来到长安西南的感业寺，削发为尼。换作别的寻常女子，可能将要一辈子长伴青灯古佛，老死于尼姑庵，但武则天没有。

伏笔早在太宗病重时就已经打好。

那时，武则天花容月貌，而且性格颇为男性化，打扮得英姿飒爽。太子李治经常去探望病重的父亲，李治天资柔弱，正好和他老爹不同，所以一见到武则天，旋即就坠入了爱河。

武则天心头矛盾：如果和李治偷情被发现，则会死无葬身之地，如果不被发现，太宗死后她还有东山再起的可能。反复权衡之后，武则天还是和太子相爱了，先是卿卿我我互诉衷肠，进而两情相许海枯石烂，最后，他们在病榻之侧偷情。

武则天很害怕，但她是个敢作敢为的女人，她做了。李治是个胆小懦弱的男人，和武则天这样乱伦偷情，让他觉得十分刺激，并且得到了别样的快感，更是死心塌地爱上这个女人。

李治即位后，帝国政事纷繁，忙得无暇他顾，也就顾不得武则天了。

但武则天确非凡人，她买通一个护卫，带给新皇帝一首诗，这是她写给新皇帝的情诗。这首诗写道：

看朱成碧思纷纷，憔悴支离为忆君。

不信比来常下泪，开箱验取石榴裙。

武则天写了很多首这样的情诗，还经常给李治写信，抒发她的思念和爱慕。

李治也无法忘记和她在往昔的种种。

永徽元年五月，太宗周年忌日这天，李治到感业寺上香，为先帝太宗皇帝祈福。这天，李治终于见到武则天，武则天是一个坚强的女人，但也忍不住在李治面前流下了伤心的泪水，这让李治恍惚间肝肠寸断。

武则天眼泪婆娑地说："今日一别，不知再见是何年？"

李治的心被彻底俘虏了。

武则天在感业寺落尽头上三千烦恼丝，却没能削去她的尘缘。她和李治在感业寺的重见，对她的命运来说，是东方的微光，是枯树的新芽，然而旭日依然没有升起。

她的生命需要一声春雷震响。

武则天希望凭借和李治的旧情返回皇宫。

李治也希望旧情人武则天回到自己身边。

双方虽然你情我愿，但时机并不成熟，因为皇帝不便将父皇生前的嫔妃带回宫中，这会惹得天下非议。

武则天也不能对李治哭诉着要回宫，那样她会把自己送上绝路，任何一个聪明的女人都不会这样做。

但是神的光辉终于照到了她的头顶，命运的春雷在她生命中炸响。

机会源于李治的后宫，那里看上去宁静祥和，实则暗流涌动，因为王皇后和李治所宠爱的萧淑妃正在争宠。

当时天下有五大家族，分别是崔、卢、李、郑、王。李治的皇后王氏就出自太原王氏家族，她十四岁嫁给李治。后来，李治当了晋王，她是晋王妃，李治当了太子，她是太子妃，李治当了皇帝，她就成了皇后。

王皇后为人耿直，端庄矜持，从不刻意去讨好自己的丈夫、当今的皇帝。李治却敏感多情，在外处理完一天的政事后，回到后宫，内心里总是希望体验到妻子的柔情蜜意和笑靥如花，但王皇后并没有给皇帝留下这样的感觉。

久而久之，王皇后不但没生下一子半女，也失去了皇帝的宠爱。

但皇帝的感情不会出现空白期，此后，他特别钟情于萧淑妃。萧淑妃出身于江南望族世家，得到皇帝的宠爱后，和王皇后渐渐产生积怨。

永徽元年，李治和武则天在感业寺"偶然"重逢。

同样是在永徽元年，李治册封萧淑妃所生的第四子李素节为雍王。雍王的封地在都城长安及周边地区，地位非常重要。这个位置原本只能封给皇后所生的儿子的，这让王皇后心中惶惑。

按照传统，皇后所生的大儿子会继承皇位，而另外一个儿子会被册封为雍王。现在皇后没有子嗣，皇帝将萧淑妃的儿子封为雍王，萧淑妃会不会母以子贵，在某个时刻跳上枝头当皇后呢？

『女皇帝』——唐高宗皇后武则天

这样的事，皇后绝不能让它发生。

李治和武则天在感业寺执手对泣的传言在宫内外流传很快，王皇后不久便听说此事。当萧淑妃步步紧逼时，王皇后自然想到了武则天，她觉得自己可能找到了对抗萧淑妃的帮手。

一天，感业寺众尼正在修禅，武则天却藏在禅房里，对着窗外的花丛发呆。窗外园子里，斜阳半照，半园阴凉，满园的花草惹来众多蜂蝶低飞回还，让人难以舍弃这美好时节的诱惑。

这时一个宫女走进感业寺，不一会儿，她随一名尼姑来到武则天的禅房门口，尼姑伸手敲门，武则天整了整衣袖，轻声说道："进来！"

宫女走进禅房，那名尼姑随手掩上门，并退到禅房外的回廊。武则天见进来一名陌生女子，心中有些疑惑，当即起身问道："您找我吗？"

那宫女压低嗓门说："皇后命婢女前来带话给您。"

武则天一听，心头大惊，不知是祸是福，因为自己和皇帝对泣的场面很多人都看见过，会不会是皇后心底不舒服了来找自己晦气？

她定定心神，平静地问道："皇后有什么话带给我？"

宫女说："皇后让你把头发留起来！"

武则天惊问："这是为何？"

宫女咬咬嘴唇，说："皇后说，你也许还有机会进宫。"

武则天冰雪聪明，明白自己有时来运转的一天了。这是渡河遇到了桥，干渴碰上了清泉，但她忍住没哭出来。

她对那宫女说："请回禀皇后，贫尼永感大恩大德！"

宫女掩上禅房，退了出去。

武则天一动不动，大气不喘，听见宫女的脚步声沿回廊而过，最后出了院子，武则天伏在窗前，低声抽泣起来。她耳朵里一片清静，只有院中花木和竹丛在清风中发出簌簌的声音。

忽忽又是数月，武则天满头秀发如云，回复了往昔的美丽容颜，感业寺众尼都感到惊讶，又不敢多问。

永徽二年七月，皇帝为先帝服丧期满，换回平常服饰走进后宫，王皇后走到李治面前，从容地说："陛下，天下人都知道您和武才人情投意合，不如把她接进宫来。"

李治没弄清皇后的真实想法，只是无言地看着皇后，听她下一步讲什么。

皇后说："你们两人一在深宫，一在古寺，相思苦楚，既辛苦自身又不能免于天下人说闲话。如今宫内外遍布流言蜚语，对天子的威严不利，不如接进宫来，以绝悠悠众口。"

李治强压心头狂喜，平静地问道："你真的这么想吗？但武才人是个尼姑啊！"

皇后说："留上头发，由妾出面带她回后宫，谁能说什么呢？"

李治上前，握住皇后的手，嘉勉道："你真是贤惠的国母！"

王皇后明白皇帝的心情，既然答应了他，不如让他完全满意，所以她办这件事特别有效率。第二天一早，几名后宫太监和宫女一起，到感业寺宣旨，将秀发如云顾盼生辉的武则天带进皇宫来。

武则天进宫时，皇帝正在上朝。皇后在她必经的路上见了她，武则天跪倒在皇后面前，声泪俱下地说："皇后对我的恩情天高海深，情同再生父母，我会结草衔环来报答您的恩情！"

皇后拉着武则天的手，说了几句贴心话，尽量让她感到温暖，最后叮嘱一句说："回到皇宫，今后要尽心尽力服侍皇上！"

武则天低眉顺眼，点头称是。

皇帝下朝回宫，看见朝思暮想的武则天站在自己面前，情难自禁，真是有说不完的话诉不完的情，恨不得互相融化在对方身体里。

当夜，两人软玉温香抵死缠绵。

武则天久旱逢甘霖，不但命运改观，连久久干渴的躯体也渴望得到滋润。在皇帝的身下，武则天时而如和风般细柔，时而如风暴般狂暴，如海潮翻滚，久久不息，只累得两人精疲力竭，终于沉沉进入梦乡。

甜蜜地坠入梦乡，武则天的嘴角依然挂着笑意，让皇帝无比爱怜。他发现，一别经年，武则天没有丢掉骨子里的霸悍，又平添几分成熟女人的风韵，多年的寺院生活还给她带来了眼角的一丝落寞和悠远。

武则天用一根无形的线，牢牢将皇帝这只耀眼的风筝拴在自己心头。

回宫后，那个泼辣大胆、锋芒毕露的武才人似乎脱胎换骨，浑身透出成熟女人的风韵。刚柔兼具的风格，散发出无比的魅力，皇帝对她宠爱有加。

『女皇帝』——唐高宗皇后武则天

能够返回梦寐以求的皇宫，不但是皇帝和自己的愿望，更是王皇后撮合的结果，武则天没有忘记这一点，她每三天都去皇后的寝宫，与宫女们一起侍奉皇后。她对皇后说：

"皇后对我有再生之德，我愿意一生一世为您效犬马之劳！"

王皇后想，难得这个女人不因为皇帝宠爱她而翘起尾巴来，她能对我感恩戴德，说明她还是有些良心，不像有些嫔妃一般，一旦得到皇帝青眼，就开始飞扬跋扈。

这时，皇后屏退宫女，拉起武则天，坐在自己身旁，执手说："妹子，我们今日所得的恩宠，都是皇上恩赐的，我们的本分就是要伺候好皇上。若有谁跟你过不去，就告诉本宫！"

武则天连忙感恩称谢。

武则天也并不总是和皇后保持一致，她发现，皇后和萧淑妃等后宫妃嫔经常责骂和体罚宫女、侍婢，令她们颇感屈辱。

一天，武则天从皇后宫中出来，经过后花园的回廊时，看见侍婢灵儿躲在一丛月季花后面抽泣。

武则天见四下无人，轻轻走近灵儿，拍拍她的香肩。低头一看，地上有"皇后老妖婆"几个字。

灵儿回头看见武则天，吓得连忙站起，伸手在脸上胡乱擦拭泪水，双脚连蹬，要抹去地上的字迹，还不断地哀求："请您不要告诉别人，要是让皇后知道，奴婢可就惨了！"

武则天对灵儿露出一个温暖的笑容，温柔地说："灵儿，我一定不会告诉别人，这是我们之间的小秘密。告诉我，你遇到什么事啦？"

灵儿仔细一想，武则天平时对奴婢们都很亲切，从来没有什么责难之举，也没有对谁告过刁状，于是她马上将事情的经过和盘托出。

原来，灵儿头天晚上在皇后宫中当值到很晚，当天早上，因为当值的宫女生病，她又临时顶替过来当值。伺候皇后梳洗之时，灵儿不小心将一盆水打翻。

王皇后规矩严肃，当下叱责了灵儿几句，灵儿才十五岁，胆量又很小，事后想起觉得委屈又害怕，就独自躲在这里哭起来。

武则天听了，笑着对灵儿说："你别怕，皇后不会知道的，你不会有事！"

灵儿茫然地看着武则天。武则天攀住灵儿双肩，香唇凑近她的耳朵说："皇后老妖婆！"灵儿的双目中透出惊奇。

武则天说："我们现在一样了，都不会说出去对不对。"灵儿一个劲儿点头。

武则天带着微笑转身离开，顺手轻抚了一朵月季，几滴露水滴在上午湿润的草地上。灵儿目送她的背影消失在回廊尽头，心湖之上泛起微澜。

皇宫内人们的想法各不一样：王皇后担心的是，萧淑妃对自己的地位形成挑战，威胁尚未清除。她高兴的是，武则天对萧淑妃形成了制衡，而且她知恩图报；宫女侍婢们都认为，武则天是妃嫔中唯一能和她们贴心的人；在皇帝心中，武则天不但和自己情投意合，还是少有的能真正侍奉自己的女人。

在后宫之内，除了萧淑妃之外，武则天几乎得到了众人一致的称誉。

武则天来到后宫，争走了皇帝对萧淑妃的宠爱，她是武则天的眼中钉肉中刺。萧淑妃在武则天面前败下阵来之后，武则天在后宫的地位仅次于皇后。

皇帝新宠武则天，但并未废掉萧淑妃。武则天联手皇后抵制萧淑妃，皇帝掌握着她们之间的平衡，这种脆弱的平衡关系持续了将近一年，终于被打破。

这种关系被打破的标志，是武则天生了一个儿子，李弘。

后宫里的女人们，往往母以子贵，她们的地位很多时候和自己的生育能力捆绑在一起，有儿子的女人，才能得到一席之地。

王皇后没有儿子，这是她皇后地位最大的隐患。

儿子出世，武则天突然变成了王皇后的心腹大患，成了新的萧淑妃。皇后和武则天联手制衡萧淑妃的蜜月期结束，她们成了新的敌人。

世事如棋，人生如戏。当新的敌对关系形成后，萧淑妃居然与皇后尽释前嫌，她暗示皇后：你不是一个人在战斗。

萧淑妃和王皇后随即结成新的同盟，她们共同的敌人就是武则天。她们都明白，世上没有永恒的朋友和敌人，只有永恒的利益。

抱着儿子的武则天，看见曾经的朋友、恩人和曾经的敌人成了亲密

『女皇帝』——唐高宗皇后武则天

的同盟，她不胜唏嘘，心中百感交集。

当初只有皇帝的宠爱和皇后的支持，武则天明白自己随时可能地位不保，现在有了儿子，她终于可以松一口气。但是，儿子是资本，也是皇后仇视自己的根本原因。

怎样才能击败后宫两大劲敌？武则天为此颇费思量，几乎心力交瘁，因为这关系到自己一辈子的命运。

她仔细掂量敌我双方利弊后觉得，只有进攻才是最好的防守。现在她拥有皇帝的宠爱，只是没有皇后的地位而已。

"我可以当皇后么？"

这个想法掠过脑际时，武则天抱着熟睡的儿子，浑身一激灵。看着怀中的李弘，那孩子已经有了长长的睫毛，在昏暗的灯光下闪着金色的微芒。

那个深夜，窗外阶前，疏雨滴梧桐。武则天心潮起伏："如果我当上皇后，又能得到皇帝的宠爱，后宫还有谁能威胁我的地位呢？"

王皇后人品端庄，她固然不算一个惹男人宠爱的女人，但绝对是一位合格的皇后。武则天自己要当皇后，必须把王皇后拉下马，她的突破口，是自己亲自为皇帝生下的小公主。

唐高宗永徽四年，公元653年，武则天生下长女。这个孩子珠圆玉润，被武则天视为掌上明珠。

武则天生下公主后不久，皇后前去探望。

皇后探望武则天的女儿时，武则天不知何故竟不在场。这让人很费解，按照后宫规矩，皇后前来探望，一般妃嫔怎能不陪伴在侧呢？

皇后当时并未多想，她很快看完，离开了武则天的寝宫。

过了一阵，皇帝退朝，如期过来探视新生的女儿，武则天高高兴兴迎接皇帝，两人一起走进婴儿房中看女儿。不料过去一探，却大惊失色，为何？原来小公主已经死在床上。

武则天大惊失色，高声惊呼："孩子是怎么死掉的？是谁下的毒手？"

侍候的宫女们都已经吓呆，全部下跪求饶，高喊与自己无关。

武则天又问："除你们之外，刚才还有谁来过？"

很显然，武则天是在明知故问，皇后来过她当然知道，但她一定要这样问，让宫女们回答，这个回答一定要皇帝听在心里。

宫女们想了想，谁都不敢吭气。

皇帝问："谁来过？"

宫女们不敢再隐瞒，都说："刚才皇后来看过小公主！"

李治一听，热血直喷脑门，低声呵斥道："皇后竟敢杀我女儿，真是无法无天！"

皇帝认定皇后杀了小公主，这个简单的事实却带来巨大的后果：在武则天准备扳倒皇后的斗争中，原本时间、机遇都不利于她，经过这件事，形势剧变，皇帝内心的天平完全倒向武则天，更加宠信和爱护她。

对于王皇后，皇帝已心生废她之意。

小公主真是王皇后所杀吗？

事情看来不是这样的，因为当时形势对皇后有利，她可以维持当时的形势就能稳操胜券，而真正有动机马上改变形势的却是武则天自己，她不能等待，没有耗下去的资本，因为一旦皇帝对她的兴趣完结，她将再也没有翻身的机会，所以必须马上行动。

再说此案中的几个谜团，正好把嫌疑指向武则天：王皇后前来探望，武则天居然不在场，至少是不合礼仪，这很可能是武则天故意制造不在场证据的一个行动；皇后探望时不可能没有看护小公主的宫女、太监等人在场，皇后如何下手？就算要以杀人的方式来清除武则天的威胁，杀李弘才能清除威胁，杀一个女孩有何用呢？

简单地说，小公主的死，对皇后非常不利，对武则天非常有利。皇后智商不低，不可能做出如此明显对自己不利的事来。

皇后没有杀小公主的动机。

凡此种种迹象，都说明了一种可能性，即武则天偷偷杀死女儿后，嫁祸给皇后。

这个天才的女政治家，却是一个可怕而冷酷的母亲。

武则天要当皇后，必须得到朝廷大臣们的认可，因为皇后并非简单的皇帝的老婆。

当年唐太宗李世民立长孙皇后，得到了以长孙无忌为首的官僚集团的全力支持。唐太宗娶杨妃，更是为了收买隋朝皇族和旧臣的忠心。所以，皇帝立后，从来都不是简简单单的男欢女爱，而是真正的政治

『女皇帝』——唐高宗皇后武则天

婚姻。

皇帝想废立皇后了，武则天更想。但要得到朝廷大臣们的认可，还有很长的路要走。

要想得到朝廷大臣的支持，首先要搞定那几位唐太宗遗命的顾命大臣，包括长孙无忌、褚遂良、李世勣等名臣。其中长孙无忌是百官之首，他官居一品太尉，是李治的亲舅舅，还是凌烟阁二十四功臣之首，且本人能力超群，在朝臣中威望甚高。

皇帝和武则天第一个想收买的对象，就是长孙国舅。

有一天风和日丽，皇帝和武则天移驾国舅府邸，长孙无忌率家臣群仆迎出正门外，对皇帝行三跪九叩大礼。

皇帝进了国舅府内，便放下架子，对长孙无忌行甥舅之礼，长孙无忌安然受之。他整日高卧府中，但国家政局、后宫风云都尽在脑海之中，对于皇帝和武则天的来意，长孙无忌当然心知肚明，但他决定装糊涂。

宾客双方按席次坐定，这次谈话正式开始："国舅身体安好？几位公子近况如何？"

长孙无忌一一介绍了十几个儿子的情况，然后告诉皇帝说："老臣还有三个庶子，如今都年少不懂事，都闲在家里！"

李治听后似乎很惊讶："舅舅您是国家栋梁，将门虎子，几位公子也定是才高八斗，这样吧，三位公子都封为朝散大夫。"

长孙无忌的庶子们获封朝散大夫，是莫大的荣耀，长孙无忌连忙带着儿子们叩拜谢恩。皇帝想，朕如此厚待于你，你难道能不回报么？长孙无忌则想，皇帝你爱封官就封官，想拿这点恩惠来换我支持你立武昭仪为皇后，那是不可能的。

宾主双方谈笑风生，气氛融洽之至，但却各怀鬼胎。

皇帝到底还年轻，熬不过长孙无忌这老头的忍耐功夫，便说："舅舅，您的儿子都很不错。可惜皇后没有给我生下一个儿子，倒是武昭仪生下了李弘！"

李治把话挑明，心里怦怦直跳，等着听长孙无忌说出什么样的话来，他支持与否，就在这几句话。

武则天心里一样如小鹿乱撞。

但是他们完全低估了长孙无忌，这是一个已经老成精的家伙。他接着皇帝的话就说："武昭仪替皇上生下龙子，殊为可喜！"

长孙无忌说完了，但皇帝和武则天还在等着他的下文，以为他会对李治的提议多少有个表态，不料长孙无忌却只字不再提，对着后堂就喊："管家，把那极品龙井呈上来给皇上！"

李治和武则天当时就傻了，坐着一个劲儿地喝水，心里气得真想跳起来对这长孙老头骂娘。

长孙无忌坐在皇帝身边，泰然自若，吃吃喝喝说说笑笑毫无不爽之态。

李治懵了，又连忙叫人呈上礼物：几车金银珠宝，十车绫罗绸缎。

长孙无忌照单全收，谢恩。

李治觉得应该摊牌说话："舅舅，我虽然富有四海，遗憾的是皇后没能生下儿子，可是武昭仪却为朕诞下龙子。"

长孙无忌说："是啊，武昭仪对社稷有功，老臣敬昭仪一杯！"

须发皓白的长孙无忌端着酒一饮而尽。

皇帝和武则天没办法，也喝下这杯酒。长孙无忌依然不愿意谈及是否支持武则天当皇后一事，他不表态，皇帝和武则天也就明白了他的态度，国舅爷看来是不会支持这件事的。

武则天一计不成，再生一计，欲对王皇后下狠手。

永徽六年，公元655年。

有一天，王皇后的宫女灵儿跪倒在皇帝面前，说："陛下，皇后和魏国夫人串通，用巫蛊之术害您。"

李治一听到巫蛊之术，头都大了。不知是有意还是无意，他居然没有发现，灵儿一个小小的宫女，在状告皇后和皇后的母亲时，竟然是一幅满不在乎的从容之态。

在电视剧中，观众经常能看到有人用剪纸模仿一个人的形象，然后用针扎纸人像，据说能让被扎的人生不如死，或者干脆痛苦而死。

这就是巫蛊之术。

王皇后和她的母亲魏国夫人柳氏居然敢用巫蛊之术对皇帝，论起罪来，必然会被判处死罪。但李治作为皇帝也不是个蠢货，他知道皇后和武则天之间的后宫之争已经白热化，武则天有过于明显的污蔑迹象，所

『女皇帝』——唐高宗皇后武则天

以他并未把王皇后和魏国夫人处死。

皇帝对此事的判决是：禁止皇后的母亲魏国夫人进宫，又将皇后的舅父贬为遂州刺史，很快又贬为更偏远的荣州做刺史。

武则天获胜了吗？

明显没有全胜。但是，王皇后现在失去了和外界的联系，朝廷中也没有人再明确支持她，武则天做事也就更顺手。

做完这件事，武则天并未收手，她的野心已经蓬勃成长起来，一刻也不甘心闲着。

不久，武则天再次出招，要求皇帝加封自己为宸妃。

为什么是宸妃呢？

当时皇帝的后宫有一后四妃，下面才是昭仪等其他职位。妃子的地位仅次于皇后，当时，一后四妃都有人占着，并无空缺，武则天想要提高自己的地位，要么等其中一个死去，要么挤掉其中某个人。

现在武则天并不想树敌太多，于是她发挥非凡的想象力，决定在四妃之外另立一个宸妃，由自己来做。

武则天以为，自己不再执着于皇后之位，退而求诸妃子之位，朝廷的大臣们也应该让她一步。

但现实表明，她的想法错了，大错特错。

立宸妃的想法一提出来，大臣们纷纷表示反对。

提出想法的当天，位列宰相的来济和韩瑗马上上书皇帝，激烈地表达反对之意："陛下，后宫妃嫔早有定数，这是先祖立下的规矩，如今突然要再加一个别的封号，那万万使不得！"

原本只是想当个妃子，没想到又以失败而告终。

这天风和日丽，李治的心情原本很好，想陪武则天去逛逛花园，当他走进园子时，但见武则天一袭长裙，站在一丛修竹之后，身旁是几树蓬勃的月季，花开正浓。

武则天手上捏着两朵月季，一瓣一瓣地掐掉花瓣，扔到地上。

李治知道她心中烦闷，便悄悄退出园子，未加打扰。

武则天想当皇后。

李治想立武则天为皇后。

但这件事并不由他们说了算，在废立皇后的问题上，势力庞大的宰相集团有充分的发言权。

当时，位列宰相的共有七人，都是元勋功臣。他们是长孙无忌、李世勣、褚遂良、于志宁、来济、韩瑗、崔敦礼。

在是否立武则天为皇后的事情上，这七位宰相的意见并不是绝对一致的。

长孙无忌、褚遂良、来济、韩瑗坚决反对武则天被立为皇后，于志宁、崔敦礼置身事外，只有英国公李世勣一人态度未明。

总体来说，宰相集团反对立武则天为后。

但朝臣中也有支持武则天的人，他们以许敬宗和李义府为首。

反武则天和挺武则天的两派势力呈胶着之势。这时发生了一件事，一下子改变了这种局面。

有一天，时任长安县令的裴行俭悄悄找到长孙无忌和褚遂良，对他们说："武昭仪是先朝妃嫔，又充进当今天子的后宫，这个人心术不正，如果真被立为皇后，大唐天下堪危。"

裴行俭的这番话很快被许敬宗等人得知，迅速通过武则天的母亲杨氏传入宫内，武则天又将此事上报皇帝。

当天，皇帝下令：贬裴行俭为西州都督府长史。

西州都督府，位于今天新疆吐鲁番，这里远离唐朝政治中心。

不久，皇帝下令：升许敬宗为礼部尚书。

一升一降之间，朝臣很快掌握了皇帝的好恶，大家都开始选择在反武则天和挺武则天的队伍两边站队。

公元655年，永徽六年秋的一天，皇帝退朝后留下长孙无忌、李世勣、于志宁和褚遂良四位宰相议事。

这日原本天高云淡，宿鸟跃鸣，然而退朝之后，倏然间云遮雾蔽，几阵凉风袭来，秋声急促。几位宰相都是朝廷老臣，当然知道皇帝想跟他们谈什么，经过一番讨论，他们商定，由褚遂良站出来代表他们与皇帝说话。

皇帝出来见大家之前，李世勣突然觉得病体难支，先行出宫而去。

皇帝出来后，对长孙无忌说："舅舅，皇后一直没有诞下龙子，武昭仪生下李弘，我决定废掉皇后王氏，立武昭仪为皇后，您意下如何？"

虽然皇帝直接问长孙无忌，但长孙无忌没答活。

『女皇帝』——唐高宗皇后武则天

褚遂良上前说："皇后是先帝为陛下娶的名门闺秀，她侍奉先帝和皇上都很贤惠，没有任何失职。先帝病重时，曾拉着我的手嘱咐'我的好儿子好媳妇托付给你了'，陛下您当时在一旁亲耳听到，难道忘了吗？"

　　褚遂良说得在情在理，李治不好再说什么，双方不欢而散。

　　第二天，武则天又请皇帝召见这四位宰相来游说，这回李世勣请假依然没有出现。

　　皇帝再次强调自己想立武则天为皇后。

　　褚遂良说："陛下如果您真的不喜欢王皇后，我们也不是一定要反对，请您在天下名门望族中另选闺秀立为皇后，为什么一定是武氏呢？武氏做过先帝的才人，天下有谁不知道呢？"

　　褚遂良说完，把朝笏往地上一摔，摘掉帽子，叩头到流血。他说："陛下您不听臣直言，我就死在这里！"

　　皇帝又惊又气，连忙喊卫士将褚遂良拉起。

　　这时帘后突然传出一声断喝："为何不干脆把这个老家伙打死！"

　　此言一出，朝堂上众人，包括皇帝、长孙无忌、于志宁和正在叩头的褚遂良都惊呆了，何人如此大胆，敢说出这样的话来？

　　众人都听出，这是武则天的声音。

　　大家都僵在当场。长孙无忌最为老到，后宫嫔妃不能干政，这是立国以来的规矩，他连忙说："褚遂良是先帝安排的顾命大臣，怎能随便加刑呢？武昭仪是后宫妃嫔，何故干政？"

　　长孙无忌此言一出，众人都被镇住，再也不吵不闹。

　　但经过这一闹，朝臣都知道皇帝和武则天希望在小范围内说服宰相们同意废立皇后。第二天一早，没有到场的两位宰相韩瑗和来济都上书皇帝，反对立武则天为皇后。

　　看来宰相们依然都反对废王皇后而立武则天。

　　皇帝没辙了。

　　突然，他想起李世勣两次都没到场。他仔细一想，李世勣不至于病得不能议事啊，他是不是有和其他宰相不同的意见？

　　皇帝马上把李世勣召到宫内，问他："我想立武昭仪为皇后，但是遂良坚持认为不可，他是顾命大臣，这事是不是就没办法成全？"

李世勣微微一笑，只轻飘飘地说了句："这是陛下您的家事，您自己决定就行了，问我们这些外人做什么呢？"

李世勣此言一出，李治觉得心里一下就亮了。

第二天上朝时，许敬宗在朝堂上将李世勣的意思大大发挥一番，他说："一个普普通通的农民，如果一年的收成很好，都会想着换个妻子，皇帝富有天下，换个皇后是他自己的事，用得着我们这些臣子来说话吗？"

许敬宗此话，当然是皇帝和武则天授意他说的。

655年十月十二日，又是一个天高云淡的日子，皇城内外没有任何一样，金风渐紧，秋意渐浓，凉意侵肤。

这日，皇帝颁下旨意：王皇后和萧淑妃阴谋用鸩毒害人性命，被贬为庶人，父母兄弟一并贬为庶民，流放到岭南。

六天后，许敬宗联络数十名朝臣上书，要求重新立一位皇后。

皇帝当天就颁诏说：武氏是开国功臣之后，才华品德都很好，被选入后宫，深得众人喜欢。我当年做太子，侍奉先帝病体，先帝看我孝心，便把武氏赐给我。这事很正常，就像汉朝皇后王政君一样，可以立为皇后。

这篇诏书的草拟者，正是许敬宗。

长孙无忌和褚遂良等一般大臣眼见大势已去，不再明言反对。

十一月一日，武则天接受皇后玺绶，成为后宫新主。

给武则天送玺绶的人，是司空李世勣。

武则天入宫十八年，经历一出一进，终于修成正果，成为后宫的新主人，她心中百感交集，五味杂陈。

那一夜长安城下起了雨，无数的梧桐叶被风雨打落在地，碾烂成泥。武则天一夜未眠，辗转反侧不歇，看着身边沉沉睡去的皇帝，她有种恍若隔世之感。三更之后，冷雨渐收，雨滴自草树间滴落，打在地上千枯的桐叶之间，淅淅沥沥丁丁零零，她心里生出几许新愁。

最毒天下妇人心。这句话并不是对女人的诬蔑，对很多权力欲望极强、充满嫉妒和猜疑的女人来说，此话说得可谓朴素真实。

吕雉当年杀戚夫人，就是活生生的例子。

这件事惨绝人寰，它空前但不绝后。

『女皇帝』——唐高宗皇后武则天

永徽六年，武则天历经千辛万苦终于当上皇后，坐上这个位置之后，她很快就祭起屠刀，砍向心中的仇敌。

武则天最恨的人，当然是被废的王皇后和萧淑妃。

二人被皇帝下令废为庶人，安排在太极宫内一个凄凉的小院落，虽然没有上刑具，但是谁都知道，她们已经被软禁。软禁后没几天，武则天把灵儿叫过来，问道："灵儿，王皇后对你好不好？"

灵儿当然知道武则天的本事，于是说："还是皇后您对奴婢好！"

武则天眼睛的余光瞄着窗外，看得十分悠远，一阵凉风袭来，几片叶子晃悠悠落地。武则天心头一片萧然，突起肃杀之意。

"灵儿，你说姓王的和姓萧的两个贱人会不会来报复本宫？"

"皇后，她们怎么有那个狗胆呢？就算有，她们也动不了皇后您一根手指头，就算她们想动，我们这些做婢女的也不会答应。"

武则天嘴角微微上翘，似乎溢出一缕笑意。

"灵儿，我们想个什么办法才不会让她们跑出来呢？"

"她们的院门被锁得紧紧的，有人日夜看守，怎么可能跑出来呢？"

武则天不说话，看着灵儿。

"皇后，"灵儿似乎恍然大悟，"我看要把那扇门封死，她们就只有长翅膀才能飞出来啦。"

"我们不能对她们太狠对不对，憋死人可不好，在墙上挖个洞，每天好给她们送饭，又可以让她们透气。你说好不好，灵儿？"

"您就是心肠太好！"灵儿咯咯笑着说。

这天下午，灵儿带着几个奴仆来到太极宫，把小门用砖石堵住，砌成一堵墙，又在旁边凿出一个洞，便于给王皇后、萧淑妃送饭。

一个清冷院落，从此变成了一座小黑牢。

武则天心中稍安。

初冬的一天早上，灵儿突然跑过来，累得气喘吁吁，还不成熟的小胸脯一起一伏，脸上红霞初起。武则天问："何事？"

灵儿喘气说："皇……上……皇上去看那两个女人啦！"

武则天心头一震，险些昏厥。

王皇后、萧淑妃被废两个多月，皇帝有一天突然想起她们来，于是来到这凄凉小院，一看这恶劣环境，想起与二人种种往事，皇帝心酸口涩，对着洞口喊道："皇后，淑妃，你们在吗？"

王皇后和萧淑妃在里面好久不说话，张口发不出声音来，一时又不敢相信皇帝真的来了，犹豫好一阵，皇帝才听到有人哀怨地说："皇上，我们是有罪之人，现在贬为婢女，不敢被称皇后、淑妃！"

皇帝一时心乱如麻。

院内传出萧淑妃的声音："皇上，请您发发慈悲，放我们重见天日吧！"

皇帝鼻头一酸，说："你们放心，我会有安排！"

说完话，皇帝就走了，他担心自己若在此久留，会忍不住哭出来。

武则天对这一切了如指掌，因为所有的下人都是她情报网的一部分。

她找到皇帝说："陛下，您去见王皇后和萧淑妃，还表态说想放她们出来。现在我们刚刚甩开那几个宰相，把权力握在自己手中，若此时反悔，不但我们的努力付诸东流，还可能让朝局不稳！陛下，请您当机立断！"

皇帝想了好久，终于叹气说道："好吧，她们两人交给你处置！"

武则天志得意满，来到那座凄凉小院，打开院门，让人给王皇后和萧淑妃各打一顿板子，直打得皮开肉绽、血肉模糊。两人自始至终都不向武则天求饶，王皇后一言不发，萧淑妃骂声不绝。

武则天心头震怒，却是面无表情，冷冷地命令两边卫士："把这两个女人拖下去砍掉手脚！"

那些执刀卫士虽然震惊而恐惧，还是遵命砍了两女手脚。

一时之间，太极宫内惨号不绝，渐而如丝如缕，最后没了声音。

她们已经昏死过去。

一盆冷水浇下，两女悠悠转醒。

两女趴倒在地，武则天坐在前面，冷冷地说："想出去？我看你们是在做梦！左右，把她们扔到酒缸里去，让她们做个醉鬼！"

两女发出的惨呼，已不像人类能发出的声音，而像是来自地狱的厉鬼。

再次被弄出来时她们已不成人形，武则天问："你们服吗？"

王皇后向武则天拜下，平静地说："愿陛下万寿！武昭仪你现在正得到皇上宠幸，要我们死，我们死就是！"

说罢紧闭双唇，不再吐露半个字。

萧淑妃依然竭力大骂："姓武的你这个妖精，把我们害成这样，如果苍天有眼，就让我来世变成猫，你变成老鼠，我要把你掐死！"

王皇后那贵族般的蔑视打击了武则天的心，她听得心头冰冷，挥了挥手。

卫士手中刀光闪过，两女伏尸院内。

风冷透骨，万物萧索。

两个年轻的女人就这样死了，死得很血腥。

王皇后和萧淑妃被杀死后，后宫之内再也无人敢跟武则天争宠。

但是武则天连日噩梦，梦见披头散发、口中流血的王皇后和萧淑妃来找她算账，她每每从梦中惊醒。

不几日，她便搬离太极宫。

一天清晨，武则天刚醒来睁眼看时，发现一女伏尸窗前，张着口，舌头仅存一半，口中鲜血流淌，死状甚为可怖。

武则天一声惊叫爬起来。

几名宫女太监闻声，赶来看时，武则天正坐在床上瑟瑟发抖。

绾起头发一看，死的女子竟是灵儿。

灵儿衣袋中有一张写了字的纸条：王皇后待我不薄，虽偶有责骂，但都因我等有过，皇后依规矩而行，待我并无不公。如今王皇后横死，奴婢身无长物，唯有一死以报。

看了灵儿的信，武则天良久无言。最后吩咐厚葬灵儿，抚恤其家人。

有人问武则天为何还要这么厚待灵儿，武则天说："她至少是个忠诚的奴婢，她不背叛王氏，这很可贵。如果她当初跟着我，也不会背叛我。"

除掉王皇后和萧淑妃之后，许敬宗和李义府在武则天授意下向皇帝进言，要求废掉原来立的太子李忠，改立武则天的长子李弘。

李忠为了保命，赶紧上书皇帝，表示愿意让位。

皇帝就此事召众大臣商议，许敬宗说："陛下，皇太子上书让位，这说明他品德高贵，应该成全他的雅意！"

皇帝随即下旨，废太子为梁王，改封代王李弘为新太子。

母以子贵，武则天的地位更加稳固了。

后宫争夺平息，剩下的矛盾就在朝廷了。褚遂良、韩瑗和来济等人不但得罪武则天，还得罪皇帝，更是许敬宗等人的眼中钉肉中刺，只要看看他们得罪的这些人，就知道这几个人的下场不会好。

褚遂良此前已经被贬官桂林，后来又被贬到爱州，就是今天的越南清化去了。第二年，褚遂良病死在此。

不久，韩瑗和来济被许敬宗诬蔑与褚遂良等谋反，双双被贬官。韩瑗被贬到海南三亚，去了天涯海角；来济则被贬往浙江台州。

两个宰相一起被贬官，空出来的位置就由许敬宗和李义府顶上去了。

宰相集团那几个和自己作对的钉子户，如今只剩下一个长孙无忌。

长孙无忌命运如何呢？

他也不再是大障碍了。当初他反对武则天立后不成，便退回家开始编书，但这不是他的命运，也不是他的归宿，因为武则天和她的同党们不会放过他。

武则天动手很有章法，先将长孙无忌的表弟高履行和堂兄长孙祥从朝廷贬往地方当刺史。长孙无忌变成孤家寡人时，武则天才慢慢动手收拾他。

显庆四年，公元659年，有人察觉太子洗马和监察御史结交权贵，互为朋党。武则天觉得这个案子很有价值，可以拿来搞倒长孙无忌。

谁来审这个案子呢？

武则天和皇帝都中意许敬宗，所以就由许敬宗来审。

许敬宗审理的方法很简单，直接让那个太子洗马诬蔑长孙无忌，可是人家根本不敢诬蔑。被逼急了就撞墙自杀，不过他即使撞墙自杀这个行为，也被人利用了。

许敬宗随后颠倒黑白，上报皇帝说：“太子洗马和长孙无忌合谋，陷害忠臣贵戚，意图谋反！”

为了支持自己的说法，许敬宗居然说：“由于阴谋败露，太子洗马为了保护长孙无忌，这才畏罪自杀！”

皇帝本来也不想容忍一个功高震主的臣子和舅舅，也就不想问此事是否可能，只是叹息："舅舅可能对我有看法，何至于到了谋反这样的地步呢？"

许敬宗一听，明白皇帝也不想容忍长孙无忌等和自己作对的人，于是回去，连夜再审。

又过了一天，许敬宗再次上报："太子洗马终于招了，这个谋反案，长孙无忌、褚遂良、韩瑗、来济和于志宁他们几乎都有参与。"

皇帝一听，潸然泪下，说："就算我舅舅真的谋反，我也不能杀他啊！"

他随即下旨，剥夺了长孙无忌的太尉职务和封地，让他当扬州都督。但是并不让他到任，而是押到位于今天重庆境内的黔州安置下来。

和武则天合计后，许敬宗上书皇帝，把当年没有追随武则天的人全部算在谋反人员名单内，这些人全都被剥夺了官职。

数月之后，皇帝下令，让宰相李世勣和许敬宗等人继续追查此次谋反案。许敬宗随后派中书舍人袁公瑜去黔州录长孙无忌的口供，袁公瑜到了黔州，找到长孙无忌说："你自行了断吧，我就不费力气和口舌啦！"

长孙无忌仰天长叹，太息良久，伏剑而亡。

这些人所在家族的成年人，无论是皇亲国戚，还是名门望族，多死于覆巢之下。

此后数年，武则天击败所有敌人后，开始为自己和家族谋利益。在她的努力下，已死的父亲武士彟被追封为周围公，母亲杨氏被封为代国夫人，后来又改封为荣国夫人。

这几年里，武则天还多次亲自下田躬耕，养蚕种桑，让朝廷内外的人都知道她的贤德，成功提升了在民众心中的形象。皇帝还亲自陪武则天游览山西并州，武则天还在家乡摆酒席与亲邻们欢饮，得到一片赞美。

这几年里，武则天一共有了三个亲生儿子。

她在后宫、在朝廷、在皇族和外戚中间的地位都得到巩固。

但历史有时候很吊诡，很多偶然让历史横生枝节。权力不腐蚀人的筋骨，但却腐蚀人的灵魂。

显庆五年，皇帝患上了他父亲一样的病—风疾。此时，皇帝已经清

中国历代皇后 ZHONGGUOLIDAIHUANGHOU

除几乎所有元老重臣，又不太相信新上任的大臣，于是他把处理国家政事的权力交给了表现出众又得体的武皇后。

问题已经孳生。

武皇后权力渐大，已经开始让皇帝感到掣肘，他们之间便生出了裂痕。

龙朔四年，公元663年，在武则天的庇护下飞扬跋扈的李义府被皇帝除名，并流放到蜀地。李义府是武则天极为信任的臣子，他们的裂痕渐渐公开。

李义府闹得太过火，武则天也就弃卒保帅了。

第二年，一个宦官向皇帝告发，说武皇后在宫内行巫蛊之术。皇帝找来自己信任的宰相上官仪，问如何处理此事。

上官仪说："皇后专擅权力，海内民众都觉得不妥，请废武后！"

皇帝一听有点发懵，但他还是马上下命令："由你立刻起草废皇后的诏书！"

上官仪刚得到命令，武则天也知道了，因为她遍布皇宫的耳目马上向她报告了皇帝的这一惊人决定。

武则天马上跑到皇帝面前哭诉，说陛下我到底犯了什么罪你要将我废掉？

皇帝依赖这个老婆已经依赖了十年，此时一念之差还是选择了退让，他说："我开始并不想废掉你，这都是上官仪教我的！"

一个卑鄙的、不像男人的皇帝，把自己的忠臣推下了深渊。

所以上官仪就惨了。

告密的宦官也惨了。

但是还有一个人坐在家里什么也不敢干，整天战战兢兢，却也惨遭横祸，他就是废太子李忠。

许敬宗接手此案后，立刻审讯，并按照武则天的意思上奏皇帝说："上官仪和废太子还有那个宦官暗中勾结，阴谋反叛，按律应该处斩！"

废太子李忠被流放，随后赐死于流放之地。

上官仪和宦官王伏胜被杀，上官家只剩下个女婴，被武则天收养，她就是后来名扬天下的上官婉儿。

上官仪废后事件，武则天险胜一着，事后回想起当日情景，不免后

『女皇帝』——唐高宗皇后武则天

怕。这次事件引起了武则天的思索：即使贵为皇后，依然没有安全感，皇帝随时可以把我废掉，怎样才能让我不受到这种威胁呢？

掌握更大的权力。

这就是武则天给自己的答案，她觉得，只有掌握天下大权，才能免受别人伤害。

废后事件发生后，武则天找皇帝聊天。

这天风和日丽，皇帝也有个难得的好心情。武则天对皇帝说："陛下，您是尧舜之君，治理国家井井有条，但是心慈耳软，容易被小人撺掇，这次要不是奸臣上官仪作梗，您怎么会想废掉我呢？"

皇帝悻悻地说："是啊，朕有时候是比较容易相信大臣们的话。"

武则天微笑着说："陛下，废掉我的事情要是真的发生，会带来多大失误和麻烦啊，朝局也可能不稳呢。"

皇帝兴味索然："幸好避免了。"

武则天见机行事，提出自己的要求："陛下，有个办法可以避免发生这种情况！"

皇帝惊奇地问："如何可避免？"

"我陪您一起上朝，大臣们进言，我都可以帮您分析，这样皇上您就不会再出现这样的失误。"

武则天说完，定定地看着皇帝，她的双眼透出意味深长的含义来，那里面既有妩媚，又有霸道，还有兴师问罪。

差点废掉老婆，事情又没办成，还害死了一个儿子和两个臣子，皇帝心里很有挫败感，同时又怕老婆找麻烦，还在惴惴不安中。

做了十多年夫妻，武则天将皇帝的脾气拿捏得很准。

皇帝答应了武则天的要求。

从此，皇帝上朝时，背后垂着帘子，帘子后面坐着他的老婆。

在历史上，武则天和皇帝同时坐朝听政的这一段被称为"二圣临朝"。

这真是中国古代政治史上的奇迹。垂帘听政在历史上很常见，不过一般都是皇帝幼小无力理政或太后专权时发生的，但像这样皇帝年富力强，又不曾失去权力的情况下让老婆垂帘听政，可谓空前绝后。

二圣临朝，朝廷和民间都不曾生出什么不满情绪，武则天成功地将自己提高到与皇帝并尊的空前地位。

二圣临朝后十年，武则天的威望已经如日中天，但她并不满足。

上元元年，武则天撺掇皇帝把唐高祖和唐太宗以及他们的皇后追封了个遍，皇帝依言而行。

追封完毕，武则天终于再次透露了自己的真实想法："陛下，列祖列宗都被追封皇帝和皇后，我们使用的称谓应该和他们有所区别，有所避讳呀！"

皇帝问："如何避讳？"

武则天向皇帝提议，让皇帝自己称天皇，武则天自己称天后。

这不是借尊奉祖宗的名义来拔高自己吗？

但皇帝答应了。

此时，武则天已经当了二十年皇后，与皇帝合称二圣也已十年。

初当皇后时，武则天为了彰显自己的美德，执行了严厉压制外戚的措施，不过现在，她深深感觉到自己经常被人掣肘，还是有必要培养一下外戚势力，让娘家人来为自己出力办事。

武则天的姐姐死后，留下一个儿子名叫贺兰敏之，这个男孩长得很漂亮，不过是个少有的花花公子，而且色胆包天。

武则天第一个准备培植的外戚，就是这个侄子。

但这个侄子太不成器，太胆大妄为。当时，武则天为太子李弘选中了杨氏女子做太子妃，就在举行婚礼前夕，这个贺兰敏之居然诱奸了杨氏女子。

准太子妃被强奸，这个事情太严重了，能闹着玩吗？

不过武则天保护了贺兰敏之。

更为甚者，武则天唯一的女儿太平公主去外婆家玩，贺兰敏之居然强奸了她随行的宫女。武则天肺都气炸了，不过她还是忍下来，因为她想培养这个孩子。

不久，武则天的母亲杨夫人死去，这个老太婆生前特别疼爱贺兰敏之，但他在居丧期间居然没有一丝悲伤的意思，而是穿得花花绿绿的，在家里拥着歌姬酗酒淫乐。

武则天一气之下向皇帝上书，列出贺兰敏之五大罪状，包括诱奸准太子妃。

皇帝下令，将贺兰敏之流放到雷州，也就是今天的广东西南部，那在当时是真正的蛮荒之地。

贺兰敏之才走到途中，武则天派来的杀手就跟上来了，他被杀手用马缰绳勒死，抛尸荒野。

贺兰敏之死去，武则天提拔外戚的想法不得不暂缓。

武则天一步步走向权力的最高峰，政治上也一天天成熟起来，皇帝的身体情况却每况愈下，日薄西山。

皇帝比武则天岁数小，可是，他很可能要走在武则天前头，他开始考虑自己的身后事。

此时，皇太子李弘已经长大成人，结了婚。

皇帝曾多次对武则天讲："一旦朕身体有变，将传位于太子。"

这话不但武则天听到过多次，太子也知道。

不过，太子李弘每次听到时都诚惶诚恐地对父亲说："父皇龙体一时欠安，定能好转，江山社稷为重，一旦有事，还得由您来定夺，万不可说出如此不祥之语，让臣民惶恐！"

皇帝知道这个儿子仁孝，说此话也是出于真心，心底暗暗高兴。

多位近臣都明白皇帝的意思，他们的反应和太子差不多，但皇帝不知道他们的反应是出于忠心还是私心。

但要命的是，太子李弘的身体比皇帝李治的身体更差，从小就患上肺结核，当时无药可医。皇帝和武则天多次巡幸东都洛阳，就留李弘在长安监国，他多数时候却无法亲身理政，而是要委托宰相处理政事。

这个问题很严重。

皇帝明白，武则天明白，那些朝臣们也都明白。

更为严重的是，武则天的权力欲望已经被勾起来，无法再进行扼制。得到皇帝十多年的培养后，太子现在得到了众多大臣的支持。为了权力，武则天现在的斗争对象变成了自己的亲生儿子。

他们之间的关系逐渐紧张，后来却因为两个公主的遭遇问题，两人间的冲突到了白热化的境地。

咸亨二年某日，武则天和皇帝正在洛阳巡游，太子李弘留守长安监国。李弘的身体病得厉害，只能留在太子宫中休养，委托几位宰相处理政事。

这一天，李弘见东宫罩在一片风和日丽中，百鸟婉啭，草树争春，不由得动了出去走走的念头。他随即叫来侍卫，在偌大的皇宫里转悠。

也许是有意，也许是无心，李弘逛着逛着逛到了掖庭，看见了两个姐姐义阳公主和宣城公主，她们都是萧淑妃生下的女儿。母亲萧淑妃惨死后，她们又惊又惧，被关了十多年，已经不成人形，看见有生人来就瑟瑟发抖。

看到这幅惨景，李弘深受刺激。

回宫后，李弘马上向皇帝上书要求放两位公主出嫁。皇帝看了奏章，随即准许。这下可触怒了武则天，毕竟萧淑妃当年是自己的死对头啊，儿子帮对头说话，这不是胳膊肘往外拐吗？

武则天说："既然太子认为她们已到出嫁年龄，就让她们出嫁吧。我看这两个值班的卫士就很不错，你们一个娶义阳公主一个娶宣城公主吧。"

卫士权毅是卢国公的孙子，卫士王遂古的祖父是平舒公。

武则天一言之下，两位公主草草完婚。

因为此事，太子惹得母亲武则天极为不高兴，给双方留下了不和的种子，矛盾日渐显露。一场母子相残的悲剧就要上演了吗？

没有。

因为问题突然自行消失了。上元二年，公元675年，太子随皇帝和武则天一起巡游洛阳，此前不久，皇帝才公开表示一旦自己身体有变，将禅位给李弘。

四月，太子突然病死。

他的死，让世人侥幸没有看到他们母子相残的悲剧。

李弘死后，皇帝很快册立了新太子，二十二岁的章怀太子李贤。

李贤被册立为太子后写了一首诗，叫《黄台瓜辞》：

种瓜黄台下，瓜熟子离离。

一摘使瓜好，再摘使瓜稀。

三摘犹自可，摘绝抱蔓归。

李贤没有病，且文武双全，心向李唐王室的人都对他抱有很高期望，希望皇帝大去之后由他继承大统。

然而当时却有个传言，说李贤不是武则天的亲生儿子，而是皇帝和

「女皇帝」——唐高宗皇后武则天

武则天的姐姐韩国夫人所生。李贤眼见武则天把自己的儿子一个个"摘"去，生怕自己会遭受同样厄运，于是写了这首诗，希望武则天不要把兄弟们"摘绝"。

册立新太子后三个月，皇帝的风疾已经到了让他痛不欲生的地步，病魔折磨他的身体，也消磨了他曾经那种必须大权独揽的气魄。

九月的一天，皇帝突然告诉宰相们，他准备让天后摄政，他则去安心养病。

如果成功摄政，天后武则天就是没有皇帝头衔的皇帝，实际权力与皇帝一样。宰相们马上反对，认为皇后摄政就是乱政。

皇帝的提议遭到宰相集体否决，无赖之下转而专心培养太子。

但武则天的权力依然在一步步增长，在权力增长的过程中，最高权力对她的致命吸引力越来越强。幸好，她一直没有找到太子的把柄。

公元679年，皇帝和武则天宠信的一个术士多次在皇帝面前对各个皇子品头论足，说太子不堪造就。显然，这是在武则天的授意下这样做的。

不久，术士在洛阳城内被杀。

武则天下令彻查，却一直没有找到凶手。

她心里明白，这个凶手可能就在东宫。但她又不能明目张胆地叫人进东宫去查，只能等待时机，太子会自己露出把柄。

时机很快就来了。

当时，太子李贤在宫中玩同性恋，和一个奴隶同床共枕。

这种情况下，太子手下一个官员上书，要求太子注意自己的形象，武则天弄到这份上书后，认为很有价值，决定以此为突破口，把太子命人刺杀术士的事彻底调查清楚。

武则天提拔起来的宰相裴炎、薛元超和御史大夫高智周随即组成审判小组，联手审判太子有伤风化的案子。

太子宠信的奴隶首先被提审。

几位宰相毫不客气，上来就是一顿大刑伺候，那奴隶也是个软骨头，棍棒一上身就招架不住："我就是刺杀术士的刺客！"

有伤风化的案子变成了谋杀案。

再一审，那奴隶交代："是太子让我去杀那术士的！"

武则天对审案的宰相们说："既然是谋杀案，那就要把作案工具找到，他既然是太子的人，你们就去东宫搜查！"

一搜之下，有了更加惊人的发现：东宫的马厩中有数百甲胄。

甲胄嘛，就是用来装备军士的，军士是用来打仗的。后宫中有什么仗好打呢？这不就是想谋反嘛。

谋杀案变成了谋反案。

太子谋反所为何事？谁都能想到，太子终将是天下之主，他谋反，肯定是想提前夺取大权。

武则天授意审案的宰相们如此上报。

皇帝一听这个结果，当时就呆若木鸡，毕竟这个儿子是太子，又是他喜欢的，他对武则天说："太子将为天下之主，这些甲胄或为东宫守卫用完未及时归还也说不定，并不一定说明太子将要谋反。"

武则天明白，皇帝这是不想治太子的罪。

但她决定顶住皇帝的压力，说："太子身为儿子却怀有谋反之心，天地不容，他也是我的儿子，现在我们应该大义灭亲，怎么能赦免他呢？"

几天后，太子李贤被废为庶人，押送到长安囚禁。

太子谋反的那些"证据"——数百甲胄，被人押送到洛阳闹市，当众烧毁，以此将太子谋反之事昭告天下。

审案的裴炎和薛元超升职。

太子李贤的势力基本被肃清，支持太子的宰相们都被贬到地方去了，李贤的支持者们要么被流放，要么被定罪坐牢，有些还被处死。

李贤被废，武则天的地位更加牢不可破。

他被废的第二天，英王李哲被册立为太子。

李哲是武则天的第三个儿子，他成为皇太子，也就成了自己的母亲通往权力顶峰道路上的障碍，这是一种极其危险的地位。

武则天将会怎样对待她的第三个儿子？

永淳二年，公元683年，五十六岁的高宗皇帝李治已经病入膏肓。

在长安，唐高宗和武则天居住的皇宫地势低洼，气候潮湿，对身体很不利，对唐高宗的风疾来说，不但没有益处，更像火上浇油。

某日，武则天说："陛下，我想请您和我一起去东都洛阳，在那里我们可以就近封禅中岳，向天下昭告大唐的繁荣昌盛，也可以求神灵佑我大唐！"

皇帝久病欠安，静极思动，同意东巡洛阳。

二圣东巡洛阳是件大事，下属们当然要打理好沿途的治安，以免圣驾被侵扰。

让谁负责合适呢？

武则天找到新提拔起来的监察御史魏元忠，说："二圣东巡，沿途由你护驾，你要恪尽职守，勿令圣驾受惊。"

魏元忠一个小小文官，从无调兵遣将经历，心中为难，不过他比较硬气，一想总会有办法的，活人还能被尿憋死？

魏元忠于是把心一横，说："下臣一定竭尽全力护卫，使二圣不受惊扰。"

这完全是赶鸭子上架，一个从无调兵遣将经历的小文官，却要去当皇帝的护卫官，这几乎是个无法完成的任务啊。

然而，一个超常的命令，如果遇上一个思维和胆识超常的人，就会迎刃而解。

魏元忠正是这样一个人。

回家之后，魏元忠把自己关在书房，整整一个晚上，他终于想出了办法。

第二天一早，他赶至长安的两个郊县，把所有因从匪罪名抓起来的犯人带出来就地审讯。几乎所有的犯人都有典型特征，要么衣衫褴褛垂头丧气，要么嬉皮笑脸看上去就一幅作恶多端的模样。

在这群犯人中，魏元忠发现一个人特别扎眼，那人粗黑高大，沉着冷静，坐在那儿目不斜视，不卑不亢，天生一幅黑道头子的尊容。

魏元忠把此人请到长安一家著名酒楼，好酒好菜一顿款待。那黑老大也不客气，来酒便喝，来肉就吃，一点不拿魏元忠当外人。

一看这架势，魏元忠更坚信自己眼光没错，这个人绝对是黑道头目。

酒足饭饱之后，魏元忠说："看得出来，道上这些朋友都听你招呼，天皇天后将要东巡洛阳，希望你能帮忙管束沿途的黑道朋友绿林好汉们，不要惊了圣驾。"

那犯人摸了摸胡须，哈哈大笑，站起来往门外就走，出门时留下话来："这位官爷放心，喝了你的酒，吃了你的肉，这事儿就包在我身上。"

皇帝和武则天东巡时，那黑道头儿沿途护送。

自己的头目在护送，强盗贼子们也没有犯上作乱。

武则天和皇帝一行顺利到达洛阳。

在洛阳，武则天找出种种理由上奏皇帝，封了四位宰相。这四人以前都是资历较浅的官吏，原本没有希望当上宰相，现在因为武则天的提拔而做到了，从此他们成为武则天的忠实拥趸。

提拔宰相后，皇帝在武则天的建议下来到嵩山脚下，意欲封禅中岳。

一行人来到嵩山脚下时，因为舟车劳顿，皇帝的风疾加重，头痛眼晕，什么也看不见，随行的御医们都无能为力。

正在众人一筹莫展之际，有人找到一个来自东罗马帝国的医生，名叫秦鸣鹤。秦鸣鹤精通罗马人的艺术，为皇帝诊断后说："陛下，您的眼睛之所以看不见东西，是因为毒气上升侵袭头部所造成的，只要用两根针刺头部穴位，一旦放出部分毒血，眼睛就能视物。"

这个治疗方法很大胆，庭前臣僚们都听得目瞪口呆。

秦鸣鹤刚说完，垂帘听政的武则天一声断喝："你真是该死！居然想把天子的脑袋刺出血来？"

秦鸣鹤吓呆了，腿一软跪倒在地。

皇帝强忍疼痛说："你直管刺来试试看吧，说不定有效！"

皇帝说想试，武则天便不好再反对。

秦鸣鹤拿出两根针来为皇帝治疗，他战战兢兢地，手上只欲颤抖，强忍着恐惧将两根针刺入皇帝的头部，流出几许褐红色黏稠的血液。

过了一会儿，皇帝抬起头，盯着帘后的武则天，惊喜地说："天后，我能看见你啦！"

皇帝和武则天都很激动。

武则天欣喜地跑到后庭，亲自抱来百匹锦帛，赏赐给秦鸣鹤。

十二月，严寒肆虐，大地笼罩在一片肃杀之中，山寒水瘦天高鸟哀，未几撒下漫天大雪，江山万里不久便没入银装素裹中。

『女皇帝』——唐高宗皇后武则天

皇帝已经到了弥留之际。

他对武则天说："天下臣民都生活得丰衣足食，但我却再也不能留存于这个世界。如果上天能多给我数十日生命，能生还长安，看看那生我养我的土地，就死而无憾啦！"

但他的愿望注定要落空，再也没能回到长安。

十二月四日深夜，在茫茫大雪中，天地寂静无声，唐高宗皇帝李治驾崩于洛阳。他只活了五十六岁，此后就成了"先帝"。

皇帝死后，举行了隆重的皇家葬礼，丧仪结束，"先帝"的遗诏被公布于众，李治的遗诏叫《大帝遗诏》，诏书上说："皇太子可于枢前即皇帝位……军国大事有不决者，兼取天后进止。"

让太子李哲即位，却又怕他不能担负起江山社稷，所以在诏书中说，有事儿可以多听武则天的意见。

皇帝驾崩，继任的太子李哲必须守孝三年，按照周礼是守孝二十七个月，但皇家事务繁重，用一天代替一月，所以要守孝二十七天。

二十七天后，李哲就要履行皇帝的权力。

但这份权力本来掌握在武则天手上，她会心甘情愿地放弃吗？

她当然不会。

皇帝死后三天，武则天一手提拔的宰相裴炎上书说："现在皇帝尚未亲政，正在守孝，在此期间应由皇太后暂行皇权！"

裴炎是高宗皇帝生前给儿子指定的唯一顾命大臣，一言九鼎，加上有先帝遗诏支持武则天掌权，故无人反对。

暂时，皇帝没能夺走他母亲手上的权力。

但二十七天后呢？武则天必须把权力交还给儿子吗？

在这一个月里，武则天把唐高祖和太宗的儿子们都加封了爵位，进行安抚。同时，她调整了宰相人选，听话的都提拔起来，不听话的要么撤职，要么调离紧要位置，剩下来的都是支持她的人。

笼络了人心之后，她又掌握了御林军，同时掌控了全国兵权。

李哲守孝完毕，回到皇帝位上一看，四周全是武则天安排的人，他已经无法施展拳脚，而是处处被掣肘。

没办法，李哲只能提拔自己的人。

亲政当天，李哲就把岳父韦玄贞提拔为豫州刺史，又过了几天，他下令把岳父提拔为宰相。新皇帝李哲和他的母亲争权的态势过于明显，而且这触犯了裴炎作为实权宰相的权力。

对于提拔韦玄贞为宰相一事，裴炎明确表示反对，不肯起草诏书。

李哲本就郁闷无比，又看见一个臣子居然顶撞他这个皇帝，心头火起，大发雷霆地说："我封他做宰相有什么不行？就算我把天下送给他韦玄贞，又有什么不可以？"

裴炎随即跑到武则天那里，上奏说："太后，皇帝昏庸，居然大言想把天下送给韦玄贞，臣苦劝不听，这如何是好？"

武则天心中又惊又喜，说："真有此事？"

裴炎下拜："确有此事！"

二人沉默良久，随即进行商议。

商议的结果是什么呢？武则天和裴炎都同意废了这个皇帝，另立贤德之君。他们并未选择李哲的儿子，尽管李治在位时已将李哲的儿子封为皇太孙，而是选择了李哲的弟弟、武则天的第四个儿子李旦为帝。

原因很简单，李旦当皇帝，武则天参政的理由更充分。

公元684年二月某日，武则天通知朝臣们上朝议事，众人都在奇怪，为何皇帝不发命令，却由皇太后发布命令呢？皇帝心中也是惴惴不安。但他们还是都按时赶到了宫内。

大臣们来到朝廷上之后，皇帝李哲和武则天都坐着，朝堂之上寂静无声，空气似乎很憋闷，一种火山爆发前的沉默让众人感觉胸口憋得慌。

这时，宰相裴炎、刘祎之和御林军将军程务挺、张虔勖冲进了朝堂。

裴炎上前，须发皆张，大声高喊："奉太后懿旨，废皇帝为庐陵王！"

大臣们都惊呆了，数名军士上前，把皇帝从宝座上拉了下来，皇帝一边挣扎一边质问："我有什么罪过？太后为何要废我？"

武则天冷冷地说："你不是想把天下送给韦玄贞吗？不想保祖宗江山，还能让你当皇帝吗？"

皇帝李哲此时才明白，他的母亲不但已经掌控了朝臣，掌控了宰相们，还掌控了全国的军队，更是得到了禁宫护卫御林军的忠心。

就这样，才当了数十日皇帝的李哲被稀里糊涂地拉下马，当了庐陵王。

一场政变兵不血刃地结束。

政变第二天，武则天的第四个儿子相王李旦被扶上皇位，继承大统。

他能得到实权吗？

当然不能。

因为武则天从不会轻易放弃已经到手的大权，天下人都知道，李旦这个皇帝没有实权，权力在他母亲手上。

武则天，现在依然是皇太后，但她已经是独断乾坤的无冕女皇了。

丈夫刚去世一个多月，武则天就废了当皇帝的儿子，立小儿子李旦为帝，这个小儿子刚登上皇帝宝座就被软禁起来，大权由武则天掌控。

皇帝被软禁后，武则天效法汉朝的吕太后，临朝称制。

临朝称制后没几天，武则天觉得自己该做点什么，她突然想起一个人来。

她想起这个人，却并非此人的福分，而是那个人的厄运，因为她想他去死。

这个人就是武则天的第二个儿子，废太子李贤。

李贤是武则天四个儿子中最有才能的，在皇族和群臣中也最有号召力，如果高宗的儿子们有谁能威胁到武则天的权力，那一定是这个被废的李贤。

谁成为武则天大权独揽的障碍，谁就必须死。

李贤已经被贬到蜀地的巴州去了，武则天派使者来到巴州了结他。

使者见了李贤，端起一杯酒，冷酷地对他说："皇太后让微臣过来，赏赐您这杯酒，太后希望您喝了这杯酒之后能安享康乐！"

李贤接过酒，一饮而尽。

使者什么话也不说就回长安复命去了。

使者走后，李贤叫来妻儿，吩咐他们一定要听太后的话："有些事情是一定会发生的，你们不要多问，好好活着，这比什么都重要！"

妻妾哭成一片，孩儿们则懵懂无知。

李贤走到门口，叫进侍卫官，他拉起妻儿的手，放在侍卫官手上，绝望地说："我的妻儿托你看护，莫负我所望！"

侍卫官跪倒在李贤面前，泪流满面，发誓一定会照顾好王妃和小王爷。

当天深夜，李贤独自坐在临园的窗前，早春的寒气阵阵逼来，偶尔听见几声寒虫哀鸣。李贤长叹一口气，端起面前自备的另一杯毒酒，喝到一滴不剩。

翌日清晨，侍卫官发现李贤死在屋内，窗前的红蜡烛早已燃尽。

李贤的尸体蜷缩在地上，已经僵硬，冰冷如铁，那只曾经装满毒酒的杯子滚落在他脚边。

消息传到长安，群臣震动，

武则天在朝堂上一幅悲痛欲绝的模样，她追封李贤为雍王，假装哀伤地说："雍王聪颖仁孝，而今猝然去世，让本宫遭受锥心刺骨之痛，你如何忍心啦！"

李贤的葬礼隆重无比，武则天亲率文武百官给李贤大举发丧。

长子李承乾死了，次子李贤死了，三子李哲被废了，四子李旦被软禁了。四个亲生骨肉的遭遇，并未让武则天追求权力的步伐稍缓，她依然紧锣密鼓地筹划着夺取最高权力。

要夺权，身边还得有人呼应。

于是她继贺兰敏之之后，重新开始培养武氏家族的子侄们。

不久，武则天的侄子武承嗣被提拔为宰相，另一个侄子武三思被封为兵部尚书。

就在武则天加紧夺权时，扬州平地惊雷，爆发了一场叛乱。

当时著名诗人骆宾王正好被贬官，流落到扬州，在这里他遇到了同样被贬官、正郁闷无比的徐敬业兄弟。

徐敬业何许人也？他是李世勣的孙子。李世勣原名徐世勣，他曾帮助武则天登上皇后宝座，一生享尽荣华富贵，他的儿子早逝，爵位就直接传给孙子。

不料他的两个孙子实在不怎么样，做官不久就被贬官。

这几个人碰到一起，满腹的郁闷互相倾吐。

他们互相倾吐的过程中，都认为皇太后野心太大，可能要颠覆李唐王朝的江山。

他们决定造反。

下定决心之后，他们找来军师魏思温商量，魏思温很快找到了他曾经的同僚、监察御史薛仲璋。

薛仲璋是个浅薄的野心家，听说魏思温他们正在商量一件这样的大事，心潮澎湃，决定加入。

第二天，薛仲璋向朝廷上书，说想去扬州巡查。这正好是监察御史的分内事，而且薛仲璋正好是宰相裴炎的外甥，裴炎当时是宰相们的头儿，权倾朝野，真是一人之下万人之上。

奏章递上去不久，薛仲璋就得到了答复。

同意。

半个月之后，薛仲璋大摇大摆地出现在扬州城。

一到扬州，薛仲璋就干了件让人瞠目结舌的事，他把扬州的地方大员给抓了起来，理由是涉嫌谋反，必须收监羁押，等待审判。

这时扬州就没有地方官了，徐敬业马上粉墨登场。

徐敬业风光无限地突然驾临扬州，自称是扬州新任地方官，扬州的官僚们自然对他的身份提出了疑问，薛仲璋薛大人这时就发话了："徐敬业大人是英国公的嫡孙，太后亲自命令他接任扬州都督，本官早已得到太后懿旨，这难道还会有假吗？"

这一来，徐敬业堂而皇之地上任扬州都督。

上任第一天，徐敬业就来到扬州地方的监狱，对所有囚犯训话，谎称自己奉旨讨伐当地的反贼，要囚犯们将功赎罪。囚犯们一听朝廷让他们改过自新，都欢呼雀跃。

徐敬业随后给几百名囚犯和监狱的看守发放武器，组成了一支临时的军队。徐敬业指挥这只"军队"，占领了扬州各关键位置。

占领扬州后，徐敬业马上打出旗号造反。

徐敬业的理由是讨伐专权的武太后，匡扶唐朝江山，要辅佐废帝李哲重新登基。

半个月后，响应者聚集了十余万人，并攻下了临近的多个县城。

中国人兴兵讲究出师有名，诗人骆宾王替这次反叛行动写了一篇檄文，叫《代徐敬业传檄天下文》，揭露武则天的罪状，并号召天下维护唐朝江山，反对武则天专权。

檄文发出后，魏思温劝徐敬业直接挥师北上，攻打神都洛阳，直接推翻武则天的统治。薛仲璋则建议徐敬业向南进军，占领江南，至少能凭长江天险进行抵抗。

　　一攻一守，用意和分歧都很明显。

　　徐敬业选择进军江南。

　　几天后，骆宾王的檄文传到洛阳，有大臣把檄文抄本送呈武则天，武则天看到这篇檄文文采斐然，大气磅礴，虽然是痛骂自己的，当她看到"试看今日之域中，竟是谁家之天下"这样大气磅礴的词句时，也不禁暗暗叫绝。

　　大臣们在一旁惴惴不安。

　　武则天放下檄文，抬起头，镇定地说："此人才华横溢，抱负不凡，如此人才居然没有被推荐到朝廷来，这是宰相的过失啊！"

　　群臣一听，立即被武则天这种临危不乱的气度所慑服。领头的这个女人都镇定自若，他们还有什么好担心的呢？

　　数日之内，武则天调集了三十万大军，以李孝逸为统帅去平叛。

　　李孝逸是李世民的堂弟，在李唐宗室中威望极高，但他本身并不会打仗。但李孝逸一出来，徐敬业等人匡扶唐室的说法不攻自破，他们从此师出无名。

　　这在政治上是极厉害的一手。

　　针对李孝逸不擅征战的弱点，武则天给他派了个帮手，魏元忠。

　　李孝逸和徐敬业最初打了两场小规模的战役，李孝逸全部败绩。

　　军队一败，李孝逸就想往后退。

　　兵败如山倒，能退吗？魏元忠急了，深夜来到中军帐见李孝逸。

　　魏元忠问："大帅，您知道太后为何选您领军平叛吗？"

　　李孝逸说不知道。

　　魏元忠说："那是因为您在大唐宗室中的身份和声望都极为尊崇，由您来率军平叛，能让众军团结起来。一直有人诬蔑您和叛军私下有往来，太后没有相信，但如果您这边一遇到挫折就退却，那就跳进黄河也洗不清啦。"

　　李孝逸听得脊背生寒、冷汗直冒："先生有何良策？"

　　魏元忠说："徐敬业的叛军人数虽众，但都是乌合之众，只要王师

「女皇帝」——唐高宗皇后武则天

稳定军心，选好战术，平叛不难。"

李孝逸说："先生教我。"

魏元忠说："徐敬业叛众分为几部分，尤以徐敬猷所属部众力量弱小，较易攻破。伤其十指不如断其一指，大帅可集中兵力攻破徐敬猷一部，叛军军心一溃，王师平叛必速。"

李孝逸击节赞叹："先生好手段。"

在魏元忠的建议下，李孝逸一战告捷，击垮徐敬猷。

是年冬，天气甚寒。那日，高邮阿溪河两岸芦苇若雪，纷纷扬扬飘向远方，西北风呼啸声中，枯萎的芦苇秆叶窸窸窣窣直响。李孝逸军和徐敬业军相对摆开阵势，李孝逸军西北，徐敬业军东南，李孝逸接受魏元忠的建议，顺风放火，徐敬业的军队立即溃不成军，兵败如山倒。

叛军兵败后，徐敬业、骆宾王等人均被斩杀。

一场叛乱平息了。扬州叛乱兵败前，武则天处决了另一个大人物，裴炎。

武则天废掉李哲让李旦登基当皇帝，裴炎帮过大忙，成功之后他自己权倾天下，怎么和武则天闹翻的呢？

原来，扬州叛乱爆发后，裴炎并未全力平叛，而是视若无睹。

一天上朝时，武则天向裴炎请教平叛策略，裴炎说："叛军打的旗号是匡扶唐室，皇帝没有亲政正好给了他们口实，如果太后您归政给皇帝，叛军就再也没有叛乱的理由了。"

裴炎此话一出，所有大臣都惊呆了，他们一言不发。

武则天也惊呆了，说不出一句话来。

这时一个监察御史当庭反驳裴炎说："宰相您是先帝所托的顾命大臣，权倾朝野，如果没有谋反之心，为何在朝廷忙于平叛时请太后归政于皇上呢？"

武则天终于反应过来，下令说："裴炎有谋反之嫌，先行下狱，择日审讯。"

权倾天下的裴炎就这样锒铛入狱。

裴炎被关进监牢后不久，正在北方抗击突厥的大将军程务挺写信给武则天，为裴炎求情。程务挺曾帮武则天废掉李哲，他根本想不到，这封信给自己带来了灭顶之灾。武则天很快派人斩杀程务挺于军中。

公元684年秋，扬州战事正急，裴炎被押赴刑场问斩。

裴炎死后，朝廷派人抄了他的家，他家居然一贫如洗，只有少许存粮，没有多余钱财。大臣和百姓们都说，裴炎至少是一个清廉的宰相。

外乱扫除，朝臣束手，还又谁能阻止武则天登上皇帝宝座呢？

李唐宗室的皇子皇孙们甘愿这样让江山改姓吗？

如果他们反扑，武则天会怎么做？

当叛乱平息、权臣武将都俯首贴耳之后，李唐宗室也没有任何一个人敢站出来反对自己，武则天的皇权之路看来已成坦途。

于是她开始行动。

公元688年农历四月，神州大地春光正盛，百合、映山红和千万种有名无名的花草一起，把一座江山装点得花团锦簇。

有一天，雍州人唐同泰将一块紫色的石头献给武则天，武则天看后大喜。这是一块什么样的石头呢？

这块紫色的石头上，写着八个字："圣母临人，永昌帝业。"意思是说，圣母武则天降临人间，将要开启永世昌盛的帝业。

只要对历史有点懂的人都知道，每逢造反，这种天上降下祥瑞的事情就会出现，而且会应到地上某个人身上，他出来争皇权，似乎就具有了某种合法性。

当然，有脑子的就不会真的相信上天会降下这种石头，这都是手段。

这块紫色石头的出现说明了什么呢？

司马昭之心，路人皆知。这说明，武则天想当皇帝的用意已经十分明显。

于是，很多投机的大臣都上表祝贺，甚至有人开始劝进武则天坐上九五之尊的位置。

武则天并未立即称帝，但她给这块石头取名叫"宝图"，后来又改名叫"天授宝图"。不久，她还给自己加了个封号，叫作"圣母神皇"。

圣母是早就有的，"神皇"是加上去的，用意太明显的，她在打擦边球，神皇和皇帝已经只有一字之差，她只是不敢一步到位直接称帝而已。

圣母神皇，也是"皇"啊。

这是一个让人浮想联翩的称号，它很快引起了李唐宗室的激烈反应。

　　唐高祖的儿子、李世民的弟弟韩王李元嘉当时官拜太尉，太宗李世民的儿子越王李贞官拜太傅，两人立即领头造反，他们发现李唐宗室已经被一步步逼到角落里，再也无路可走。

　　两人公开传话给宗室子弟，说武则天有改朝换代之野心，如果还不起来反抗，李唐子孙将会粉身碎骨、永无翻身之日。

　　传话之后，李元嘉的儿子李譔伪造了皇帝的密旨，密旨上说："我现在被圣母神皇软禁在宫内，诸王请商议计策来救我。神皇想让李唐江山改姓武氏的心思已经昭然若揭，我李唐子孙谁也跑不掉，只能奋起一搏。"

　　这封伪造的密旨很快被传达到宗室处，李唐子弟群情激奋，只等一声令下起兵造反，大事可定。

　　偏偏就在此时，有人向武则天告密。

　　告密者是李元嘉的侄子李霭。

　　事情一泄露，李贞的儿子李冲首先在山东起兵讨伐武则天，七日之后，武则天平叛的军队还没到山东，李冲已经败亡，被下属一刀砍去脑袋，向朝廷请功。

　　李冲起兵时，向诸王送信，等各王收到信时，武则天基本已经控制了全国局势，只有越王李贞依然硬着头皮造反，但他手下只有七千人，面对前来平叛的十万大军，一仗打下来，七千兵士呼啦啦溃败如山倒。

　　越王李贞带领一家人全部自杀。

　　宗室谋反，让武则天找到了一个很好的修理他们的理由，她重用酷吏周兴来审理此案，基本把李唐宗室都纳入谋反案中来了。

　　李元嘉父子，还有告密者李霭的父亲等人全部被逼自杀。

　　李霭背信弃义向武则天告密，他也没有换来好下场，不久被杀。

　　此后两年多，武则天大开杀戒，高祖皇帝的二十多个儿子、太宗皇帝的十四个儿子没有一个能活在世上。

　　武则天时期，被逼死或杀死的宗室近百人，李唐子弟几乎被清了个干净。

　　李唐宗室只剩下些老弱病残在苟延残喘，他们已经不能对武则天构成任何威胁。

688 年二月，武则天让情夫薛怀义，也就是历史上著名的花和尚冯小宝督办建造明堂，十个月之后，明堂建成。

天子坐明堂。明堂往往是圣天子的象征，坐进明堂后不久，武则天下了数道诏书，改革文字，造出了一些新字。

武则天以这两项标志性的工作为自己登上皇帝宝座做准备。

在她造的许多新字中，有一个"曌"字，她给自己起名"武曌"。专门为自己的名字造一个字，这种做法在中国历史上并非唯一，却十分罕见。

朝廷上，武则天在努力为自己制造氛围，下面的臣子们当然也能上体太后之意，不断为她当皇帝找种种理由。

各种表面功夫做足，还需要一个理论支撑。

理论从哪里来？

当然是儒释道三家的典籍中来。

佛教《大云经》中有这样一个故事：佛祖告诉净光天女说，你将化身成为菩萨，以一位女子的身份去统治一个国家，完成这个任务后，净光天女将化身为佛，从此不死不灭。

在这里，武则天找到了女人当皇帝统治国家的例子，更妙的是这个净光天女的故事"前传"：净光天女前生是国王的王妃，死后才转生为天女。

武则天以前不就是皇帝的老婆嘛，这正好和武则天的身份、经历极度吻合。

这个故事被发现，武则天十分高兴，由于佛经比较艰深难懂，她授意薛怀义等人组织了一帮有学问的和尚，给这部经书做注释，变得浅显易懂，天下百姓都能听懂这部经书的故事，让民心能接受她一个女人统治天下。

这些工作，全都是在武则天的授意下，由薛怀义和东魏国寺的高僧法明一起努力完成的。

准备工作的重要部分，就是造舆论氛围，因为这种活动反映"民心"。

公元 699 年秋天，侍御史傅游艺，一个出身李唐皇室老家的关中小

官僚，纠集了数百名关中人，代表关中百姓向武则天上表请愿，要求她登基当皇帝，并且让现任皇帝改跟武则天姓武。

武则天心头狂喜。傅游艺这样的政治小爬虫的厉害之处在于，他总能找到投机的时候。

心急吃不了热豆腐。

武则天很明白这个道理，越是成功在望的时候，越是不能心急，不能让煮熟的鸭子飞了。这个时候要沉得住气，要能忍，能稳住，方能成大事。

武则天拒绝了百姓的请求。

但是她明明需要人们造势让她登基啊，所以她耍了个手腕，将傅游艺升成正五品。将这样一个小混混样的人物大肆升官，人们马上明白了皇太后的意思，所以请愿活动如海浪般此起彼伏。

没几天，洛阳附近的百姓和各色人等共一万多人再次上书，请求武则天登基称帝。但是，火候不到的时候，武则天是不会轻易亮出底牌的，她再一次拒绝了众人的好意。

这种"暧昧"的态度是最耐人寻味的。

第二天，不但天下各色人等，而且朝廷中大批文武官员也加入到请愿队伍中来了。一日夜内增加到了六七万人，在宫门外聚集的黑压压的人群中，其实有不少人是武则天的亲信，他们"代表天下百姓的意愿"，坚决要求武则天登基当皇帝，他们似乎不达目的誓不罢休。

这一天，皇帝李旦"顺天意应民心"，加入请愿队伍，请皇太后当皇帝，自己当王爷，同时改姓武。

武则天终于松口。

她遂了天下百姓和文武大员的愿。

她遂了自己长久以来的愿。

武则天改国号为周，尊周朝诸王为先祖。

武则天十四岁进宫，三十二岁当皇后，五十岁称天后，六十岁成为皇太后，而今她终于君临天下，成了大周的皇帝。这一年是公元690年，农历九月初九，武则天正式登基为帝。是年，武则天六十七岁。

武则天已经当上皇帝。

当皇帝前，她要称帝面临的阻力很大，反对的人很多；称帝后，阴谋反对她的人依然很多，她要巩固权力和地位，不得不想了很多别出心裁的招数，其中一些招数甚至颇为心狠手辣。

武则天打击政治反对派的行动，早在她当皇帝前好几年已经开始。

主审裴炎谋反案的官员叫作鱼承晔，他有个儿子名叫鱼保家。鱼保家是个典型的纨绔子弟，不学无术但脑袋灵活，经常出些歪点子。

徐敬业在扬州起兵造反时，鱼保家也加入了"义军"队伍。

鱼保家在那里干什么呢？

他专门为徐敬业制造兵器。

徐敬业失败后，鱼保家靠着自己父亲的关系，还有他那点机灵劲儿逃脱了朝廷的惩罚，而且安然无恙。

公元 686 年，在武则天鼓励天下人告密的大背景下，鱼保家发挥聪明才智，为武则天造出了一个装置，名叫匦。

匦是个什么玩意儿？

这是个青铜铸成的大家伙，类似于今天的邮筒，但绝没有今天的邮筒那么脆弱。匦上面所用的铜是普通兵器都损坏不了的，天下人都可以往匦里面投信。

什么信？告密信！

这个匦是方形的，四面都有不同颜色，分为红黑青白四色，不同主题的信件要投入不同颜色中去。求官、上书、申冤、告密等各种信件各有相对的颜色和方位。

这种信投进去了就不能取出来，武则天设置了专门管理匦的新官。这个官员每日下午打开匦，把意见上报皇帝。

告密的工具有了，人们敢告密么？难道他们不怕报复？

武则天早想到了这一点，她鼓励告密，而且要求各级地方官员保护告密者，告得对有赏，告错了不罚。

一时之间，告密者蜂拥而出，朝廷大小官员人人自危，谁也不知道别人会到武则天那里告自己什么。

鱼保家设计这个匦，武则天很高兴。

鱼保家的发明放到朝堂上不久，有人把一封信塞进了告密所用的黑色格子里。当天晚上，这封信到了武则天手上，武则天看完大怒，立即叫来侍卫，命令道："将鱼保家抓捕归案，立即斩首！"

不一会儿，侍卫回报，鱼保家已经伏诛。

这是怎么回事呢？

原来有知情者见鱼保家设计这种不祥之物来搅乱人心，便写了一封告密信给武则天，上面揭露了鱼保家当初和徐敬业一起谋反，帮他制造兵器，杀伤不少官军的往事。

武则天对叛乱者向来不手软，所以鱼保家人头不保。

鱼保家到死都不知道，他是搬起石头砸了自己的脚。

鱼保家虽然死了，但武则天绝不因人费事，他发明的匦不但保留下来，而且大放异彩。

当时有个赌徒的儿子名叫来俊臣，这个人是个流氓恶棍，但是长相俊美，口才一流，而且脑子好使。武则天鼓励告密时，他正因为触犯刑律被关在牢里，一听到这个消息，他马上动了脑筋，觉得这是自己翻身的好机会，于是告诉监狱的牢头说："我要告密！"

牢头把此事上报给上级，上级也拿不准凡人告密是否应该支持，于是再上报到刺史处。那刺史正好是李唐王朝的宗室贵胄，一听来俊臣这种恶棍想凭告密翻身起家，不禁大怒，叫人打了来俊臣一顿板子，依然关起来。

来俊臣无可奈何，在牢里度日如年。

武则天登基后，身为李唐宗室的刺史已经被她派人杀死，来俊臣感觉时机已到，再次提出告密，因为无人敢于阻拦，来俊臣很快被送到了武则天面前。

来俊臣跪在武则天面前，哭诉说："陛下，数年前草民想向您密告宗室谋反的阴谋，哪知刺史也是他们一伙的，我差点连命都保不住。幸好您英明神武，把这些反贼都铲除了，我才有今日，一定誓死报答您的恩德！"

武则天说："好，来人抬头报上名来！"

来俊臣抬起头，报上了名字，虽然听上去显得很胆战心惊，其实他心里踏实得很，因为他知道，皇帝不会把他怎么样。

果然，武则天一看来俊臣长相俊美，心头大悦，说："朕看你忠心可嘉，去做个侍御史吧。"

来俊臣是酷吏们心中的榜样，在他之前，其实还有一个带头大哥式的酷吏，名叫周兴。

周兴从小就是混首都附近这块地盘的，他专心学习刑律，后来在大唐的司法机关混饭吃，但地位一直很低下，还经常遭受官僚们责骂。

在李贞父子等参与的李唐宗室谋反案中，周兴被指派审理此案，他借用这一案件，把几乎所有反对武则天称帝的宗室贵胄都打成谋反者，一个个人头落地。这为武则天登基扫清了障碍，因此深得其赏识。

周兴是武则天废唐建周的大功臣，经常能揣摩武则天的心思，投其所好，因此飞黄腾达。

武则天称帝后，赐周兴姓武，这是臣子的殊荣。

周兴本就志得意满，从此更加飞扬跋扈。

不久，周兴、来俊臣等人因为用刑残酷，造成不少冤假错案，宗室、官僚和百姓都对他们恨之入骨。

武则天重用酷吏时期，还爆发了留下千古臭名的"六道使事件"。

当时，酷吏万国俊受皇帝指派，到岭南去调查三百多名流放人员涉嫌谋眨一案，其实这些人根本没有谋反。

万国俊去了之后，懒得审理，直接命令这三百多人自杀，这些人要被冤枉而丢掉性命，他们哪里会服气呢，于是高呼冤枉，一时间哭声惊天动地，眼看着局势就要无法控制。

这时，万国俊下毒手了。

他命人把这些人赶到江边，砍掉了脑袋，一时间鲜血染红了江水。

武则天当时正在防备李唐宗室谋反，于是大力嘉奖万国俊的果断作风，给他升官。

不久她又派另外五名酷吏到各处去审讯流放者，这些人有了万国俊的前车之鉴，都很兴奋，到了地方也不加审问，直接杀人。

五人中最少的一次杀了五百多人，最多的杀了近千人。

万国俊等六名酷吏杀人的事件，史称"六道使事件"。

这次事件在全国引起轩然大波，刑律在这些酷吏面前形同虚设，他们可以刑讯逼供甚至滥杀无辜，朝野上下要求惩治酷吏的呼声一浪高过一浪。

当时武则天已有考虑，但她没有动手，因为当时她还有许多反对派，需要这些人一一为自己扫清。

得意洋洋的周兴在公元691年，也就是武则天当上皇帝的第二年就迎来了他的噩梦，他的好日子终于到头了。

当时周兴是酷吏里面的带头大哥，来俊臣是后起之秀，两人同为酷吏中偶像级的人物，彼此也臭味相投，关系不错。

有一天，两人相约一起下馆子，来俊臣很谦虚地向周兴请教说："现在奉命审理一起谋反案，有人骨头特别硬，不愿招供，怎么才能让他开口呢？"

周兴看来俊臣这么谦虚，很高兴地说："你只需要找个瓮，在周围放上炭火，然后把他丢进去，他还敢不招吗？"

来俊臣拍案叫绝。

他叫人搬来一个瓮，按照周兴教的布置完毕，然后起身向周兴一揖，说："奉陛下之命审理您谋反一案，我们是同僚，就不要我动手，请您自己入瓮吧！"

周兴一听，当时就吓得魂飞魄散，腿都软了，跪在地上说："我招。"

来俊臣很轻松地审结此案，周兴被判斩首。

武则天觉得周兴有功，破例改判他流放，走到去岭南的半路上，仇家跟过来砍了周兴的头。

把周兴弄下去之后，来俊臣变成了酷吏们唯一的偶像。

来俊臣并未从周兴的人生遭遇中吸取教训。

酷吏们"卓有成效"的工作，让武则天的皇权得以空前巩固，因为她的敌人和反对派们都在酷吏手下死去了。

此时，酷吏们手中却掌握着空前巨大的权力，并过着无恶不作的生活。比如来俊臣此人，他夺人妻女、肆意陷害大臣，朝廷中人只要听到来俊臣的名字，就会战战兢兢，如闻鬼叫。

来俊臣就像皇帝的一头恶犬，开始的时候，谁反对皇帝，他就查办谁、诬陷谁、毁灭谁，后来他越来越肆无忌惮，干脆懒得去查了，想诬陷谁谋反就诬陷谁谋反。

最后，来俊臣居然拿大臣们的生命开起了玩笑，他找来很多小石头，每块石头上都写着一个大臣的名字，在远处拿着石头砸，砸中谁就诬陷谁，然后抓捕入狱。

这样，他让朝廷所有人都害怕，也让所有人都恨上了。

不光如此，来俊臣还跑到武则天面前，把她的女儿、侄女、侄子们都告了，全部是谋反，包括武则天的两个侄子武承嗣和武三思。

此时的来俊臣，完全已经疯魔。

但是让所有人都恨的人，差不多也确实是个该死的人。

来俊臣有个打手叫卫遂忠，此人有口才也有心思，是来俊臣手下陷害忠良的佼佼者之一，深得来俊臣赏识，但是官职不高。

有一天来俊臣正在家里宴请贵宾，卫遂忠突然来找来俊臣喝酒，来俊臣觉得卫遂忠既没身份又没修养，来了不免让自己在贵宾面前丢脸，于是他对管家说："你去告诉他，就说我不在府中。你想个法子打发他走就是了！"

管家出来照吩咐做了，卫遂忠却不认账，他看出了其中的猫腻，气得肺都炸了，他一不做二不休，干脆直接闯进来俊臣府中去。

卫遂忠闯到来俊臣的宴席前，指着贵宾们的脸就骂："你们是什么东西，你们在这儿我就不能进来，老子捏死你们比捏死蚂蚁还容易！"

那些贵宾都是来俊臣的妻子王氏的族人，来俊臣的妻族是太原王氏，名门望族，何时受过这样的气来？

王氏当着宾客和来俊臣的面痛哭起来。

来俊臣觉得面子上很挂不住，便一声断喝："来人，把他个无法无天的东西给我抓起来！"

一群喽啰一拥而上，把卫遂忠绑得像个粽子。

来俊臣一声令下，众人就在堂上将卫遂忠一顿痛打。

棍棒上身，卫遂忠终于清醒，他赶紧跪地求饶，来俊臣觉得他毕竟是自己的兄弟和同道中人，于是饶了他。

卫遂忠捡回一条命，但他一直都寝食难安：哪天来俊臣会不会突然想起自己得罪过他，让我求生不得求死不能呢？

卫遂忠越想越怕，于是决定先下手为强。他找到武则天最宠爱的侄子武承嗣，说："魏王，您知道吗？来俊臣上次用小石头砸中了您的名字，他现在正在罗织罪证，准备告您谋反呢！"

武承嗣早就听说来俊臣在皇帝面前说自己图谋不轨，如今他的手下都来证实了，看来是真有其事。

「女皇帝」——唐高宗皇后武则天

武承嗣为了保命，立刻行动起来，他串通所有的武家子弟和武则天宠爱的女儿太平公主，又说动了废帝李旦和禁卫军的将领们，准备一起搞倒来俊臣。

李旦曾经是武家的眼中钉肉中刺，他怎么会和武承嗣站到同一阵线上呢？

这就要怪来俊臣平时树敌太多，人们恨他恨得太厉害，为了扳倒他，这些平时站在敌对立场上的人们居然也空前团结起来，来俊臣能不死吗？

不久，以魏王武承嗣为首的宗室、朝臣、将领们联名上书，控告来俊臣数十条罪状。

武则天一看，天啦，这么大声势，看来真有问题。

她命人进行审理，来俊臣平时干了那么多坏事，查起来毫不费力，随后将查实的罪状汇报给武则天。

武则天念及来俊臣对她的功劳，迟迟不肯下旨斩杀来俊臣。

那些联手告发来俊臣的人心头打鼓：如果来俊臣不死，我们还有活路吗？

于是他们钻天打洞想方设法把来俊臣往死路上引。

公元697年夏天某日，武则天骑马去散心，她突然问牵马的官员："最近外面都有些什么事情啊？"

牵马的官员说："人们都在议论为什么不处死来俊臣。"

武则天叹口气说："来俊臣毕竟对社稷有功啊。"

牵马的官员说："来俊臣纠结不法，陷害忠良，欺男霸女，收受贿赂，滥杀无辜，这样的人是天下的公敌，陛下您如果不为天下除害，有损您的英名啦！"

武则天犹豫了好一阵，说："那就按你的意思办吧。"

六月初三，来俊臣被斩首。

来俊臣被斩首那日，百姓们蜂拥而上，把来俊臣的尸体都撕烂了。武则天一看来俊臣如此招天下百姓恨，便说："看来周兴、来俊臣制造了不少冤狱啊。"

大臣姚崇说："那些谋反案都是他们诬陷的，以后再也不会有了。"

武则天说："我听信他们的话，险些让我也背上滥杀无辜的罪名！"

她把罪过全推到别人身上去了！听到这话，大臣们暗地里都瞠目结舌。

酷吏是一柄双刃剑，用起来锋利，铲除异己也很顺手，但说不定什么时候就会伤到自己。

武则天充分认识到了这一点。杀掉周兴、来俊臣后，她很快清理了朝中的酷吏，转而任用很多贤臣能臣，她提拔起来的很多贤臣甚至还千古留名。

一句话，武则天确实会用人。伟大领袖毛主席怎么评价武则天呢？

有文献记载说，毛主席晚年时和身边人谈起武则天，他说："武则天确实是个治国人才，她既有容人之量，又有识人之智，还有用人之术。"

毛主席对武则天的评价可谓非常精当。

公元 690 年，马上就要登上帝位的武则天，在洛阳主持了中国历史上第一次大规模的殿试，比她的丈夫三十一年前主持的那次规模大得多。

在这一年的殿试中，武则天慧眼识英才，一眼就点中了一名耀眼的状元——张说。

张说那年刚二十出头，才华横溢，文武双全，武则天对他的才华颇为惊叹。亲笔将张说点为状元后，她又把张说亲笔誊写的文章贴在朝堂之外，百官听说此事，都争相拜阅张说的文章。

张说从此获得武则天的重用，后来当了多任宰相，历经武则天、李哲、李旦、李隆基四任帝王，立下杰出功勋，留下千古美名。

通过考试选拔人才只是武则天众多揽才手段中的一招。

当年鱼保家替她设计用来告密的匦，在推荐和发现人才一事上也是居功至伟。

平定徐敬业扬州叛乱后，武则天诏令天下，希望天下官吏和百姓中凡是有才能的人，都出来毛遂自荐，一时间自荐当官的人蜂拥而至。

当时有个宰相叫娄师德，是个出将入相的文武全才，而且德行很好，也善于发现人才，他多次向武则天上书推荐狄仁杰，武则天后来把狄仁杰一直提拔为宰相。

狄仁杰是个很有智谋的人，也很有胆识，早在唐高宗时期就颇有官声。

公元 676 年，左卫大将军权善才一不小心，糊里糊涂地砍了昭陵的柏树，这下可闯了大祸，昭陵是唐太宗的陵墓，就是皇帝死去的老爹坟上的树。

唐高宗听说后暴怒，根本不审讯，命人直接将权善才斩首。这时，狄仁杰站出来对皇帝说："陛下，权善才有罪，但是罪不至死啊。"

皇帝正在盛怒之中，恶狠狠地说："权善才砍了先帝陵墓上的树，这就是让我陷于不孝，怎么能不杀他！"

狄仁杰平静地据理力争："陛下，臣子如果对帝王犯言直谏，自古以来就不是容易的事。古代君王中暴虐有桀、纣，仁德有尧、舜，如今按刑律规定，权善才罪不至死，如果陛下您一定要杀他，千年之后史书将怎么评价您呢？我不敢杀权善才，是不敢给您留下一个暴虐的千古骂名啊。"

皇帝犹豫良久，终于平息了怒火，免权善才一死。

此后有一奸臣在武则天面前进谗言，武则天一怒之下将狄仁杰贬官，狄仁杰到了地方上，做出了很好的政绩，重新被武则天招回朝廷。

有一天，武则天问他："你知道是谁说你坏话吗？"

狄仁杰回答说："陛下认为我有过错，我就改正。陛下知道我没有过错，这是我之幸。知道是谁说我坏话没什么用，请您不要告诉我。"

看到狄仁杰胸怀如此坦荡，武则天也十分佩服。

狄仁杰还是一个很有智慧的人。

公元 698 年，武承嗣、武三思数次使人游说太后，想立自己为太子。

武则天犹豫了。

狄仁杰对武则天说："陛下，您千辛万苦才掌管好这万里江山，您为先帝掌管这江山可不易啊。世上哪个皇帝会把江山传给子侄呢？如果您的儿子继承大统，宗庙里还要供奉您，您的侄子继承大统，他的宗庙里难道不是供奉他的父母亲吗？怎么会供奉您呢？"

武则天说："这是我的家事，你来多什么嘴呢？"

狄仁杰说："普天之下莫非王土，率土之滨莫非王臣，天子以四海为家，陛下的事就是天下事，我当宰相，就是要辅佐皇帝，怎么能不多嘴呢？"

后来武则天被说动了，他决定让庐陵王李哲（李显）重新当太子，她百年之后，天下依旧复归李唐。

狄仁杰同样为武则天推荐了很多人才。一次，武则天让他推荐将相之才，狄仁杰说："荆州长史张柬之很有才能。"

武则天考察后发现八十岁的张柬之确实有才能，就升他为洛州司马。

几天之后，武则天说："请举荐将相之才。"

狄仁杰说："我前面推荐的张柬之，陛下您不是还没任用嘛。"

皇帝说已经给他升官了。

狄仁杰说："我给陛下您推荐的是宰相，不是个司马。"

此后武则天任命张柬之为秋官侍郎，几天之后又提拔为宰相。

狄仁杰先后举荐了桓彦范、敬晖、姚崇等数十位忠贞廉洁能臣贤臣，他们被武则天委以重任之后，朝野上下风气为之一变。

公元 700 年，狄仁杰于古稀之年病逝，朝野凄恻，武则天在朝廷上哀泣着说："狄国老一去，连这朝堂上都仿佛空荡荡的。"

因为贤臣满朝，武则天治下的大唐朝政清明，国力强盛。

登上帝位并巩固权力之后，武则天感到了空前的疲惫，此时几个男宠走进了她的后宫。

武则天的第一个著名情人，名叫冯小宝。多年以后，武则天为他起了个名字叫薛怀义。

冯小宝本来是个小混混，整天在洛阳城里招摇撞骗，他卖药，卖什么药呢？他卖春药，相当于现在的万艾可等"神药"。

卖这种药，如果你要顾客放心掏钱买的话，自己一定要显得雄壮魁梧，病快快的神药卖家是不会有人光顾的。

正因为如此，冯小宝加紧锻炼，身体结实魁梧，又能说会道，被千金公主的侍女看上了，成了那个侍女的情人。

千金公主是谁？

千金公主是宗室谋反案中幸存下来的老人，但是已经年过古稀。为了保命，七十多岁的千金公主跪在武则天面前说："请您收我做女儿吧！"

千金公主是唐太宗的妹妹，是武则天和李治的姑婆，现在却求侄媳妇收自己做女儿，这不都是世道所逼，为求生存才导致的嘛。

武则天说：'好。你就不要叫千金公主了，改叫延安公主吧，这样你会一辈子平平安安地活着。"

唯有如此，千金公主终于保住了自己的老命。

侍女偷偷把冯小宝领到千金公主府内幽会，不小心被千金公主发现了。开始，千金公主大怒，一定要把侍女和冯小宝严惩。

不料，年过古稀的千金公主看到跪在地上的冯小宝风姿迷人，对女人很有吸引力，便没有惩戒他，而是把他留在身边侍寝，两人日夜厮混。

冯小宝从中看到了希望，又为了保命，他非常卖力地侍候千金公主。经过自己的切身体验，千金公主觉得冯小宝确实很让她留恋，而且伺候女人的功夫一流。

千金公主是女人，而且年纪也大了，她知道快要七十岁的武则天在想什么，于是她把冯小宝改头换面，敬献给了武则天。

冯小宝床上功夫了得，武则天一试之下大为满意，于是把他留下来。

怎样才能避人耳目、经常厮混呢？

直接让冯小宝进宫当然是不妥的，作为皇太后，武则天必须注意影响，后来武则天命令冯小宝出家为僧，赠名薛怀义。

在尊奉佛教的武则天时代，和尚进宫非常方便。

太平公主丈夫叫薛绍，武则天让薛绍认薛怀义作叔叔，还让薛怀义当上了洛阳名寺白马寺的主持。

从此冯小宝经常出入武太后的寝宫，成为太后的"男妃"。

武则天宠幸冯小宝，便开始重用他，让他做了几件大事。

第一件是建明堂。冯小宝不负重托，用了不到一年，他就把明堂修好了。第二件便是和一群和尚一起，在《大云经》里找到了女人当皇帝的理论依据。

再一件事，就是两次奉旨讨伐突厥。武则天封冯小宝为大将军，于689年率军北伐，冯小宝到了前线，正好突厥人迁徙走了，根本就没有敌人。

冯小宝马上命令班师，得胜回朝。

回到朝廷，他向武则天禀报说："陛下神威凛凛，突厥人闻风丧胆，听见王师出征，立刻望风遁逃。"

武则天很高兴，觉得很长面子，加封冯小宝为二品辅国大将军。

公元 694 年，再令冯小宝讨伐突厥。

这次冯小宝带着两位宰相当幕僚，帐下有十八位将军辅佐。有时候，天下事就是那样奇妙，冯小宝率大军来到北部边境，突厥人又是无影无踪，冯小宝不费一兵一卒，再立大功。

武则天对冯小宝的恩宠也渐渐到达顶峰。

然而人无千日好，花无百日红。武则天当皇帝后，不再满足只有一个"男妃"。慢慢的，武则天喜欢上了御医沈南璆，冷落了冯小宝。

冯小宝何曾受过这种冷遇，心中不但失落，而且很受不了。

公元 695 年上元节，朝廷取消宵禁，百姓家里也是张灯结彩，天下狂欢。

冯小宝想讨好武则天，为这个节日做了精心准备，他在明堂的地上挖了一个五丈深的大坑，埋上一尊大佛，装上机关，又用丝绸在坑上搭了一座宫殿。

武则天来到明堂之后，看到一尊佛像从地下徐徐升起，一直到彩绸搭建的宫殿之中。

就在此时，武则天听到人群中大声惊呼，她回头一看，天津桥上挂着一幅二百尺高的一个大佛像。

冯小宝对武则天说："陛下，这是我用自己的血画成的。"

就算把他全部的血拿来画，也不可能画出这么大的佛像啊，武则天并不笨，她只是淡淡一笑，和侍卫一起走开了。

冯小宝大怒，他要做点什么来引起皇帝注意。

这天深夜，明堂忽然起火了，大火借风势迅速蔓延，明堂很快陷入一片火海之中。

烈火熊熊，让神都洛阳如临白昼。这一场大火一直烧至天明，明堂和武则天耗尽国库建起的天街一起化为灰烬。

这火是谁放的？

大火是冯小宝放的。

他烧掉了女皇心中最神圣的东西，这一次皇帝真的生气了。

二月初四这天，大火刚烧过去半个多月，冯小宝忽然死了。

原来这日冯小宝接到消息，说女皇约他到皇宫内见面，冯小宝大喜，立即前去赴约。

双方约定的地点是神都宫城内的瑶光殿，这里环境清幽，四面环水，中间曲廊如画，草木点缀，十分怡人。

不过冯小宝并没有见到武则天，而是见到一群蒙面人，他们看见冯小宝，立即一拥而上，冯小宝在一顿乱棒之下，当场毙命。

继冯小宝、沈南璆之后，武则天最有名的男宠是一对花一样漂亮的兄弟，张昌宗和张易之。

公元695年，冯小宝被杀之后，太平公主把自己的男宠张昌宗送给母亲解闷，张昌宗面若桃花，但身体健壮，伺候女人的本事一流，更厉害的是，张昌宗诗词书画无一不精，对武则天这样一个官宦人家出生、长期在皇宫大内生活的人来说，张昌宗当然更有风味。

张昌宗进宫后，又把五哥张易之推荐给了武则天。

两兄弟一样出色，武则天待他们像对待两个宝贝一般，恩宠有加。

他们兄弟每天的工作就是讨武则天欢心，同时陪武则天睡觉。

武则天和所有的帝王一样，权力达到顶峰之后就追求长生之术，她羡慕周灵王太子姬晋，又名王子晋，这位王子据说擅于吹笙引凤，后来成为仙人，被后人称作"升仙太子"。

武则天专门为升仙太子题写碑文，升仙太子碑也成为书法经典。

当时武三思想讨她欢心，便去拍马屁说："六郎如此俊美，肯定不是凡间之人，定是王子晋转世。"马屁拍到武则天心坎里，她很欢迎这个比喻，下令将张昌宗打扮成她心目中的王子晋模样，仿佛神仙中人。

后来有一次宫中游宴赏莲，武三思又说："六郎似莲花。"

不料宰相杨再思的马屁更肉麻，他说："不是六郎似莲花，而是莲花似六郎。"

两兄弟为武则天晚年的最爱，因此权势逐渐大起来，最后连武三思武承嗣等人也要整天拍他们兄弟的马屁，权倾天下的张氏兄弟得寸进尺，后来居然介入到了皇位继承、太子册立等政治大事中去。

这就不是他们能玩转的了，注定要吃亏。

二张以身体取悦女皇，深得恩宠，但后来却专权跋扈，朝廷百官见到他们都像怕老虎。

在武则天当政的岁月里，武家子弟鸡犬升天，她的两个侄子武承嗣和武三思更是权倾天下，有谁敢不给他们面子吗？

二张就敢不给他们面子。

在二张得到武则天宠幸的岁月里，不但朝廷百官都想巴结他们，连武则天的族人也是这样，他们争相给张易之牵马，把自己摆在奴才的位置而不知耻。

但是二张并不惜福，他们的飞扬跋扈不但得罪了许多人，甚至把其中部分人逼成了自己的仇敌。

当时，已经被立为皇嗣、要在武则天百年之后继承大统的李显有个儿子叫李重润，还有个女儿被封为永泰郡主，他们兄妹俩对二张专政极为不满。

有一天永泰郡主对李重润说："他们两人以身体为本钱，骗取陛下恩宠，现在居然来荼毒宗室子弟，实在不像话，一定会遭报应。"

李重润听了妹妹的话，连连点头。

隔墙有耳。

二张兄弟并不是蠢人，他们知道自己的行为一定会引起众人不满，所以他们在朝廷上下的达官显贵们身边都安插了不少耳目，李重润和郡主的谈话被耳目报告给了张易之。

张易之知道这件事后，来到武则天面前，一场痛哭，又添油加醋地说李重润兄妹想无故毒害他们兄弟。

武则天把太子李显叫来，严厉责骂了他，还问他："你是如何管教子女的？他们居然在背后胡乱议论朝廷大臣，成何体统。"

李显一个劲儿赔不是。

武则天怒气未消，说："你一定要问清楚，如果你连一个家都管不好，如何管得好大唐江山？"

这话就太重了，这说到了李显的太子地位。

无奈之下，李显回到府中，叫来这双儿女，涕泪肆流地向他们说明了自己面临的困境，父子兄妹抱团痛哭。

哭完后，永泰郡主擦干眼泪对李显说："父王，儿女们永远不让您为难！"

当日黄昏时分，李重润和永泰郡主兄妹双双自缢，没有留下任何遗言。

李显料理了子女的后事，躲在园中悄声哭泣，良久回到宫内，跟没事人一般与前来悼念的寥寥几人说话。

李显正在发呆时，二张兄弟到了门口。

他们来干什么？是来查看李显府中情况么？是来探查谁敢明目张胆来悼念他们的敌人么？

反正他们来了。

李显客气地上前迎接，张易之一拱手说："殿下，您的一双儿女德行才华出众，真没想到就这样英年早逝，请殿下节哀顺变。"

李显惨然一笑，说："一定是他们前世作孽，自作孽不可活啊。"

二张笑了。

他们在李显府中转了一圈，就回去了。

不久，二张兄弟授意下属诬陷永泰郡主的丈夫、魏王武延基。武延基虽是武氏宗族，也没能幸免，被关在牢内百般折磨，不久死去。

众人都发现，他们已被逼到了二张的仇人位置上。

但二张兄弟并未自省。

公元704年冬天，武则天已经八十高龄，已经是风中残烛，又病倒了，不久到迎仙宫养病。这回她病得不轻，已经不能理事，她不愿见任何人，包括宰相等朝廷重臣。

迎仙宫内，只有二张兄弟随侍。

早就已经谋划好要诛灭二张的张柬之和敬晖等文臣武将，决定趁机一举诛杀二张，同时逼迫武则天退位，把李显扶上皇位。

当时桓彦范和敬晖掌握禁军，他们经常利用禁军将军身份，前往北门的皇太子李显居处，呈奏了详细的计划。

李显同意了。

公元705年初，皇宫外的山峦都罩在云雾之中，寒气弥漫着宫墙的每个角落，病中的武则天蜷缩在迎仙宫内，感到身体越来越冷。

某日，张柬之、桓彦范、敬晖联合左羽林将军李湛、李多祚，右羽林将军杨元琰、左威卫将军薛思行等人行动起来，率领数百名官兵向皇宫进发。

李湛、李多祚前去迎接太子李显。

李显走出宫门，被簇拥在羽林军队伍的最前面。队伍走到玄武门时，守卫的官兵看到太子出面，高呼万岁，张柬之、桓彦范等人就簇拥着李显冲向迎仙宫。

二张兄弟此时正在迎仙宫内发愁，突然听见宫外人生喧嚣，兄弟俩心知情况不对，立刻带着兵器出门来看。

张易之和张昌宗刚走到门口，就遭遇了冲进来的禁军官兵，兄弟俩当场被诛杀。

殿内的武则天听到外面很嘈杂，撑起病体出来察看，她看到二张横尸当场，张柬之等人手中持剑，簇拥李显过来，她马上明白发生了什么事。

但武则天没有惊慌，她缓缓坐回床上，对着张柬之等人厉声喝问："何事喧嚣？"

张柬之说："张易之、张昌宗兄弟谋反，臣等拥太子入宫诛杀叛逆，未曾禀报陛下，臣等死罪。"

武则天瞪着李显说："这是你的主张吗？你胆子不小啊！既然他们兄弟已经伏诛，你快回东宫去吧。"

李显当时就害怕了，恨不得马上返回东宫。

张柬之说："先帝将太子托付给陛下，而今天意人心都望太子理政，请陛下立即传位于太子。"

武则天眼前一道白光闪过，开始眩晕起来，默默地靠倒在病床上。

张柬之扶李显和众臣跪下，齐呼："谢陛下恩准。"

第二天一早，二张兄弟的尸体悬挂在天津桥，京城的百姓见了都欢呼雀跃，不少人割下他们身上的肉，不过半日，兄弟二人的尸体已经只剩下一堆白骨。

不几日，武则天将国政交给李显，不久又正式禅位给他。

李显给武则天上尊号为则天大圣皇帝。

从皇帝位上下来后，武则天如同秋末原上草，迅速枯萎。数月之后，武则天在遗诏中说要"归陵"，与唐高宗合葬在乾陵。

遗诏颁布后数日，武则天驾崩于上阳宫，享年八十有三。朝廷按武

『女皇帝』——唐高宗皇后武则天

则天的遗愿，尊其谥号为"则天大圣皇后"，和唐高宗李治、她的丈夫合葬于乾陵。

一代威风赫赫的女皇，终于还是以李唐王朝皇后的身份离开世界。

武则天墓前立着一块高大的无字石碑，千百年来，无人能弄清武则天墓前立无字碑是何用意。

千秋功罪任后世评说，何须勒石。

"一代佳人"——南唐后主皇后小周氏

小周氏（950年—978年），史称"小周后"，因为她的姐姐周娥皇为"大周后"故她有此称。她是五代十国后期的大美人。小周后美丽聪敏，知书识字，擅长音律。她会焚香，身上总是散发着芬芳，深受南唐后主李煜的宠爱。南唐亡国后，小周后随着李煜到达东京，李煜被赐死之后，小周后也随夫君自杀而死。

小周氏，广陵（今江苏扬州）人。父亲周宗是南唐宰相，姐姐周娥皇是南唐后主李煜的皇后。为了和她姐姐相区别，史称她为小皇后。小周后大约比姐姐周娥皇小十岁。当初姐姐出嫁就是她陪着娥皇上花轿的。以后她常去皇宫看望姐姐，有时就留在禁宫玩耍，与后主李煜也非常熟悉。

小周后长得与姐姐一样漂亮，且比姐姐更加天真纯情。她从小就聪明过人，过思敏捷，受过良好的教育，学会了作诗填词，书法作画，能唱能跳，特别是跳舞，可以说是超过了姐姐。

小周后长到十七八岁时，出落得如出水芙蓉，窈窕多姿。此时的她仍经常出入宫禁，和姐姐、姐夫一起游玩。李煜是风流皇帝，多年来专宠娥皇一人，别的妃嫔很少进御，但娥皇的这个漂亮纯情的妹妹，却吸引住了他，深深牵动了他的心。

当然李煜只是娥皇不知的情况下与小周后暗中往来。但不幸的是大周后。周娥皇，自幼聪明伶俐，既学诗书。又学弈棋、歌舞，她弹得一手绝妙的琵琶，还会演戏，唱歌。

保大十二年（954年），十八岁的娥皇嫁给了十七岁的皇子李煜。两人婚后爱情弥笃，生活美满。二人词曲来往。有时李煜填词，娥皇作曲；有时李煜作诗，娥皇演唱，生活得丰富多彩。后来生了两个儿子。长子仲寓，少子仲宣，皆长得逗人喜爱。七年后。北方后周王朝在柴荣皇帝的治理下逐渐强大，派兵南侵，几次战役，南唐大败，丧失了江淮之间全部领土，南唐元宗李璟不知所措。逃往南昌（今江西南昌）避难，将李煜立为太子。不久，李璟在恐慌和惊吓之中死去。李煜做了皇帝，册立娥皇为后。沉迷于写诗填词、歌舞作乐之中。李煜对娥皇的感情日深，专房宠嬖。夫妻二人成天带着两位小皇子在宫中游乐，成天在宫廷轻歌曼舞，颇废政事。周娥皇对李煜从不进行劝谏，反而越玩越高兴。

周娥皇当了皇后更是刻意打扮。极具音乐天赋，能弹一手好琵琶，精通数种乐器。北宋乾德二年（964年），四岁的仲宣正在一尊佛像前玩，一只猫一跃碰倒了大琉璃灯，一声巨响，小仲宣吓昏过去，受惊得病而死。周娥皇原来就患病，儿子一死使她病情加重恶化。

周娥皇临终前，她让侍女将李璟所赐的烧槽琵琶拿来，又将平时所佩的一对玉环，交给李煜。要求李煜对她薄葬。年仅二十八岁的周娥皇于这年十一月甲戌之日在金陵瑶光殿离开了人世。李煜将周娥皇和她平时最喜欢的那具金屑檀槽琵琶同葬于地下。谥号为"昭惠"。

周娥皇死后，小周后和李煜十分悲痛。葬礼过后，小周后正式进宫，代替了姐姐的位置。但由于李煜心存娥皇的亡灵，和小周后的婚礼迟迟没有举行。李煜直到北宋开宝元年（968年），才开始议立小周后为继室，称国后。

李煜把全部的爱都倾注于小周后身上，日夜与小周后歌舞游乐，诗词往来。他在御花园中专门为小周后建造了一个小亭，李煜和小周后经常呆在里面，卿卿我我，调情玩乐。李煜还在小周后所居住的柔仪殿另设太古容华鼎，金凤口罂诸香器都是金玉所制，每天都要派许多主香宫女，为之焚香。在香烟缭绕之中，小周后又是唱歌，又是跳舞，国家前途和个人命运、全部抛之脑后。

宋军北宋开宝八年（975年），攻破了金陵，灭亡了南唐，小周后

和李煜成了宋军的俘虏，被押送到北宋首都汴梁（今河南开封）。从此，小周后成了囚徒，她陪伴李煜过着俘虏生活。

小周后和李煜遭受了巨大的侮辱和痛苦。李煜本是一个多愁善感的人，由皇帝变成阶下囚，宋太祖封小周后为郑国夫人。太祖去世后，太宗早就倾慕小周后的美貌和才气，故意让小周后进宫跳舞献技。李煜不敢违抗，只得让小周后去，小周后只得听命。

太平兴国二年（977年）七夕，是李煜四十二岁生日。李煜和小周后夫妇召集了一些南唐故旧，在他们的私第举行祝寿宴会这天，小周后精心梳妆打扮了一番，她打起精神为大家演唱了《虞美人》和《浪淘沙》两首词曲。小周后的演唱勾起了故旧大臣对南方故国的怀念，这时有密探去报告了宋太宗赵光义。赵光义听了十分恼怒，认为"故国不堪回首月明中"和"恰似一江春水向东流"两句是李煜眷恋故国，贼心不死，是妄图复辟，心存报复。于是让弟弟赵廷美拿了毒药，置于酒中，去李煜府第赐给李煜。李煜端着皇帝赐的贺寿酒，环顾故旧，更恋恋不舍地望了一下小周后，一饮而尽。当即被毒死。

小周后眼见这惨景，悲痛欲绝。她扑在李煜身上痛哭。赵廷美宣布，宋太宗召小周后进宫内居住，小周后不愿再受污辱，当场就拒绝了。几个月后，年仅二十多岁的小周氏，在悲愤之中忧郁得病，离开了人间。

徐氏，唐眉州（今四川眉山）刺史徐耕的女儿。她还有个妹妹，人称小徐氏。这二女也聪明绝顶，善于吟诗，五言七律，宫词杂赋随手拈来，皆为绝唱。

唐广明元年（880年）年底，黄巢起义军开进了唐都长安，宦官头目田令孜率五百神策兵护卫唐僖宗及皇子，妃嫔数十人。向西川逃窜。唐僖宗被挟至成都，唐朝廷庞大的机构。从官员到随驾诸军，蔽天盖日而来。使本来安定祥和的西川、东川（今四川中部、东部，以梓州为中心）陷入一片混乱之中。为了保卫成都，维持局势，陈敬瑄将眉州刺史徐耕调进成都，任内外都指挥。徐耕全家一同迁入成都，唐光启元年（885年），唐僖宗率嫔妃离成都返回长安。此后，西川与东川两镇展开了激烈的混战，东川节度使顾彦朗与西川陈敬瑄互相火并。正在两败俱伤之际，利州（今四川广元）刺史王建渔翁得利，乘机于唐昭宗大顺元年（890年）率军进入成都，斩杀田令孜和陈敬瑄，占据了成都，王建遂被唐昭宗封为蜀王。王建几年后，大兵攻下梓州（今四川三台），吞并了东川，准备割据巴蜀，自立为帝。这时，内外都指挥使徐耕看到王建势力日益强大，便将家中两个女儿送到王建府中，充当侍妾。王建一见徐耕二女如出水芙蓉多姿，当即为她们所迷。

后梁开平元年（907年），王建在成都称帝，建国号蜀（史称前蜀），年号武成。建第二年十月，册立徐氏为贤妃，其妹小徐氏为淑妃。前蜀永平元年（911年），徐氏生下王第十一子，取名王宗衍。被封为郑王。徐氏姐妹入宫以后，便开始运动臣相，为控制朝政打下基础。太监唐文扆、被王建任命为内飞龙使，不仅是宦官的头目，而且典章禁兵，参与机密，比宰相张格权力还大。他阴谋勾结大小徐妃，挟制年老昏耄的王建，控制了朝政。最受王建信任的宰相张格看到大小徐妃恃宠怙势，便多方附托，求唐文扆作为他的保护伞。大、小徐妃与唐文扆、张格勾结起来，内外相应，不但控制了朝廷，而且纠集了朝廷以外的部分地方势力，当时，在王建的诸子之中，宗杰最有政治才干，宗辂长相与王建最相似，因而，王建私下决定，在此二子中选一人立做太子。

当王建准备册立第八子王宗杰为太子时，大、小徐妃密令唐文扆以重金贿赂张格，让张格出面，请朝廷内外百官在奏表上签名，同声奏请册立宗衍。王建览表大惊道："宗衍幼弱，好立作太子吗?"正值大、小徐妃站在一旁，徐氏立即进言道："宗衍已十多岁了，相面先生说他后当大贵，只是陛下身边皇子十多个，后宫充斥，哪里轮得着宗衍呀!贱妾情愿携宗衍出宫，免得遭人妒害，也省得陛下左右为难呢!"说到此，已是泣不成声，珠泪涟涟，王建连忙慰谕道："我并非不愿立宗衍，只是怕他年少不明政事，到时候莫要误了国计。"小徐妃答道："相臣以下，一致赞成册立宗衍，只有陛下忧虑重重。妾恐陛下另有他谋，借此讹妾呢!"王建被说得满面生红，一再申辩。大、小徐妃撒娇弄嗔，使出各种手段，直逼得王建性急起来，便道："罢了! 罢了! 我明日册立宗衍好了。"目的达到了，大、小徐妃才含泪谢恩，第二天王建即颁诏。正式册立宗衍为太子。

王宗衍被立为太子后，置东宫开府设官。他整天和诸王斗鸡、击球作乐。且性好靡丽，酷爱声色，专任一班淫朋狎客充当僚属，除和诗作词、歌舞升平外，就是伙同大、小徐妃戏狎淫荡。此时，王建已年老体衰，当他路过东宫，听到里面喧哗声很是热闹时，询问左右，才知道是皇妃、太子及僚臣在斗鸡击球，颇恨张格，且有废立太子之意，怎奈徐氏从中把持，制住王建，无法更改。

宗衍被立为太子不久，最为王建所钟爱的八子宗杰突然身中尉毒亡。年已衰迈的王建，起了疑心，他经不住这场打击，伤感成疾。危在旦夕。急召沉稳有谋的北面行营招讨使王宗弼来成都，任命为马步都指挥使，并对他说："太子仁弱，朕曲遵众请，越次册立。如果他不能继承大业，你可将他移居别宫，但不要加害。再择其他皇子继承皇位。"王建喘了一口气，关切地说："徐妃家人兄弟，只可优赏禄位，千万不能让他们掌兵预政！"这番谈话竟被大、小徐妃偷听去了，她们抢先下了手，让久握禁兵的宦官唐文扆派兵封锁宫门，任何人不得入宫，就连宗弼等三十余位大臣早晚问安也得未获准。宗弼知道大事不妙，便同皇城使潘在迎联络，率领一班壮丁冲进宫中揭露唐文扆的罪状。王建虽病情严重，还能知道人事，便召太子宗衍入宫侍疾，令东宫掌书记崔延昌权制六军事，贬唐文扆为眉州刺史。大、小徐妃及张格见大事不好，便密令尚食（主管皇帝膳食的机构）在烧饼中放置毒鸩毒死王建，让宗衍即了帝位。

王宗衍嗣位后，尊生母徐贤妃为顺圣皇太后，册立小徐妃为圣皇太妃，晋封宗弼为齐王，任命徐耕为骠骑大将军。朝廷中，王宗弼职兼文武，总揽大权，他纳贿营私，擅作威福，早把先帝嘱托扔在一边，很快与大、小徐妃同流合污。宋光嗣系小太监出身，专长揣摩迎合，对太后、太妃百般献媚，且同王延绍等勾结，干预政事。礼部尚书韩鞈素无才，因纳重贿于太后、太妃，得任文思殿大学士，位出翰林承旨之上。对朝廷如此黑暗的情况，原来王建朝廷内的许多重臣宿将，皆心怀忧虑，称疾告老。这样，却正合了太后、太妃心意，通过王宗衍及朝廷达官，完全操纵了前蜀政权：

徐氏自当了皇太后，下达旨令，通行各地。自刺史以下，每一官缺位。都有数人前来争买，谁的钱出得多，谁就可以当官。礼部尚书韩昭因贿赂她们得任文恩殿大学士，王宗衍也不敢阻拦。游乐场地本来已有清风楼、九顶堂、会仙楼、龙飞楼、应圣桥、摩诃池（龙耀池），鼓角楼等。徐氏又让王宗衍下诏修池造苑，大兴土木。又改龙跃池为宣华池，就池造苑。又立高祖（王建）庙为万岁桥，造文人观，金华宫、三学士诸池，耗费巨大。华阳尉张士乔上书谏阻，陈述勤俭治国的道理，反被流放到黎州。张士乔万分激愤，投水自尽。她们搜刮民膏民脂以满足奢侈豪华的生活，并于各通都大邑设立邸店，派专人经营，垄断贸易市场。

徐氏和小徐氏一次，带王宗衍往省母家，王宗衍瞥见一绝色美人，顿时魂不守舍。这位佳人原是徐耕的孙女，徐工的内侄女，与王宗衍为表姐妹，太后一眼看穿了这个好色天子的心，携美人进宫，给王宗衍做妃嫔。小徐氏姿色在其姑母之上。入宫以后，极尽柔媚，奉承迎合，宠盖六宫。她们便同王宗衍一起，废去原立皇后高氏，遣送回家。高氏的父亲高知言惊气致死。随后册立这位新来的徐氏为元妃。从此，王宗衍宫中佳丽日增，整天酣歌妖舞，花天酒地。

徐氏及小徐氏与王宗衍宫中玩腻了，游览名山大川，题写淫乐诗词。从前蜀乾德元年（919 年）开始，她们数次出游青城山，在山上修建宫殿亭阁，用数万缎缯彩绸缎结成彩楼，王宗衍母子住彩楼之上，列座畅饮，不问晨夕。又在彩山前修建宽阔的河渠，与宫中相连，酒酣之时，便泛舟于渠中，让宫女乘坐短画船，手执火炬千余条，逆照水面，以供王宗衍母子观赏。每次游山，徐氏姐妹都以韩昭、潘在迎、顾在珣、严旭等人为狎客。韩昭由此被提拔为文恩殿大学士，京城留守判官，他为讨太后太妃欢心。召集狎客，率领大批宫女随从，衣服上都画有云霞日月，飘然若仙。供徐氏姐妹观赏。徐氏姐妹崇奉道教。在山上大建道观，设立清宫。让宫人都穿着道士服装，头戴金莲花冠，饮酒时再涂上朱粉，号为"醉妆"，上行下效，很快流行全国。她们还去其他州县游玩，每次出巡，均是浩浩荡荡，相连百余里。前蜀乾德二年（920 年）冬到乾德三年（921 年）春一次北巡，从阆州（今四川阆中）浮汀而上，龙舟画舸绵延数里，花费以亿万计，沿江百姓尽遭劫掠。每次出游，都要沿途吟诗，命令随从刻在石头之上，留做永久的炫耀。

后唐派魏王李继岌、大将郭崇韬前蜀咸康元年（925 年）冬，率大军伐蜀，前蜀武兴节度使王承捷以凤州（今陕西凤县东）、兴州（今陕西略阳）、扶州（今甘肃文县西南）、文州（今甘肃文县）四地迎降。

正在秦州（今甘肃秦安北）游幸玩乐的王宗衍母子闻讯慌了手脚，急忙遣亲军将领王宗勋率兵三万抵御。前蜀兵匆忙上阵，一败涂地。唐军乘胜追击，攻占绵州（今四川绵阳），逼近成都。王宗衍母子匆忙奔回成都，成都尹韩昭、宦官宋光嗣已被掳杀，徐氏姐妹俩和王宗衍吓得魂不附体，为保性命，只得率百官奉表迎降。

后唐同光四年（926年），徐太妃、小徐妃及所带领前蜀百官妃嫔数千人，从成都被押往洛阳。二月，行至长安，后唐庄宗诏命他们住长安，不往洛阳。三月，庄宗命令宦官向延嗣去诛杀"王宗衍一行"，枢密使张居翰取旨复视，忙揩去"行"字。改为"家"字。救下了前蜀百官仆役等千余人的性命。把徐氏姐妹王宗衍一家全部杀死。

『一代佳人』——南唐后主皇后小周氏

"承天太后"——太辽国景宗皇后萧太后

皇后小传

萧太后（953年—1009年），名绰，是辽景宗耶律贤的皇后。她出身尊贵，在处理政事方面，辽景帝对她很是依赖。后来，景帝驾崩，萧太后掌管朝政。她虚心诚恳、善用贤良、深明大义，为辽朝的发展作出了很大的贡献。她指挥辽军将宋军杀得片甲不留，和宋真宗订立"澶渊之盟"，是一位杰出的女政治家、军事家。

公元十世纪初，在北中国的土地上，崛起了一个强大的、以契丹族为主体的少数民族国家——国号大契丹，后来改称为大辽。皇室出于姓耶律氏的契丹家族。契丹族在隋唐之时，已经生活在中国北部与东北部边疆一带，时叛时服。唐末藩镇割据，军阀混战之际，契丹人在他们的开国君主、辽太祖耶律阿保机带领之下，乘机兴起，建国立号，称大契丹，与五代时期中原第一个王朝后梁太祖朱温在同一个年份（907年）称帝。

因为中原王朝内部各个反叛者、割据者相互间常发生争斗，为了增强自己的力量，削弱对手的力量，争斗的各方都想拉拢北方这个新兴的、军力强盛的少数民族王朝，作为自己的盟友和援军。他们争相向辽国的君主示好，代价是低声下气，承认契丹政权的权威，馈送中原出产的物质财富，甚至出卖土地、人民，以博契丹主的看顾。契丹的实力更因此大为膨胀，而成爆炸式的增强。

中原偏安王朝中最可耻、最大规模的一次出卖疆土，勾结辽国的行为，是公元 936 年前后，后晋君主石敬瑭做出的。他为了取得辽太宗耶律德光的支持，以便坐稳大晋皇帝的龙椅，不但奴颜婢膝地称耶律德光为父皇帝，自居儿皇帝，还同意将中原固有的、以幽蓟二州（今北京地区）为中心的"燕云十六州"大片的土地、世代居住在这片土地上的众多人民，都拱手割让给契丹。

这十六州的名称为幽州（即燕州）、蓟州、瀛州、莫州、檀州、涿州、顺州、新州、妫州、儒州、武州、云州、寰州、应州、朔州、蔚州。地域相当于今北京、河北直到山西大同以东一带。这片地域，绵亘千里，峰高谷深，山峦起伏，东接浩荡大海，南临华北平原，北面、西面则有连绵不绝的燕山、太行山山脉为天然屏障，有古北口、紫荆关、榆关、松亭关、居庸关等雄关为交通中原与塞北的门户和锁钥。如中原王朝拥有这片土地，退可以以千里山峦与蜿蜒不绝的长城为屏障，阻止契丹铁骑的南侵；进可开关出塞，转战千里，扫荡漠北、关东，有利于中原王朝对全中国的统一。而辽国据有了这片土地，则中原王朝屏障尽失，时时地地处于遭受攻击的态势，国家的安全和发展都将遭到严重威胁。

辽太宗获得了这一大块兵家必争之地，拓展了辽国的南境，如虎添翼，其国势、军威都大大增强。他如果挺进，可以南下中原，越黄河，跨长江，直窥吴越岭表，饮马江南，实现混一中国的美梦。雄才大略的耶律德光的欣喜，自然不可名状。在辽国会同元年（938 年），他便毫不犹豫地下诏将幽州升格为辽国的陪都，定名为南京，让辽的政治、军事中心逐渐南移。此举也掀开了今天的北京作为中国千年历史古都的帷幕。

石敬瑭的可耻行径遭到了唾骂，中原王朝的后继者，无论爱国有识之士，还是平民百姓，无不诅咒这个可耻的儿皇帝，也无时无刻不惦记着这块宝贵的土地的回归，时时刻刻都梦想着收复它。

辽太祖做皇帝二十年，辽太宗做皇帝二十一年。这两个契丹皇帝在位期间，是辽国势力最强盛的时期。可是，无奈他们之后继位的子孙并不太争气，多数没能继承他们的才能和勇气。太宗之后，先后登上皇位的辽国几个皇帝，多是昏聩懦弱、贪吃贪玩的平庸之辈。继太宗而后的第一个皇帝，是他的侄子辽世宗耶律阮。此人庸懦荒淫，一生沉溺于醇

『承天太后』——太辽国景宗皇后萧太后

酒妇人之中，又不能团结本族的大臣、贵族，常常引起部族内部的反叛。他在位仅五年，最后被他的同宗贵族燕王耶律舍音弑杀。世宗之死，引起了一场皇室内部争夺皇位的战争。混战中，耶律舍音也被人杀死，辽太宗的长子耶律璟最终抢得了帝位，庙号穆宗。

此人比世宗更昏庸残暴。史书说他"体气卑弱，恶见妇人"。他不愿接近女人，拒绝皇太后为他立的嫔妃，宫中嫔御虽多，他都不喜欢。但这并不是他真的洁身自好，而是他有"龙阳之癖"——爱好同性恋，他整天与宦官们鬼混，泡在一起。大约他的生理上是有些疾病，但他心理上的疾病更为厉害。他除与宦官厮缠外，还没日没夜地醉溺于醇酒与沉迷于狩猎中。无论寒冬盛夏，他不是彻夜轰饮，就是终日驰骋于山林猎场，逐兔飞鹰，搏虎驱鹿。据说辽国京城上京的东北面，有一片山水秀绝，麋鹿成群的山峦，有黑山、赤山、太保山等山峰，辽穆宗一年四季多在这群山中游猎，不肯轻易离开。

他又好杀，不问政事，喝酒醉了就睡，睡醒再喝，号称"睡王"。睡得稀里糊涂，或者喝得不满意时，便迁怒于左右侍奉人员，动辄杀人。他宫廷营帐中负责獐、鹿、野猪、猎鹰、野鸡等飞禽走兽的侍从管理人员，以及奉膳掌酒的近侍人员，常常因动物的逃失死亡，或饮食不中意，或回答皇帝的询问不能让他满意，或者外出归来不及时，而遭到他的酷刑滥罚，如受炮烙（将受刑者捆在烧红的铁筒上）、用铁梳（带齿的铁刷）梳刷皮肉等，有时则遭乱刀砍死。受刑者多断手足，烂肩股，折腰胫，裂脑碎齿，然后弃尸于野，让野狗豺狼啃食。死者不计其数。他为了长生延寿，曾经听信女巫锡库的话，将活人的胆生取出来，制造长生不老药。后来，他不相信这个女巫了，就命人将她捆绑起来，用带鸣镝的乱箭，把她射成刺猬一般，再命人骑马践踏，踩为肉泥。而对于国家朝政，他毫不在意。尽管中原王朝四周的敌对割据势力，如山西的北汉，如江东的南唐，都曾派特使，暗带着蜡丸密书来与他联络，以期联手共抗全国的统一，他也不去认真回应。辽太祖、太宗创造的兴辽大好局面，在他手中，几乎彻底葬送。

后来，他的性格变得更加残忍和猜忌。他左右的侍奉人员，人人自危，谨小慎微，谁也不敢大声说话，主动应答，不愿真心侍奉他。

应历十九年（969年）三月，耶律璟在怀州猎到一头大黑熊，自以为是好兆头，他高兴得发狂，就在猎场上与随侍的契丹贵族和汉族官僚们开怀畅饮，又吃又唱又跳。喝得酩酊大醉，兴犹未尽，带着侍从，醉醺醺地，连夜奔驰数十百里，回到行宫。下马进了宫门，他一面歪歪趄趄，喷着满嘴酒气，一面连声叫唤："厨官，快拿吃的喝的来，朕饿了！朕要喝酒！厨官！"

然而膳房的人员没有预料到皇帝深更半夜到来，措手不及，上食就慢了些。耶律璟怒不可遏，破口大骂，说是要将所有厨师和掌膳官员处死。幸得有人劝慰，他才稍稍息怒，叫道："先寄下你们几颗狗头，等孤家吃过饭后再找你们算账。"

掌膳官及左右侍奉人员知道他吃饱了便会真的要杀人，便一起合计，何不如先下手为强，将耶律璟干掉！近侍小霄哥、盥人华哥、庖人锡衮等几个人密谋后（可能还有一些心有异谋的近臣暗中支持），在食物中暗藏了匕首，进膳时，乘耶律璟不备，取出匕首，数人一拥而上，将他按住，一刀直接刺入心脏，年仅三十九岁的辽穆宗便一命呜呼。

耶律璟在位十九午，一生残暴荒淫，终落得一个悲惨的下场。

就在辽世宗、穆宗昏庸怠政，辽国政治陷于混乱，国力衰退的同时，中原王朝几经更迭，终于进到一个恢复、发展时期。此时已经是后周的统治。后周皇帝柴荣，庙号世宗，是个有才能有胆魄，大有作为的君主。他初步统一了中原本土后，又实行了一系列的政治、军事、经济改革，国家的财力、物力、军力大增。一边是欣欣向荣，一边是人怠政衰，中原王朝与辽国的政治形势和军事态势发生了逆转，战略上由原来的基本处于守势，逐渐有了进攻的能力了。周世宗想乘此大好时机，一举收复燕云故地，进而完成神圣的、统一全国的绝大事业。于是，他在公元 959 年，即周世宗显德六年，在辽国则是穆宗应历九年，调集了大军，毅然亲征，发动北伐，直指辽的南京，即幽燕大地。此时的后周军队物资充足，斗志旺盛。接连收复了益津关（在今河北霸州）、瓦桥关（在今河北雄县）、淤口关（在今霸信安镇）及其南面的土地，不久，瀛州、莫州也落入后周军队的手中。在幽燕各地做官的契丹文武官员，闻风而逃。久处于契丹贵族统治下的故国父老，纷纷牵牛担酒，来迎接犒劳中原王师。周世宗获得前线战报，非常兴奋，他是带着病出征的，前线胜利的捷报不断传来，他披着战袍，出到帐外，登上高岗，遥望远方，对着苍天祷告道："孤家此举若能夺回燕云故地，恢复祖宗故土，一雪石晋卖国之辱，孤家也不枉带病出征一场，上对得起列祖列宗，下对得起子子孙孙了。"

此时辽穆宗耶律璟正在位，但他整日沉醉在醇酒之中。幽州守将以十万火急的军情来报："瀛州、莫州已经丢失了，幽州也危在旦夕。"耶律璟却带着醉意，疏懒疲怠地斥责道："三关本是汉人地方，现在不过归还汉家，孤丢失了什么！"话是实话，但站在辽的利益的立场，这话难免被其国人认为荒谬。然而他的左右臣僚也无可奈何。他们更为担心的，是不但燕云十六州之地将为后周夺回，就是辽国的江山也将岌岌可危了。有的大臣主张及早撤出南京（即幽州），回到关外去，固守契丹的本土，不少的契丹官员贵族，连夜逃离幽州。

但可惜的是，周世宗亲征时，已带重病。在取得重大军事胜利的关键时刻，他的病情却恶化起来，终于支持不住，罢战回师，逝世于大梁（今开封）的滋德殿，以身殉国了。后周军队失去这样一位既有胆略威望又有才能的杰出主帅，悲痛万分，一时群龙无首，如何再进行恶战？只得主动撤兵。这是五代时期中原王朝一次重要的北伐，竟然功亏一篑，遗下后来宋朝的北伐无功，数百年辽宋分治的局面，令人惋惜。正所谓"出师未捷身先死，常使英雄泪满襟"。

这在后周是噩耗，在辽国却是喜讯，辽国君臣这才得以松口气，总算渡过一场战争危机。

周世宗病逝的第二年。后周内部的军事强人、高级军官、禁卫军的总司令官——周世宗的"殿前都点检"赵匡胤，利用后周皇室孤儿寡母，束手无策的局面，发动陈桥兵变，佯称受到手下的将领和官员的强行拥立，龙袍加身，自做皇帝，夺取了国家政权，建立起大宋朝。中原王朝易了主，但新的赵宋皇帝，并没有放弃收复燕云十六州的雄心壮志和固有的国家战略目标，没有完全终止北伐的军事行动。不过在宋初，宋太祖忙于安定政权，进一步扫平仍然盘踞巴蜀、岭南、湖湘、吴越的地方势力，对于辽国，没有继续采取大规模的军事行动。直到宋太宗即位，宋朝彻底平定了西南东三面的地方割据政权，稳定了中央王朝的统治，积蓄起了强大的军事和经济力量后，才继周世宗后，进行第二次北伐，一场决定宋辽双方命运的战略决战才发生。这对辽国造成很大的军事威胁。但由于宋军方面最高军事当局的战略失误，以及战地指挥官的指挥失误，决战的结果却发生了有利于辽国的变化。不过这是后事，留待后面再讲。

在辽宋战略大决战之前的一段历史时期中，因为辽国相继的君主都是平庸懈怠之辈，在军事态势上，宋军常处于主动的、进攻的地位，辽国常处于被动的、防守的地位。总的形势，还是偏向于大宋朝一方的。加上辽国内部不断的内争，辽国的政治和军事局面，可以说一直处于危困境地。正是在这样的危局中，辽国统治者内部，崛起了一位杰出而又干练的契丹族女性，做了契丹王朝的强势女主，干出一番轰轰烈烈的事业，扭转了辽宋对峙中不利于辽国的局面。此人的崛起，虽非中原王朝之福，却是契丹人的骄傲。

这个杰出女子，就是辽景宗的皇后、辽圣宗的皇太后萧绰，萧燕燕，是通俗历史演义小说《杨家将》中那个著名而厉害的辽国老太婆——萧太后。

耶律舍音发动政变，杀害辽世宗耶律阮时，世宗四岁（一说九岁）的儿子耶律贤也差点被人杀死。幸亏世宗属下一个忠于故主、名叫刘嘉里的御厨官员急中生智，用毛毡裹住年幼的皇子耶律贤，藏在堆垛得高高的柴火堆中，躲了好久，才没有被政变的官兵们发现，让皇子耶律贤留下一条小命来。但由于柴禾堆里潮湿阴冷，他躲藏的时间又过长，因此染上了很难治愈的终身疾病——"风疾"，手脚麻痹酸疼，坐卧困难，行动不便。

穆宗耶律璟继其堂兄耶律阮即帝位后，念及家族情谊，将他这位幸存的小皇侄耶律贤收养在永兴宫中，抚养成人。到穆宗被害前，耶律贤已经是二十三岁的青年小伙了，只是顽固的"风疾"依然缠绕在他的身上。

耶律贤长大后，见到他的叔父穆宗整日酗酒，倦怠于政事，又好杀人，曾经与侍臣韩匡嗣议论过。但韩匡嗣赶忙暗示他不要多说话。耶律贤倒也乖巧，马上领悟了韩的意思，不再谈及政事以招祸。穆宗被害前一天，耶律贤曾进宫来叩见他。穆宗显出欢喜的样子，说："我儿已经长大成人，应该担负一点政务工作了。"耶律贤连连答应："是，是。"然而，第二天，就发生了穆宗被近侍和厨官杀害的事。而耶律贤也立即在侍臣萧思温、韩匡嗣、耶律斜轸等人的拥戴下，做上了辽国新皇帝。

史书在记载这些事件时，语多扑朔迷离，而字里行间，却偶尔又会留下一些令人感兴趣的，足以引起回味的叙述，而透露出某些蛛丝马迹。穆宗的死，除了那几个直接杀害他的官员、厨人外，与侍臣萧思温等，还有新皇帝耶律贤等，是否也有某些瓜葛呢？《辽史·萧思温传》说：穆宗射猎获熊，喝酒欢庆时，侍中萧思温就陪侍在座，同时在座的还有另外几个侍臣，他们同劝穆宗畅饮，让穆宗饮得酩酊大醉，终于导致被厨人杀害的惨案。萧思温，就是萧太后的父亲，与耶律贤的关系比较接近。穆宗被害后，又是这个萧思温，立即拥戴着耶律贤入宫，在穆宗枢前即了皇帝位。景宗即位后，萧思温便做了北院枢密使兼北府宰相，他的女儿萧燕燕也随即入宫成为贵妃，过了两月，又当上了皇后。将这些分散的记载串联起来研读，是否能够觉察到一些痕迹或疑惑呢？这让人感觉到，穆宗之死与景宗即位，与萧思温当时的一些活动，好像有着某些联系。或者说有某种密谋，某种有意识的安排。但史书没有再多的记载，笔者也不便再作进一步瞎猜，只能写下一点感觉，供读者品味了。

耶律贤做了皇帝，庙号景宗。这位新皇帝，虽不像他的父亲、叔父做皇帝时那样荒淫残暴，却也对政务管理，没有多少兴趣和作为。这是因为，他患着严重的"风疾"，行动不便，卧床的时候多，上朝的时候少，妨碍了他对繁重政务的关心和管理。他虽然是一位名义上的帝王，皇帝的职责，他却几乎视为一种负担，而委托给他最信任的一个女人去执行。这个女人，就是萧燕燕，是他的皇后。史书说，景宗时，辽国朝廷的"刑赏政事，用兵征讨"等国家大事，"皆皇后决之，帝卧床榻，拱手而已"。这种情形，颇有点儿像长期患头风病的唐高宗，将朝廷政事都委托给武则天处理一样。如果说辽景宗时，辽国的朝政，包括军事上，还有些成绩的话，主要都是萧燕燕的作为。

萧燕燕是个什么样的人呢？她是契丹名门贵族萧氏家族的一位千金。

萧氏与耶律氏，是契丹两个最显赫尊荣的家族。耶律氏是契丹的皇族，皇帝都是耶律氏的子孙；萧氏则是贯彻于整个辽代终始的外戚家族，契丹的皇后多出于萧氏。《辽史·后妃传》所记载的十四个皇后中，只有一个出于外姓舒鲁氏的家族，五个皇妃中，只有一个出于外姓甄氏的家族，其余都为萧氏。这萧氏并非汉族的萧姓，而是道地的契丹贵族，但与汉姓却也有些联系。传说，萧氏祖上本有契丹姓氏，但因仰慕汉人文化，而改取了汉族姓氏。在选择姓氏时，他们崇仰汉代著名丞相萧和的智慧与治国才能，因而取姓为萧。萧燕燕是契丹历史上第九个皇后，也是契丹皇后中最有智慧，最具治国能力，干练老成，而且取得成功的唯一女人。就这一点来说，她实现了她的祖上对选取萧姓的预想的期望。

史书说，燕燕的父亲萧思温，很爱读汉人的"书史"，有较高的汉文化修养。燕燕是小字，她本名为绰。燕燕出于《诗经·邶风》的《燕燕》篇"燕燕于飞"句；绰出于《诗经·卫风》的《淇澳》篇"宽兮绰兮"句，有娴雅、舒缓、从容等含意。从这名与字的选取，也可以看出她出身的契丹贵族家庭里对汉文化喜爱的氛围。

但据史书记载，萧思温虽"通书史"，位至辽国的北府丞相，手握大权，却不像他的女儿燕燕那样有真正的治政才干和超人的胆略。《萧思温传》说，他在率兵抵抗后周军队的猛烈进攻时，以及后来抵抗宋兵的北伐时，表现都不佳，惧敌畏战，束手无策，面对强敌，不知计从所出；对于朝政，他也没有什么积极贡献，乏善可陈。舆论认为他既没有治军之才，也缺少治政能力，是个庸懦的人。然而，在玩弄权术方面，他却是还有一些智巧心机和手段的。他能在穆宗突然死去时，迅速拥立新皇帝，并及时将女儿送进宫中做上皇后，说明他在谋取个人利益时，确实有些小聪明。大约由于他行事缺少正道，因而树敌不少，所以，他在做了北府丞相不久，就在一次陪皇帝出猎时，被仇家杀死了。

燕燕与她父亲颇不相同，她胸有大局，每临大事有静气，能从容不迫地应付。行事有条理，有智谋心计，用人也比较得当。据说，她小时，在家参加清洁扫除，动作不快不慢，做事井井有条，物件摆放清洁整齐，连她父亲也不由得称赞："我这个女儿，将来治家必有方。"他哪里知晓，他的女儿岂止治家有方，治国也有方哩。

萧燕燕与景宗的结合，应该说是他父亲一手撮合的，是一场政治婚姻。虽说萧氏女人嫁为耶律氏的后妃，是辽国的传统。但在燕燕未入宫前，她已经与一个汉人青年韩德让相好了，而且她已经答应嫁给他。

『承天太后』——太辽国景宗皇后萧太后

　　这个韩德让出身于汉人官僚家庭，但具有契丹贵族家奴身份，犹如后来清朝的曹寅一家一样，虽受封官职，却仍然是满洲贵族的"包衣"——家奴。韩德让的祖父韩知古，在唐末被契丹人俘掠，做了契丹贵族的家奴。因为受到契丹贵族宠信，做了辽国的高官，为契丹贵族治理汉人，位居南面官的中书令之职。但他的契丹贵族家奴身份并未除去，契丹将此种身份称之为"宫分人"。上文那个曾经劝说耶律贤要隐忍不要对穆宗的行为发表意见的韩匡嗣，则是韩德让的父亲。韩匡嗣也做到辽国的南京（今北京）留守、西南面招讨使，封爵燕王。可见韩氏家族久已归化于契丹了，在辽国的政治地位，还是比较高的，因为与契丹贵族关系密切，所以萧燕燕会许嫁于他。

　　萧思温在新朝虽然因为有拥立之功，做到北院枢密使兼北府宰相，但他在契丹贵族中的评价并不很高。大约他担心自己的地位不稳，出于巩固他权位的考虑，他在拥立景宗的同时，他就急不可待地让女儿废弃了与韩德让的婚约，进宫做了景宗的贵妃，进而做了景宗的皇后，开始了对辽国皇室大权的染指。

　　燕燕并没有反对她父亲为她所做的这些安排，她是一个有野心、有抱负的女人，很乐意地成为辽国历史上又一位萧氏皇后。因为，她已经知道，耶律贤出于健康上的原因，不会有精力过问更多的事务的。果然，他一做上皇帝，就将治理国家的重负和对权力的控制，将军国大事的决定权，都委托给了自己的皇后。而这样的安排，正好为这个干练而又精力充沛的女人，提供了一个施展她的治政才干的平台，为她获得辽国最高执政的地位，开通了一条重要通道。

　　不过，萧皇后也没有忘记她旧日的相好韩德让。在她的授意与安排下，辽景宗封韩德让为东头承奉官；接着又任命他为枢密院通事、上京皇城使、彰德军节度使等重要职务。

　　有的史书说，萧皇后之所以重用韩德让，是因为她年轻，有"辟阳之幸"，对于旧情人韩德让依然保持着感情上的往来。"辟阳"指汉代的男子审食其，因他受封辟阳侯而得名，他是著名的吕太后的男宠。"辟阳之幸"，是说韩德让实际上是萧皇后的男宠。从后来萧皇后升到皇太后之后，与韩德让亲密无间，几乎像夫妻一样行事的许多行径看来，这种男宠关系也许是有的。但在景宗在世之时，恐怕不至于已经达到了一点不避行迹的亲密程度。尽管辽景宗为人比较大度，还有契丹民族对于家庭、夫妇、男女的伦理观念，不一定像汉人那样保守、执着、认真，不会对萧、韩二人的来往，有过多的嫉妒和限制，但萧燕燕与韩德让间此时的友好关系，毕竟不能太过分，否则萧燕燕的正式合法丈夫的面子，实在也难撑持下去。史书说，韩德让"侍景宗以谨饬闻"。说明当时韩德让至少在正式的场合中，还是谨守着臣子的名分和职责的。他并没有因情人被景宗所夺，而萌生怨愤或报复心理。

韩德让也并不是个只会依靠与萧后的旧情和特殊的关系才受重用的人。他为人比较厚重沉稳，由于其家庭的教养和汉文化的深厚熏陶，他富于理智与才华，有智谋藏韬略，会治国能统军，有一定的真才实学。景宗在位的十三四年间，他在协助萧后执政，率兵作战，抵抗宋兵的征伐，改革朝政，稳定辽国的政局方面，都出过不少力，有过贡献。

景宗对萧后是比较信任和依赖的。在景宗的支持下，萧后的执政地位越来越确定。这情形从保宁（景宗年号）八年（976年）二月以皇帝的名义颁布的一道诏书中，可以看得出来。这道诏书称：此后朝臣为萧皇后起草诏书时，其格式、规模、用语都要与皇帝的诏书一样，萧皇后的自称，一律要用"朕"等字样，并将此规定"著为定式"——作为朝廷公文的正式标准。这就以法律的形式确定了萧后的执政地位，与皇帝具有同等的地位与权力。这与唐高宗时明确规定武则天与唐高宗并称"二圣"，共同执政的情形差不多。

然而，萧后的执政地位，并不是已经到了牢不可破、不受任何威胁的地步。因为在契丹皇室与其他贵族中，还有相当一部分有权势的人，并不完全认可萧后的权位，其中一些贵族怀有自己的政治野心，一直觊觎着皇位，只是碍于景宗对萧后的信赖与支持，才隐忍未发而已。

对萧后执政地位最严重的一次威胁和考验，发生在景宗患病去世的时候。乾亨（景宗所改的第二个年号）四年（982年）八月，辽景宗到云州围猎。在尚和山突发急病，便急忙赶回上京。但才走到焦山时，就在行帐中病重死去，年仅三十五岁。史书说辽景宗死前留下遗诏，命其长子梁王耶律隆绪继承皇位，而将实际的军政大权都交给萧皇后掌握，规定一切朝政大事，都听皇后的诏命。又委命韩德让与皇族耶律斜轸同为顾命大臣，辅助萧皇后与新皇帝执政。

『承天太后』——大辽国景宗皇后萧太后

这道"遗诏"是否真是辽景宗遗下的，很难确定了。但无论辽景宗真的有否这道遗诏，都不能改变景宗死后形势的危急和严重。因为此时的皇帝遗体远在行帐，萧后也随在行帐，而辽都上京的朝野上下，拥有兵权，掌握大政，或者宗室势力强大的契丹皇室贵族，有二百多家；萧皇后虽然在景宗的支持和默许下，实际处理政务多年，却还没有培养起自己强大的势力范围，她和她的亲信都还没有掌握到绝对的兵权，她的外家亲戚，也多没有什么实权，难以给她以有力的支持、援助；她最大的儿子耶律隆绪，也才十二岁。如果那些心怀叵测的、握有军政权力又有野心的宗室大臣知道景宗已经去世，在京城造起反来，不承认什么遗诏，拒绝接受他们孤儿寡母回到京中，就像南朝后周的强势将军赵匡胤乘周世宗之死，从世宗遗下的孤儿寡母手中夺取政权一样，抹去大辽朝的皇权，她是难于控制的。此时的萧皇后，即便握有先皇的遗诏，也难以挽救她失去政权，甚至生命的命运，她的执政地位，实在是岌岌可危。她一想起此种暗淡前景，心中就不寒而栗。

她要竭尽全力巩固而且要加强已经到手的权位。

萧后内心紧张，表面却很镇定，照常接待随从大臣，指挥侍从人员，安排日常活动，不显露一丝惊慌之色。对众人好言安慰，稳定人心。同时，她一面委派亲信，增强警卫，封锁消息，一面又秘密差人，日夜兼程奔告远驻在另一处地方的南院枢密使韩德让——她的最亲密的情人、助手，最忠心的支持者。韩德让获知消息，也不等待萧后有无进一步的意旨，就秘密召集十几个亲信，长途奔驰，赶到行帐，见到萧皇后。

萧皇后见到韩德让，一阵惊喜，眼中饱含了泪水，说道："韩卿来了，事情就好办了。"她的一颗悬着的心，开始放了下来。她屏除了左右，与韩德让密商应急之计。韩德让道："启禀陛下，为今之计，绝不可声张，惊动诸人，特别是京城的王公大人们。宜一面诏告随侍诸臣，照常供职，各安其位，绝不变更，但也不许任何人擅自离开营帐；一面急速起驾，带领众人，日夜兼程，赶回上京。到了宫中，再图后计。"

萧后听从了韩德让的建议，在韩德让的安排下，乘朝野上下多数人还不知情，他们一行便已迅速地回到了上京。萧皇后的车骑急急忙忙奔进了皇宫大门，由韩德让指挥，布置好宫城的警卫，初步控制了局面。

萧皇后这才彻底地、长长地舒了一口气，定心地喝了一碗奶茶。然后宣召南北两院枢密院及其他契丹族、汉族官员进宫，听候宣布大行皇帝驾崩的诏旨。

韩德让宣读了景宗皇帝的遗诏，他和契丹大将耶律斜轸便正式接过顾命大臣的名义与职权，佐辅景宗长子梁王耶律隆绪继任皇帝。新皇帝就在景宗的灵枢前即了位，后来所上庙号为圣宗，因称圣宗皇帝。遗诏同时还宣布圣宗的生母萧燕燕进位为皇太后，临朝称制，总揽朝政，拥有一切军国大事的最高决定权。众王公听到这几句话，大多面面相觑，说不出话来。韩德让则正式受命总管宫廷和京城的警卫，加封为开府仪同三司兼政事令，南院枢密使，参与国家大政的议论与决策，掌管南院汉官系统；顾命大臣耶律斜轸则被授予北院枢密使，掌管北院契丹官员系统。另外一位富于谋略、为萧太后所信任的契丹将军耶律休哥，则被任命总理南面军务，可以"便宜从事"。萧太后迅速地控制了朝政的全局。南院的汉官自不必说，北院的那些契丹大臣将军的贵族们，没有预料到萧太后的行动如此之快和果断，谁也不敢轻举妄动，乖乖地接受了萧太后称制的局面。

紧接着，萧太后又与韩德让一道，整肃那些仍然手握兵权、不甚安分的宗室亲王和大臣们，逐步剥夺掉他们爵位及实权。接着颁下诏敕，令原来聚集京师，常常聚会的亲王贵族们，立即各自回到自己的府邸，非经朝廷允许，亲王之间不许私自聚会饮宴，防范他们暗中串连，阴谋政变。不久，萧太后再诏命留在上京的契丹亲王们，将他们的家属，也召到上京来，作为实际上的人质，被太后监管起来。

经过整肃，辽国的军政大权及京城的禁卫大权，被萧太后牢牢地掌握在手中，辽圣宗也绝对服从他的母亲的决策和指导。萧燕燕被奉为辽国的国母，成了辽国真正的最高执政者、决策者，拥有了至高无上的、绝对巩固的执政地位，为她此后进一步施展治政、治军才能，开创了新的局面。

萧燕燕的杰出才能，不仅表现在她的政治生活的睿智与英明，也体现在她的情感生活的直率和开放。她不怕众人的非议，大胆地重用了她往日的情人韩德让，让韩德让有机会充分发挥他的聪明才智，参加辽国的治理。她对韩德让充分展现了女性的温柔，特别在景宗去世后，萧太

『承天太后』——大辽国景宗皇后萧太后

后少去了一道形式上的束缚，她感情的表达，就更强烈和开放，无拘无束了。

辽圣宗成功地做了皇帝后，萧太后一面告诫这个才十二岁的少年，要充分尊重负有辅佐重命的大臣韩德让，要他像对待自己的父亲一样对待韩德让；一面又鼓励韩德让忠心地辅佐圣宗，将圣宗作为他的亲儿子一样看待。她对韩德让说："我曾经答应嫁给你。我愿意延续旧日的那一分感情。我的儿子就是你的儿子，你一定要尽心尽力，不能辜负他！"

为了表彰、酬谢韩德让拥戴皇室的大功，她决定赐给韩德让"铁券誓文"，以见证皇家对韩德让大功的永远铭记，并赐给他的一些特权。铁券上的誓文由圣宗亲自书写。然后召集南北院的契丹和汉族大臣做见证，参加的人都先要沐浴斋戒，在宫院中燃点香案，围聚在北斗星下，当众宣读了"铁券丹书"誓文。

为了表示给韩德让以最高奖励，萧燕燕赐给韩德让一个契丹皇族的姓氏——耶律，取名为德昌，后改名为隆运。不过，萧燕燕为韩德让取的"隆运"之名，从汉人的角度看来，有点不合规矩。因为，她既要她的儿子辽圣宗认韩德让为父亲，依照汉族的习惯，儿子与父亲的名字，是不能相同的。而辽圣宗既名耶律隆绪，再名韩德让为耶律隆运，看起来好像他们间又是兄弟一样，韩德让又成了萧燕燕的儿子了，一点没有规矩。也许契丹族在取名方面，没有汉人的这种观念，或者表明萧燕燕对韩德让的一种亲密的感情。

在萧太后的关怀下，韩德让还获得了另外一项政治上的特权。他虽然做了大官，但从身份说，他仍然是契丹贵族的家奴，这对于他和他的家族，都是一个永远的苦痛。萧太后特别加恩，解除了他契丹贵族家奴的身份，加入了皇室的谱籍"横帐"——犹如宋朝皇室族谱的"玉牒"——之中，而且承认他和他的家庭属于辽太祖耶律阿保机一族，列在辽景宗耶律贤的名位旁。

这还不够，她又封韩德让为晋王，特许他拥有上千人的庞大卫队，拥有专门的膳夫和大量的各族女奴。她要她的两个封王的儿子，每天到韩德让的营帐去问候请安。他们在距营帐两里路的地方就要下车步行。他们离开时，要并排站在帐外，向韩德让行礼告别，韩德让安然受礼。甚至规定辽圣宗去晋王营帐看他，也要在五十步内下车。韩德让出帐迎接，圣宗则先要向他作揖致礼。萧太后这样的安排，明显将韩德让当作了她的孩子的父亲，承认了韩与她的实际上的夫妇地位。

据一些历史文献的记载，萧太后还常常到韩德让的府中、帐中、与韩德让并排而坐，同坐同食，谈笑风生，商议国事家事，较一般的夫妇还要亲密。他们之间这样亲密的来往，并不怕形迹，不避国人，甚至不避外国使节。宋朝官员曹利用出使辽营，商谈和议时，就见到萧太后与韩德让并排坐在驼车上，一面吃饭，一面接待宋使，进行谈判。这是苏辙的《龙川别志》中所记载的。

萧太后对韩德让的情爱之强烈，从她对偶然冒犯韩德让的契丹官员的严厉处分中，也可感觉得到。契丹贵族喜欢打马球。有一次在马球场上，一个正在打球的契丹将军，因为跨下马匹冲驰得太猛，将韩德让撞下马来，让他受了点小伤。萧太后竟勃然大怒，吩咐贴身侍卫当场将这个莽撞的将军擒下马，推出营门斩首。在场的侍臣，无论是契丹人还是汉人，都被太后的威严震慑住了，谁都不敢出声，不敢说情。

还有一个例子，萧燕燕当年进宫后，韩德让见婚姻已无望，便另娶个妻子。可是，当萧太后与韩德让续上旧缘后，为了独自占有她心爱的人，竟然派人去将韩的结发妻子杀了。虽然她是出于对韩德让的浓烈感情，却也太专横太残忍了。

萧后与韩德让的关系，确似夫妇一般，而且非常公开。这在宋朝的官员人士中，曾引起一些议论，但在辽国，却没有引起他们的国人关注和非议，甚至连辽圣宗也接受了他母亲的这个旧情人，对他十分尊重、亲近。后来韩德让死时，萧太后已先死，辽圣宗为他举行隆重的丧礼，就像为萧太后举办丧礼一般，规模庞大，皇帝、皇后、诸亲王、公主等，以及南北大臣，都到灵堂哭奠。灵柩将发时，圣宗还亲自挽车哭送，走了一百多步才停止。将他陪葬在景宗的乾陵旁边。规定所有张挂辽景宗画像的殿室，都要同时悬挂韩德让，即耶律隆运的写真像。

这件事，在汉族主政的北宋皇朝的人士看来，是很奇特的现象，很不可理解。所以宋代有的文人对之有些另外的解释，如王偁《东都事略》评述此事时说："然（萧太后）天性残忍，多杀戮，与耶律隆运通，遣人缢杀其妻。又幸（私通）医工特哩衮，有私议其丑者，辄杀之。隆绪畏，莫敢言。"然而萧太后在时，辽圣宗固然可能因为畏惧太后的威权而敢怒不敢言，可是萧太后死后，圣宗仍然像往常一样地尊敬韩德让，像给自己的父亲办丧事一样办理韩的丧事，就不太好理解了。从辽国方面的文献看来，并没有什么对萧太后的非议留传下来。说明在辽国的皇室朝野上下，对于萧太后与韩德让的关系，确是视为很正常的，并非由于暴力、威权而作的屈从。也许除了契丹民族的风俗习惯、伦理观念与汉民族确有差异外，与萧太后个人性情、风格，与她的辽国"国母"的权势地位，与她在辽国朝野享有的巨大的威望分不开。换了别的契丹女子，产生如此的事，可能不一定会为众人所接受。不过，清人厉鹗为萧太后辩护说："（萧后）史称贤后，隆运'辟阳'之幸，其说（谓王偁《东都事略》之说）近诬。"似乎连萧韩二人的亲密关系也否定了，未免太过。

韩德让没有辜负燕燕太后对他深挚的关爱。他除在充分满足萧太后的情感外，也尽心地对萧太后与辽圣宗一朝的政治改革和军事行动，提供了很多有益的意见和帮助。杰出的契丹女杰萧太后的崛起和成功，与韩德让的倾心辅佐，密不可分。

契丹本是游牧民族，在中原文化的影响下，建立了自己的国家辽国。这个国家虽以契丹族为主，但汉族与其他少数民族在人口中也占了很大比例。以一个文化落后，且人口绝对少于汉族的民族，契丹人想要长治久安，永葆耶律氏家族皇室的地位，光靠军事强力和契丹本族的力量，是远远不够的。契丹统治者还是很聪明的，他们不拒绝接受汉文化，不将汉族的上层人物和士族完全排斥在国家的统治集团之外，而是有限度地让他们分享一部分权力。他们也想出了个"一国两制"的办法，在朝廷的绝对控制和有效管理下，建立了北院与南院两套政府，各设枢密院，各置宰相与枢密大臣，分管契丹人和汉人事务。北枢密院官员大臣，由契丹人担任，官制与法制系统，都依契丹的传统，负责对契丹本族人的治理；南枢密院官员大臣，参用部分汉族人士，官名、官制，参用汉法，负责治理辽国管辖下的汉人。这套制度相当有效，它在一定程度上缓和了辽国国内契丹人与汉人间的矛盾，稳定了社会秩序，维护了辽国政权的生存和发展。两百年间，辽国的疆土与国势，一度扩张得很大，东起渤海之滨，西至西域，北面囊括了塞外大漠地区，南面到今天北京、河北、山西一带。俄语称中国国名为"格塔伊"，应该就是契丹国名的译音。之所以会产生这样的称呼，其原因大约在于，俄罗斯位于中国北方，他向东方拓展时，正当契丹国横亘在整个北中国。契丹数百年的强大存在，让俄罗斯人较早、也是较多接触到的中国人，主要是契丹人。因此，他们便将契丹国名，当作整个中国的国名了。

契丹人参用汉法虽然较早，但是他们在相当长的时期内，依然保留着很多本民族的生活习惯和法规制度。尤其作为主要统治民族，契丹人对其他民族，特别对汉族，存在着根深蒂固的偏见和歧视，存在着严重的民族压迫。汉人在种族上，政治、法律上，都被压低一等。契丹贵族多延用其传统的法律和习惯，强加于汉族和其他民族。凡是契丹人与汉人或其他民族间的事务，他们都按有利于契丹人的契丹旧法和习俗处理，严重地偏袒契丹人。例如，契丹人和汉人之间斗殴，契丹人致汉人死亡，只要象征性地赔偿几头牲口了事，而契丹人一方如有伤亡，汉人则将被处斩，妻子儿女还要罚做奴婢。汉族农民的田地、牛马常被契丹贵族或政府掠夺，无偿征用，田地荒芜，家人流亡。生命、财产的安全都得不到保障，即使有些汉人——尤其是那些具有"宫分人"身份的汉人——在辽国政府中，做了高官，但在契丹人的社会里，他们的社会和法律地位仍然要低一等，依然是奴婢。

前面也提到过"宫分人"这个名称，这里稍作一点解说。所谓"宫分人"，是契丹皇室贵族通过战争或其他手段虏获的家奴，他们分隶各亲王贵族的宫帐，为契丹贵族服劳役。"宫分人"之名，或许由此而来。"宫分人"应是契丹语的意译，音译则当为斡鲁朵，或作斡耳朵，本义为营帐、宫帐。"宫分人"，即营帐里的用人、奴婢，如此一释，意思或许更易清楚。"宫分人"中有汉人，也有契丹或其他民族的人。他们有的长期为主人服役，获得主人信任，有的人可以得到一定程度的自由，可外出做事，甚至做官等等，但因有个"宫分人"这个身籍，在没有"出籍"前，他们永远都是原主人的家奴，遭受契丹人的歧视，始终要夹紧尾巴做人。韩德让就是一个鲜明的例子，因为他的宫分人身份，虽然贵为南院宰相，契丹的将军们依然瞧不上他，这才会发生前文说到的在马球场上，被横冲直撞的契丹武将撞下马来的事。而当此莽撞的契丹武人被萧太后处死时，众多契丹贵族、官员都惊呆了。（参见上文）因为从来没有契丹人为汉人偿命的事，何况韩德让只受了点小伤，并未丧命。这起事件，在很大程度上是由于萧太后对韩德让的特别关爱，但似也含有一些有意纠正习惯法规上过于偏袒契丹人的意味。如果没有萧太后背后撑腰，韩德让说不定被契丹贵族整死了也不一定。

长期以来，此种蕃汉不平等的现象，在辽国已经司空见惯。结果不仅是汉民破产，生活困苦，契丹朝廷的财政收入也大量减少，难以维持庞大的政府和军费的开支。虽然他们可以继续用传统的暴力手段，掠夺其境内境外汉人的财产补充用度，但并不能给他们以长期稳定的财政收入，伴随着更多的杀伐和屠戮，生产越加破坏，财政则更加困难。这不是一个正常的国家的管理方式。因此，那些稍有识见的契丹人士，都希望进一步向汉族的文化和治国的方式学习，改变本族落后、野蛮的风俗习惯和管理国家的方法。在契丹政权中做事的部分有学识的汉人，也积极提出各种变革的建议，帮助耶律皇室统治者更多地采用汉法，加速汉化的过程。

萧太后便是在这关键时刻，在契丹历史上涌现的一位杰出的、勇于实行政治变革的奇女子。

她在辽景宗朝做了十三年皇后，在辽圣宗朝做了二十七年皇太后。她的变革，应该说从景宗时期就开始了的。如景宗保宁八年，曾有诏令恢复南京（今北京）礼部贡院，正是打算在辽国恢复科举取士的重要的一步，无论从政治上的用人制度，还是文化上的尊礼读经来说，都是一项重要的改革。此道诏令虽然是以景宗名义颁布的，但实际处理政务的还是萧燕燕，所以可以看作是她所施行的一次变革。不过，萧太后的大量的变革措施，是在辽圣宗时，在她做摄政皇太后，当上辽国国母，完全执掌了辽国军政大权的时候。此时的军国政事，全由她最后决定，政令由她发出，只不过大多数情况下，用皇帝的名义发布诏书而已。而辽圣宗本人在萧太后的教育下，也赞成和热心参加改革，是萧太后改革的支持者。她的施政，有极大的自由度。诸多条件，让她能够积极推动起辽国的社会改革来。萧太后的改革，可以看作是在她的主导下，与辽圣宗一起进行的。

萧太后的改革，自然也得到了她的亲信、汉人大臣韩德让、室昉，以及契丹将军耶律斜轸、耶律休哥等人支持、参与。

她在统和元年（983年）临朝称制时，即在韩德让等人的帮助下，果敢免去相当数量的契丹亲王、大臣的职位，剥夺了他们的兵权，削弱契丹保守贵族对变革的反对力量，可以看作是她深入推行改革措施所做的准备。

　　作为萧太后搞变革的得力助手，韩德让提出过各种改革的建议，如提倡选贤任能，改革用人制度；如提倡学习儒家经典，加强崇奉孔子及其他儒家圣贤；如正式实行科举考试制度；如主张轻徭薄赋，安辑流民，鼓励开荒种地，重视农业生产，进一步改变契丹人过度依靠放牧打猎的生活习惯；如善待汉民及其他少数民族，改革法制，等等。

　　萧太后所信任的另一个大臣室昉，也是一个忠心耿耿的，有学问的，善于治理国家的人。他是辽国南京（今北京）人，曾中过进士。入辽后，获辽太宗的信用，曾任辽国南京副留守，参加编修过辽国国史。圣宗统和二年，他受委派，去赶修一条急用的道路。他很快就调齐了二十万民工，一天内将路修筑而成，为众人所叹服。萧太后时，他与韩德让、耶律色珍密切合作，特别关注纠谪朝政中的各种弊端，积极地参与变革，史书上说他是"知无不言，务在息民薄赋"，"法度修明，朝无异议"。

　　萧太后的另外两个得力助手，主要在军事方面给了她极大的帮助。这两位都是契丹人，是圣宗即位时的顾命大臣。一个叫耶律色珍（又作耶律斜轸），是萧太后的女婿。但她并不避嫌，委以北院枢密使的重任，并统率大兵与宋军作战。色珍作战勇敢，富于谋略，屡立战功。因有他的支持，萧太后的改革才得以顺利进行。另一人叫耶律休哥（又作耶律休格）。此人不但富于谋略，擅长作战，累建功勋，也积极参与改革。他在对宋军的作战取得首次战役的胜利后，被委任为"总理南面军务"，全权负责辽国南京地区（幽燕等州）的防务，准备对宋军的战斗。萧太后在任命时，给了他"便宜从事"的权力，他从改革军事制度的角度，积极领会萧太后的意旨，在所辖区域内劝课农桑，注重发展农业生产；并且整军经武，创立军队的"更休法"。其法大约是将军队分为几部分，一部分参加日常防务，一部分休整蓄养军力，一部分垦荒种地。他所戍守的南京地区，农业生产有一定程度恢复，军队的给养有所保障，作战能力也得到很大提高，为在后来的辽宋攻防大战中取得战争胜利，作了充分的准备。

萧太后的改革，大约体现在以下几方面，一是政治体制，二是农业生产，三是文化风俗和礼制。

政治体制方面的改革，主要是选贤任能，整顿吏治。辽国虽然实行南北两院制，蕃汉分治，契丹人依然掌握绝对的权力，北院官员全用契丹人，南院的重要官职亦由契丹人担任，汉官的发言权并不高，而契丹官员的任用则较滥。萧太后决心依照选贤任能的原则，不分蕃汉，一体任用，赋予有能力的汉族官员以更重要的职位和更大的权力。如对韩德让的任用，就是一个例子。韩德让虽然是汉人，又有宫分人身份，但因武能带兵，文能治国，对改革有很多好的主意，所以萧太后不仅用他为南面枢密使，甚至让他兼任只有契丹人才能担任的北面枢密使，一个人，而且是个汉人，同时掌管南北两院。这自辽高祖以来，韩德让还是第一人。

韩德让不但力主任贤选能，网罗遗才，还身体力行，不计恩怨，力荐人才。

有过一个典型的例子。一个叫额布勒的武官，能文能武，有带兵能力，但就是性格粗暴倔强，得罪了不少人，长期没有得到重用。有一次，他与官员耶律杨珠激烈争执。杨珠虽是契丹人，却有"宫分人"的身份，额布勒便骂他："你这个狗奴才！"

杨珠感到受到极大的侮辱，就告到时任北院枢密使的韩德让那儿。韩德让责问额布勒："你额布勒凭什么骂人奴才？你有本事得到这样的家奴吗？"

额布勒也不大瞧得起"宫分人"出身的汉人枢密使，语带讥讽地答道："那还不容易，'三父异籍'的时候随便就可抓到几个。"

三父，古书中没有作解释，但依上下文义，似可解读为指大父、祖父。异籍，指身籍、身份变化，即指由自由民被降为宫分人、奴隶。韩德让的祖父韩知古，正是在六岁那年，辽高祖征讨蓟州时，被淳钦皇后的兄长萧欲稳俘获，后来作为淳钦皇后的陪嫁奴隶，跟着来到宫里，是典型的异籍家奴。额布勒用这句话来顶撞韩德让。很让韩德让恼火，但他面对一个如此粗暴的契丹武人，也不便发作，仅轻微一笑，将心中的怒火压制下去。随后好言慰解，劝二人各回营帐。额布勒见他的挑衅并没有发生作用，也感到没趣，就悄悄地回去了。

可是额布勒没想到，韩德让后来竟推荐他做了高级统兵官。一天，萧太后要求韩德让举荐一个人做"统军使"，带兵去边境镇抚"诸藩"。韩德让想了一下，便推举了额布勒。萧太后知道额布勒曾经讥讽韩德让，曾想惩罚额布勒，为韩德让出口气，不想韩德让推荐了额布勒，很感意外，就问："额布勒那样恶狠狠地冒犯爱卿。他有什么特别的才能，值得爱卿荐举？"

韩德让答："额布勒性格刚强，不畏权势，臣官至宰相，他却一丝不畏惧，其他还有什么人会让他恐惧呢？此人一定能担当大任，镇压住那些不安分的藩部边民。臣受辱事小，国家用人事大，臣不得不举荐。"

韩德让一番答话，让萧太后赞不绝口，夸道："爱卿能够不计嫌隙，荐进贤才，辅佐朝政，真是尽到了大臣的职责啊！"

恢复科举，从汉族读书人中，选拔人才，是萧太后的一贯主张。辽国开国以来，并不重视汉人王朝长期实行的这项制度。直到景宗保宁八年，才下诏恢复辽南京礼部贡院，保宁九年（977年），取了辽国第一个进士易州人魏璘。此时萧太后已在主政，这次的诏书应当是她颁发的。不过此后景宗一朝再未见过有关取进士的记载。还有笔记说，圣宗统和二年（984年）、五年（987年）都录取过进士，但《辽史》中都无正式记载。直到圣宗统和六年，才有正式开设贡举的诏书，并"放进士高进等二人及第"。此后，科举考试便在辽国固定下来，成了常行的制度，多数时间里是隔年举行，但有段时间，几乎是年年录取进士。初期只取一二人，后来增至数十人。辽圣宗以后，直到辽天祚帝，此后的辽国皇帝，都坚持了开科取士的办法。这说明萧太后的这项改革，是取得一定成效的。

法治的整顿，是萧太后改革的又一项重要内容。虽然在辽太祖神册年间，在制定治理契丹及诸夷之法时，已经明确规定"汉人则断以律令"，对汉人施汉法，但在实际的执行中，依然常用契丹旧法来治理汉人。尤其牵涉到汉人与契丹人相关的案件时，更是完全依照契丹的习惯法，极端祖护契丹人，歧视和打击汉人。同一殴击致死亡的命案，契丹人可以用罚钱物牛马了结，汉人则必须处以斩刑，并罚没财产及将家属罚为奴婢。同罪不同科，大量汉民蒙冤受屈，呼告无门，深化了民族间

245

的矛盾冲突，也危及契丹王朝的统治。萧太后深切了解此种弊病，因此下诏再次明确了神册年间所规定的治汉人用汉法的精神，并规定契丹人犯法，也应采用汉律治罚，取消带民族歧视性的契丹旧法规。新法规定，无论契丹、汉人，一律依汉律治罪，同罪同罚。这一条改革，极为重要，因为它牵涉到在辽国生活的大多数汉人的利益，也牵涉到契丹法律的进步。

萧太后常常教育年幼的圣宗皇帝，要宽法省刑，体恤民情。在此种教育下，辽圣宗也锐意于法治的改革。《辽史》说，当时萧太后、辽圣宗母子二人所"更定"的法令有"十数事"之多。其他重要的更定的法规，诸如统和十二年（994年）颁布一条诏令，规定契丹人犯了十恶之罪，也须依汉律处斩，不像过去那样仅以杖责或罚没财产了事。又如契丹旧法规定，因犯被处死刑，必须在街市上暴尸三天，死者家属才可收葬；而新规定则减为一天，次日即可收葬。还有，统和二十四年（1006年）的诏令规定，奴婢犯了罪，即使是死罪，也必须送到官府治罪，严禁奴婢的主人私自处死。这些新规定，都有一定的进步意义。

但是法规的执行也不是一帆风顺的。韩德让发现，辽国上京、西京、南京等地的一些官员，审案中收受当事人钱财，枉断案狱，有罪的不判刑，私自释放；无罪的而请托不到的，则受不住酷刑拷打，往往屈打成招，冤狱满市。他将所知道的情况向萧太后奏闻后，萧太后不但即派遣官员前往各地复审，还经常亲自前往审理，那个时候，这种重审案件，平反冤狱的做法叫作"录囚"或"决滞狱"。从统和元年开始，几乎每一年，萧太后都要到各地去"亲决滞狱"。

释放奴隶，奖励垦殖，适度限制游牧活动，大力恢复关南地区的农业生产，是萧太后施行改革的又一项重大的内容。

契丹人本来实行的是奴隶制度，靠掠夺财物和奴隶来维持其游牧生活。《辽史》说："契丹旧俗，其富以马，其强以兵……马逐水草，人仰湩酪，挽强射生，以给日用，糇粮刍茭，道在是矣。"意思是说，契丹人原来以马匹为财富，马匹既可载人作战，又可为战士提供肉食和乳汁，战士饥可食，渴可饮，而粮食柴薪，随路抢掠，即可满足，并不需要农业提供食粮财用。

自辽太祖以来，大量汉族和其他民族的平民被掠为契丹人的奴婢。

然而，这大大妨碍了辽国经济向农耕经济的发展。

但是随着契丹的建国，有了宗庙宫室，百官郡县，生活也讲究了，用度也多了，对钱财的需求也大了，也就逐渐对农业，对农业生产的劳动力的重要性有了更多的了解。

辽太宗就曾诏令"有司劝农桑，教纺绩"，并将一些水草丰美的土地，交给一些将士去耕种。行军作战时，屡屡诫谕部下，不要妨碍农桑，有一次，他还发布一道诏书，诫谕各道军队，行军之中，有敢践踏农田损害庄稼的，以军法论处。

但在那戎马倥偬的年代，他的这些诏谕，是否真能执行，令人怀疑。

到了穆宗、景宗时代，辽国的国势已经衰退，对外战争掠夺的所得越来越少，景宗、圣宗、萧太后等人更加深刻地认识到，契丹人再也不能像过去那样，轻松地上马杀人，下马吃肉，衣食无忧了；只有开垦土地，种出粮食，才是财赋衣食无穷之源。因此，他们在韩德让等人的帮助下，采取了不少重视和振兴农业生产的改革措施。

第一，萧太后毅然决定改变契丹贵族无限制地掠夺占有奴隶，将大量汉族农耕民众变成契丹贵族农奴的局面和方法，于统和十三年（995年）四月，以皇帝的名义，下了一道诏书，命令将辽穆宗应历年间（951年—968年）以后，被"胁从为部曲（奴婢）"的人，都还原其平民身份，归州县管辖。此后，凡在战争中捉到的敌方俘虏，或放或留，任其自便，奖励他们在辽国耕种、生活，不再当作贵族的奴婢使唤了。这项改革，基本上是针对汉族农民的。其效果是，为恢复农业生产提供了许多劳动力，为辽国政府增添了许多完粮纳税的农民。

第二，禁止契丹贵族和军队再占良田沃壤作游牧场所。保护农田，禁止妨碍农时。统和七年（989年）、十四年（996年）、十五年（997年），都发布诏令，契丹军队在祭祀山神、举行田猎、放牧牛羊时，严禁霸占农田、践踏庄稼、妨碍农耕操作。甚至诏令狱官加紧处理案件，以免拖延不决，妨碍农民耕种。

第三，奖励垦殖，尤其鼓励、允许农民垦殖田主因战争逃亡而荒芜的土地。还在辽景宗乾亨四年（982年），就发布诏书，令各州郡逃户的田庄，允许汉人及各少数民族农民去佃种。这些经人承租的无主土地，原主人在五周年回来认领本业的，新佃户只须将所耕种的三分之二的土地交还原主人；十周年内回乡的，归还一半土地；十五周年内原主人回来的，只归还三分之一。有人冒认承租者的土地，从严治罪。到圣宗统和四年，经韩德让奏准，对那些深受战争灾祸和灾荒的州县，迅速采取救助措施，减免当年以至未来数年的赋税，重申允许失去土地的农民领种无主的荒地。

第四，轻徭薄赋，减免田税，减轻农民负担。如统和四年，根据室防、韩德让等人建议，免除山西等地租赋；统和十三年，减免前一年所欠之租赋；统和十五年，减免流民的租税，等等。但是，一些地方官员，并不领会萧太后等人扶植农业生产的用心，却仍一味向农民征税。当时，辽国南京（即今北京）地区的官员竟要向农民征收一种"农器税"，就是农业生产最常备的农具如锄头、镰刀等等都要征税，其他赋税之重，可想而知。韩德让知道后，即向萧太后奏闻。此后这种不近情理的苛捐杂税就被取消了。

第五，给牛给种，扶助救济受到战争和天灾摧残的农民。如统和六年（988年），先遭霜灾，后遇旱灾，萧太后令官府除发钱物赈济灾民外，又将部分灾民迁徙到比较富足一点的州郡，发给谷种和耕牛；统和十二年（994年），赐给南京统军司贫户以耕牛，等等。

第六，春耕秋获的季节，派遣劝农官员，至各地鼓励和督促农民的耕作，养蚕植桑，严厉禁止农村中的无业游民。

第七，提倡军队中也奖劝农桑。

文化方面，第一是提倡儒家文化，学习中原礼俗。统和十三年，诏修诸州的孔子庙及黄帝、大舜等先圣先哲祭祠，以儒家的伦理、学说、思想、精神、礼制，改造契丹的文化、思想和社会习俗。第二是开科取士，诏郡邑贡明经、茂材，选拔人才。学校教材用朝廷颁的《五经》传疏。在学习中原儒家文化方面，萧太后和辽圣宗既是提倡者，又是带头实行者。萧太后对中原文化的爱好和素养，前面已经介绍过。辽圣宗在萧太后的教育下，他的中原文化的造诣也是很高的。《辽史》说他"幼喜书翰，十岁能诗。既长，精射法，晓音律，好绘画"。他好读《贞观政要》，尤其推崇白居易的诗，说："乐天诗集是吾师"，诏令文臣将白居易的文集译成契丹文，让那些还不懂汉字的契丹大臣，也能欣赏到这位唐代大诗人的锦绣诗文。

在萧太后与辽圣宗的一系列的改革下，辽国的国力和元气逐渐恢复起来。

契丹民族起家于游牧渔猎，善于骑马射箭，奔袭战阵。契丹妇女也不例外。《辽史·后妃传》说："辽以鞍马为家，后妃往往长于射御，军旅田猎，未尝不从。"辽国的许多皇后，都曾征战沙场。辽太祖耶律阿保机的皇后就曾率领蕃汉精兵，参与南征北讨。萧太后的军事才能，不但在契丹皇后中，就是在众多的契丹军事将领中，也是一个佼佼者。她勇敢善战，胸藏韬略，每有大战，总是与她的丈夫或儿子一起，亲临战阵，督率三军，决策于庙堂之上，决胜于战阵之中。是个驰骋于金戈铁马、血雨腥风的战场之上的女中豪杰。

宋太祖建立大宋朝以后，南方的宋朝，就成了契丹国最强大的敌手。为了收复长期被契丹占领的燕云十六州的土地，大宋朝继承了北周的事业，与契丹朝廷进行了长期激烈的战争，数次北伐。在与宋的军事对垒中，萧太后充分展示和运用了她卓绝的军事指挥才能，累次挫败宋朝雄师的进攻，取得战争的胜利。

但文献中缺少她在辽景宗时期，督率军队，参与战事的记载，这大约是因为景宗在位，她虽参政，但还仅仅起辅助作用，史家记载的着眼点仍落在皇帝身上之故。而考之实际，辽景宗既生性"仁懦"，又"沉疴连年"，连登鞍跨马之劳也极吃力，哪能常常亲临战阵，平常之朝政多委托皇后萧燕燕处理，而国家的战争大事，以她那刚烈的性格，干练的作风，难以想象她会不代替夫君，披坚执锐，亲临战阵，督战指挥的。后来，她做到皇太后，临朝主政后，文献中关于她戎马疆场，指挥三军，对抗敌骑的记载就较多较详细起来。这是因为，她既主政，主持军国大事，披坚执锐，临阵杀敌，自是她的职责所在。况且，圣宗年幼，难以亲自统率军队，也不能不更多地依靠萧太后，史家也难以忽略了。在景宗，特别是圣宗时期，辽与宋的多次重大的战争，都有她戎装立马，督率三军，指挥若定的身影。辽军也每因他们的"国母"的亲征，而士气备受鼓舞，屡建战功。

萧太后在主政的数十年中，经历过许多次与宋朝的战争，而其中重大的，有决定性影响的战争，大致有三次。一次是公元 979 年，宋太宗太平兴国四年，辽景宗乾亨元年，宋太宗灭北汉后，移师伐辽的战争。另一次是公元986年，辽圣宗统和四年，宋太宗雍熙三年，宋军分三路，大举进攻辽国的南京，企图一举收复燕云十六州故地的辽宋大战。这两次战争的发动者都是北宋的军队，而辽军一方则获得最终的胜利。还有一次，是公元1004年，宋真宗景德元年，辽圣宗统和二十二年，萧太后与圣宗南下侵宋，澶渊缔盟的战争。这次战争，是由辽方发动的，在萧太后的主导下，以有利于辽国的经济与政治利益为条件，与大宋朝廷讲和而告终。

第一次辽宋大战时，辽景宗还在位，萧燕燕还只是景宗的皇后，所以史书中关于这次战争的记载，多只说到景宗的诏命和指挥，没有提到萧燕燕在战争中的作用和表现。但景宗实际上是个没有多少实际能力的皇帝，他喜好歌舞宴乐，不喜战阵，而且生性"仁懦"，又"沉疴连年"，连跨马登鞍都困难，要他真正亲临战阵，督率三军，指挥打仗，是很困难的。他早就将军政大权委托皇后管理。所以，这次对付宋军大举进攻的战争，名义上说是景宗指挥的，实际上，许多军事上的部署，应当出于萧皇后之手。辽国在此次战争取得的重大的胜利，应该被看作是萧皇后在军事上的初试身手。

这次战争发生时，是大宋立国已经近二十年的时候了。经过多年的军事的和物资的蓄备，宋军已对战争作了较为充分的准备，宋太宗决定发动收复北方国土的战争。太平兴国四年（979年）二月，他部署了大军，首先向位于今山西太原一带的割据政权北汉发动进攻，拉开了北宋朝廷第一次北伐战争的序幕。

北汉是辽国的保护国，也是辽国的羽翼。宋太宗的意思，在于先剪除掉羽翼，再进攻辽国本部，就无后顾之忧了。

当北宋大军杀来，北汉主赶紧向辽国求救。然而，辽国此时刚度过世宗、穆宗之乱不久，虽然正在景宗和萧后的治理之下，国力有所恢复，但实力尚不足，所以虽然出动军队救援北汉，半路上被宋军狙击，大败而归后，不敢贸然再向北汉派兵。北宋大军于二月向太原发起进攻，太宗皇帝亲临前线督战，经过近三个月攻坚战，北汉主在断了外援的情况下，终于投降宋军。宋军取得军事北伐的第一个重大胜利，但在军力和物资上的消耗也很大，人缺粮饷，马乏草秣，人困马乏，众心思归，哪里还想继续作战。许多将领都主张应该暂时休兵，班师回朝，让军队和百姓休养生息，积蓄力量，再攻幽州。可是宋太宗被宋军的首战胜利冲昏了头脑，认为辽国守卫幽燕地区的兵力不多，而且多是老弱残兵，容易攻取。他求功心切，想乘大胜之后，军威远震，贾其余勇，一战可下幽州，完成数代以来未完成的北伐复土大业，建下千古奇功。他决定连续作战，立即进军幽州，不给辽兵以喘息之机。他的决心，谁敢再阻挡。于是经过数月鏖战的宋军，还没有得到充分的休整补充，攻下太原城后的第十七天，就被统帅带领，移师东进，直捣辽国占领的幽州。

新的一轮战争开始了，初期，宋军取得了一些胜利。辽国许多州郡的守军和官员，降的降，逃的逃，人心惶惶，多无守志。宋军势如破竹，顺利进到幽州城下，立即展开了攻城战役。幽州城被密密匝匝地围了三层，宋军又是垒土山，又是架云梯，又是放火箭，日夜攻城，杀声震天。幽州城中的守兵，大多是老弱残兵，但是，幽州城城墙颇为高大坚固，守城的统帅是辽国的南京留守韩德让，他在城中组织起坚强有效的防御，坚守了十五个昼夜，宋军久攻不下，白白消耗了将士们的体力，挫尽了锐气，也贻误了战机。就在宋军在幽州的坚城之下浪费时间时，辽国已组织起强大的援军，向筋疲力尽的宋军掩杀过来。

再说辽国的景宗和萧皇后得知北汉投降，宋军移师东进后，就召集众大臣和军事将领们开会，商议对策。他们决定一面通知韩德让无论如何要坚守住南京，拖住宋军，消耗其力量，一面派大将军耶律休哥率领的十万大军，驰援幽州，夹击宋军。耶律休哥也是个会打仗的人，他根据萧后的安排，一方面命大军从西山急驰而南，星夜前进。行进中，他命军队虚张声势，夜里，每个兵士手持两把火炬，像一条火龙；白天，每个士兵手举两面旗帜，像红流滚滚。他故意让宋军侦知，以惑乱宋军将士的心，影响其士气。另一面，他选出了精骑三万，衔枚急奔，连夜从别的道路，绕到宋军的南面，再转向北，包抄奇袭宋军的后路。

此时，宋太宗还在严厉督率军队拼命攻城，他想抢在辽国援军到来之前，攻下幽州。他没有想到辽国的援兵来得那么快。

但宋太宗也有些不把辽军放在眼里，当军探报告耶律沙率领的辽国援兵已经出现在幽州城外的高粱河上时，他才调了部队去狙击。不过，

『承天太后』——太辽国景宗皇后萧太后

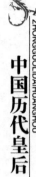
宋兵虽然已经很疲乏，且事出仓促，但作战仍然很勇敢，一场凶猛的厮杀过后，耶律沙的援军竟被打败，准备掉头逃跑。但他们和宋军都没有料到，由南路包抄的辽军正好赶到，并且立即投入攻击宋军的战斗。耶律沙见宋军背后遭到本国军队的袭击，急忙稳住阵脚，返戈再战。已经筋疲力竭的宋军，哪里还经受得住敌军两支生力军的前后夹击，阵脚立即大乱，士兵们四散溃逃，将领控制不住，也跟着逃跑起来。宋太宗挥剑斩杀了几个逃兵，但哪里阻止得了这如决堤洪水般的军溃，他被溃兵们拥着，也只得跟着逃亡。他一口气逃到涿州，身后留下一万多宋军将士的尸体，这些英勇而筋疲力尽的军人们，就这样为国捐躯，永远躺在幽州城外的高粱河上，河水都被将士们的鲜血染红了。

打了胜仗的契丹军队紧追不舍，跟着追到涿州。此时宋太宗喘息未定，不得已，临时找到一辆驴车，在亲兵的拥簇下，他登上驴车，一颠一颠地继续逃命。最后总算安全逃到范阳。在范阳，他急速安排得力将领和重兵，重新部署了各关隘要塞的防务，阻止契丹的追兵。此后，他才宣布班师回京，他的第一次北伐就这样结束了。

这次战争中，宋军损失了大批身经百战的将领和士兵，遗弃了数不清的辎重粮草，铠甲器械。多年的积聚，毁于一旦。这场恶仗，称为高粱河之战。辽方取得了重大的胜利。此后数年，宋军不再敢提北伐的事。不过，宋军虽然吃了大败仗，人员、物资损失惨重，但元气还没有彻底丧失。此后辽兵曾大举兴兵，南侵镇州，却在镇州城下，被北宋守军打得大败，丢下一万多尸体，丧失三个大将、一万多匹战马。偃旗息鼓逃回契丹本土。宋方报了一点仇，挽回了一些面子。

对于宋军在这场战争中失败的原因，当时有不少人认为，首先是宋太宗在战略、战术上犯了很大的错误。他不该先竭尽全力去攻打北汉，让辽军得以坐山观虎斗，以逸待劳。而是应养精蓄锐，扫平四海，先取幽州。幽州平服，北汉失去保护，便会不战而下。第二，既已经过多日苦战，攻取了北汉，将士们已经筋疲力尽，不应当马上就移师进攻幽州，以疲惫之卒，数百里奔袭，前往攻打以逸待劳、养精蓄锐的辽国军队，为自己埋下了失败的种子，岂有不败之理。这些意见，都不无道理。不过，还有一种意见认为，这幽州根本就用不着攻取，特别不应用战争手段收复，因为此种手段危害和平。这种意见有些似是而非，因为他们忽略了幽州在战略上，在传统文化上，在民族心理上，对于中原人民和中原朝廷的重大意义。宋人吕中说得比较中肯，他肯定了众人对宋太宗错误指挥的指责，但是，攻取幽燕诸州的战略目标还是对的，他说："燕、蓟之所当取者有二：一则版籍之民（国家的人民）苦于流徙，二则山河之险移于强敌。燕、蓟不收，则河北之地不固；河北不固，则河南不可高枕而卧也。特太宗时未有可取之机耳。"

这是就宋军一方来说的，在辽国方面，之所以取得如此胜利，也不是偶然的，第一，辽国上有萧后这样干练而富于韬略的女主，辅助景宗主持军政，出谋划策，下有韩德让、耶律休哥等忠勇有谋的将领指挥。萧后又"明达治道，闻善必从"，"群臣咸竭其忠"，"多得其死力"，君臣上下，比较一心。第二，辽军的军械战具精良。据《续资治通鉴长编》载，宋军曾缴获过一批辽军的攻城战具，经察看，"皆制度精好，锋锷锴利，梯冲竿牌，悉被以铁。城上悬板才数寸，集矢二百余"。兵精器良，自然有利于取得战争的胜利。第三，他们战略战术也比较高明。他们没有派兵出击，御敌于国门之外。因为刚攻下北汉的宋军，尽管筋力已疲，但锐气正盛。辽军巧妙地避开了宋军的锐气，利用宋太宗的错误，诱敌深入，将宋军拖入埋伏圈，拖得筋疲力尽，锐气尽失，然后突袭，一举而击溃之。史书上说，辽军比较善于游击作战，《辽史·兵卫志》谈到过辽军的作战特点：遇强敌，"必先料其虚实可攻次第，而后进兵""多伏兵断粮道""兵出，力不能加，驰还，勾集众兵与战"等等。这些战法，也符合游牧出身的辽国军队的特点；而加以巧妙的运用，则与萧后、耶律休哥等人在战略指挥上的高明和杰出有关。第一次交手就显示出，宋太宗在军事上，不是萧燕燕、耶律休哥等契丹君臣的对手。

第二次辽宋大战，也即是宋太宗的第二次北伐，正式爆发在太宗雍熙三年（986年），但在此前四年，太平兴国七年（982年），宋太宗就已经开始准备了。这一年，辽景宗死去，九月，圣宗即位，次年（983年）改元统和，萧后以皇太后的身份临朝称制，正式主持国政。此时，契丹内部诸贵族还未完全服帖萧太后、圣宗母子的统治，而外面又面临宋军再度的北伐，所以连萧太后也发出这样的感叹："母寡子弱，族属雄强，边防不靖，奈何？"

宋朝方面不少人也看到辽国此时的困境，岳州刺史贺怀浦，军器库使刘文裕，崇仪副使侯莫陈利用等人纷纷建议，乘此"契丹主年幼，国事决于其母，其大将韩德让宠幸用事，国人疾之"的时机，"乘其衅以取幽蓟"。这些话，说到宋太宗的心里去了，他确实想立即就发兵北伐。但此时，距高粱河之战才三年左右，宋人战争的创伤还没有完全平复，发动新的战争的工作还没有准备好，而一些权位更重、说话更有分量的大臣反对再次贸然启动战争。宋太宗也有些犹豫，因此，第二次北伐的事，就这样拖了下来。

在此期间，萧太后已经看到了形势的严重性，但她"明达治道"，又"神机智略，善驭左右"，很快地对辽国的政治、军事、经济局面进行了整顿。他倚靠韩德让、耶律休哥、耶律斜轸等蕃汉大臣，稳定了朝廷内部的形势，压制住了贵族内部的不满和反抗；施行一些有利于安顿幽燕地区农民生活和农业生产的政策，逐步地恢复了农业生产；又调整军事部署，令耶律休哥总领南面军务，立更休法，劝农桑，修武备，加强了辽国南京地区的军事力量。做好准备，等待着宋军的进攻。

又经过四年，到宋太宗雍熙三年，太宗皇帝感到军事上、物资上的准备，已经非常充分了。此时，守卫在宋辽边疆地区的知雄州节度使贺令图向太宗上了一道奏章，称辽国内部混乱，正是出兵的好时机。这一次，宋太宗再不听从其他大臣的劝告，毅然启动了第二次北伐战争。这一年在辽国是圣宗统和四年。

正月刚过几天，宋太宗就分东、中、西三路发兵北伐。东路出雄州（今河北雄县），中路出飞狐口（今河北蔚县黑山岭），西路出雁门关，直指辽的山后（太行山以西）地区。雄州一路主将为天平军节度使曹彬，授职幽州道行营前军马步水陆都部署，副将为河阳三城节度使崔彦进，中路还有一支队伍，主将为彰化军节度使米信，授职西北道都部署，沙州观察使杜彦圭为副将；飞狐口一路主将为靖难军节度使田重进，授职定州路都部署。雁门关一路主将为检校太师、忠武军节度使潘美，授任云、应、朔等州都部署，副将为云州观察使杨业。此外，宋太宗为防止辽军从水路救援幽州，还另派了一支军队，沿海道北上，直插平州（今河北卢龙北）、营州（今河北昌黎）。

宋太宗本来的战略意图，是想利用东路曹彬一路，制造声势，在涿州一线佯动，声言要进攻幽州，将辽军主力吸引过来，好为中、西路大军顺利夺取云、朔、寰、应等州县，断掉契丹的左右臂。然后三路军再会合一道，集中力量，攻取幽州。这大约是他吸取了高粱河之战失利的教训后，制定出来的。在大军出发前，他郑重地向东路军主将曹彬作了交代，说道："朕让潘美的大军先进军云中，你们的十万大军，只是声言要攻打幽州，但不可冒进，必须持重缓行，不要贪图小胜，中敌圈套。敌军听到我大军将云集幽州，必然集中各地兵力前往援救。他们的西线守军必然削弱，潘美、田重进就能掠得实地，然后乘虚直捣幽州城下，敌人首尾不顾，破敌必矣。爱卿要牢牢记住！"

战争开始，中路和西路军的进展都较顺利。田重进在飞狐口大败辽军，光复飞狐、灵丘二县和蔚州州城，擒获了契丹大将冀州防御使大鹏翼、康州刺史马军指挥使何万通；潘美从雁门关出兵，打败前来抵抗的辽军，光复了云、寰、朔、应四州，契丹寰州刺史赵彦章、朔州知州赵希赞等归降。东路米信在新城被契丹包围，经过血战，才带着一百多人突围而出。他会合曹彬大军，接连攻下了新城、固安二县及涿州。

前线的战报传到宋太宗那儿，他对曹彬军事进展的快速感到惊讶，正打算派人前去了解情况，曹彬的又一份奏章送到。太宗展开一看，大吃一惊。原来曹彬进至涿州，想到临行前皇上的告诫，要"持重缓行"，便犹豫起来，驻军涿州，一连十几天，没有动作。然而十天下来，部队所带的军粮吃得差不多了，而后续粮食，一时又运不上来，他竟下令大军退出涿州，回到宋朝境内的雄州就食。这份奏章，就是报告这件事的。太宗大怒，道："哪有强敌在前，而大军退却寻找食物的！"他立即差遣使者赶到曹彬军中，制止他继续退兵，命令他即速率兵沿白沟河而进，与米信军会合，然后就地驻军，养精蓄锐，声援西路大军。等潘美全部收复山后的州县后，再会合田重进的大军，东西合势，以取幽州。

然而，当曹彬部下的将军们听说潘美和田重进两路大军攻城略地，建立了不少战功时，都等不住了，纷纷向曹彬抱怨道："大将军手握重兵，却如此怯懦，在此驻兵，逗延时日，我等有何面目面对三军将士？"他们要求曹彬迅速进军，以抢得首先攻入幽州的头功。曹彬控制不住诸将争功抢战的情绪，大约他自己也对太宗的告诫有所不理解，于是屈从了从将的要求，命令军士带足干粮，拉起军队，再去攻打涿州。

此时，涿州城内，已积聚了不少契丹军队，做好了战斗准备，曹军在涿州城外又被阻挡。而当时已到炎暑的天气，士兵们经过这样一来一往的折腾，饥渴的饥渴，中暑的中暑，人困马乏，士气和战斗力都大大降低，军队的纪律松懈起来，陷入了严重的困境。而宋军在固安地区遭遇契丹军队的狙击，军官被俘，粮食军械牛马器具被抢，粮道被截断，又面临着断粮之虞。

却说在辽国一方，萧太后闻报宋军三路来攻，气势汹汹，因为早有准备，所以并不感到意外和惊慌，而应对得非常从容。接报的当天，她就下诏急宣召将军耶律休哥、耶律斜珍等人来商议阻击宋军的事。她当众宣布，将与辽圣宗一起，率军亲征，南下与宋师对垒。并且委派耶律休哥担任主将，阻击东路的曹彬、米信大军；任命耶律斜珍率军西去，迎击潘美、杨业大军。同时，她还急切向各地派遣使者，调征兵马，来加强耶律休哥等人阻击宋人的军队。为严肃军队纪律，她授予主将们以专杀大权，以惩治那些临战畏敌、怯阵逃跑的人。

第二天，萧太后就与辽圣宗举行了严肃盛大的祭祀典礼，祭告契丹的祖宗的陵庙和山川神祇，以率军亲征大事。

祭典完毕，萧太后与辽圣宗都全身披褂，全副戎装，骑着雄俊的战马，率领着赳赳的武士，朝着南方进发了。

第七天，萧太后与辽圣宗的行帐已经进驻到涿州西北的驼骆口，这里是关外各路契丹军队南下必经的关口，也是宋军进军幽州的必由之路。萧太后坐镇此处，从容自若，指挥辽兵，可见其必战的决心与必胜的信心。

而此时的宋军，特别是曹彬的军队，却在涿州地区时进时退，折腾不止，犹豫不决。萧太后听探子来报告曹彬军队这些怪异的、违背军事常理的行为时，不禁笑了起来：谁说宋主善用兵，战将如云？曹彬是他的大将军，指挥大军如此进退无据，哪得不败！她决定先打败曹彬这路宋军，其他两路势单力薄，就容易对付了。

再说曹彬在涿州城下僵持了几天，携带的粮食又吃光了，而且粮路已断。曹彬无计可施，只得再次下令撤退。然而这次轻率的退军，给宋军的将士，给宋太宗北伐的雄心，带来又一场惨败的悲剧。

萧太后得知曹军正在退却，立即命令耶律休哥等军追击。当曹军退到歧沟关时，被耶律休哥追到，两军在关前大战。宋军饥饿疲乏，纪律不整，哪是精力饱满的辽兵的敌手，交战不到半天，便被打得大败，将士阵亡大半。余下的人马，沿着拒马河而逃，辽军紧追不舍。宋军在渡河时，被淹死的又不计其数。残部逃到高阳，再次遭到辽兵的狙击，死亡数万人，丢弃的戈矛铠甲，堆成一个大大的山丘。东路军遭到致命的打击。曹彬总算渡过拒马河，逃回宋京。

萧太后打败了东路军后，即集中兵力对付西路的潘美、杨业宋军。东路军的失败，也意味着宋太宗第二次北伐的失败，他不得不下令各路宋军迅速撤退。太宗知道，西路军所占领的云、寰、朔、应四州也保不住了，他特别命令潘、杨二人在撤军时，一定要将这四州的民众，安全转移到宋朝境内的许州、汝州安顿下来。此时，契丹十几万大军已经云集到云、朔等州，寰州已被契丹军重新占领。要将余下三州民众安全接出，是个很艰难的任务。而这个任务落到了老将杨业身上。

杨业，就是小说《杨家将》中的杨业令公，是个身经百战的将军，多次大败契丹军。契丹人尊称他为"杨无敌"，远远看到杨业的将旗，便要躲开。他有很丰富的实战经验，根据当时敌我力量对比，认为撤离三州民众，只能智取。他对潘美建议说：如今契丹兵势强盛，我军不可与他们硬拼。朝廷只是要求我军安全护送数州的民众，因此，我们应该避免与辽军直接交锋。我设计的撤离路线是，我大军从大石路撤离。撤离前，先派人密告云州、朔州守将，大军离开那天，我军佯赴应州，将契丹军引开，即让云州、朔州民众出城，引到石碣谷口，进入大宋境内。谷口则可埋伏一支千人的强弩部队，阻止契丹追兵。半路上再派支骑兵保护，三州的民众便能安全到达我大宋的境土。

可是，一些平日嫉妒杨业的将领，反对他的方案，他们说："我军尚有精兵数万，怎能畏敌如此？大军应该从雁门关北的大路上，张旗击鼓，堂堂正正地前往接引三州民众，看他契丹兵能奈我何？"

杨业说："绝不能这样做，如此强行，必败无疑。"

对方却反唇相讥道："将军素称'杨无敌'，现在却畏敌而不敢接战，是不是心怀异志呢？"杨业是个刚烈的武人，受不了他们的反激，慨然道："杨业并非怕死，只是当前形势不利，白白让我的士兵送命，又不能建立功业，我心不甘啊。既然诸位如此说，我就勉力效死在诸位的前面吧。"

临行，杨业流着眼泪对潘美说："此行必遭辽兵伏击，我死不足惜，但恐不能完成主上的嘱托。望诸位将军在陈家谷口左右埋伏一支部队，作为应援。等杨业转战至此，请即出动军队夹击辽兵。不然，我和我的兵士，都将死无葬身之地了。"他一面说一面指着附近的一个山谷入口。

潘美答应了他，在谷口布置了一支军队，等候杨业的归来。但从寅时（4、5点钟左右）等到巳时（10、11点钟左右），前方的道路上，都没有什么动静。众人以为契丹军队已经被杨业打败，为了争功，众将领纷纷领兵离谷口。潘美也制止不住，也领兵跟着离开了。

却说杨业率着所部士兵北行，在朔州狼牙村果然遇到辽兵的伏击。虽然杨业与他的部下奋力杀敌，击毙辽兵不少，可是敌兵越杀越多。杨业且战且走，从午时（12—13点钟左右）杀到天黑，终于到达陈家谷口。可是当他张眼望去，静悄悄的谷口，空无一人。老将军拍着胸口，伤心至极。此时，他手下尚有数十名勇士。他对他们说："我杨业一死保国，诸君家中尚有老小，不要随我葬身这荒漠的沙场，各自逃命吧！"勇士们流着泪回答杨业道："愿随将军捐躯报国，死而无怨！"于是他们转身冲入辽兵队里，拼死厮杀。最后，他部下的将士差不多都战死了。他的身上，受了数十处创伤，而被他杀死的辽兵也将近百人。这场厮杀，实在壮烈。最后，因他的坐骑受了重伤，将他掀下马来，被辽兵活捉。在辽国的兵营里，他不吃不喝，绝食三天，壮烈而死。

杨业被俘，意味西路军彻底失败。潘美领着部分残存的军队退回宋境，朔州、云州、应州的宋朝官吏都弃城而逃，州城相继落入契丹之手。

只有中路的田重进，进兵稳重，所以没有遭到大的失败，全军而回。

宋太宗的数十万雄师，就这样栽在萧太后这个智勇双全的契丹女人手里了。

对于宋太宗来说，这次战败，意味着他的北伐之梦彻底破灭，也意味着北宋王朝恢复故疆的雄心受挫，终宋一朝，只能局促于一个偏安的局面，至少从疆域而言，未能臻至于汉唐的辉煌。对于萧太后来说，这次战胜，意味着她在辽国主政的地位得到彻底的巩固，意味着在辽宋对局中，辽国的政治、军事形势有了根本的变化，辽国已从被动转为主动，从守势进入了攻势。此后的形势，不再是辽国担心宋军的北伐，而是宋人担心辽军的南征了。

话说宋太宗回到大梁，回想起两次北伐失败，余悸未消，却又心有未甘。第二年四月，他又想与萧太后这个女人再比拼一次。他派出使者，分赴河南、河北四十多个州郡，按八个丁壮男子，抽取一人当兵的比例，企图再组成一支名称定为"义兵"的军队，重征辽国，挽回自己的面子。然而，大宋多年集聚的精兵良将与军需物资，在两次北伐中，多已消耗殆尽，而宋太宗又没有认真总结军事遭到严重失败的教训，不衡量手中的实力，不顾天下人民的死活，企图驱使没有经过训练的百姓，去与辽国的虎狼之师对垒而孤注一掷的想法，遭到大臣们的强烈反对。京东转运使李维清连上了三道奏疏，直言相劝道："依照陛下这样的抽取壮丁法，天下的田土就没有人耕种了！没有粮食吃，陛下的将士怎样还能打仗？"宰相李昉等大臣也进谏："圣人说：'以不教民战，是谓弃之。'陛下所要招募的兵丁，平素都是耕地种田的农民，从未受过军事训练，没有上过战阵，赶他们上战场去与凶狠的契丹人作战，不等于将绵羊喂进虎狼的嘴里吗？"宋太宗自知理亏，只得大大缩小征兵的范围和规模，征辽的事也不再提起了。

事实上，北宋王朝两次北伐失败下来，多年集聚起来的军力，能征惯战的宿将，损失了大半，元气大伤，短期内是很难恢复的。现在的形势，不是北宋谈论还能不能再度北伐，而是如何防范契丹铁骑南侵的问题了。

果然，随着宋兵的溃败，契丹的骑兵已经开始南下牧马了。端拱元年，契丹军队重新占领了涿州，又攻占了祁州、易州，烧毁城池，抢劫财物，将民众掳掠北去。北宋边境不断地遭到骚扰，救边的将士疲于奔命。而宋太宗也不再与群臣讨论北征的问题，而是频频下诏征求群臣的"备戎策"，将防范"虏母"，即萧太后的南侵为头等的军国大事。

后来，宋太宗采纳了众臣的建议，一面沿北部边境建置三大边防军镇，各自统领精兵十万，控扼要塞，成鼎立之势，互相救援，以阻止敌骑的袭扰；一面选使通好，准备与辽国讲和，息兵罢战。

萧太后虽然也有讲和之意，但她感到还没有逼迫宋朝真正到了非和不可的境地，而且契丹的一些大臣们也认为乘辽军的大胜，正好抓紧南侵，以攫取更多的军事胜利和经济效益，不主张完全停止对宋朝边境地区的军事骚扰。所以契丹的君臣们一面答应讲和，一面又屡屡派兵南下袭击，攻入宋境的府州与雄州，幸得宋军守将率领边州军民的奋力反击，数次将入侵的契丹军队打得落花流水，方保得边境一时的平安。但宋人方面也仅仅防守住城镇而已，并无反攻的能力，而且宋方军民也遭到不小的损失，府州知府折御卿就在与契丹入侵军队的作战中阵亡。宋太宗对此局面，也无可奈何。

至道三年（997年），忧郁的宋太宗最终怀着未能恢复燕云故土的深深遗憾，告别他的金瓯未全的江山，"乘龙而去"了。宋真宗赵恒即位，改元咸平。辽宋间的和与战的问题，太宗留给了真宗去处理。

再说辽国方面，自破除了宋太宗雄兵三路对辽国南京地区的围攻之后，国力与威望都大大提升，萧太后的权威也升到了最高点，辽国的政治局面最终得到了稳定。在韩德让、耶律休哥等一批得力大臣的辅助下，萧太后与辽圣宗牢牢地掌握着辽国的政权。

许多契丹人认为宋人已经被彻底打垮，要消灭南朝，犹如摧枯拉朽，轻而易举，想乘此大好形势，进军大河南北，进而投鞭天堑，渡过长江，一举吞并南朝，他们主张继续对宋军作战。

萧太后何尝不想饮马黄河，立马吴山，挥鞭断流呢？何尝不想建立统一中华的不世奇功呢？因此，她支持对宋朝的入侵。终宋太宗之世，契丹军队对宋朝边境的骚扰不曾间断过。宋真宗即位后，契丹对宋的军事入侵更为加剧。有好多次入侵，还是萧太后与辽圣宗率军亲征的。

但是，辽国对宋朝的军事攻防形势虽然发生了颠倒性的转化，它实际的军事力量仍然还是有限的，他们的多次入侵，尽管给宋军和宋境的边民造成很多很大的损失，却始终深入不到宋的内地，不能牢固地占领宋的领土。在所经过的地方，辽军遭到宋朝军民顽强的拼命的抵抗，各路入侵的契丹军，多次遭到惨重的损失。例如咸平三年（1000年），契丹大军入侵河间府，被高阳关贝、冀路都部署范廷召在莫州迎头痛击，丢下一万多士兵的尸体和所抢掠的人畜财物，狼狈奔逃出境。咸平四年，契丹军队入侵遂城，又遭高阳关都部署王显的痛击，丢下两万多士兵的尸体，逃回辽境。而宋朝一方，虽然国力有所削弱，缺少主动出击辽国的实力，但许多守边的将士们毕竟经过多年的征战，仍然保存着相当强的战斗力，有丰富的战斗经验，面对外寇的侵犯，君臣将士尚能上下一心，宋真宗曾数次亲临前线，激励将士抗战杀敌，所以契丹军队想轻易摧垮宋军的抵抗，也是一种幻想。

宋人的顽强抵抗，让萧太后处于矛盾之中，是继续与宋人作战，通过战争，取得军事、经济和政治上的利益呢，还是与宋人讲和，让契丹国内的人民和军队也能得到休养生息呢？多年的征战，同样给契丹的民众和社会带来了巨大的创伤。因此萧太后也萌生过息兵罢战念头。她想争取比较长期的和平局面，让契丹的社会也能像南朝那样发展。

而宋朝方面，自太宗北伐失利以来，与辽国讲和，早已成为朝野议论的主流。只是在契丹铁骑不断入侵面前，要一个什么样的和平？如何才能实现和平？也是不太好回答的问题。真宗咸平二年（999 年），曾担任太宗第二次北伐时东路军主将的曹彬年老病逝。临终前，宋真宗到他病榻前看望他，向他请教与契丹的和战事宜。这个当年曾与契丹军队恶战的老将军，也是主张讲和的，他说："太祖皇帝神圣英武，平定天下，还是要与契丹和好啊。"真宗连连点头道："朕已明白老将军的意思了。朕一定委屈自己，而为天下苍生造福。只是与契丹讲和，也不能损贬国体，必须维持朝廷的尊严和百姓长远的利益。请将军放心吧。"

辽统和二十一年（宋咸平六年，1003 年），萧太后在归化州炭山凉殿接见了一个新俘虏的宋朝将军。此人是宋高阳关副都部署王继忠，也是个作战勇敢的人，他在望都县东北的康村与契丹军队发生恶战，由于他的副将畏缩退师，让他陷于独自与强大的敌军交战的境地，在重重包围之下，他与部下拼死战斗，直转战到白城附近，终于力尽被俘。萧太后怜他作战勇敢，规劝他投降了本朝，授予他辽南院户部使之职，赐姓名为耶律显忠。这个王继忠，后来，做了辽宋讲和的辽方信使。

辽圣宗统和二十二年（真宗景德元年，1004 年）闰九月，萧太后与辽圣宗，还有韩德让，再次率领大军，号称二十万人，大举南侵，一路杀来，最后打到澶州城下。

这次南侵，震动了宋朝朝野上下。大臣王钦若建议真宗皇帝逃往南方，迁都金陵，陈尧叟则主张真宗皇帝逃得更远一些，跑到成都去，把都城也迁过去。宰相寇准、毕士安则坚决反对王、陈二人的逃跑主义，他们都是主张坚决抗敌的人，寇准对真宗劝说道："陛下能去的地方，契丹那个凶婆子也都能去呀，陛下到了成都，契丹兵如果跟踪而至，圣驾再跑到哪里去呢？为今之计，唯有陛下御驾亲征，才能鼓舞士气，将契丹入侵军队赶出大宋的疆域之外！"

但宋真宗有些慑于契丹入侵的声势，担心宋军最终抵挡不住，而遭到更惨的失败。对于寇准、毕士安力主的御驾亲征，他总是犹犹豫豫。

寇准为他分析了当时辽宋双方的军事态势，说："陛下不必惧陷，契丹军队虽然号称二十万，其实为数不多，只是虚张声势。只要陛下抓紧时间，调遣精兵，任命良将，分守要害，亲率三军，伸张大义，一定能打败敌人的进攻，保守住我大宋江山的。"

事实上，萧燕燕的这次南征，进展也并不很顺利。她先派辽国得力大将统军顺国王萧挞览进攻宋的威房军、顺安军、北平砦、保州等地，都吃了大败仗，丧失了几个偏将军，军需辎重被宋军俘获不少。萧太后不得已，将萧挞览的兵力与自己所率军队合在一起，攻打宋的定州，又被宋兵阻击于唐河一线，辽的大军只得困驻在阳城淀，只派出小股骑兵，四出剽掠，并无斗志。

接着，辽军又攻打了宋的瀛州城。数万辽兵集聚在瀛州城下，攻势很猛，昼夜不停。辽军在城下砍树伐木，制造了大量的攻城器械，驱使大批征发来的奚人（辽国境内的一个少数民族）背负挡板，手持火炬作前锋，像蚂蚁一样的靠近城墙，攀附登城。萧太后与她的儿子耶律隆绪亲自擂击战鼓，督促攻城辽兵不要命地往城上蚁附而登。鼓声与砍树伐木的声音，响彻四方。辽军射向城上的箭，像雨点一样的密集。萧太后企图借此一战，击溃宋军的意志，鼓舞辽军的士气。

宋军方面的抵抗也十分激烈，知州李延渥率领本州防兵，加上贝、冀巡检史石普率领的将士，顽强地守在城上，当辽兵蚁附而上时，城上的垒石巨木及弓箭就像暴风雨一样倾泻而下，城墙上的辽兵则像秋风中的落叶一样，从城上坠落。

双方就这样残酷厮杀了十多天，辽军死了三万多人，受伤的还要多。可是瀛州城依然在宋军手里。萧太后与辽圣宗只得放弃了对瀛州城的围困，引兵他去。

另外一支进攻冀州的契丹军也被知州王屿打跑。

总之，契丹入侵军虽然攻进了宋境，却到处碰壁，进攻的力量遭到严重削弱，真有点进退失据，走投无路的味道。萧太后也尝到当年宋太宗的大军困屯在幽州、涿州的坚城之下，进退失据的滋味。

寇准听到所派出去的侦察人员来报告辽军当前所处的困境后，愈加坚定了他抗击敌军必胜的信心。他急速地选派了得力的将领，率领一批精练的军队，分守住契丹军南下的各处军事要害，加固了宋军防守的态势。

节令已到夏历十月份，北方已进入寒冷的冬天，契丹军的粮草越来越快接济不上，萧太后愈加想退兵。但是，如果就此退兵，毫无所获，实在有失体面。此时，那个先已在辽营的王继忠，见到促进辽宋和平的时机到了，便向萧太后进言，分析了辽与大宋讲和的好处。萧太后本已准备讲和，立即接受王继忠的建议，派李兴带着王继忠的信及萧太后致宋帝的密表，秘密来到宋莫州部署石普处下书议和。

宋真宗得到石普报来辽方要讲和的消息，仍然犹豫不决，叫来朝臣们讨论，大多数朝臣怕负责任，也不敢随便表态。还是毕士安提出用好言回答，拖延时间，慢慢再与辽国讲和的策略。

真宗说："辽人如此凶悍，恐怕不会真心与我谈和吧？"

毕士安答："臣曾从契丹投降过来的人那里了解到，虏军虽然深入我境，可是频频遭到军事挫折，不能达到他们的军事目的，早就暗中打算退兵，却耻于找不到体面的理由。而且，虏母率大军长期陷在南方，难道不怕别人乘她老巢空虚，而加以偷袭吗？他们这次来谈和，定然不是假的。"

听到毕士安的分析，真宗的心放了下来。便诏令答复王继忠，转告萧太后，同意讲和。而萧太后也通过王继忠，答复宋方，希望宋方先派使节去辽营议和。

于是，真宗决定派使节讲和。经枢密院的一再推荐，真宗选中了正在行在办事的鄜延路派到朝廷来的一员小官曹利用，授予阁门祗候、崇仪副使的职衔，作为宋方的使节，前往辽营谈判。

曹利用自小就善于辩论，言辞犀利，而且为人慷慨而有节操，是个比较合适的谈判人选。他带上有关授权文书，临行时，真宗特别交代

『承天太后』——大辽国景宗皇后萧太后

他："契丹南侵，不是求取太宗时所收复的关南土地嘛，就是想勒索我大宋的财物。土地是一定不能答应他们的，至于财物，汉朝就有以玉帛赐单于的先例，你……"真宗话还没完，曹利用已明白了皇上的旨意，即慷慨陈词道："谨启圣上，虏主如有非分的要求，臣决计不再活着回来见您！"

可是，当曹利用带着使命到大名府的时候，却被大名留守王饮若扣住不让前进。他认为辽兵气势正旺，所请求的和议，恐非真情。而不久，大名府又遭辽兵围困，这曹利用既到不了辽营，又回不到宋营。宋真宗方面不知曹利用到什么地方去了，而辽营方面则久不见宋使来议和。

萧太后有些耐不住了，就命大军强行绕过宋军防守的城市，越过大名府，直迫澶州。澶州是汴京北面的门户。一旦辽军占领澶州，汴京也就难守了。

边防告急文书迅速飞往汴京，一夜连来五封。而掌管军国重事的寇准却似胸有成竹，并不为如雪片一样的紧急军书而着急，像平常一样接客待物，谈笑自若。这可把宋真宗吓了。他派人把寇准找来，问他："虏、虏骑即将临此，卿、卿将如何处之？"说话都有点儿结巴了。寇准却不慌不忙地回答道："启禀圣上，只要圣上御驾亲征，莅临澶渊前线，不出五天，辽兵就可退了。"许多朝臣都被寇准的主意吓坏了，纷纷劝真宗不要轻举妄动，自冒危险，说是万一兵败，万乘之尊身陷虏手，作为大宋臣子，可是万劫不复之罪呀。这样，也就出现了上文说到的迁都金陵或成都的议论来。

寇准坚持请真宗亲临前线，以鼓舞宋军士气的意见，毕士安也坚决支持寇准的主张。他们对真宗说："河北军民日夜盼御驾亲临，得以瞻仰圣容。以圣上的英明神武，以及军民将士的齐心协力，若圣驾亲征，虏军一定会自行逃遁。即使虏军不肯自退，我军出奇兵扰乱敌人的营寨，筑深沟高垒坚守我方城寨营盘，将粮草难继的辽军拖困拖死，我佚敌劳，是一定能取得最后胜利的。如果此刻圣上回銮数步，河北前线的军心民心就会迅速崩溃，敌人就会乘胜深入，连金陵也到不了，大宋天下还守得住吗？"

真宗虽然觉得寇准说得句句在理，却仍有些犹豫。他对寇准说：

"待朕再想一想，好吗？"

寇准也很无奈，只好退下殿来。在殿外，他恰好遇到殿前都指挥使高琼，灵机一动，就招呼高琼，说了要请真宗御驾亲征的想法，继而问道："太尉受国厚恩，今天国事危急，太尉有什么可以报答国恩的吗？"高琼说："愿以死相报，支持相公的主张。"

于是寇准带着高琼回到殿中。寇准对真宗说："圣上不以臣言为然，那就听听高太尉的意见吧。"高琼即表示完全支持寇准的意见。真宗这才答应亲征。可是他又提出要回内宫准备一下。

寇准说："机不可失。圣上一入深宫，臣再叩见不知何时。前方军情紧急，哪容片刻耽搁，望圣上即刻起驾出征。"

真宗这才痛下决心，命王旦为东京留守，点起京城兵马，趁着清晨的微光，启动了亲征的銮驾。

到了澶州南城，隔着黄河，望见契丹军势盛大，又生畏惧之心，众臣便乘机请求銮驾就驻在黄河南岸，不要过河冒险。寇准又急了，他坚持请宋真宗即刻过河，分剖了当前形势："军民见圣上不过河，内心益加恐慌，而敌人的气焰会愈加嚣张，不是争取胜利之道。圣上来到河边，却不去对岸，比不来澶州更加拖累人心士气。而今王超领劲兵屯驻中山，已经扼住辽兵的咽喉，李继隆、石保吉的军队已经控制了辽兵的左右肘，四方援兵来增援的，一天比一天多，圣上还有什么可犹豫、可畏惧的，而不敢进兵呢？"高琼亦帮助寇准请真宗进兵。还未等真宗点头，高琼就指挥卫士将真宗所乘的车辇推上渡船。

真宗就这样渡过黄河，到了抗击辽兵的最前线。真宗登上澶州北城门楼上，大张御盖。远近军民望见了皇帝的御盖，便都一齐欢呼雀跃，大呼"万岁"，声音响彻数十里。

契丹将士看到这一幕，也都惊呆了，士气为之大减。

真宗这时才感到寇准的意见和安排是完全正确的。他将前线的军事指挥、处置权完全交与寇准。在寇准的严明号令下，宋军获得了一股战胜敌人的勇气和力量。

却说此时，曹利用也已摆脱王钦若的控制，到了辽营，见到萧太后母子，递上文件信函，说明议和的来意。

萧太后与辽圣宗在一辆皇帝专乘的大车上，接见宋使。他们母子坐

『承天太后』——太辽国景宗皇后萧太后

在车厢内铺着虎豹皮的交椅上，让曹利用坐在车下，在车辕上设一横板，板上摆了几样食器，赐给他饮食，其他辽国大臣则坐在两旁相伴。萧太后母子一面吃喝，一面与曹利用谈论辽宋讲和的条件。果然，萧太后提出了两项条件，其中之一就是索要关南的土地。这关南数州土地，是周世宗时从契丹手中夺回的，宋朝取不回燕云故地也就罢了，岂能将周世宗时取回的土地再奉送给贪得无厌的辽人？曹利用行前已向宋真宗立下保证，自然一口拒绝。于是这次和谈就告结束。萧太后派辽国大臣韩杞随曹利用一起到宋营来，面见真宗，作进一步的讨价还价。

与此同时萧太后命令加紧围攻澶州，企图在军事上先占到优势，再逼宋方答应他们索地、索物的要求。很快，萧太后率领辽军就进逼澶州。并派出大将萧挞览率领精锐之师，打算在天将明未明之际，以偷袭的手法，攻取澶州。

但萧挞览将要偷营的密谋和时间被宋军侦知。宋军守将李继隆便部署了伏兵，分据各要害地形，专等辽军来袭。

到了预定时间，辽兵果然出现在宋军营前。萧挞览见宋营毫无动静，以为奇计得行，不觉喜上心头，而且贪功心切，便不顾一切，驱赶胯下坐骑，一马当先，就奔宋营而来。部下精兵，也随奔于后。他们哪知，宋营左右，都布下伏兵，前头是强弓硬弩，后面是铁甲步骑兵。弓弩中有一种大弩，叫床子弩，弓与弦是架在支架（即床）上的，有一床二弩、三弩的，张弓，搭矢，瞄准，发机都有专人负责，一弩射手有三四人到十多人不等，每发可射出二三支箭矢，远可达七八百步到一千多步，一箭可连贯二三人，在冷兵器时代，床子弩的威力可说是巨大的。此时宋营中的伏兵见辽兵袭来，便万箭齐发。李继隆手下战将张环正守着一具床子弩，立即扣动扳机，那箭头如凿子一样大小、锐利的弩箭，便嗖嗖地飞向辽兵。其中一支，不偏不倚，正射中萧挞览的额头。只听他大叫一声"啊呀"，就一头栽下马来，躺在满地沙砾的战阵前。余下辽兵也顾不得生死，一窝蜂上前将萧挞览抢了，退回营寨，再也不敢出击。当晚，萧挞览就因伤重死去。主将一死，部下将士便都丧失斗志。萧挞览的死，给萧太后的打击很大，促使她痛下决心，放弃对关南地的需索，尽快与宋国讲和，好退兵回国。她担心的是，再相持下去，宋军集结更多，部署更周密，整个入侵辽军可能会遭到全军覆灭的命运。

却说曹利用带着契丹来使韩杞回到宋营，向宋真宗汇报了萧太后要求宋国向辽国割地和年贡岁币两个议和条件。真宗在割地条款上确实很坚决，他指示曹利用道："契丹要求归还关南地事，极为无名。若必强要，朕当与之决战。但是，想到河北的民众因战争而遭到不小的损失，如果每年给他们提供一点钱财，弥补他们生活的不足，对朝廷倒也不伤大体，是可以考虑的。"

然而，寇准洞察到萧太后此刻急于求和的心情，感到当前军事形势对宋朝极为有利，割地自然绝不能答应，岁币也不应应允。不但不应该应允，还应该要求契丹向宋称臣，并逼萧太后交还燕云旧地。他向真宗剀切陈词，说道："如能萧老婆子同意我的条款，可以保证我大宋江山百年内无事。不然的话，不过几十年，虏寇又会产生新的侵犯我朝的欲望了。"审度当时的形势，寇准所论，未尝不是一法。燕云之地，不经一战，萧太后未必会拱手相送；宋人岁币之贡，或者可免。但无奈真宗罢战之心，似比萧太后更切，只望早一天息兵，及早班师，好回到他的宫殿中去。他对寇准说："几十年以后的事，会有能够抵挡虏骑的人去承担。朕不忍生灵继续遭受战争的痛苦，就花点钱财，让曹卿去与契丹人讲和吧。"

寇准还想坚持自己的主张，不同意就此讲和，可是，已经有人在散布关于他的逸言：说他不想讲和，是想拥兵自重。寇准深知众口铄金的厉害，不得已，只得勉强同意了年送岁币的条件。

在曹利用将再次前往契丹军营传达宋朝方面的态度时，真宗特地表态说："只要能够不再打仗，万不得已，即使每年给他们一百万钱财也是可以的。"这个皇帝话虽说得容易，可是他不知道，这些钱财，要耗尽多少宋朝百姓的血汗？寇准在朝堂上不敢当面驳回皇帝的意旨，可是下朝后，急忙将曹利用召到他营帐中，严厉地警告道："虽然圣旨允许你百万岁币，但你对虏母的应允，绝对不许超过三十万。否则，你回来，我要你的人头！"

曹利用领命来到契丹军营，萧太后等得有些急了，立即召见。但萧太后内心虽急于讲和，表面却仍坚持索地加岁币的强硬态度，她对曹利用说："关南地是晋国送给我朝的，周世宗无理夺回，无论如何，现在应该归还我朝。"曹利用答道："晋朝周朝的事，都成了过去，我朝不知道。至于每年赠送一点钱物，以帮补贵军军费的事，大宋皇上也还不甚愿意呢。割地的事，就免谈吧。"

契丹南面官政事舍人高正始争辩说："我朝大军此番南下，就是要收复失去的故地。如果仅获得一些钱财就回去，我等实在愧对国人。"曹利用反驳道："你为何不为契丹长远利益算计呢？如果契丹朝廷采用你的意见，那两国之间，只能兵戎再见。贵军深入我境，已陷重围，将倦兵罢，粮草不继，而我大宋勤王之师，正四路结集，恐怕对贵军不利吧。"

最后还是萧太后审时度势，高瞻远瞩，从大局出发，同意依宋方的条款讲和，而所规定的岁币，也只有银十万两，绢二十万匹，比宋真宗准备应允的少了许多。而且规定，宋真宗与辽圣宗约为兄弟，真宗为兄，圣宗为弟。

曹利用与辽使回到宋营复命，获得宋真宗的旨准，宋辽和议就这样确定下来。接下来是双方通过使节，订立盟书，相互交换盟誓，这就是历史上有名的"澶渊之盟"。

"澶渊之盟"，对于辽国和萧太后来说，是占了大便宜的，第一，在当时并非有利于辽的军事形势下，入侵辽军能否全身而退，是个现实的严重问题，由于萧太后明智而果断地与宋方议和，就消除了军事上进一步遭受严重损失的危险；第二，由于盟约的签订，萧太后虽然没有争回周世宗所夺走的关南之地，但盟约规定，宋辽双方"沿边州、军各守旧疆"，实即从法律上，将辽国实际占据的幽燕地区，变成了辽国的合法疆域，断绝了宋朝恢复幽燕旧疆的理由和念想；第三，从此凭每年从宋朝取得的一批钱财，对辽国的经济和财政，有很大帮助；第四，其实也是辽国最重要的一项成就，是取得了辽的南部边境较长时期的和平，为契丹民族和契丹国家的政治、经济与文化的治理和发展，加速其汉化与封建化进程，创造了一个良好的社会环境。在辽国，终于出现了圣宗中兴的局面。

辽的部分所得，正是宋朝方面的所失：第一，失去了一次军事上战胜辽国，以报高梁河、拒马河宋军大败的一箭之仇的机会；第二，被迫岁岁年年向辽国进贡钱财，让宋的民众和朝廷的财政长期承受着沉重的负担；第三，实际承认了辽对燕云诸州的占有权，长期丧失了收复旧疆的权利。但宋朝也有一大收获，这就是和平，尽管这和平并不那么辉煌。自此以后，北宋的北部边疆，终于获得了百年的安定局面，对北宋经济的发展，有着巨大的促进作用。

澶渊定盟后，萧太后即宣布契丹远征军退兵回国，宋真宗则下旨命大宋沿边各州军守军，不要阻挡回国辽军的道路，不要半路袭击他们。

接着，北宋军队也宣布班师回朝，宋真宗回到汴梁，好不高兴。第二年正月元旦，他就下诏大赦天下，宣布军队大复员，河北各州戍守士兵裁省二分之一，沿边守军裁省三分之二。这些裁省下来的士兵，多是农村的精壮劳力，他们回归农村，对加强宋朝北部地区农业生产，有很重要的意义。此外，宋真宗又加强了对宋辽边疆地区的管理，下诏禁止沿边军队不得出境抢掠，原来所获契丹牛马都要送归原主。规定可以与契丹的农牧民互通有无。同时又要求沿边军政长官注意修葺城池，招抚流亡，广为储蓄，以防不测。

而在契丹境内，由于南部边疆的稳定，萧太后也得以将主要精力用于内部的经营。在她主持下，修筑了中京大定府（治所在今内蒙宁城西）。在原奚王牙帐建成中京城，在城中仿照中原宫殿，建筑起武功殿和文化殿，分别作为萧太后与辽圣宗起居和从事政治活动的场所。他们经常在此会见群臣，商讨国事。因为每年都可获得宋朝的岁币的补助，萧太后也曾多次诏令减免辽南京地区的农户的租税。民众的负担一度有所减轻。

总之，由于和议的成功，宋辽边境两边的民众都获得了一些实际的好处，实现了安居乐业的梦想。

如此局面，维持了大约百年左右。直到宋徽宗末年，金国在契丹的北方崛起，宋朝统治者实行了短视的对外政策，联合新兴之金，毁弃盟约，攻击百年之好的辽，取得失去近二百年的燕云故地，辽宋间的和平局面，终告结束。然而北宋并无力量消化灭辽后所取得的微小的军事胜利。辽为金灭亡后不久，北宋也为金朝所灭亡。这些后话，无论是宋真宗，还是萧太后，都是预料不到的。

澶渊之盟前后，大约是萧太后政治、军事生涯最鼎盛的时期。她在辽国政治地位及威望升到了顶点。统和二十四年，辽圣宗率群臣给萧太

『承天太后』——大辽国景宗皇后萧太后

后上了个尊号，长达二十一个字，叫作"睿德神略应运启化法道洪仁圣武开统承天皇太后"，此时的萧太后，大约五十四岁左右。此后，她又执政了三年左右，到统和二十六七年，她已经到了五十六七岁光景，而此时辽圣宗也早已从即位时的十二岁少年，成长为三十八九岁壮年了。虽说圣宗对待萧太后，始终是恭顺有加，事事遵从母命，从不怀疑他母后执政的权威，从不与母后争夺亲政大权，但毕竟已经成长为有主见、有执政能力的皇帝。不用群臣的议论，也许萧太后自己也感觉，再如此代替儿子执政下去，不归政于皇帝，对于圣宗在群臣中的威望，将有不利影响，也许是她自立为景宗皇后以后在辽国政治舞台上的活动，已长达四十年，而有些疲倦了，于是，她在统和二十六年（1008年）年末，主动退出权力的第一线，将执政大权交付给辽圣宗。

史书上并没有记载萧太后在归政之前有何疾病。但她在归政不到一个月，在统和二十七年（1009年）的十二月，从辽中京来到辽南京时，便偶感不适，到第七天，就过世了。死时不过五十七岁。她病逝速度之迅速，足以令人产生某种遐想。有人推测说是因为她在活力尚在充盈的年纪，就归政于圣宗，因而产生了巨大的失落感，他人难以体会的苦闷笼罩着她，致使她的生命迅速凋亡。这自然也有可能。但古代的宫廷内幕神秘，堂皇华丽、仁爱和平的幕布后面，到底发生了何种变故，非外人所能了解，而史书记载语焉不详。萧太后的死因为何，如不能相信《辽史》所载，则只能永远是个谜了。至于《杨家将》里说杨四郎与重阳公主里应外合，攻下幽州，萧太后愤而自经而死，纯属小说家言，是当不得真的。

萧太后死后，辽圣宗为她举行了隆重的葬礼，追谥她为神圣宣献皇太后，宋朝皇帝也派出特使，吊唁她的逝世。萧太后的墓，据说在今辽宁省锦州市医巫闾山西的一个村子里，在东北，在北京，至今还留有一些有关萧太后的历史古迹。

萧太后的一生，可以说是叱咤风云的一生，萧太后可以说是中国历史上一位杰出的、曾经长期执掌国家大权的、有影响的、伟大的少数民族女性。不论你对她个人生活作风的评论如何，你都不能不承认这个事实。

"马背上的皇后"——元太祖皇后孛儿帖

　　孛儿帖，元太祖成吉思汗的皇后，生育了四个儿子五个女儿。成吉思汗对她充满了真情，每当不能决断的时候，孛儿帖都能为他做出正确的判断，为他创立大业做出了很大的牺牲和贡献。她是一个贤明的女人，是成吉思汗的患难夫妻，地位稳固如山，后代也受到了她的庇护。

　　把铁木真一生分成四个阶段来看。从他出生到父亲也速该死的九年是快乐的童年，从九岁到娶孛儿帖过门是苦难的少年时代，从孛儿帖被掳到1206年统一蒙古是复兴的青年时代，再后就是激昂的中晚年。从这个人生轨迹来看，铁木真的一生是如此紧密地和孛儿帖联系着。

　　在度过了痛苦的少年时代后，铁木真练就了诚实、坚强、冷静、残忍、自立的个性，但长期东躲西藏的日子，使他缺少与外界的沟通，他的视野相当狭隘，这是他的母亲诃额仑夫人所无法给予的。

　　当铁木真长成高大健壮的男子汉时，翁吉剌惕部首领德薛禅之女孛儿帖已出落得如花似玉，致使许多蒙古部落酋长争相往聘。铁木真九岁时父亲曾为他聘孛儿帖为妻。如果德薛禅仍然信守初约的话，也该让她与铁木真成亲了。铁木真便同弟弟沿克鲁伦河谷而下，前往翁吉剌惕部营地而去。其间，德薛禅部一直扎营在扯克彻儿山与赤忽儿忽山之间，见到铁木真来到，德薛禅喜出望外，连声说："我早就知道你为泰亦赤兀惕人所嫉，处境不好，今天幸好你来了，我也很担忧你呀。"德薛禅并毫不犹豫地表示，同意马上把爱女孛儿帖嫁给铁木真。

德薛禅亲自护送女儿、女婿一直送到克鲁伦河下游兀剌黑暖勒山方始返回。孛儿帖的母亲溯擅则一直送女儿至桑沽儿河和古连勒古山附近铁木真家所在地，溯擅夫人在女婿家住了几日，返家前拿出一件珍贵漂亮的黑貂皮袄作为礼物，送给铁木真的母亲诃额仑夫人。

孛儿帖的眼光和见识是当时的铁木真难以企及的，她总能发觉丈夫所不能料到的事情，并提出她的看法和建议。在铁木真的一生中，每当事处关键，须作出重要决断而他又犹豫不决，甚至近乎畏首畏尾之时，总是他的夫人孛儿帖出面帮他作出决断。而一旦孛儿帖发表了看法，他便立即称善，不惜以身家性命为代价照着孛儿帖的意见行动，并且总能获得成功。在她令人生畏的丈夫眼中，她一直享有极高声望。

当然，正像蒙古其他首领一样，后来的成吉思汗也收婢纳妾，而且她们一有机会就伴驾远征，而孛儿帖则只能留住蒙古大营。但是，在成吉思汗的诸子中，最后分得父亲遗产的却只有和孛儿帖所生之子。在成吉思汗的众多妻妾和部下中，也只有孛儿帖的地位最高，最受尊重。更有甚者，孛儿帖后来曾被蔑儿乞惕人掳去，九个月后怀孕归来……但她的丈夫对她的敬重并未因此而受到影响。对于孛儿帖被掳而怀孕归来这一令人痛苦的事件，成吉思汗甚至不愿意深究。无论是在这一事件发生以前还是在这一事件发生以后，孛儿帖始终是最受敬重的贵夫人，始终和成吉思汗协力同心地去成就那惊天动地的事业。

铁木真结婚成家是一个里程碑，它代表着，对于铁木真来说，苦难的年代已经过去。他逐渐成了一名强而有力、年轻有为的大丈夫。在他周围，一些人开始感到恐惧和威胁，另一些人则开始从他身上看到了希望并争相归附他。

鉴于这种形势，他可以开始着手恢复昔日的联盟了。新婚不久，铁木真开始实施他扩大军事实力的计划。铁木真的父亲也速该曾帮助草原上最强有力的首领之一脱斡邻勒恢复汗位，使脱斡邻勒重新登上了克列亦惕部王位宝座。

首先，铁木真前去寻求脱斡邻勒的协助。铁木真在对脱斡邻勒作自我介绍时说："早年你和我父亲曾结为安答（汉语'兄弟'之意），所以今天你也就像是我的父亲一样呀。"为表示对脱斡邻勒的孝敬之情，年轻的首领铁木真向这位克列亦惕王献上了一份特别珍贵的礼物：一件黑貂皮袄——不久前孛儿帖母亲所赠予的礼物。

　　脱斡邻勒见对方送来如此厚礼，又见对方对自己如此尊敬，心中十分高兴，当即保证帮助铁木真重振其父曾建立起的王国。这是一种庄严的契约，透过这种契约，克列亦惕部王脱斡邻勒已确定自己是昔日安答之子的保护人。在从缔约之日起到1203年期间，克列亦惕人根据其首领许下的诺言，一直支持着铁木真。这种支持，使后来的成吉思汗得以战胜了蒙古大多数部落。

　　得到此承诺后，铁木真的地位更加巩固了，许多后来对他事业颇有贡献的朋友也前来或是回到他的身边，成了他忠实的伙伴。

　　铁木真重振家声，恢复了他的氏族。他得到了强有力的克列亦惕部君主的保护。苦难的年代已经过去，未来似乎在向他微笑。正当这位年轻的首领认为前途已有保障之时，又突然飞来了一场横祸。

　　铁木真偕同其夫人孛儿帖一直扎营于克鲁伦河上游之不儿吉岸。当时，他们二人新婚还不久。一天，在晨光曦微、天方欲明之时，诃额仑夫人的侍姬起床做家务。她忽然隐约听到一种奇怪的声音，便俯首贴耳于地面细听，听出是马群在奔驰的声音。她立即去叫醒诃额仑夫人和全营的人。全营的人刚刚穿衣起床，就远远看见有大队人马像龙卷风似的扑来。正是蔑儿乞惕部前来奔袭。

　　蔑儿乞惕部也是一个蒙古部落，住在贝加尔湖以南。他们企图采取突然奔袭的办法打击铁木真的部族。蔑儿乞惕部与铁木真的父亲也速该早已结下怨仇。也速该生前抢来的诃额仑夫人——也就是铁木真的母亲，当时就是一蔑儿乞惕人的新娘。自那以后，蔑儿乞惕部一直想复仇却没有机会，现在他们认为时候到了。他们想去仇人部落尽掳其妇女，首先要掳去铁木真的新娘孛儿帖，以报蔑儿乞惕部妇女昔日被掳之仇。

　　当时，尽管铁木真的力量有所加强，但他仍只有九匹马。事件发生后，他及他的母亲、四个弟弟以及两个忠实追随者分别各乘一马。为了防意外，他们还带了一匹马备用。当时情况紧急，铁木真毫不犹豫地抛下孛儿帖，飞马逃入不几罕合勒敦山。可怜的孛儿帖因而遭敌人掳掠。

　　出于复仇的心理，他们把孛儿帖送给一个名叫赤勒格儿孛阔的蔑儿乞惕人。此人就是被也速该抢去其妻诃额仑的也容赤都的弟弟。当时，各部落之间的仇杀以及伴随而来的武力掳掠和粗暴占有妇女的事件，就这样不断发生和代代相袭着……

其间，铁木真等人一直躲在森林里，静待事态的发展。三天后，铁木真走出森林，在确信蔑儿乞惕人已经返回以后，铁木真就立即制定了夺回孛儿帖的战斗计划。在蔑儿乞惕部发动突袭以前，铁木真已正式认克列亦惕部王脱斡邻勒为养父，承认脱斡邻勒是自己的保护人。当此之时，铁木真立即想到请脱斡邻勒帮忙夺回孛儿帖。这场对蔑儿乞惕部的战争是一场大规模的战争，因为，蔑儿乞惕部也是一个实力强大的部落联盟。在和蔑儿乞惕人开战以前，克列亦惕部的脱斡邻勒汗要求蒙古的另一个部落联盟劄答阑部首领札木合配合行动。

札木合是铁木真童年时代的朋友，两人一直以兄弟相称。在铁木真重振家声、恢复其氏族力量时，札木合也成了一名首领，但其实力比铁木真要强大得多。脱斡邻勒答应出兵两万骑，作为联军的右翼；他建议札木合也出兵两万骑，作为联军的左翼。札木合答应参与这次的作战计划。就这样，铁木真、脱斡邻勒和札木合联军会师。

数万铁骑，突然夜袭。蔑儿乞惕部营地顿时一片混乱，人们纷纷四处奔逃。联军骑兵跟着人群追杀掳掠，截获人员财产无数。但铁木真此时已无心战事，一心只想着寻找心爱的夫人孛儿帖。在一片恐怖和垂死的叫喊声中，他绝望地呼喊着孛儿帖的名字。他扑向一群逃跑的人，而恰恰正在这一群人中，他发现了孛儿帖。当时孛儿帖正随着被驱赶的人流而逃奔，慌乱中听出了铁木真的声音。孛儿帖激动得浑身发抖，立即不顾一切地朝铁木真声音的方向奔去。在亮如白昼的月色中，她认出了铁木真，一把抓住了铁木真所骑之马的缰绳。铁木真也一下子认出了孛儿帖，当即滚鞍下马，与孛儿帖拥抱在一起。

这位后来的成吉思汗并没有计较孛儿帖被迫与蔑儿乞惕部一头目同居一事。孛儿帖也感觉到了铁木真对她的真情和忠诚，为了重新得到她，铁木真动员了四万多铁骑，组成强大的联军，把蒙古闹了个天翻地覆。然而，在蔑儿乞惕部住了一段时间以后，孛儿帖已确信自己怀孕了。她回到成吉思汗家不久，就生下了一个男孩，取名术赤。

就在铁木真把孛儿帖夺还战后不久，克烈部的友军回到了库伦附近土拉河上游营地黑林，而铁木真和札木合一同来到斡难河附近之豁儿豁纳黑川下营，并和谐地生活在一起。在第二年转牧场的路上，札木合边行边大声说:"若依山而营之,则于牧马者有益也。若临河而营之,则于牧羊者大有益也。"同行的铁木真无法理解其中的含义,只好向母亲求教。没等诃额仑夫人开口,刚生下长子的孛儿帖就发表了自己的看法:"吾闻札木合安答素来喜新厌旧。今观彼之言,是厌吾等矣。彼之所言,定然针对吾等而言也。今夜不可与彼合营于此。吾等宜就此善离之,兼夜徙往他处去乎!"铁木真听孛儿帖如此说,点头称是,于是命令所属部众兼夜而行,不得停留。原本成吉思汗与札木合有结拜之谊,但孛儿帖深知札木合有要与成吉思汗兼并的意思,便劝成吉思汗与札木合分离。成吉思汗与札木合分离后,果然成就大业,独霸一方。

后来在 1206 年的开国大典上,成吉思汗对属下众多的臣子们一一进行封赏,唯独漏了首席大将孛斡儿出(即博尔出)。孛儿帖王后责备他不该忘记孛斡儿出的功劳。她对成吉思汗说:"孛斡儿出不是始终跟随陛下的最忠心的侍仆吗?他不是陛下年轻时最好的朋友吗?他不是陛下困苦时最可信赖的人吗?陛下怎么会忘了封赏他呢?"当然,这个小小的疏忽,只是成吉思汗御臣术的手段而已,不过也只有王后孛儿帖能在如此场合当着成吉思汗的面指出来吧。

后来,在成吉思汗剥夺了合撒儿的属民后,大部分的人投向了通天巫(巫师)阔阔出,甚至连他另一个弟弟帖木格的属民也跑了过去。帖木格想追回他的人民,却被阔阔出和他的兄弟们捆起来打了一顿。

翌日清晨,成吉思汗和孛儿帖夫人尚未起床,帖木格突然闯进他的营帐,扑通一声跪在他的床前,向他哭诉自己受到的侮辱。成吉思汗听完帖木格的哭诉,一言不发,也许是蒙古人自幼就对巫师有着敬畏的心理使他感到恐惧。正在这时,他的夫人孛儿帖使他下定了决心。孛儿帖夫人对成吉思汗大声说:"阔阔出及其兄弟们怎可如此放肆?前者,他们结党殴打合撒儿,今日又强迫帖木格跪下赔罪!如此放肆,成何体统?我等今处于何地耶?陛下今尚健在,他们就胆敢殴打陛下的胞弟,日后陛下如大树之躯忽倾之时,他们将如何待我们?陛下之百姓届时将处于何境?如此下去,陛下以为届时他们会让放过我们的子孙吗?陛下岂可坐视他们残害陛下之胞弟而无动于衷?"孛儿帖越说越伤心,忍不住珠泪涟涟。

听完孛儿帖这一番精辟雄辩的言语,成吉思汗心里十分震动,顿时如梦方醒。这时他才感到他的王朝的命运正在受到威胁。想到此，他对通天巫带有迷信色彩的恐惧，立刻烟消云散，他干脆简短地对帖木格说："今日通天巫阔阔出来时，任你处置之！"

孛儿帖生有四个儿子与五个女儿，儿子分别是：术赤、察合台、窝阔台、拖雷，其中窝阔台后来是元朝的太宗皇帝，拖雷是睿宗皇帝。当初孛儿帖被蔑儿乞族掳走，等救回时已有身孕，于是传说这时生下的术赤可能是蔑儿乞人的孩子，而"术赤"二字正是"客人"的意思。

在成吉思汗一生中，对花剌子模的战争是一个新阶段的开始。在对花剌子模的战争开始以前，他几乎还没有走出蒙古的范围，因为他曾前往征战的北京地区在当时还是蒙古草原的延伸。现在，他将进入伊斯兰教盛行的土地，进入一个未知世界。统治着突厥斯坦、阿富汗和波斯的花剌子模帝国苏丹的势力是很强大的。实际上，花剌子模帝国苏丹的军队在数量上，要比成吉思汗的军队占优势。

据蒙古史家称，当时即使是在成吉思汗周围的人中，也存在着一种无法掩饰的不安情绪，只有一个被十分宠爱的妃子——也遂，敢于在成吉思汗面前坦率地进谏此等看法。也遂坦率地向成吉思汗指出，必须在远征以前解决继承问题："……倘若陛下似大树伟岸之身躯骤倾于地，届时陛下之似绩麻之百姓，将委与谁人？陛下所生之英杰四子中，陛下欲令谁人为继？妾所谏之言，亦即陛下诸子、诸弟以及众臣民之所思也。愿闻圣裁……"

也遂妃子的这一席话，使成吉思汗陷入了沉思。不久后，成吉思汗立即召来四位皇子，说明欲立储君之意。

他先问长子术赤道："你乃朕诸子之长，你意下如何？试言之！"但是，术赤默不作声，或者说还没等他开口，其弟察合台就突然说话了。察合台向来厌恶术赤。当时，见父汗先问术赤，他便大声嚷道（他之所言也可能是每个人私下之所想）："父汗先问术赤，莫非是欲立术赤为太子？"察合台接着以粗暴的态度强调，术赤的出身有疑问。他说："他不过是拾自蔑儿乞惕部的一名私生子，怎可让此等之人登汗位。"在这种侮辱下，术赤气得忍无可忍，跳起来一把揪住察合台的衣领，说要与察合台比个高低。

二人互不相让，互相揪住衣领相持不下。正在这时，大臣孛斡儿出和木合黎赶来，上前将二人分开。成吉思汗此时耳闻其言，眼观其行，凄然无言，心里非常痛苦，坐在那里看着术赤兄弟二人相争。这时成吉思汗的老将之一阔阔思，终于想出了适当的话来解劝术赤兄弟二人，他说："察合台，你为何如此性急？你未生之前，蒙古地面充满混乱；列国相攻，人不安生，邻里相劫，天下扰扰，无处没有劫掠之事，有人即有杀戮之举。"阔阔思对成吉思汗家族秩序建立以前蒙古混乱情景的描绘，确属真切至极。这种大混乱可以充分说明孛儿帖皇后当初被蔑儿乞惕掳掠的原因。

在谈到孛儿帖皇后时，为了打动察合台及其兄弟们的心，这位老将说了一番充满感情和令人激动的话。他说他们的母亲"心像油一样温柔慈爱，灵魂像乳汁一样纯洁"。他说："你们四人不是同母所生吗？今日已忘却其乳温了吗？察合台，你今日说出此等言语，乃是损害你母亲之名誉，侮辱你母亲，恶语中伤你母亲！"

这时，成吉思汗也一改其沉默态度，要察合台安分守己，不得放肆。为了摆脱眼前的僵持局面，察合台提议他和术赤都服从他们的弟弟窝阔台（成吉思汗之第三子）的命令。窝阔台素以头脑清醒、慷慨敦厚而闻名。术赤也同意这一提议。

成吉思汗是一个眼光敏锐、智慧过人的人，他决定防患于未然，先采取措施，预防术赤兄弟之间今后发生纠纷。他说："国土宽广，江河众多，天高地阔，朕将令你们兄弟各治一处，分镇营此宽阔之邦，各守封国。"

汗位继承问题解决了，对于一旦发生不幸事件而可能出现的各种情况，现在均已考虑到并做了相应的安排。诸事处理完毕，成吉思汗便起驾，前去征服花剌子模帝国，征服那个穆斯林世界。

孛儿帖卒年不详，但可以确知的是当成吉思汗过世时，她尚在人间。"孛儿帖"的蒙古语意是"苍白色"。《元史》里将其名后加上"旭真"二字，其实并非名字，而是"夫人"的意思，就像满语中的"福晋"一样。

作为女人和妻子，孛儿帖的宽容、平和，让成吉思汗折服。铁木真所立的皇后中，除了孛儿帖外，都是他安抚被征服的草原部落所采取和亲政策的产物。对此，聪明的孛儿帖显示了作为女人最可贵的地方：不嫉妒、不吃醋、不专宠。这一点可能也是受了诃额仑夫人的教诲。

正是因为她宽容接受的态度，使历史上留下忽兰、也遂、莎儿合黑塔尼等一个个推动了蒙古历史发展的女人们的身影。

与孛儿帖的付出相对，成吉思汗用他的帝国来回报他的妻子。在成吉思汗的后代中，只有孛儿帖皇后的四个儿子获得了领兵封国的资格。到了元世祖忽必烈至元三年时，追谥她为光献皇后；到了元武宗至大二年时，加谥为光献翼圣皇后。

孛儿帖是蒙元时期首屈一指的皇后，她不仅同丈夫一起艰苦创业，而且培养造就了一批有才干的子孙，在许多关键时刻她都发挥了重要的作用，是佐助成吉思汗定立天下不可或缺的助手。

"大脚皇后"——明太祖皇后马秀英

    马皇后（1332年—1382年），明太祖朱元璋的原配妻子，朱元璋称帝后被封为皇后。她生活简朴，善待他人。她的贤德善良赢得了朱元璋的敬重，有什么重大的事情也会听从马皇后的意见。为此，马皇后常常谏劝朱元璋做个好皇帝，挽救了很多大臣的性命。她去世之后，为了表示对马皇后的尊重，朱元璋再没有立后。

    马皇后生于公元1332年，安徽宿州人。祖上曾是当地有名的富户，到了父亲那一代家业衰落。她的父亲生性豪爽，仗义疏财，结交了许多生死兄弟，母亲郑氏生下她这个独生女儿后就病逝了。马皇后的父亲后来因为杀人避仇，逃往外地，临行时把爱女托付给生死之交郭子兴。郭子兴也是一方义士，妻子张氏把小女孩视为己出，收为义女，起名秀英，悉心抚养。稍大时，郭子兴亲自教她读书写字，张氏则授以针线女工。马秀英聪慧过人，面貌端庄，神情秀逸，一举一动都透露出大家风范，虽然长得不十分漂亮，却也端庄温柔，加上她"善承人意，而知书，精女红"，举止从容，深得郭子兴夫妇的钟爱。

    元末顺帝执政，政治腐败，又遇上黄河决口，水患严重，人民生活极为痛苦。至正十一年（1351年）江淮流域爆发大规模的红巾起义。素有大志，又颇具一定声望的郭子兴，于元顺帝至正十二年初春，率几千人在濠州聚众起义，对抗元朝廷。郭子兴起兵不久，年方二十五岁的朱元璋投奔到他的旗下，任"十夫长"。起初，他不过是一名普通士兵，因为作战勇猛，屡立战功，很受郭子兴赏识。

朱元璋小名朱重八。幼年时靠给地主放牛为生，勉强混碗饭吃，可他为了让小伙伴们解馋，竟然宰了东家的一头牛，把自己的饭碗给丢了，只好出家当和尚。后来方丈见他胸怀大志，不再让他担水打杂，认真地教他练武，老方丈把自己全部武功都教给了朱重八，并为他取名朱元璋，让他下山去闯天下。朱元璋下得山来，两手空空，无以为生，只好四处流浪，不久加入了郭子兴的义兵。朱元璋作战十分勇猛，而且颇有智略，数次出战，都立下了大功，深受郭子兴的赏识。

一次打了胜仗，郭子兴设酒宴犒劳众将士，高级将领的席位设在郭子兴的帅帐中，朱元璋官职虽低，也因有功被请在其中。这次盛会，除庆功外，郭子兴夫妇还有一个目的，就是趁此机会，在将领中为自己选择乘龙快婿。酒宴开始，郭夫人拉着马秀英躲在幕帐后暗暗观察。这时，帐中的各位将领都酒兴正酣，划拳喝令，神采飞扬，脸上洋溢着胜利的喜悦。马秀英面含羞涩地将目光一一扫过，最后落在最外一席的一个年轻军官身上，他身材魁梧，面容黑粗，双眼深陷，脸长嘴阔，长相虽嫌粗陋，但眉目轩昂，英气逼人；也不随众人笑嚷，端着酒杯安坐如塔，略显沉思状，这一点深深吸引了马秀英的目光。马秀英对养母张氏表明了自己的选择，张氏也是个有眼光的女人，她早听丈夫说起过这位年轻军官的事迹，也感觉这人将来必有腾达之日，对养女的选择也赞赏不已。而这位年轻军官就是朱元璋。不久后，由郭子兴夫妇做主，马秀英与朱元璋在军营中举办了热热闹闹的婚礼，从此，在军中刚崭露头角的朱元璋与元帅郭子兴以翁婿相称，羡煞了不少英雄豪杰。做了主帅的女婿后，朱元璋职位不断提升，军中都另眼相看，称他为朱公子。这桩姻缘成为朱元璋日后发展的一个契机。

这时，国内群雄并起，很多起义队伍都渐渐壮大开来，影响较大的有张士诚和陈友谅部，因此，义军作战的形势变得更复杂了，不但要对付元朝廷，而且还要提防义军之间的吞噬。在这种情况下，朱元璋对战机、战略产生了一些与郭子兴不同的意见，他生性直率，又仗着与郭子兴有亲密的翁婿关系，所以常常直陈自己的观点，这不免让性情刚愎的郭子兴有些不快。当初朱元璋在郭子兴军中屡屡立功获赏时，就曾惹得一些追随郭子兴起兵的亲信眼红，现在他又成了元帅的乘龙快婿，更令他们心生妒火，于是总想找机会拆他的台。那些平日嫉妒朱元璋的人，便乘机大进谗言，说朱元璋如何骄恣、如何专擅，一定是怀有异心、图谋不轨，请郭帅小心防范。这让郭子兴心起微澜。

这一天，郭子兴召集高级将领商议下一步的军事行动，众部将对郭帅的主张唯唯诺诺、连连称是，唯有朱元璋表示异议，他毫无顾忌地恳述自己的看法，使郭子兴甚觉反感，要朱元璋放弃自己的意见，他却据理力争，坚决不肯退让，最后翁婿两人竟大声争执起来。郭子兴大感脸上无光，一怒之下，下令将朱元璋幽禁起来思过。本来郭子兴幽禁朱元璋是为了发泄一时之怒，并不曾想置他于死地，毕竟他还是一名得力的干将，又是自己的女婿。可是郭子兴手下那批别有用心的亲信，却瞒着郭子兴，暗中下令看守人员断绝了朱元璋与外界的联系，停止他的饮食供给，想把朱元璋推向死亡。

马秀英见丈夫被幽禁，心中十分焦虑，想方设法接近关押丈夫的小屋。终于发现，只要穿过一小片坟地，就能靠近那间房子的后窗，而那后面没有人看守。这样，朱元璋断食的事情就被马秀英知道了。可是那时粮食供应相当吃紧，每人每天都只配给一定量的食品，即使元帅的女儿也不例外；马秀英又不敢告诉别人自己发现了那条通向小屋的通道，于是，她每次吃饭时都把食物带到卧室中，只吃几口，把大部分的食物都省下来，待到傍晚时，一个人穿过那片坟地，把省下来的食物偷偷从小屋后窗递给朱元璋，勉强维持丈夫的生命。

可是从马秀英嘴中省下来的这点食物，毕竟填不饱朱元璋的肚子，为了让丈夫吃饱，端庄高雅的马秀英只好到厨房行窃。这天，她看到了厨房中的馍馍刚蒸熟，厨子又离开了厨房，便悄悄地溜进去，掀开笼盖，也顾不得烫手，抓起几个热气腾腾的馍馍，连忙揣进怀里。不料刚一跑出厨房，就与养母张氏撞了个满怀，张氏见她神色慌张，不免大起疑心，关切地问道："女儿何故如此慌张？"马秀英以为自己的行为已被发现，顿时羞红了脸，两行泪也忍不住地掉下来，垂首站在养母面前，半天不说话。张氏见她似有难言之隐，就把她带到自己房中，仔细询问，马秀英忍不住满腔的委屈，伏地大哭，然后把事情一五一十地禀明了养母。张氏听了大惊，不由得也陪她掉了不少泪，等到解开衣襟掏出藏在怀里的馍馍时，发现马秀英的胸脯已被热气烫得又红又肿。张氏当即就对郭子兴说明了情况，并替朱元璋说情。郭子兴听说自己的亲信竟敢背着自己做这种事，大为恼怒，马上下令释放朱元璋，并严惩了那几个玩弄阴谋的亲信。

元顺帝至正十五年，朱元璋因屡立战功，不断地得到提拔荣升，成为郭子兴的副帅，总管兵符，节制诸将，有着很高的威望。不久，郭子兴病死，朱元璋顺理成章地顶替其位，成了义军元帅，继续抗元兴汉的大业。第二年，朱元璋率军攻克了重镇集庆，将之改名应天府，自立为吴王，马秀英也随之成了吴王妃。当时吴王除对抗元军外，还与自称汉帝的陈友谅互相争夺地盘，战事频繁，无安宁之日。马秀英为帮助丈夫，亲自带领将士的妻女为部队制衣做鞋，使得前方士气大振。朱元璋更是一鼓作气，率军南征北战，不久就击败了陈友谅，扫平了其他起义军，攻下了不堪一击的元都，统一了中国。他定都应天府（现在的南京），建立明朝，做了开国皇帝。马秀英被册立为皇后。

攻下元大都（今北京）后，朱元璋的部下在元宫中搜罗了大批珍宝玩物，运到应天府，晋献给朱元璋。朱元璋心想，自己从一个不名一文的穷小子，成了富有天下的皇帝，眼下又拥有如此众多的宝物，自是喜不胜收，忙叫来马皇后一同玩赏。谁知马皇后见了，却不屑一顾地说："元朝就是因为有了这些而不能保住国家，陛下不是自有宝物，要这些做什么呢？"

朱元璋闻言一怔，喃喃道："朕知皇后说的是以贤士为宝物啊！"马皇后见朱元璋醒悟，忙拜贺道："陛下有此宝物可得天下，妾恭贺陛下！妾与陛下起于贫贱，今贵为帝后，最怕变得骄纵奢侈。危亡起于细微，愿陛下以贤士为宝物！"此后，性情自负而多疑的明太祖，之所以在打下江山后还能任用贤臣，与马皇后的劝导大有关系。马皇后不但劝朱元璋以贤德治国，自己也以贤德勤勉治理后宫，用自己的一言一行，宣导后宫嫔妃节俭仁慈的风尚。马皇后喜读古代史书，也常用古训来教导别人。她认为宋代多贤后，因此命女史官摘录她们的言行家法，用来传示后宫众嫔妃。有人感慨道："宋代的皇后也太过于仁厚了！"马皇后正色道："过于仁厚，不比刻薄好吗？"众人遂无话可说。

明太祖的衣履饮食，马皇后都亲自料理省视，而她自己则布衣淡食，极其俭朴，衣服穿破了也舍不得丢弃，常要补好再穿，虽然位居显贵，但她绝不忘贫贱时和战争年代养成的俭朴好习惯。对妃嫔宫人的子女，她都安排了丰厚的生活待遇；她对宫中的下人也很关心，常送些衣物食品以示体恤；每逢文武官员夫人入朝，她都不忘送些礼品，并与她们寒暄交谈，就像对待家人一样。这样一来，宫廷内外的人对马皇后都十分尊敬。明太祖也盛赞她道："贤后可与当年唐太宗的长孙皇后相比，毫不逊色！"马皇后回答说："妾闻夫妇相保易，君臣相保难，陛下不忘同贫贱的妾身，愿也勿忘同艰难的群臣。妾只求无愧于心，哪敢与贤德的长孙皇后相比呀！"她不但自己谦和崇贤，而且时时不忘提醒朱元璋，真不愧为一个精心佐夫治国的好皇后。

马皇后深知忠臣贤士对朝廷的重要性，因而十分注意以一个女性的细心来关心他们。早朝议事有时事情较多就会延续至晌午，这时，奏事官吏按惯例就在殿庭上用午餐。朱元璋的饮食由后宫准备，众大臣的饭菜则由光禄寺送进朝堂。那天，马皇后特地去前殿看大家进食。她命侍从将大臣们吃的饭菜拿来，亲口尝尝滋味，发现饭菜又冷又不好吃。她觉得味道欠佳，随即向明太祖建议："待士之道，自奉要薄，养贤要丰厚，如今众大臣的饭菜，滋味凉薄，岂是皇帝养士之道。光禄寺没有尽责，应加以改正。"明太祖深以为然，当即令光禄卿上殿，当面斥责了一番。大臣们无不称赞皇后体恤下情。这虽是一桩小事，却使官员们十分感激，当然也就更加效忠于朝廷。

马皇后确实是朱元璋的贤内助，许多事别人不敢说，她可以坦白地劝告皇帝。她的见解，可以影响太祖施政。朱元璋非常重视太学，延请名儒大师教授学生。每逢孔子诞辰之日，他都要亲自祭祀。有一天他祭孔后回到皇宫，马皇后问起了太学的情形。她问："太学里有多少学生？"朱元璋说："有二千多人吧。"马皇后又问："太学生中有家眷的人多吗？"朱元璋说："不少人都是有家眷的，你问这做什么呀？"马皇后说："太学是养育人才的地方。皇帝为国育才，故重视太学；我想，太学生有国家供给口粮，但他们的妻儿却没有；后顾之忧一定会让他们分心，皇上何不多赐一份恩典，让太学生的家眷也有一份口粮，使他们专心向学。"太学学生是朝廷培养有才之士的地方，他们在太学中学习期间，一应生活用度均由朝廷供给，但是没有俸银，他们的家人由谁供养，这问题过去倒是没有哪个朝廷顾及过。经马皇后一提起，也引起了明太祖的重视，听了皇后的建议，朱元璋下令在京城附近特建一座粮仓，名"红板仓"，专供给太学师生及其家眷的口粮。这一德政，使太学生无不歌颂皇后的爱才之心，后来太学中培养出不少明初著名的文臣。

朱元璋非常敬重、信任马皇后，对她提出的建议常能认真听取采纳。他曾赞扬马皇后的见解是至理名言，嘱咐女史官记下，让子孙世代遵守。正因为这样，马皇后才能够在元末明初的政治生活中，以她特殊的身份、卓越的见识和杰出的才能，全力支持丈夫的事业，悉心补救朱元璋政事上的弊病和缺失，顺应历史发展潮流发挥重要作用，作出有益的贡献。马皇后不但有贤德，而且有才能，她广读经史，学问渊博，太祖所有的割记，都由她亲自执笔记下。

每当太祖有所感慨和言论，她都仔细地记录下来，无论事态如何复杂，均能排布得条理分明，毫无疏漏之处。

她能做到这种程度，在于她按"待人以宽，责己以严"的原则做事，与他人的冲突就易于化解。马皇后的所作所为，赢得了丈夫的尊敬与爱护。她生前，朱元璋褒奖她，比诸历史上的贤后唐太宗长孙皇后；她死后，朱元璋不再册立皇后，表示对她的敬重和怀念。

"露马脚"这一成语，意为显出破绽、暴露真相。相传也与马皇后有关。由于马皇后出生在战乱年代，从小随军打仗没有缠足，天生一对大脚，便成了一个罕见的大足皇后。这是当时妇女的大忌，因此马皇后平常就常穿拖地长裙，一双大脚藏而不露。一日，马皇后坐轿上街游玩，不料刮来一阵大风，将轿帘掀起一角，露出了她搁在踏板上的两只大脚，被行人瞧个正着，于是在民间就有马皇后露大脚的传闻，后被演化为"露马脚"一语。这事，明太祖和马皇后却不知道。

有一年的元宵夜，朱元璋与谋士刘伯温微服私访京城的灯会，在一家大商号门前，彩灯高悬，上面贴着很多灯谜，图文并茂，引来无数人围观。朱元璋也凑过去看热闹，偶然注意到一则有趣的图画谜，图上画着一妇人，触目的是一双天然大足，怀抱一个大西瓜，眉开眼笑，模样十分滑稽。朱元璋不解其意，于是问博学多才的刘伯温："什么意思？"刘伯温沉吟片刻答道："此为'淮西大脚妇人也'。"朱元璋仍不知何意，继续追问。刘伯温笑着说："您回宫问皇后娘娘就知道了。"回宫后，朱元璋急不可待地向马皇后提起此事，马皇后讪然一笑，说："妾乃淮西人氏，且为天足，此谜底想必就是妾了。"朱元璋一听大怒，心想："小小街民竟敢制谜嘲讽堂堂皇后，岂有此理！"于是下令暗中调查画作的出处，及当日围观讪笑的人，并在门户贴上"福"字标记。马皇后知道后，马上派人通知全城的百姓，都要在自家门上贴上"福"字。其中有户人家因为不识字，而将福字贴反了，御林军奉命抓人时，只好抓那户人家充数。马皇后知道了对太祖说："福字倒贴意谓福到了，是吉祥事。"太祖遂下令放人。百姓为了感念马皇后，就把福字倒着贴，后来成为一种风俗。

朱元璋当上皇帝以后，打算给马皇后的娘家人（历史上叫外戚）封官，让他们执掌大权，可马皇后坚决不同意。她对朱元璋说："你把国家的官职俸禄给了自家人，这是非法的呀！"朱元璋说："你是皇后。给皇后的亲戚封官，历朝历代都是这么做的。"马皇后挥着手说："你想过没有，国家的法令是你这个当皇上的定的，你命让文武大臣不要为自己人谋官，可是自己反倒不守法，别人会怎么服气呀？"朱元璋不说话，马皇后知道他还没想通，就笑了笑，说："你不必怕我为难。我的亲戚，未必都是有才能的人。让没有才能的人当官掌权，可不是我的心愿。用人一定要看他的才能高低，不能看和咱们的关系远近。你说对不对？"

朱元璋也笑了，连连点头说："你这么有心胸，我太高兴了。"马皇后坐下来，叹了一口气，说："我虽是个女流之辈，可也听过历朝历代的故事。有许多皇后的娘家人当了大官，就胡作非为，搞得朝廷上下不安。别人也不敢管，结果闹出不少乱子。你可不能像从前那样，只顾让我的亲戚们高兴，不管国家今后的安宁。我没什么见识，可是我家里的人要是那么胡来，我就不答应！"接着，马皇后还举出几个例子，说明外戚专权的危害，说明用人办事要有远见的道理。朱元璋听了，十分佩服，答应不乱封马家人。因此，明代外戚虽然也享受高爵厚赐，但一般不授以高职，严禁干预政事，这规矩就是马皇后订下来的。明朝后来很少有外戚干预朝政造成的大乱子，这跟马皇后的远见卓识很有关系。

鉴于汉、唐两代的祸乱，多由宦官参政而引起，善于以史为镜的马皇后特别在这方面给明太祖出了主意。因此，明朝廷严格规定，内臣不

『大脚皇后』——明太祖皇后马秀英

得兼任外臣文武官职，不得着外臣冠服，不得与外廷诸司有文书往来，并在宫门前竖下铁牌，上写着："内臣不得干预政事，犯者斩！"如此一来，杜绝了宦官乱政之弊。

在朝堂里，翰林学士宋升极口称赞："治天下以正家为先。而正家之道，始于夫妻之道。后妃虽然母仪天下，但绝不可使其干预政事，否则，必然为祸乱之因。"明太祖也深以为然，回到后宫，又对马皇后说道："我看为保江山长治久安，必先立下后宫家法，使后世子孙遵守。"在马皇后的建议下，太祖又与外廷大臣反复商量，立下了几条严格的戒谕，并用铁牌铸字，挂在每一道宫门中，计有："后妃不准预闻政事，有敢干政者，废退问罪。""后妃以下宫嫔女御，不得私书出外，违者斩。""宫嫔额定外用品，先取旨再移部取给。有不遵旨或有滥取者斩。"为了厉禁宦官干政，明太祖又在大明门内特立一块大铁牌，上书"内臣不得干预政事，预者斩"。立下这些禁例后，有明一代，后妃们都能遵守，所以宫闱严正，没有发生过女主弄权乱政之事。但厉禁宦官干政，却没有做到，主要是朱元璋的儿子朱棣篡夺侄子的皇位后，信任宦官，破坏了太祖的禁谕，后来的皇朝则积重难返，致使宦官干政成为明朝衰落腐败的一大主因。

明太祖出身农家，即位以后，很注意实行休养生息的政策。他要官员们廉洁守法，不能加重人民负担；又召集流亡农民，开垦荒地，免除三年的劳役和赋税；要各地驻军屯田垦荒，做到粮食自给；还兴修水利，奖励植棉种麻。所以，明朝初年的农业生产有了很显著的发展，新建立的明王朝统治也逐渐稳固。

但是明太祖总不放心那些帮助他开国的功臣。他设立一个叫作"锦衣卫"的特务机构，专门监视、侦察大臣的活动。发现谁有嫌疑，就打进牢狱，甚至杀头。大臣上朝时惹他生气，就在朝廷上廷杖，也有被当场打死的。这种做法弄得一些大臣们个个提心吊胆，每天上朝时，都愁眉苦脸地向家人告别。如果这一天平安无事，回到家，家人就庆幸他又活了一天。马皇后对此很是担心，对丈夫的这种做法很不满意，她一向主张对下属不应过于苛刻，求全责备。

朱元璋起于贫贱，身世坎坷，因而表面上虽然睿智英明、豁达神武，但骨子里却藏着猜忌和苛刻。幸而身旁有一个仁慈宽厚的马皇后，常常遇事劝谏，减少了不少刑戮，挽救了无数的无辜受疑者，赦免大学士宋濂就是一个典型事例。宋濂是元末明初的大学士，明代开国时的许多典章制度、礼乐刑政文典都是出自他的手笔，被明太祖尊称为"开国文臣之首"。他六十八岁时告老还乡，回到青萝山中隐居。洪武十三年，宰相胡惟庸联络四方武将，密谋造反，被人告发，引起朱元璋震怒。严查结果，获知许多胡惟庸的不法欺蒙行为，尤其是刘基在洪武八年病死，实际是被胡惟庸买通御医下药害死的。而胡惟庸的党羽，有不少都是朝中的功臣宿将，连开国功勋李善长，也是胡惟庸的儿女亲家。这件事带给朱元璋莫大刺激，认为一些功臣都不可靠，于是开始大杀功臣。凡同胡党交结往来者，一律杀头。太子朱标的师傅——大学士宋濂的孙子宋慎，也被牵连在胡党之内。朱元璋命人去杀宋濂，太子知道后，赶快哀求父皇饶过宋濂一命。当时朱元璋正在气头上，哪里肯听，反而把太子斥骂了一顿。马皇后闻讯后，向太祖进言道："宋先生隐居青萝山中，能有什么施展呢。"太祖自负地说："这个你不知道，此老儿不甘寂寞，虽隐居青萝山，但四方前去求教者络绎不绝，受业者遍及天下，倘有异志，如何得了！"他拒绝了马皇后的说情，马皇后沉默不语。为了改变朱元璋的牛脾气，想了一个办法。当天进膳，她令全摆上素斋。太祖用膳时觉得奇怪，问道："今天为什么要吃素？"马皇后说："宋先生教太子以下诸皇子这么多年，如今得罪将要处死，我为他吃素祈福。"朱元璋一听马皇后还是在为宋濂求情，很想发脾气，但想想皇后的话并非没有道理，最终免去宋濂一死，将他发往四川安置。

据说浦江有一个郑谦，家族和睦，四代同堂，当地人都称他家是"义门"，郡守也表彰他们家族的融洽和乐。明祖听说此事后，颇感兴趣，特意召见郑谦，问他家中人口共有多少，郑谦回答说："一千有余。"明太祖赞叹说："一千多人同居共食，同心合力，世所罕有，确实是天下第一家啊！"于是赐予一块"天下第一家"的匾额，给了他丰厚的礼品让他回去。

马皇后在屏风后听了他们的对话，心有不安，连忙传话给明太祖："陛下当初一人举事，尚得天下；郑谦家千余人，倘若举事，不是太容易了吗！"明太祖不免为之一惊，急命中官再召郑谦，问他道："你治理家族，有什么方法可循吗？"郑谦回答："没别的，只是不听妻子的

『大脚皇后』——明太祖皇后马秀英

话罢了。"明太祖听了，释然一笑，不再追究，安心地放他回家。这一次，明太祖虽然没有完全接受马皇后的意见，却又恰恰表现出他对马皇后的重视，他认为自己之所以成功，离不开妻子的辅佐，郑谦既然不听从妻子的话，便认定他成不了大气候。

自幼没有受过教育的朱元璋，统治天下后显得学问不足，连对文字的理解也很吃力，因此在即位初期，常因误解文义而杀人。如杭州知府徐一夔，在朱元璋生日那天上表贺寿，文内有"光之下，天生圣人，为世作则"的贺词。朱元璋听了，大为震怒，说徐一夔有意骂他。原来他把"光天之下"理解为"头顶光光"，把"圣人"当作"僧人"，"作则"误为"作贼"。徐知府因此被杀了头。其他凡在文书中写了"作则垂宪""垂子孙而作则"等句子，都因此而丧命。文字中有"殊"字的，朱元璋认为是骂他"歹朱"，一律抓起来杀头。马皇后知道后，忙向皇帝解释文字之义。朱元璋这才明白，以后不再因此杀人。从此后，他极力增加自己的学识。每天在进膳时，命儒学文士讲解经史，边听边同大臣们讨论治国之道。朱元璋纵然英明有远见，但处理许多政事不免有所偏颇，马皇后常能直言进谏，帮他纠正过失。

马氏还在一些人所不注意的小事上向朱元璋提意见。定都南京后，朱元璋嫌旧城太小，想加以扩大，建成一座铜墙铁壁的宏伟城池。他规定，城墙上面要容四辆马车并肩而驰，周围共长九十六里。因此造城的砖石材料，需求量很大。朱元璋便下令，规定城砖一律烧成长三尺、宽二尺、厚一尺的大小，全国各州县都按此式样烧制，然后送到南京。整个工程，足足用了四年时间。在这过程中，南京城里有个大富翁沈万三，性情豪爽浮躁，很喜欢显示自家的财力，家中金银堆积如山。为了讨好朱元璋，请求出钱相助。朱元璋听了很不高兴，认为以帝王之尊，修筑都城，还要一个老百姓出钱帮助，自己还有什么颜面。因当时朝廷财力不足，就批准了他的请求。谁知，沈万三仗着财物富足，竟然比朝廷承办的工程还先完工，让明太祖深感脸上无光。但是沈万三仍然不识相，又提出请求，说愿意贡献一笔金钱，作为犒赏朝廷军队之用。朱元璋问他："我有百万军士，你能全都犒劳吗？"他不知收敛，竟说："可以每人发给一两银子。"就这惹恼了朱元璋，要以乱民的罪名杀掉他。原来，沈万三虽然富可敌国，遗憾的是缺少一个"势"字。他以为新朝初建，若能用钱同皇帝拉上关系，取得一纸褒奖令，他就可以安享财富，再也不用怕了。谁知朱元璋非但不感念他的好意，反而大为气愤，说："小小百姓，怎么有资格犒赏天子的军队。"盛怒之下，朱元璋下令逮捕了沈万三，要治以重罪。马皇后知道这事后，劝朱元璋说："沈万三献金，不算什么坏事，只不过他献金的名目不对。你又何必生这么大的气呢？"朱元璋不答应，并恨恨地说："百姓比国家还高，是不祥之兆。"马皇后劝道："刑罚是诛不法之徒，而不是诛不祥之兆。沈万三并未犯法，皇帝杀他，于法不合。"朱元璋听马皇后的话，便将他免去死罪，流戍云南。

再说，明太祖见南京城建得壮阔雄伟，城周围开了十一座城门，非常得意，他亲自给每座城门命名，还对马皇后说："南京城东倚钟山，北临长江，虎踞龙蟠，金城汤池，可保子孙万年。"马皇后则不以为然，她说："子孙之事，将来谁能预料。天下没有不破的城池，唯有有德者居之，以德化民，才是万里不破的长城。"

后来有人告发和州知州郭景祥的儿子要杀自己的父亲，朱元璋欲以不孝之罪处死郭子。马皇后知道了，说这是传闻之词，不一定真实，何况郭景祥就这么一个儿子，处决了他，就绝后了。朱元璋一调查，果然是传闻不实。如果不是马皇后的劝说，郭家就真的家破人亡了。马皇后是贤妻良母的典范，是"母仪天下"的佼佼者。她帮助丈夫成就帝业，劝谏丈夫的败政，料理好家中、宫中事务，维护家庭的和睦，对于大明王朝、对于朱元璋的皇族，都作出了很大贡献。她生活的一切，就是为着丈夫，为了大明江山。马皇后共生了五个儿子，她对孩子管教很严。一次，因小王子顽皮不听话，老师李希颜一不小心用笔管戳伤了他的额角。小王子哭着到父亲处告状，朱元璋大怒，正要发作，马皇后急忙从旁劝解："是小孩子顽皮，怎么是老师的罪过呢？又怎么能责备老师呢。"朱元璋觉得有理，不但没有惩办教师，反而提升他。马皇后对朱元璋的生活十分体贴关心，直到做了皇后，还亲自操劳丈夫的膳食。她虽贵为"国母"，却依然保持过去那种俭朴生活。

洪武十五年八月，历尽磨难、殚尽心力的马皇后染上了重病，医治无效后，她坚持不肯再服药，朱元璋强迫她吃药，她说："如果我吃药无效，你就会杀死那些御医，那不等于我害了他们吗？我不忍心。"朱

元璋就说:"不要紧,你吃药,就是治不好,我因为你,不会惩治御医。"但是马皇后还是不肯用药,明太祖苦苦劝求,她则说:"生死有命,我病已不治,服药何用!"躺在病榻上,她念念不忘地反复叮嘱丈夫:"愿陛下求贤纳谏,慎终如始,子孙宜贤,臣民得所!"然后,又把诸位王子、公主叫到身边,嘱咐说:"生长富贵之中,当知蚕桑耕作之不易,当为天地惜物,且为生民惜福!"走到了生命的最后一刻,她仍然不忘以她的贤德影响丈夫和子女,为着国家操心不已。洪武十五年(1382年),她因替御医着想,竟不顾自身的病情,以致病亡,享年五十一岁,匆匆走完了她从孤女到母仪天下的沧桑一生。

明太祖失去了同甘共苦的结发妻子,也失去了最得力的助手,悲痛之情,无以言表。为了永远追念可敬可爱的马皇后,明太祖此后再不立后。朱元璋始终对马皇后充满深情。洪武三十一年(1398年)朱元璋去世后,与马皇后合葬在南京孝陵。

"贤明皇后"——清圣祖母布木布泰

『贤明皇后』——清圣祖母布木布泰

皇后小传

　　孝庄皇后（1613 年—1688 年），蒙古族，闺名大玉儿。她嫁给清太宗皇太极，生下三女一子，儿子福临，即顺治皇帝。她稳重端庄，皇太极生前并不宠爱她。皇太极死后，她抓住机会，利用豪格和多尔衮的矛盾，让福临登上皇位。她辅佐顺治、康熙两代君王，是一位杰出的女政治家。

　　天苍苍，野茫茫，风吹草低见牛羊。

　　辽阔壮丽的蒙古草原，天上翱翔着雄鹰，原野里绽放着绚烂的花朵。

　　科尔沁部落蒙古王公的王爷府中，养育着两个活泼美丽的女孩。年长的一位叫海兰珠，年幼的一位叫布木布泰，她们是贝勒府王爷寨桑的一对爱女。据知悉蒙语的学者解说，海兰珠的汉语意思是明珠，布木布泰则含有子孙万亿亦知宜子宜孙之意。海兰珠长得特别漂亮，身材匀称，肌肤润洁细腻，有如羊脂美玉，恰如其名，只是身体较弱。布木布泰也很漂亮，但是较她的姐姐，稍逊一筹，不过身体较姐姐康健，而且为人稳重端庄，有智谋心计。这姐妹俩后来都先后嫁给了清初跃马横枪，统率八旗军队驰骋疆场的创业之君——清太宗皇太极。在清初的历史上都有过不小的影响，特别是妹妹布木布泰的影响为尤甚，是清初一位杰出的女政治家。

　　科尔沁王爷寨桑，姓博尔济古特氏。他的家族有着显赫的历史，是元代"天潢贵胄"成吉思汗家族的苗裔。其始祖是成吉思汗的弟弟哈布图哈萨尔。哈萨尔英勇善战，尤其擅长于射箭，能拉强弓，箭无虚发。哈萨尔的家族，后来发展成蒙古族的一个强大的部落。

明初以后，蒙古族各部落多退居关外，成为明的藩属，但时叛时服。明朝对他们采取亲善拘縻和分而治之的策略，以求边疆的宁静。博尔济吉特氏领有科尔沁部，位于长城之北，喜峰口外。其地大约相当于今内蒙古的哲里木盟、黑龙江省的舒尔伯特蒙古族自治县、吉林省的前郭尔罗斯蒙古族自治县等区域，东西相距约八百多里，南北相距约两千多里。

明朝末年，科尔沁部落的南边是大明朝，西面是蒙古察哈部的林丹汗，东面则是正在兴起的努尔哈赤的后金。科尔沁部的部落长本来服属于林丹汗，又臣属于明朝，帮助明军抵御后金。他们曾经跟随林丹汗攻打过努尔哈赤。但是，科尔沁的首领莽古斯、明安、翁果岱等吃了败仗，据说又受到林丹汗的欺压，为了自保，他们在后金天命年间（1616年—1626年）转而投奔到努尔哈赤的麾下，建立联盟，借助后金的力量，反抗察哈尔的压迫，并且帮助后金与明朝作战。努尔哈赤将他们编入蒙古八旗的军队。

塞外蒙古各部落中，科尔沁部是最早归顺后金的一个较有力量的部落。他们的归顺，对壮大努尔哈赤势力，激发与增强他与大明王朝争夺天下的雄心与信心，起了很大的作用，因此，努尔哈赤对科尔沁部有种特殊的亲近感。

科尔沁蒙古王爷与后金的大汗相互间都有需要，为了巩固、加强他们之间的军事和政治的联盟，"和亲"为首选的策略和手段。对于科尔沁部落的蒙古王公来说，通过和亲巩固与新兴大国后金的军事政治同盟，不但关系到部落现实的安危，也寄托了他们实现重整祖先雄风的梦想。于是，科尔沁的女儿，便连续不断地嫁进了后金大汗的营帐和皇宫。

早在明万历四十年（1612年），后金尚未正式建国时，科尔沁贝勒明安就将他的女儿嫁给努尔哈赤。后金立国后，明安亲自到沈阳朝见后金大汗努尔哈赤，联络感情。努尔哈赤也亲自到百里之外的富尔简冈接他。努尔哈赤与明安热情相见，当即在营帐中盛宴款待，明安献上骆驼、马、牛等牲畜作赞见礼。然后翁婿并马进入盛京。努尔哈赤又一日

一小宴，隔日一大宴地款待科尔沁客人。盘桓了一个月，宾主尽欢之后，明安才回到他的部落。

后来，科尔沁贝勒莽古斯又将他的女儿哲哲嫁与努尔哈赤的第八个儿子皇太极为妻。皇太极则奉努尔哈赤之命，亲自到辉发扈尔奇山城迎亲，举行了隆重的婚礼。皇太极继努尔哈赤做了后金的大汗，建立清国，改称皇帝后，哲哲被晋封为皇后，即《清史稿》中的孝端文皇后。

哲哲与海兰珠、布木布泰的父亲寨桑属兄妹关系。论辈分，她是海兰珠姐妹的姑姑。哲哲与皇太极成亲在明万历四十二年（1614 年），离努尔哈赤正式建立后金的天命元年（1616 年），还差两年。此时的哲哲，已是十六岁左右的大姑娘，而布木布泰才一岁，她姐姐海兰珠也就两三岁的样子，都是孩子。当姐妹俩的姑姑举行大婚典礼的时候，这两个小女孩，还背在她们乳母的背上，或者依偎在亲人的怀抱里看热闹呢！她们天真无邪地望着眼前的一切：精壮的蒙古汉子们大口地喝着马奶酒，撕咬着烤羊腿，围着篝火唱呀跳呀，骑马，摔跤；漂亮的姑娘们热情地唱着祝福的歌。她们的小脸上也涌动着激动的神色，虽说她们不了解这一切的意义。

她们不懂，她们的姑姑是背负着怎样的历史使命，走向那沟通两族的皇家婚姻殿堂的。她们也不曾想到，当她们还没有度尽她们无忧的童年时，她们也要像她们的姑姑一样，肩负着同样的使命，迈向这同样的婚姻殿堂，去侍奉同一个雄心勃勃的男人。

但此时科尔沁贝勒府中这一对稚嫩的小姐妹，却仍无忧无虑地在王爷府中生活，在草原上玩乐着，在仆役奴隶的带领下，喝羊奶，骑骏马，追逐着云雀的歌唱，尽情地享受着童年的欢乐。沉浸在王爷和家人的爱意中。

努尔哈赤天命十年（1625 年）明天启五年，布木布泰已长到了十二岁。也许是草原上骑骏马喝马奶的生活，催促着姑娘的成长，此时的布木布泰已出落成一个端庄漂亮的半大的姑娘了，落落大方，颇懂事理；而她姐姐海兰珠比她还要漂亮，真是人见人爱，是王府中一对小美人儿。

科尔沁王爷府养育着一对漂亮的姐妹，消息不胫而走，后金大汗的

『贤明皇后』——清圣祖母布木布泰

宫廷知道了。于是努尔哈赤再次派人到科尔沁来提亲，娶亲的主儿仍然是八王子皇太极。

此时的皇太极已经三十四岁，早已是员能征惯战的猛将，立下了许多赫赫战功，是努尔哈赤所喜欢的王子之一，是后金"四大贝勒"中的第四贝勒，极有希望成为大汗的继承人。一心要不断地巩固与后金联盟的寨桑，岂有拒绝这门新的亲事之理？虽说皇太极已经娶过他的妹妹哲哲。他决定答应这门亲事。于是寨桑命儿子乌克善（莽古斯的孙子）亲自将小女儿布木布泰送到沈阳皇太极的府中，与他成了亲。

姑姑和侄女同时嫁给一个男人，这在汉人的观念和习俗中，是难以思议、违反伦常的事，但在古代北方少数民族风俗习惯中，却不是什么大不了的事。这桩婚事之所以得以进行，主要还是出于当时双方巩固政治军事盟约，对付共同的敌人——大明王朝和还未归服的其他蒙古部落的需要。

问题是，科尔沁王爷寨桑为什么不先送年纪较大的女儿海兰珠出嫁，而将较小的女儿布木布泰先嫁过去呢？也许是海兰珠更加漂亮，做父母的有些舍不得她出嫁；或许是因为海兰珠身体较弱，父母不忍心她出嫁。但是，这些都已不甚重要了，重要的是布木布泰成了皇太极又一个妻子。

布木布泰嫁到皇太极府中的时间是努尔哈赤天命十年（1625 年）的二月，此时的皇太极还只是个贝勒。到了这年九月，后金宫廷中便发生了一个重大的变故，努尔哈赤因为在一次对明军的战争中，遭到重大的挫败。他的军队攻击明军守卫的城池时，受到明军新式火炮的轰击，死伤惨重，他本人也被火炮击中，受了重伤。六十八岁的努尔哈赤，一生征战，还未遭到过这样惨重的失败，未免有些气急败坏。败归后，在清河汤泉疗养一段时间，伤势未见减轻。他乘船返回盛京，途中却已支撑不住，在今沈阳市南的小镇瑷鸡堡，一命归天。

努尔哈赤一生，娶了好多个老婆，这些老婆共给他生了十六个儿子。他的大儿子叫褚英，早在努尔哈赤称大可汗前，就因行为不称其父之心，被幽禁而死，时年三十六岁。

在余下的其他儿子中，据说他最疼爱和器重的是第十四王子多尔衮。据说，努尔哈赤在临终前，曾经指定多尔衮作为汗位的继承人。但这说法遭到别的王子、贝勒的否认，说努尔哈赤并未正式指定过汗位的继承者，皇太极首先就加以否定。总之，努尔哈赤空出的汗位，成了他的儿子们争夺的目标。

此时，努尔哈赤的子侄辈中，最有势力的是"四大贝勒"。大贝勒代善（二儿子）、二贝勒阿敏（侄子）、三贝勒莽古尔斯（五子）、四贝勒皇太极（八子）。这四个人，都英勇善战，屡立战功，手握重兵，广有势力，也为努尔哈赤所钟爱。他们都曾受努尔哈赤之命，辅助治理过政务。

这四大贝勒都具备了继承大汗之位的资格。

大贝勒代善在褚英死后，一度被努尔哈赤正式立嗣位。但他生活不甚检点，与努尔哈赤的大福晋（又称大妃，相当于明朝的正宫皇后）富察氏的关系暧昧，被努尔哈赤废黜。据说，这富察氏年纪轻，与代善相差无几。她想到努尔哈赤年事已高，为了巩固自己将来的地位，便打算联络、拉拢一些有势力的年轻贝勒，于是多次向代善等四大贝勒示好。一次，她命人做了几味美味食物给大贝勒代善与四贝勒皇太极送去。代善也对大福晋有意，他不但接受了食物，并且立即美滋滋地吃下肚去。皇太极却态度冷淡，虽然收下食物，却闲置一边，动也没动。又有一次，在宫廷盛宴上，盛装的大福晋喜笑颜开，主动地接近代善，有些儿眉来眼去的，代善并未回避，反而迎合上去。还有一次，大福晋深夜出官，不知何往，有人怀疑她进了代善的府中。这些事，被人知道，在努尔哈赤面前告了状，说大福晋与大贝勒私通。努尔哈赤也未深察，便怒气冲冲，要废黜富察氏的大福晋与代善的嗣位，还"赐"富察氏以死刑。这事发生在努尔哈赤天命六年（1621 年）。告密的人，有人说是一个叫德因泽的小福晋（小宫妃），有人说是努尔哈赤的另一个宠妃阿巴亥，是四贝勒皇太极串通她去诬告的。富察氏被废后，阿巴亥继位做了努尔哈赤的大福晋。但汗位立储之位，却再也没有恢复，皇太极虽没有达到立储的目的，代善的自信心和自尊心却遭到严重挫伤。对于汗位的继承，他已经没有了信心。

二贝勒阿敏，他是努尔哈赤的哥哥舒尔哈齐的儿子。舒尔哈齐因事被努尔哈赤禁闭起来，死在禁牢中。努尔哈赤感到有愧，因此对他的这个侄儿非常关照，给他兵权，封为二贝勒，让他参政，但论到大汗权位的继承，比起努尔哈赤的亲生儿子来，他毕竟隔了一层。因此他只能退避三舍。

莽古尔泰虽然是三贝勒，是努尔哈赤的亲儿子，但是，他的母亲就是被努尔哈赤废黜和处死的大福晋富察氏，而且是由他亲手杀的。他的经历，大大影响了他在弟兄间和中的名誉，以及他的自信心。因此，他也是知难而退，不想参与汗位的争夺。

只有四贝勒皇太极，虽然在四大贝勒中，位居第四，但他是努尔哈赤的第八子，最有实力，多年率领八旗将士征战，军功多，威望高，又聪明多智，颇有心机，早就对大汗之位，抱有很高的期望之心。代善嗣位被废后，他虽然没有成为名正言顺的储位，却一天也没有忘记这一目标。他认为，只有他最具有承续汗位的实力。

显然，正是这个皇太极，是阻止多尔衮继承汗位的最有力的竞争对手。

多尔衮是皇太极的异母弟弟，此时虽然只有十五岁，但同样是足智多谋，他与他的同母弟弟十五王子多铎也参加过许多重大战斗，表现英勇，战功颇多。而他们的母亲则是已晋升为大福晋的阿巴亥。只是论实力，还不是皇太极的对手。

这位阿巴亥姓乌拉那喇氏，本是努尔哈赤的侧福晋（侧妃、姜侍）。但她富于心计，精明能干，洞晓宫廷争权夺利的种种手腕。正是她，串通皇太极告倒原大福晋富察氏与嗣位代善。此后，她做上了努尔哈赤的大福晋，在后宫中权势臻于高峰。因此，在众贝勒争取大汗之位时，她也在竭力为她的亲生儿子多尔衮争取汗位。

但皇太极先已争取到代善、济尔哈朗等王爷贝勒的支持，在讨论和决定汗位继承的八王会议上，形成了支持他的绝对优势。阿巴亥知道，多尔衮已经没有希望继承汗位了，如果坚持竞争下去，一旦不成功，她与她的亲生孩子，下场都会很悲惨。阿巴亥审时度势，权衡利弊之后，决定放弃竞争，与皇太极达成协议，承认皇太极的汗位继承权，来换取皇太极对她自己与她的儿子的生命的保护和权位的认同。她认为：她是大福晋，也许以后还有机会为自己儿子夺得汗位呢。

最终，皇太极名正言顺地登上了后金国大汗的宝座。

皇太极的继位，给两个女人的命运，产生了巨大的影响。一个就是阿巴亥。他深知阿巴亥不是一盏省油的灯，不想留下她将来成为麻烦。于是，他在继承汗位的同时，与几位主旗的贝勒密商，说努尔哈赤有遗命要让大福晋阿巴亥陪殉，又说阿巴亥也表示过愿陪先大汗升天。因此，众人决议，要阿巴亥遵从先大汗的遗命，实践她的誓言，逼迫阿巴亥自杀殉夫。众贝勒既慑于皇太极的威势，又知道阿巴亥的为人，特别是代善，她母亲富察氏的死，与阿巴亥有关，因此，没有不赞成的。阿巴亥知道逃不过这场劫难，便也爽快答应了去死，只是要求皇太极善待多尔衮兄弟。皇太极也答应她的要求，于是，阿巴亥自缢而死，跟随努尔哈赤的魂灵，升到了天空。也有说她是被皇太极下令，让侍卫用弓弦勒死的。

另一个女人，便是布木布泰。因为皇太极做了新的大汗，这为布木布泰最终成为一位有影响的女政治家，提供了一个基本的条件。

皇太极当了大汗，一改他父亲的做法，很多事情他都模仿汉人朝廷的制度。他首先将国号改为大清，改年号为天聪元年，改大汗的称号为皇帝，后宫的妻妾，改称皇后、皇妃，贝勒改称亲王，以此显现他与中原的帝王一样，是真正受命于天的皇王，而不是鄙远地区的蛮夷之君。这也显示了他的野心，或者说是大志，有统一中国、混一天下之心。于是，皇太极成了太宗文皇帝，布木布泰的姑姑哲哲成了孝端文皇后，布木布泰则从贝勒的侧福晋，当上了皇妃。不过，此时她在皇太极的生活中，还不怎么获宠，在宫中的地位，还不是很高。

此时的布木布泰，虽不过十三四岁左右，但对宫内外的事务，知晓很多。诸如诸贝勒争夺汗位，多尔衮的失位，阿巴亥被逼殉葬等等，她眼见威严、辉煌的皇家宫廷中，竟有如此残酷的生死斗争，内心不免有所震动，但这也丰富了她的人生阅历，更加形成了她那关心国事，却深藏不露，稳重端庄，平静低调，能坚持，有主见的性格。正是这些性格，让她在今后的一些尖锐复杂的政治漩涡中，能从容应对，成为一位杰出的政治家。不过，也正由于她的不特别喜爱表露自己，安于平淡，不显山，不露水，长期不为皇太极所认知，未受到应有的重视，未获得特殊的宠爱。

古代宫廷中的女人，还有一件极其重要的事，就是能不能生育，特别是能不能生育王子。而布木布泰在宫中七八年，却没有生育过子女。

『贤明皇后』——清圣祖母布木布泰

这件事，也许是她一直没有获得清太宗特别宠爱的缘故之一。

可能由于这个情况，布木布泰的娘家人有些急了。到了天聪八年（1634年），她娘家人又把她的姐姐海兰珠也嫁到清太宗的后宫中来。海兰珠此时是二十二三岁的年龄，较二十一岁的妹妹布木布泰更加成熟和楚楚动人，更会体贴人。她的到来，让后宫起了不小变化，增添了不少的活力和欢乐。她获得了皇太极的特别宠爱，位置一下就在妹妹布木布泰的上面。皇太极每次处理完军政大事，总喜欢到海兰珠的寝宫来玩乐散心。布木布泰是个能够处变不惊、从容处世的人，对于较她后进宫的姐姐受到特殊的礼遇，她极为平静，没有一丝醋意，反有一股喜悦之情。她与姐姐保持着极亲密的关系。

海兰珠确很"争气"，她进宫不久，就怀了皇太极的"龙胎"。十月期满，竟产下了个"龙儿"。此前清太宗虽然已经有了几个儿子，却都是一般宫人生的，不为他所看重。他所宠爱的贵妃这回为他诞育一位皇子，叫他怎么不特别兴奋呢？为了皇儿的诞生，皇太极特地颁布了大赦令，表示与国人同庆。他对海兰珠更加宠爱了。也许是爱屋及乌，皇太极对布木布泰的态度，也逐渐热情起来。

崇德元年，皇太极正式在内宫后妃中建立五宫制度，依等级递差，首为中宫，称清宁宫，次为东宫，称关雎宫，再次为西宫，称麟趾宫，第四位为东宫，称衍庆宫，第五位为西宫，称永福宫，以分别封给他所宠爱的后妃。清宁宫为孝端皇后哲哲所居，海兰珠位居第二，被封为关雎宫宸妃，布木布泰获封为永福宫庄妃，虽然位居末位，却也是个正式皇妃的名义。

宸妃（海兰珠）自生了儿子后，更加享受着皇帝的关怀爱护，整日沉浸在幸福之中。然而，好景不长，她的儿子，活了一岁，就得了场大病，不治而死。虽然皇太极并没有因此衰减对她的爱宠，但她的心灵上却受到极大的创伤，加上她的身体本来较弱，从此，抑郁衰弱起来，生了重病。虽然请了许多有名的太医给她开过许多药，都没有什么真正疗效。

崇德六年（1641年）九月，皇太极正在前线指挥作战，盛京方面传来紧急消息，说宸妃病情加重，快要不起。他竟然放弃了战斗，赶回探视。但他还在途中，宸妃就已断了气。为此，他后悔而伤心，甚至到了神志迷糊的地步。虽然他曾自责过自己的失态，说："上天生朕，是为了抚世安民，并不是为了一个女人啊！"可是，他仍难以从悲伤中自拔。有一次，诸王大臣为缓释他的悲哀，请他外出打猎。当队伍经过宸妃坟墓时，他又情不自禁地扑倒在宸妃的坟上恸哭起来。有两个倒霉的王公，一个是辅国公扎哈纳，一个是郡王阿达礼，在宸妃丧礼期间在府中饮宴待客，被皇太极削去了爵位。

宸妃的儿子天殇不久，多年未曾生育的庄妃（布木布泰）竟然也生了个儿子，多少弥补了皇太极的伤心和遗憾。他给这个孩子取名福临，从字面意思说，是福运降临之意。福临的降生，确给这位进入清宫多年的女子，带来了一些新的机遇。后来，福临做了皇帝，当了多年妃子的布木布泰，终于升上了皇太后的高位。

据《清史稿·世祖本纪》说，庄妃在怀福临时，常有一道龙形的红光，围着她的身子盘旋。临产的前夜，她又梦见一位神仙抱了个孩子送进她的怀抱中，嘱咐说："这个孩子将来是统一天下的英主，着意养育。"

庄妃醒后，将梦境说给皇太极听，皇太极异常高兴，连说："好兆头，好兆头！这个皇儿一定会成就大事业。"福临出生的时辰，整个皇宫都笼罩在红光之中，整整一天，宫中空气里都弥漫着奇异的香气。

其实，这些"吉兆"，多数是后来福临真的做了皇帝后，文臣史官美化夸饰的说法，而在当时，虽然皇太极对这个新出生的孩子也很高兴，但未必就确定让他将来做自己的接班人。因为，第一，福临不过是他的第九个孩子，刚刚出生，他还看不出他的特点如何；第二，此时宸妃还健在，皇太极对她的宠爱正很专注；对庄妃的喜爱还没有达到超过她姐姐的地步。

只是到宸妃过世后，才使得皇太极将他的感情，更多地转移到庄妃身上。

据说，有一件特殊的历史事件，使皇太极对庄妃感情的转变，有较大的关系。这就是传说中的庄妃说降明朝高官洪承畴的事件。

那是在明崇祯十四年（1641 年），清太宗崇德六年的时候，明朝关外抗清统帅蓟辽总督洪承畴督军在松山与清军大战。兵败被俘。

洪承畴在当时名气很大，为明崇祯皇帝所倚重。此人确有一些军事才能，更为重要的，是他对明朝的政治、军事策略都很了解，对大明境内的地理形势和人事情况都很熟悉。对于野心勃勃，一心要征服大明，混一天下的皇太极来说，此人是个非常难得的有用"人才"。所以他听说将洪承畴活捉了，异常兴奋，认为是老天爷赏赐给他的最好的礼物。他立即下令将洪氏押送来盛京，要亲自见见这位声名赫赫的大明将军。他命看押洪氏的官员，尽量优待这个特殊的俘虏，住的锦茵绣褥，吃的好酒佳食，企图软化洪承畴，诱他归顺清朝。

"洪将军，本朝龙兴关外，大明朝举国之力与我朝相争，却屡屡大败。一则是因为大明主昏臣劣，将骄兵弱，政恶民乱，气数已尽，以将军如许大才，不能尽展其能；二则是我朝方兴，获天命眷顾，将来天下，必属我大清。将军归顺我大清，上应天命，下顺民心，乃豪杰所为。将军若肯辅助朕躬，取得天下，我大清的高官任你做，厚禄任你取，美女任你享乐。将军以为如何？"皇太极亲自给洪承畴卸了镣铐，显出一副礼贤下士的样子，诚恳劝说道。

洪承畴作为明朝的重臣，平时仁义礼智，忠君报国，成功成仁的话，从不离口，常以忠臣良将、圣贤之徒高自期许。如今他做了人家的阶下囚，落到这步田地，却已无可奈何。其实他内心早已有降顺之意，只是要说就此投降，面子上总下不去，多少觉得有些愧对平素读过的圣贤之书，说过的高言傥论。不论他初衷如何，他一时间嘴中还吐不出那一个"降"字来。他显得大义凛然的样子，回复皇太极道："本帅世受大明皇帝深恩，天覆地载，无可报答。今日之事，只知有明，不知有清，只知有死，不知有降！请大王速赐本帅之死！"他说得斩钉截铁。说完后，就不再开口，也不再吃喝，大有绝食而死之决心。

皇太极又急又气，真想一刀砍了他，可想想又舍不得，只得强忍着气，说道："将军请三思，不必如此决绝。"

皇太极回到宫中，心事重重，一筹莫展。庄妃正好侍奉在侧，见他愁眉不展的样子，便问道："皇上何事如此忧愁？"皇太极就将洪承畴被活捉，但不肯归降的事，说了一遍。庄妃听完，主动请命道："陛下且不要愁，妾不才，但愿去劝洪将军试试。"皇太极虽不抱什么希望，却也答应了。

洪承畴枯坐囚室炕上，不吃不喝已经几天了。他一边想，就此死了也好，一条命换后世一个美名，也还值得。可是想到家人，又犹豫起来，就此一死，家中老小如何？自己一身本事才学，不也跟随埋没，辜负了大好的人生了吗？他思前想后，动摇恍惚之际，忽听房门"呀"的一声开了。他抬眼望去，一女子款款而至。他虽然依然枯坐在炕上，却斜着眼睛，悄悄打量着进来的女子。

这女子端庄稳重，略带几分俏丽。她在洪承畴的对面，默默无语地坐着。引起洪承畴的兴趣，竟然主动发语相问："娘子因何至此？"女子道："妾夫受大清皇上之命，要妾来劝说将军归顺大清。妾若劝不得将军回心转意，妾夫将有性命之忧，妾也不想偷生人世了。"说着，眼中似乎含着泪水，一副楚楚可怜的样子。弄得洪承畴反过来安慰她，道："人生一世，实在不易，娘子不必想到轻生，你就没有孩子公婆，还要你照顾吗？"

那女子叹了口气，道："是阿，一死是了，可是对于在世的人，如何交代啊？譬如您洪将军，您家中就没有妻儿老小了吗？您这一死，他们又怎么办？还有，您是大明朝的大忠臣，顶梁柱，您这一死，倒也成就了一世英名，大明江山又靠谁来扶持呢？您可与小女子不一样啊！"

其实洪承畴内心中早已存在着生与死激烈的斗争，只是大话已经说在头里了，一时下不了台。如今面前的这个女子的话，恰如给他搭了一个下台的阶梯，他心里一动，也叹了口气，道："我哪里还能再为大明朝尽力啊！"

那女子道："将军之言差矣。如今大明与我大清相持，继续交战，必将两败俱伤；握手言和，则两国兴旺。将军若能协助我朝，与大明议和，以将军的人缘，将军的威望，和议岂有不成之理？和议如成，将军岂不报效了给您恩典的大明朝，仍是大明朝的忠臣吗？"

洪承畴想不到这个女人说出了这番话，为自己丢过来一块可以掩盖变节投降的遮羞布，好一套"曲线报国"、自我安慰的理论。洪氏心中不免一动，竟低头不语起来。

女子见洪承畴的精神世界已经开始动摇，再进一步向他的意志发起攻击，劝道："将军只要肯归顺大清，大清皇上英明仁慈，决不会亏待将军，也不会让将军做为难的事的。"洪承畴的心理堤坝已是完全崩溃，听完女子的话后，不由得点了点头，然而他好像在心理上还想勉力作些抵抗，口中喃喃地念道："只是，只是……"

没等他进一步的话说出口，房门又开了，皇太极迈步进来。他对洪承畴道："将军不要再犹豫了。刚才的话，朕都听到。自古说：'良臣择主而事'，'识时务者为俊杰'。将军，俊杰也，良臣也，岂是不识时务者？"他接着又指着那女子向洪承畴道："将军知道她是谁吗？她是朕的爱妃庄妃娘娘，因为钦慕将军的才名，才乔装来开导将军，希将军鉴谅。"一番话说得洪承畴诚惶诚恐，完全放弃了此前的矜持，连忙拜下身去，向皇太极和庄妃行礼，道："下臣狂愚，然能获皇上谅鉴和庄妃娘娘开导，启臣愚蒙，臣之幸也。臣愿追随皇上，为南北两朝和议尽绵薄之力。"皇太极听了他最后一语，淡淡一笑，意味深长地说："卿请起，朕当尽卿之力。"

从此，洪承畴成为清朝的一个忠实爪牙和鹰犬，先后追随皇太极和多尔衮，率领投降的汉军，供清人驱使，攻掠大明的城池，杀掠大明的民众，成了清人开国的一个"功臣"。

洪承畴被俘之初，传到大明朝北京城的消息是：洪大将军坚贞不屈，壮烈殉国。举国因此为之志哀，崇祯皇帝亲自为他祭奠。不知道他已经"易主而事，择木而栖"了，演出了一幕绝妙的历史讽刺活剧。

但从清人的立场上说，能将明朝的一员大将说降，成为清朝的得力助手，不可说不是立了个头功。庄妃的从容镇定、思维敏捷、口才辩给，都给皇太极留下了深深的印象。这也许是庄妃入宫多年来，她的政治才华的第一次成功运用。这件事改变皇太极对她的看法和感情。她在宫中的地位，得到了进一步的改善、提高，成了皇太极的一个得力内助。

在后宫中，庄妃的日子是平常而安静的。她除了帮助丈夫皇太极处理一些内务外，一门心思放在她唯一的儿子福临教育上。福临是皇太极第九个儿子，颇受他父亲的喜欢。自宸妃的儿子死后，庄妃就曾考虑到，福临将来有可能继承皇位。不过，皇太极对这个问题。也许是因为继位的事儿太复杂，也许他的军政事务太繁忙了，而且他才五十多岁，尚富于春秋，他没有时间，也不想多考虑继承人的事；也许，他对福临还不尽满意。所以，庄妃虽然对福临的帝位，始终抱着希望，却也不敢在皇太极面前公开提及。

然而，崇德八年（1643年），当庄妃三十岁的时候，清宫再次爆发了一件震惊朝廷内外的大事。住在关外盛京宫殿中的皇太极，在八月份一天的晚上，当他在永福宫与庄妃说了一阵话后，正准备就寝，忽然一阵眩晕，胸口疼痛，两眼一黑，就颓然倒在铺着绣金龙垫褥的大炕上。宫女和太监们乱作一团。还是庄妃较为镇定，她一面招呼宫女将皇太极扶正，平卧在炕上，头部垫了枕头；一面差人到清宁宫正宫娘娘孝端皇后处报信；接着又紧急召来太医诊治昏迷中的皇帝。可是，由于皇太极平时太过操劳，迷恋酒食和美色，毫无节度，身体肥胖，外强中干，血压虚高，早已患上了心脑血管系统的疾病。此时猛然暴发，形势凶猛，抢救哪里来得及？等到太医气喘吁吁跑来，皇太极已经气若游丝，说不出话来了。只是还迷糊着眼睛，望着众人。不到半个时辰，他就气绝身亡，只有面部还红扑扑的。他身后只留下一支强大的满汉蒙古三个系统的八旗军队。他临终没有来得及留下一句话，特别对皇位的继承，没有作任何交代。于是，清初皇位的继承再次成了悬而未决的困难问题。这使得当时清廷内外变得混乱和迷茫起来。

　　清人的皇位继承，再一次面临竞争，甚至是战争。

　　庄妃以儿子福临的代言人的身份，密切地关注着这场皇位的争夺战。

　　她十分清楚眼前的形势：皇太极一生生十一个儿子，此前已经先死三子，余下八个。包括福临在内的这八个儿子，道理上都有继承权。此外，皇太极的哥哥代善、弟弟多尔衮、多铎等，也都有皇位的继承权。但是，八子中，老四辅国公叶布舒、老六镇国公高塞、老七辅国公常舒以及承泽郡王硕塞，还有一个没有获得封爵的韬塞等，都是庶妃所生，他们的生母宫中地位不高，又缺少有力背景势力，其竞争力都比较弱。而自己的儿子福临，虽然皇太极在世时，对他还比较喜爱，庄妃的地位高于其他嫔妃，竞争力稍强，但儿子幼小，没有掌握一支有力的军队，没有建立过战功，不是他的大哥豪格的对手。至于皇太极的兄弟，即福临的叔伯中，资格最老的是二哥代善。代善曾经做过努尔哈赤的储位，掌握了一支八旗军队，又有显赫战功，应该有较强的竞争力。但他已经六十多岁，年事已高，而且自努尔哈赤去世，皇太极登基以来，他已对皇位失去了兴趣，不愿参加竞争。

她知道，在众多的兄弟叔伯中，最有做皇帝的野心，最有资格做皇帝，也最有实力和能力竞争皇位的，只有两人。一个是皇太极的长子肃亲王豪格，一个是皇太极的十四弟睿亲王多尔衮。

豪格的母亲乌拉那拉氏，是皇太极的侧妃，宫中的地位不如庄妃高。但豪格是长子，年龄三十多岁，正当年富力强，身体健壮。武艺高强，能骑烈马，拉硬弓，箭射得很精准。作战勇猛，富有战争经验，多次参加过对蒙古、对明和朝鲜的重大战争，久经沙场，屡立战功。他麾下率着八旗军队中的正黄、镶黄、正蓝三个旗，力量强大。因为他是长子，得到相当一部分王公贝勒的支持。如资格老，颇有影响力的郑亲王济尔哈朗，就表示赞成推举豪格做皇帝。因此，豪格的竞争力是很强的。

能与豪格相拼的，只有睿亲王多尔衮了。多尔衮在十七年前，就有机会登上汗位的。因为努尔哈赤生前就表示过多尔衮聪明睿智，勇敢果决，可以承继汗位。可是他的九哥凭借实力，取得众人的支持，抢去了汗位，还害死了多尔衮的亲妈。如今皇太极死了，这帝位不是应该物归原主了吗？多尔衮内心是很想做这个皇帝的。除了这一陈年的旧账外，他此时也不过三十多岁，与自己的大侄子豪格年龄相差无几。他更加聪明睿智，富于军事与政治韬略，善于治理国家大事。而且他与他的亲兄弟多铎、阿济格共同率领着正白、镶白两旗军队。这两支八旗军队都是当年努尔哈赤直接率领的满洲精锐。他参加过很多次战争，立下了许多赫赫的战功。尤其是，他在征讨蒙古林丹汗时，还意外地获得了当年后元蒙古汗王带到塞外，久已失踪的帝王传国玉玺。过去人们普遍认为，凡获得传国玉玺的人，都是天命所归，具有天子命运的人。他多尔衮难道不应当接着太宗皇帝来做大清的第三个皇帝吗？他也有一批拥护他的王公贝勒。

起初豪格与多尔衮互不相让，相持不下，甚至有武力相拼的意思。他们各自的支持者中，已有人发出此种威胁。

庄妃从中看到了局势的严重性与凶险性。此时，清人的八旗大军虽然已横扫关外，东平朝鲜，西抚蒙古，南临山海关，但是大明骁将吴三桂的明军还顽强地守卫在山海关上，阻挡着清军侵入北京的道路。而西北李闯王的大顺军，却正逼近北京，大明朝的江山，可能很快就落入大顺军之手。他大清军只能眼睁睁地看着数十年的经营，转眼落空。而且，一旦大顺军稳定了天下，挟战胜的余威，杀出关来，大清的天下不是也要有凶险吗？在这种形势下，如果豪格与多尔衮间发生战争，很可能两败俱伤，即使哪一方取得胜利，也必元气大伤。还拿什么实力去与大明、大顺争天下？一定要他们各自让一步，绝对避免兄弟叔侄间的战争。但要他们两人同意对方做皇帝，那是不可能的。最好的办法，是劝说他们都不要争夺这帝位，而另外安排一个他们双方都能接受的人做皇帝，才能达成妥协。

分析到这里，庄妃看到了一丝光明的希望，她儿子福临的机会不就在眼前吗？主意想定，庄妃便决定先去说服多尔衮，与之合作，来妥善处理好皇位继承之事。

再说多尔衮虽然非常想做皇帝，但他毕竟很理智，也很有算计。他知道，支持豪格的力量也不小；单凭自己与兄弟的军事力量，不足以以武力解决豪格；而且动用武力，一定会造成清人内部的动乱，而坐失西进南侵，争夺大明天下的大好时机。于是，他决定用比较平和的、妥协的手段来解决这皇位之争。他也想到双方都退出皇帝的争夺，另找一个大家满意的人来做皇帝。他也认为福临是比较合适的人选。除了前面说到过的福临的一些有利条件外，他考虑得最多的是，福临此时只有六岁，便于他将来的控制。他已想好，虽说不做皇帝，这军政的实权，他还是不能放弃的。此外，他对于庄妃的美貌、智慧和贤淑静穆，也是心仪的，他想趁这次福临继位的时机，接近她。多尔衮也是一个对美色很喜欢的人啊。他的主意想定，便一面向各主旗的王公大臣们游说，争取他们支持，帮助说服豪格退出皇位的竞争，一面去与庄妃联系，争取将来福临做皇帝后，得到她的配合。

却说豪格虽然想做皇帝，为人却也豪爽。当他知道多尔衮提出了福临来继承皇位时，又发现一些王公如济尔哈朗、代善等不再支持他后，感到形势逆转，自己孤掌难鸣，信心发生了动摇。他如一意孤行，用武力来抢夺帝位，不一定能取得成功。即使成功，也难服众，还会落一个破坏、违背祖制的恶名。此外，治理天下，也不是豪格的强项，还不如做一个亲王来得轻松。因此，也退出了皇位的竞争。庄妃那边，却是一拍即合，迅速谈妥，作出了安排。

　　于是，在八旗主旗王公的联席会议上，代善、多尔衮正式提出，公推福临继位，大家均表赞同，事情就决定了下来。

　　公元1643年8月，虚悬了数日的清帝帝位，终于有了新的主儿。六岁的爱新觉罗·福临，在关外的盛京，登基做了"大清国"的皇帝。次年改元，称为顺治元年。此后，福临便被大家称为顺治皇帝，有时更加简称为顺治。

　　儿子福临做了皇帝，庄妃顺理成章地当上了皇太后。她死后，到乾隆皇帝时，加谥为"孝庄仁宣、诚宪恭懿、至德纯徽、翊天启圣文皇后"，历史上称她为孝庄文皇后，或者孝庄皇后、孝庄皇太后，再简称为孝庄。

　　在福临登基的问题上，多尔衮与孝庄之间是否有过安排又做了些什么交易呢？正史中，没有明文回答这个问题，下面所说，只是根据一些现象，所作的推测。

　　安排之一，是多尔衮推荐福临做皇帝，但新皇帝必须让多尔衮做摄政王，辅助年幼的皇帝掌管八旗军队及六部一切军政事务，实际上掌握了军政大权。在孝庄的主持下，顺治登基后，多尔衮果然实现了他的要求，当上了"叔父摄政王"。但多尔衮为了防止别人议论他专权，他特别提议了礼亲王济尔哈朗同任摄政王，以示自己的无私。此外，济尔哈朗在多尔衮与豪格竞争的关键时刻，由支持豪格转为中立，实际上是对多尔衮的重要支持，多尔衮此举，自然有点酬功的味道。

　　但是，多尔衮骨子里却是很专权的。他执政之后，对顺治并不十分尊重，常常独断专行，一方面，又不断地排挤济尔哈朗，不给他实际处理事务的权力，最后竟剥夺了济尔哈朗摄政王的职位，以多尔衮的弟弟多铎来做摄政王。

　　不过，多尔衮虽然专权，但他的心意，还是用在国家军队的重大事务的处理上，而且，他所采取的政略措施，都还比较符合实际，因此，他在继承皇太极的积极进取，进军关内，夺取天下的军政方针时，取得了很大的成功。清朝替代大明皇朝，他是实际的创立者、实施者。

　　就在孝庄、福临、多尔衮在演出一幕幕活剧的时候，大明境内李自成的大顺军，已经杀进了北京城，崇祯皇帝吊死在煤山。明朝近三百年的天下结束，一个新的农民政权开始了。多尔衮刚当上摄政王，就得到大明天下易主的消息。他心中非常着急，可是山海关上还驻守着吴三桂的明军，他无法通过山海关，去与大顺军争夺天下，只得干着急，将军马驻扎在关外，等候机会。不久，他又听说吴三桂已经投顺了大顺军，更急得捶胸顿足，呼道："大势去了，大势去了！"

然而，转瞬间，情况又发生变化。侍卫官给他领进一个穿着明朝官服、风尘仆仆的人来。见过摄政王，那人自称是吴三桂的特使，说是吴三桂将军派来向大清国摄政王联系投顺的，恳请摄政王派大兵入关，共同清剿"闯贼"，为大明天子复仇。经过仔细询问，多尔衮方知，原来吴三桂确已准备投降大顺。可是，北京城中大顺的一些官员竟将他的老父亲吴襄抓起来拷打，追逼家财，又将他的爱妾陈圆圆掳去。吴三桂顿生恨意，转而变节投降清军，要引狼入室，以与大顺军抗衡。多尔衮得此消息，喜出望外，立即点起大兵就向山海关扑去。在山海关前的一片石，多尔衮与吴三桂联军，击败了前来讨伐吴三桂叛军的唐通率领号称十万的大顺军。清、吴联军跟踪追击，很快攻进了北京城。李自成仓促退出了北京。多尔衮意外地、轻而易举地实现了自努尔哈赤、皇太极以来多年所追求的占领北京的梦想。他一片狂喜，得意非凡。并且立即拟定了定都北京，平定中原的计划。他一面派人立即出关，让顺治、孝庄连同宫妃，立即起程赶来北京奠都，建立大清朝廷；一面调兵遣将，西进南征，追击李闯王的大顺军、张献忠的大西军，并作好饮马长江，进占江南的军事准备。此时的明朝实在太腐败，而众多的农民军之间又缺少协调，未能形成有力有效的抵抗力量，大量的投降了清军的前明军队，则为虎作伥，反过来镇压自己的手足同胞，加上清初的八旗军队，确实有较强的战斗力，所以，多尔衮指挥的军事行动，进展顺利，取得了很大的战绩。李、张两支强劲的农民军很快被清军荡平，而偏安一隅的南明弘光政权，也只昙花一现，也被多尔衮的大军消灭，大半个中国已经被践踏在多尔衮血腥的军事铁蹄之下。

伴随着军事上的巨大而血腥的胜利，多尔衮的名声和权势越来越显赫。他在顺治元年，还只是称为"叔父摄政王"，第二年，便改称为"皇叔父摄政王"。虽然只加了一个"皇"字，但它意味着这"叔父摄政王"已经具备了皇帝一样的性质、地位与权威。从这一字的变化，也可以看出，多尔衮对于仅仅是摄政王的地位，是很不满足的，他还是想

『贤明皇后』——清圣祖母布木布泰

一步一步向皇帝的地位靠近。到顺治五年，他获得了一个更为直率的称号："皇父摄政王"，直称"皇父"。这"皇父"与"皇叔父"又只是一字之差，然而这一字的差别，较之"叔父"与"皇叔父"的差别更大。如果举不出别的解说，"皇父"当然是皇帝的父亲的意思。多尔衮接受了这个官号，也说明他是将自己当作顺治的父亲的。

这一新的称谓，反映了两个情况：一是多尔衮的权势已达到了极点，已经位居于皇帝之上，只差不以"太上皇"加给他了；二是顺治的母亲孝庄太后还健在，而多尔衮却被称为顺治的"皇父"，则透露出多尔衮与孝庄之间应存在着一种非常特殊的关系。如果他们之间不是一种夫妻关系，或者准夫妻关系，不要说顺治，就是孝庄也不会允许多尔衮具有"皇父"这一附加修饰语的。正是这"皇父摄政王"的称呼，让人感觉到"太后下嫁"的传说的真实可靠性，以致两三百年以来，它始终是人们热议的一个话题，盛传的一个故事。

从"太后下嫁"这个广为流传的故事中，后人还窥见了当初孝庄与多尔衮就福临继位的交易中，所存在的第二个安排。这就是庄妃与福临一双孤儿寡母，为争取多尔衮的支持，得登帝王与太后的宝位，除同意多尔衮摄政外，孝庄还要以身相许。

后人或者认为，以太后之尊，竟然下嫁与小叔子，未免有失皇家颜面。但要知道，在福临争取皇位时，孝庄还只是一般皇妃，位既不尊，权亦不重，而且性命掌握在睿亲王及众王子手里，随便找个名义，就可能让她去死，贵为太妃的阿巴亥之死，不就是前车之鉴？孝庄能嫁与手握重权的睿亲王，也不为辱没她。而且，北方少数民族贵族中，父死子娶其继母，子死父娶其媳，兄死弟娶其寡嫂，弟死兄娶其妇，本是长期流传的风俗，史书处处可见，并无伦理的障碍，不为社会、族人所反对。顺治初年，局势未定，多尔衮与孝庄间的关系，可能还只是一个要约，关系未及公开。顺治三、四年以后，全国的局势逐渐平定，多尔衮的权势越来越大，这"下嫁"才成为正式的公开的现实。多尔衮由此也得以公开改称为"皇父摄政王"。

"太后下嫁"在当时的满洲贵族中，也许并不算什么大事，或许碍于太后的地位与多尔衮权势，有不满者也不敢多说。但私下里还是广泛地流传着，甚至传播到了当年抗清正烈的江南。抗清名臣张煌言写过一组十首《建夷宫词》，其第十首诗写的当是这件事：

上寿称为合卺尊，慈宁宫里烂盈门。

春宫昨进新仪注，大礼恭逢太后婚。

"合卺"，是古代婚礼仪式之一，由新婚夫妇各持半个葫芦水瓢舀酒共饮，后世则代以交杯酒，古诗文中常用以代指婚仪的举行。慈宁宫，太后所居之地。"太后婚"的太后，指的应当就是孝庄。自然，这首诗是带着一些讥讽味道的，写的内容也得之传闻，也许有些夸张、虚构。有人因此称张诗不可信，以证明孝庄太后的下嫁之说不实。然而，张煌言与多尔衮、孝庄太后是你死我活厮杀的不共戴天的敌人，难道可以要求张氏先查实后再写吗？夸张、虚构之处，兴或有之，然以当时人，记当时的传闻，写当时之事，证以当时其他的文献记录（如"皇父摄政王"之类），应并非空穴来风，其当有事实作依据，是不容易否认的。

后人为孝庄辩诬，力证"太后下嫁"为子虚乌有，所列证据似亦凿凿，但于此二事，却也很难辨清。笔者还是倾向于认为此事确实曾经存在过。

而孝庄当年作出答应多尔衮之请，作出嫁给他的决定，确也是一个大胆的决定。这说明这个平素不甚出头露面的皇妃，在关键的时刻，头脑清楚，处事明确，敢作敢为，具有政治的头脑。正是她的果敢决定，达成与多尔衮的妥协，建立了两大势力的联盟，从而消除了皇太极死后政局的混乱，巩固了皇太极长期奋斗所创建的有利形势，实现了关内立国的梦想。从清人的立场说，孝庄太后的功劳是不可否认的。

正是孝庄与多尔衮的配合，顺治初年的国家管理、军事行动，才走上顺利进行的轨道，而年幼的顺治的安全和利益也才得到可靠的保护。

古代皇朝有个习惯的做法，当皇帝幼小，不能亲政时，他的做太后的母亲，是可以临朝称制，垂帘听政的。按制度，孝庄完全可以垂帘听政，与顺治一起上朝。但孝庄太后没有实行垂帘听政。这可能因为她不喜欢过分显山露水，也可能因为多尔衮已经在摄政了，她如再听政，岂不发生冲突吗？

但是孝庄太后对顺治的管教，还是比较严格的。少年的顺治除上朝外，早晚给孝庄问安，要在太后的监督下，读满文，读经书，读圣训，

『贤明皇后』——清圣祖母布木布泰

学习做帝王之道。顺治严格按照皇家的礼节、太后的教导行事，晨昏定省，从不松懈。太后生日时，他写诗祝寿。大学士傅以渐编纂了本《内则衍义》，《内则》是儒家经典《礼记》中的一篇，讲的是子女在家中的礼节以及侍奉父母公婆的行为准则。傅以渐结合皇家后宫的礼仪准则，作了些讲解。顺治奉孝庄之命，认真读了这本书，还写了篇《内则衍义序》，呈给孝庄太后看，序中对孝庄大大歌颂了一番，称圣母皇太后辅助皇考（指清太宗皇太极）："兴道致治"，盛德美声，耀如日星，是万世后妃的典范。

从表面上看，顺治是个很孝顺母亲的儿子。但是，在他的内心中，却逐渐与他母亲建起了一道隔阂之墙。

这隔阂的产生，一个原因恐怕就出于孝庄与多尔衮的关系。顺治登基之时，只有六岁，还不大懂得成人之事，但到顺治四、五年以后，随着年龄渐长，他应该逐渐懂事起来，对于母亲与摄政的叔叔多尔衮间的那种亲密的特殊关系，他逐渐变得不可理解了，内心可能已经在积累着不满。尤其是在顺治五年，给多尔衮加上了"皇父摄政王"的称号，一定让他很痛苦。他现在已经是十一二岁的孩子了，懂的事更多，他实在不愿管一个不是他父亲的人叫"皇父"。显然，这个称号是多尔衮强加给他的，可能还得到孝庄太后的同意和支持。可是，内宫里是他的亲生母亲，是太后，他必须恪守子道，朝上是他的权势焰天、独断专行的叔叔摄政王，全国的军政大权，包括他的皇位和性命都攥在他手里，他有什么办法反对呢？他不能公开反对，然而不满的情绪，必然在他心中积聚起来。

多尔衮非常专权，大小事务，都非经他不可。可是专权的结果，是他也因此积劳成疾；此外，多尔衮也是个好色之人。大略食色过度，多尔衮终于病倒了。多尔衮本来身体就不很强壮，他的病越来越重。顺治七年（1650年）十二月初九日，才三十九岁的多尔衮，终于病逝于长城边外的喀喇城（今河北承德）。多尔衮不在了，顺治亲了政，他松了口气。不过，可能由于多尔衮刚刚过世，他的政治势力和影响都还存在，还可能由于孝庄太后的干预，顺治竟以朝廷的名义，颁赐给他一个特别的谥号："懋德修道、广业定功、安民立政、诚敬义皇帝"，庙号成宗，进入太庙，享受皇家祭祀。这"义皇帝"，是准皇帝，与皇帝相同的意思。这个谥号，承认了多尔衮开创清初局面的功劳，同时隐含承认他的"皇父"的地位。如果他不是"皇父"，怎能做"义皇帝"的呢？

不过，顺治很快就明白过来了，他不能再在多尔衮的阴影下执政，不再做傀儡皇帝了。

多尔衮的丧事刚办完不久，第二年的二月，多尔衮生前的仇人、政敌，纷纷上告多尔衮生前的种种不法行为。有人说：多尔衮入棺时，他的家人将只有皇帝才能使用的八补黄袍、大东珠素珠、黑貂褂放入棺内，违反礼制。有人说，多尔衮曾调兵遣将，驻扎永平，阴谋篡夺皇位。被多尔衮排挤掉摄政王职位的郑亲王济尔哈朗，以及遭多尔衮打击的巽亲王满达海、端重亲王博洛、敬谨亲王尼堪等，都上疏揭发多尔衮的罪行，主要有这样几项：一、专擅威权，排挤济尔哈朗参政；二、妄自尊大，自称"皇父摄政王"，行使皇帝的权力；三、仪仗、音乐、侍从、府第都按照皇帝的标准排场、建制；诬称按顺序皇太极不应继承皇位，用以威胁挟制"当今"皇上；四、诬陷肃亲王豪格，逼他惨死，又霸占豪格的妃子为他的妃子；五、违反皇家的规矩，私将他的生母阿巴亥谥为皇后，送进太庙祭祀，等等。这些人最后哭诉说："臣等从前畏威吞声，今冒死奏闻，伏望重加处治。"

当顺治读到"臣等从前畏威吞声"一语时，不仅想到自己六七年的境遇，颇似身同感受，竟也眼睛湿润，怒火中烧起来。也未再禀告太后，便提起笔批道：多尔衮悖逆不道，罪不容赦，削去一切官爵封谥，削去其母阿巴亥皇后称号，将其神主从太庙里迁出。并从宗室簿籍中除名。所有财产没收充公。个别官员为多尔衮说了两句公道话，说他开创清初天下，还是有功劳的，即被罢去官职，流放边疆服苦役。

顺治对其母孝庄太后，倒没有采取什么行动，只是从此以后，表面上仍恭顺有加，实际上更加疏远起来。

顺治与孝庄间的隔阂，还有一个原因，就是两人在顺治的婚姻上，想法不太一致。孝庄的理念比较守旧，她希望承续自努尔哈赤以来的做法，通过婚姻，加强清朝皇室与蒙古部落，特别是科尔沁部落的情感与政治的联系，而要求顺治继续从科尔沁蒙古迎娶女子为皇后。早在多尔衮在世时，就通过他娶了孝庄的侄女、科尔沁卓礼克图亲王吴克善的女

『贤明皇后』——清圣祖母布木布泰

・ 311 ・

儿为妃，顺治八年（1651年），在孝庄的主持下，正式册立了此女为皇后。此女虽然美丽，但顺治却不喜欢。顺治十年，顺治终于以此女作风奢侈为由，废去皇后称号，降为静妃，改居冷宫。

他废了皇后后，才去禀报孝庄太后。孝庄太后心中老大不高兴，可又不便发作。但孝庄太后不死心，顺治十一年，她又为顺治聘娶了科尔沁蒙古镇国公绰尔济的女儿为皇后。顺治也不喜欢她。曾想在孝庄患病期间，废去这个科尔沁蒙古皇后，但因孝庄的干预而作罢。不过，顺治还是自己娶了个他喜欢的女人，满洲正白旗将军鄂硕的女儿董鄂氏，封为贵妃。董鄂妃死后，他特意追封她为孝献皇后。后人传说，顺治娶了明末四公子之一的冒辟疆的爱妾、汉女董小宛为宠妃，或是董鄂妃的讹变。

顺治倒是娶过一个让太后也还满意的女子为妃。她是汉军八旗佟图赖的女儿。佟氏后入籍满洲，获赐满洲姓氏，称佟佳氏。这佟佳氏为顺治生了个儿子。后来这个儿子当了皇帝，就是康熙皇帝。孝庄太后对佟佳氏的印象还不错。据说，佟佳氏怀玄烨的时候，行路时，衣裙上常绕带红光。孝庄太后说就像她当年怀顺治时一样，预言佟佳氏所怀的孩子一定有大福分。

不过，总的说来，顺治与他的母亲之间像是一直在斗法。他们始终保持着一种恪守礼制、不冷不热的关系。顺治皇帝因为心情不好，曾一度想出家，所以民间流传有顺治到五台山做了和尚的说法。又说，顺治还偷偷出宫冶游散心，因此染上了天花。顺治二十四岁时，终因天花不治而"龙驭上宾"——死了。此年是顺治十八年（1661年），儿子的寿命终于没有长过母亲。孝庄太后这年四十九岁，年近半百。老年丧子，做母亲的自然也是很伤心的。但就多年来母子间一直处于那绷得紧紧的紧张关系来说，四十九岁的孝庄太后，未尝不是一种解脱。

顺治皇帝死后，他的第三个儿子玄烨继承了皇位，改元康熙，庙号圣祖，俗呼康熙皇帝。玄烨此时才有六岁，后来成长为中国历史上一位杰出的、大有作为的皇帝。陪伴着玄烨成长的，正是他的老祖母，清初杰出的女政治家孝庄皇太后。

玄烨做了皇帝，作为老祖母，孝庄太后自然而然地晋升到太皇太后的位置，这在后妃中，地位是非常高的，她望重而德崇，睿知而慈祥。

玄烨的生母佟佳贵妃这年二十二岁，被尊封为皇太后。还有那位为顺治所不喜欢的科尔沁贝勒绰尔济的女儿孝惠章皇后，也以嫡母的身份，被尊封为皇太后。不过有太皇太后在上面，对康熙皇帝的教育和训导，用不着她们操太多的心。

　　孝庄皇太后对玄烨的教育、培养是很上心的。此时她已从丧子之痛的心境里解脱出来，一心扑到了孙子的身上。她非常喜欢这个孙子。玄烨还没有出生，她就曾预言他将来应该很有福分。而今玄烨果然登上九五之尊的高位，她深为她的孙儿和她的眼光自豪。她直觉感到，她的这个聪慧的孙儿，一定有希望被培养教育成一位能够治国安邦、经天纬地的圣明之君。她一定要保护好他，好好地教育他，辅佐他。康熙二年，玄烨的生母佟佳氏不幸病死了，教育、抚养玄烨的责任，全部落到了孝庄太后的身上，她更感到担子之沉重。

　　孝庄是经历过清太祖努尔哈赤、太宗皇太极、世祖福临三朝，见过世面的老人，她虽未亲自当过政，但也参与过许多重大的政治斗争，见多识广，阅历丰富，善于观人处世和处理复杂的政治斗争，识别国家治理中所面临的种种风险。根据她的直觉，她认为康熙即位后，面临的一个现实的、重大的政治危险，是太监吴良辅的专权，朝纲的紊乱。要让刚做上皇帝的六岁孩子康熙能够安定地做下去，吴良辅的问题是非解决不可的。

　　吴良辅是顺治在位时最亲信的总管太监。大约顺治当时因与母亲孝庄太后暗暗不合，隔阂太深，因而心情不快，郁郁寡欢，便转而另外寻找了一些善于揣摩迎合主子心意的人，作为他消闲解闷的心腹爪牙，陪他玩玩乐乐，一方面也可借这些人监督朝廷内外的百官，压制心怀不满的人。吴良辅是其中最受他宠幸的一个太监。本来，清人在夺取明朝天下的时候，他们的首领鉴于明朝太监专权，酿成朝政紊乱、江山易主大祸的教训，自努尔哈赤以后，在宫廷中，是严禁重用太监，更不允许太监干政的。可是顺治将这些"祖训"都抛到脑后，在"亲政"后，硬是重用了吴良辅。吴良辅也最会逢迎他。他依照吴良辅的建议，撤掉传统的为宫廷服务的内务府，另设立十三衙门，分管宫廷中的种种庶务。吴良辅就利用这些繁杂的衙门，结党营私，招权纳贿，揽事弄权，贪腐淫乐。一时间，吴良辅权势焰天，成了朝廷内外官员巴结逢迎的对象。

「贤明皇后」——清圣祖母布木布泰

孝庄太后早就对吴良辅非常看不惯，可是顺治却一直护着他。

顺治十五年（1658年），吴良辅的不法行动被人揭发出来，面对确凿的证据，顺治不得不对他略加约束。可是，最后处理时，顺治仅在诏书里，给吴良辅一个"嗣后务须痛改前非"的空洞的训斥，并没有实际治他的罪，还让他回到宫中，"各供厥职"——官复原职了，正是顺治的蓄意包庇。事后，吴良辅的胆子越来越大，更加逍遥自在，洋洋得意，继续弄权敛财。

让这样一个既善于逢迎又喜欢弄权的腐败太监继续陪伴在一个六七岁的小皇帝身边，实在是太危险，太不负责任了——不是被他带坏，就会被他欺负。孝庄太后绝不能让吴良辅继续在宫中管事了。

康熙元年（1662年），一道以皇帝的名义签署的诏书颁发下来。一队侍卫奉诏冲进了吴良辅的府第，将他和他的同伙全逮捕起来，给他定的罪名是欺蒙世祖皇帝，"变更祖宗旧制"，妄自撤销祖宗设置的宫内官署内务府，另立十三衙门，弄权纳贿，搅乱宫廷。吴良辅和他同伙，大部分被处死，家产被没收，"十三衙门"也被撤消，内务府得到了恢复。诏书是以康熙皇帝的名义颁布的，实际应当是太皇太后的主意和决定。她运用她的智慧和决心，以快刀斩乱麻的手段，坚决而果断地解决一个多年的隐患，排除了吴良辅对教育、培养玄烨成为一个明君圣主的宏大计划和目标的干扰。

在太皇太后的督导下，玄烨受到了严格的教育和多方面的培养。除了平时饮食起居外，晨昏定省，都要求小皇帝依照礼仪，认真实行外，还特别请了师傅教导玄烨学习满汉文字，诵读儒家经典，不但读熟会背，还要会讲解，一丝不苟，比一般人家的孩子还要刻苦。特别要求小皇帝明白古今圣主明王治国之理，为君之道。告诉他，"得众"才能"得国"，一国之君一定要"宽裕慈仁，温良恭敬"，敬畏谨慎，勤政爱民。不但要明白，更要牢牢记在心，时时刻刻不忘施行。读经读史的同时，还要诵读古来著名的文章诗词，习书练字，也是每日必修之功课。习文的同时，还要习武。孝庄太后经常对玄烨说，满洲起自白山黑水，所依仗的，是尚武精神，是精湛的骑射功夫，要求他不要忘了自家的看家本领。要勤于练武，多读兵书，以达到武能安天下，文能兴太平，成为文韬武略齐备的圣主明君。

太皇太后的慈爱关怀和严格教育，对玄烨的成长，起到了良好的作用。玄烨后来回忆说："朕自幼龄学步能言时，奉圣祖母慈训，凡饮食、动履、言语，皆有矩度。虽平居独处，亦教以不敢越轨，少不然即加督过，赖是以克有成。"

康熙后来政治、军事上的成就确实非凡。他平定了北方和西北地区民族分裂分子发动的叛乱，巩固了中国的西北边疆；他与侵占中国北方和东北大片领土的沙俄侵略者作了顽强的斗争，签订了尼布楚条约，逼迫沙俄侵略军退出境外，保卫住了大片国土；他平定了吴三桂等三藩之乱；统一了台湾，将台湾正式归入中国版图，实现了国家的统一，等等。他取得了巨大的成功，开创了繁荣发达的"康乾盛世"。这许多成就，虽然太皇太后多数情况下并未直接参与，但也应有她的一分功劳。如没有她的主持和培养，出了康熙这样一个雄才大略的政治家和军事家，要取得上述那么多巨大的成功，是难以想像的。康熙晚年谈起他的老祖母时，再一次说道："忆自弱龄，早失怙恃（父母过世，无依无靠），趋承祖母膝下三十余年，鞠养教诲，以致有成。设无祖母太皇太后，断不能有今日成立。"应当是康熙出自肺腑的感受，也是符合实际的。可以说康熙的成就，也就是孝庄太后的成就。

在康熙的成长过程中，特别是他的早年，遇到过一些困难之事，不少都是太皇太后助了他一臂之力，帮助他顺利地克服的。除上述的吴良辅的弄权乱政外，还有处置辅政大臣鳌拜擅政专权，自作威福的事，太皇太后也给予过有力的帮助。

原来顺治临死时，遗诏传位给玄烨。但他望着跪在病榻前这个只有六岁的儿子，又不放心起来，在遗诏中指定四位大臣鳌拜、苏克萨哈、遏必隆、索尼做辅佐大臣，协助小皇帝处理国家大事。可是这些大臣，都是老资格的，多年带兵打仗，战功赫赫，位高权重，内心里多不把小皇帝放在心上。四人中，有的专横霸道，藐视皇帝权威；有的四处联络，搬弄是非，争权夺利；有的退缩畏事，不愿出头。总之，是各有用心，矛盾重重，并不可靠。特别是鳌拜，亲信遍布朝堂，仗着老资格和强大势力，既不把同列放在眼里，也不把康熙小皇帝话放在心上，一点也不尊重，有时竟在皇帝面前咆哮，威胁小皇帝按照他的意思，颁发诏书。玄烨一腔怒火，有时下朝之后，到慈宁宫向太皇太后倾诉委曲。孝

庄衡量当时局势，觉得解决鳌拜的问题，时候未到，便一方面暗中保护玄烨的安全，防范不轨之事的发生，一方面劝告康熙暂时隐忍，并要对鳌拜表现出充分的信任，给他封赐更高的爵位，以等待时机。康熙八年，玄烨终于在太皇太后的支持下，设计支开鳌拜的贴身侍卫，在宫中将鳌拜拿下治了罪，彻底摧毁了鳌拜的势力，也震慑住了其他别有用心的大臣，康熙亲自掌握了国家政权，处理国家大事。

孝庄太后虽然并没有临朝称制，不直接参与决定朝中事务。但康熙对她非常尊重，康熙亲政以后，每有重大事务，决定之前，依然常常到宫来征求太皇太后的意见。而孝庄也尽其所知，积极给康熙提供一些意见参考。

康熙十四年（1675年），蒙古察哈尔部布尔尼乘朝廷正在南方用兵，与三藩激战，劫了他的父亲，反叛朝廷，对北京的安全造成威胁。京中却无兵可派，而且找不到合适的率兵将领。知道康熙闷闷不乐的原因后，太皇太后便主动给他推荐了正在管理粮饷运输的图海，可以带兵。康熙便赐图海"以将印"，作为抚远大将军信郡王鄂扎的副将，前往平定。图海建议从各八旗贵族家中征发他们的骁勇"家奴"组成一支新的军队，很快就出发了，迅速平定了叛乱，稳定了京师的局势。

孝庄在康熙朝生活的时间最长，共二十六年，康熙八年皇帝亲政后，太皇太后又生活了十八年。孝庄既慈爱康熙，康熙也非常孝顺太皇太后，他们间的关系，是顺治与孝庄之间不可比喻的。自康熙十年之后，几乎每年他都要亲自陪侍孝庄太后外出，或者到奉天晋谒祖陵，遥祭长白山天池；或者赴古北口，上五台山避暑；或者到赤城、遵化洗浴温泉，极力奉养太皇太后。孝庄生病时，康熙竟亲侍汤药，不离左右。康熙十六年，孝庄六十五岁时，康熙还亲自撰写了一篇《大德景福颂》，歌颂和祝福他的老祖母。

康熙二十六年（1688年）十二月，孝庄七十五岁，因病在慈宁宫去世，终于走完她不平凡的人生。

孝庄太皇太后的去世，康熙哀痛无比。他曾准备依儒家的经典，为孝庄太皇太后服三年之丧，为她起陵园。可是大臣以为国不可一日无君，建议康熙以日代月，缩短服丧期，又尽了心意。至于建陵安葬，孝庄临终前给康熙留下了一段遗言，说："太宗文皇帝梓宫安奉已久，卑不动尊，此时未便合葬。若别起茔域，未免劳民动众，究非合葬之义。我心恋汝父子，不忍远去。务必于遵化安厝，我心无憾矣。"

太宗即皇太极，是孝庄太后的丈夫。皇太极是入关前死的，死后葬盛京的西陵。顺治是入关后死的第一个清帝，葬在遵化昌瑞山新设的陵园，称为东陵。顺治的陵墓称孝陵。孝庄的话的意思是，她不想回到西陵，与皇太极合葬在一起，而是希望就近葬在东陵，今后与顺治、康熙父子近一些。她的话，似乎表现了对这个孝顺的孙子的极端依恋之情，也似乎反映了她晚年对她与儿子关系的紧张的一种后悔赎过之意，但深入一下思考，也许也因为她与多尔衮的一段姻缘，而对皇太极有某种负疚的心情，而托辞不想再与本来的夫君葬在一起。

总之，孝庄最后没有葬在清西陵，但也没有葬在清东陵，而是葬在了清东陵的大门之外。

原来，孝庄关于她的葬地的遗言，让康熙为难。他应该知道他的老祖母与他的叔祖父多尔衮的一段姻缘，既然祖母已经有话了，他不能不奉行，但如单独葬在东陵，又如何安置祖母的陵墓与他父亲顺治的孝陵的位置呢？既不能置于孝陵之下，又不能置于孝陵之上，毕竟孝庄无论如何只是后妃啊。左难右难之下，康熙只得在东陵大门外，高墙之下，盖了间临时便殿，将孝庄的灵柩存放在这儿，等待以后再安置。这个便殿就叫"暂安奉殿"。但是，这一"暂安"，就安放了三十五年。不过，无论停放多久，康熙一开始遇到的左右为难的问题都依然存在着。

在此后三十多年的时间里，每年祭扫先人陵墓的时间，康熙去祭奠孝陵时，总要先去祭奠孝庄的"暂安奉殿"。

直到雍正三年（1725年）十二月，清胤禛才决定就在"暂安奉殿"的地基上，建起一座正式的陵园，叫作"昭西陵"。辛苦一生的孝庄太皇太后终于有了自己的陵墓了，不过，它不是在清皇家正式的陵园之中，而是在正式陵园的大墙之外，就像五百罗汉堂中的济公，不在座位上，而屈居大梁之上，是一位特别的参与者。那座高墙，世人称它为风水墙。

时光流逝了近三百年，据说孝庄的昭西陵还在，风水墙还在，不过

『贤明皇后』——清圣祖母布木布泰

都已残颓，老态龙钟了。每天夜里，只有萧萧风声，拂过这阅世近三百个春秋的高墙，在那残褪的大殿的屋瓦间回响，就像与这位出生于蒙古族的清宫老太后，追述着那些逝去的往事。而这些往事，有的令人感叹，有的令人心碎。

"权力的顶峰"——清咸丰帝皇后慈禧

「权力的顶峰」——清咸丰帝皇后慈禧

🌸皇后小传

    慈禧太后（1835年—1908年），同治皇帝的生母。她热衷于争权夺利，是中国历史上最有权势的女人之一。她心狠手辣，卖国求荣，长期掌管清朝政权。为了能够实施独裁统治，她肃清政治敌人，对亲生儿子也不留情面。她深谙人性，工于心计，垂帘听政长达四十七年。她是一位女政治家，但是，清朝依然没落下去，并最终灭亡。

    河南永城县孙家庄人孙殿英，名魁元，小时候脸上出过天花，人们都悄悄地叫他孙大麻子。

    孙殿英幼年丧父，母亲很溺爱他，导致他自幼养成调皮捣蛋的性格。

    1926年初，军阀张宗昌和李景林联合向北伐的国民革命军发动反攻，孙殿英率部袭击国民党将领徐永昌的部队，立下了"赫赫战功"。因为这一仗，张宗昌将孙殿英的部队改编为直鲁联军第三十五师，后来又扩编为一个军，孙殿英任军长。

    后来直鲁联军败退，孙殿英见风使舵，投靠当时国民革命军第六军团总指挥，被改编成了国民革命军第十二军，打起了青天白日旗。

    两年后，中国依然是军阀混战，国家贫弱，民不聊生，孙殿英不是国民党正规军，被蒋介石另眼相看，克扣其粮饷，导致孙殿英部半年不能给士兵发军饷，士兵开小差的事时有发生，随时有哗变的危险。

    为了缓解这一严峻形势，孙殿英苦思"解药"。

俗话说，靠山吃山，靠海吃海，孙殿英的部队离清朝皇陵很近，一个邪恶的念头在他的脑海里进现——盗墓。

1928年7月，溽热难耐。

河北省遵化县的马兰峪各路口墙壁上出现了十二军的布告，称该军将在东陵进行军事演习，严禁百姓入内，并限令演习区域的居民迅速迁出，以防发生意外。老百姓看了布告，马上搬出马兰峪，一时间此地数十里范围内荒无人烟。

当时，居民们还听到一个谣言：马兰峪清东陵一代布满地雷。这样，四周居民更不敢靠近了。

派兵击溃盘踞在附近的另一路军阀队伍后，孙殿英派下属的师长谭温江和旅长韩大保率工兵营等部开始在东陵掘墓。

首先挖掘的是慈禧的定东陵。

因找不到陵墓入口，便抓来了十多公里外的一个姜石匠进行询问，此人曾参加修筑陵墓，记得进地宫的入口位置。

古代修皇陵，一般都会把最后挖墓道的工人集体处死，这姜石匠是怎么活下来的呢？

这中间还有一段奇异的故事。话说慈禧入葬时，挑出八十一名工匠最后封闭墓道，并告诉他们从另一事先挖好的隧洞出去。工匠们心里明白得很，他们再也别想活着出去。姜石匠当时已四十多岁，几天前听人带信说老婆生了个儿子，把他喜坏了。现在他连儿子都没看一眼就死去，心里真不是味儿。

说来也巧，他就这样晕乎乎地干活，在搬一块石头时，一走神，脚下一滑，大石头砸在身上，当场就昏过去了。监工忙中出错，以为他死了，怕玷污了慈禧的寝宫，赶紧叫人拖出去扔到野山坡。

姜石匠醒来时发现自己躺在荒山野岭之中，便又惊又喜地拼命跑回家，捡了一条命。

被孙殿英"请"来后，姜石匠不愿出卖祖宗，孙殿英软硬兼施都不起作用，一怒之下吩咐手下说："把他儿子抓来，老子扒了那小王八蛋的皮！"

本来软硬不吃的姜石匠一听这话，扑通一声跪在了孙殿英面前。

找到墓道口后，孙殿英让人运来炸药，埋好点燃。只听几声轰隆隆巨响，墓道被炸开了，掘墓官兵们提着马灯往下走，孙殿英命令："谁敢哄抢宝物，格杀勿论！"

官兵们提着马灯，在满怀恐惧中穿过墓道，进入了慈禧墓的地宫，一进入墓室，他们就惊呆了，只见供桌上各种珠宝闪闪发光。这些土匪兵哪里还想得起掌管的命令，一拥而上将宝物抢了个精光。他们又刀砍斧劈，打开了慈禧的棺木，棺内的宝物又被洗劫一空。

官兵们争抢宝物的过程中，慈禧的尸骸被扯出来，尸首被分成了好几块，现场极为残酷，令人惊怖。多名军士因争抢宝物而互相残杀，死于地宫之内。

盗完慈禧墓，孙殿英又如法炮制盗了乾隆墓。之后，孙殿英还想盗顺治墓，因为听说顺治生前就到了五台山为僧，陵墓中是空的，便没有下手。

孙殿英又把目光转向康熙的景陵。

不知是上天震怒还是自然原因，异象出现了！

孙殿英正欲动手，景陵边的石下沟中流出黄水，后来黄水越流越大，汇聚成瀑布一般的壮景。顷刻间，地上已积水二尺余，孙殿英又惊又惧，终于放弃继续盗墓。

孙大麻子这次大规模盗墓行动中，损毁最惨的就是慈禧定东陵，不但陵墓被盗，连老太婆的尸首也没能保全。

谁能想到，短短数十年前，慈禧还是统治中国的无冕女皇呢！

尸骨不全的慈禧，她是怎样一个人？

1852年5月某日，在一个涌动着无边静谧的清晨，庞大的北京城黑黝黝的身影静卧在晨风中，沉默、遥远而冰冷，让人觉得它永远不可亲近。

在北京，5月清晨总是宁静清爽的，但它的主人清王朝已经病入膏肓。

"十全老人"乾隆皇帝死后，大清帝国的最高统治权传到了太子嘉庆手中，此时的满清王朝政治腐败、军备废弛、国力难以维系，各地揭竿起义者蜂拥而起，国家已经如风中之烛，渐渐走入了最后的黄昏。

1840年鸦片战争爆发，英国人用坚船利炮轰开了中国国门，从此，大清帝国开始频频以天朝上国之尊向外敌卑躬屈膝。谁能忘记，就在数十年前，乾隆皇帝对不远万里前来的英国使臣马戛尔尼说："天朝地大物博，无所不有。"

正是在这种夜郎自大式的狂妄，让乾隆拒绝了马戛尔尼提出的互设使馆和通商的要求。马戛尔尼一无所获，被迫回国。

临行时，乾隆让使臣给英王带去一封回信，满清王朝把这叫做敕谕。敕谕上说，你小小的英国国王和我天朝远隔重洋，但却一一心向往我天朝王化，现在派使者带表章前来叩拜，并呈上贡品。朕看了表章，英王话语诚恳，非常恭顺，朕很高兴。

短短四十七年后，傲慢自大的大清帝国跪在了高鼻梁蓝眼睛的英国人面前。

此后十年，大清帝国兢兢战战，一直未能走向复兴。

就在一年前的 1851 年秋天，拜上帝教的洪秀全在广西金田村起义，一场轰轰烈烈的农民大革命席卷了清王朝的半壁江山。1852 年 4 月，太平军从永安县突围，向桂林进军。这个动向，让大清咸丰皇帝十分头痛。

这一年，华夏大地已经不再有和平的影子。

努尔哈赤弯弓射雕，皇太极鏖战间关，顺治挥师入关，康熙千古一帝，雍正厉行勤政，乾隆皇帝十全武功……

清朝八旗的辉煌已经逝去，爱新觉罗氏的帝国仿佛垂暮老人，步履蹒跚，艰难地一步步向前行走，但每走一步都更接近坟墓。

北京，已经成为帝都数百年，目睹多少兴亡，几多浮沉，它已经变得无比博大，无比安详。

1852 年 5 月某日的清晨，静谧的晨风中就是这般安详。在这个静谧清晨的微风中，有一群人急匆匆地往紫禁城走来。

当第一缕照亮京城的雄伟殿堂时，护送着十二乘轿子的一队人马从黑暗中穿了过来，就像一条细细长长的溪水，从远处的拱门处蜿蜿蜒蜒地流到了附近的宫殿门口。

长长的轿子队伍在宫门前停住，好一会儿也没有动静，人们都在等待。

轿子的帘子都垂着，严严实实地遮住了轿子里的风光，让外人难以一窥轿内真相。

这时，几乘轿子的帘子动了，想必是轿子的主人在里面坐烦了，想偷眼看看这禁宫的样子。有一乘轿子帘卷处，一张眉目如画的精致脸庞露了出来，回头瞥见如此美丽女子的侍卫们立刻有些失态，又立即开始掩饰。

这少女顾盼生辉，大胆地看着周围的一切，眼睛里溢出藏不住的笑意。

她与别的女子不同，一点也没表现出什么"犹抱琵琶半遮面"的羞怯，她很大胆，简直有些毫无顾忌。

她是与众不同的。

她就是日后闻名天下叶赫那拉氏，小名兰儿，人们熟知她的名字叫慈禧。

兰儿生于1835年寒冷的冬天，属满洲镶蓝旗，父亲是道员惠徵。兰儿出生在北京，小地名叫作西四牌楼劈柴胡同。

在那个滴水成冰的冬天，当她降生到世界上时，那已经逐渐显得破落的老家庭，终于恢复了几许生气。

兰儿的父母做梦也不会想到，短短二十多年后，这个柔弱的初生女婴会给他们带来什么，又会给大清国带来什么。

浮动着秋水般眼睛的兰儿，凝视着身边的宫墙，一瞬间，十余年的往事历历在目，一幕幕浮现于脑际。

这个明眸善睐的姑娘，突然有点儿惆怅：一朝选在君王侧是她许久以来的梦想，而一旦这个梦想突然成为现实，她依然觉得有些突兀。

当这肃穆的宫墙挺立在眼前时，兰儿知道，自己的童年结束了，自由生活也结束了。

兰儿柔肠百结。

这时，几名宫廷侍从出现在轿子周围，将轿子打开，逐个领走了轿子里的人。人们这才看清，原来轿子里坐着的都是些天生丽质的佳人。

兰儿定了定心神。

不一会儿，兰儿随着几名女子一起，被宫廷侍从安排到了一间厢房里候命。厢房后面是一个四周封闭的园子，园子里有小水池和假山，水池里有游鱼好几条，假山旁是几丛翠竹，竹林旁的空地上盛开着一片月季，那满眼的娇艳如同盛开的欲望，十分惹人眼。

『权力的顶峰』——清咸丰帝皇后慈禧

兰儿和女伴们都看着园子里的景色，东方的晨曦将园子剖成两半，一半光明一半黑暗。兰儿心想，如果我走出去，是跨入光明还是堕入黑暗呢？

这些女子都是民间选送过来的秀女，她们将接受皇帝的挑选，选中的就会留在宫中，成为皇帝的妃嫔。

她们各自都有心事，但谁也不出声。

兰儿有点疲惫。但疲惫和刚才的惆怅还是一闪而过，想到即将见到当今皇帝，她更多的却是满怀欣喜和期待。

她知道自己的美丽。

美丽，是一个女人最大的本钱。

水池的微波上，映出几个女子的模糊影像来，兰儿看清了体态窈窕的自己，禁不住有点顾影自怜。

过了一会儿，兰儿和几名女伴被领进一间宽敞的宫殿，都侍立在阶前。

忽听有人朗声呼道："皇上皇后驾到！"

兰儿忙随着众人跪倒，行三跪九叩大礼。

一阵细碎的脚步声之后，已经端坐在阶上案几后的咸丰皇帝轻声道："平身！"

众女子第一次见皇帝皇后，虽然事前已经演练过多遍，但皇帝发话后她们都还有些犹疑。皇后跟着说："皇上说了，让你们都起来！"

伴着皇后的口音，兰儿倏地站了起来，还抬头向皇帝看去。

皇帝英俊而孱弱，显得很和蔼，一点也不像事先想象的那般威严和不近人情。

一旁的皇后则端庄中透着妖娆，明丽照人，丰腴而略显娇艳。

就在兰儿打量皇帝皇后时，皇帝也迎面向她看来，她的目光实在有些放肆，与其他女子都不一样。

几名宫女走过来，给每位侍女递上一只紫色的精致小盘。

这是清廷选秀的规矩，皇帝面前放着两只荷包，如果皇帝看中了谁，就会拿起荷包放到她的小盘中，她就将成为皇帝的妃嫔。

皇帝的荷包将决定这些秀女的命运。

兰儿转头扫视了一下身旁其他几名女子，众人都低着头，羞怯地站着。只有她，还是那般不在意和满不在乎。

皇帝的目光定在她身上，她嫣然一笑。

皇帝抓起一只荷包，站起身走来，兰儿明显地感觉到，皇帝是走向自己。

她欣喜若狂。

"陛下……"端坐一旁的皇后轻声叫了下皇帝，兰儿抬头看时，发现皇后向自己投来的目光并不友善。咸丰皇帝犹豫了一下，但随即还是向前两步，把荷包放进了兰儿的木盘中。

兰儿立刻下跪致谢："谢陛下和皇后隆恩！"

皇后眼中闪过难以掩饰的失望。

这时，太监呈上这次选秀中皇帝选中的四名嫔妃的名册。名册上有这些女子的画像和身份介绍。

皇帝很满意。

未被选中的秀女被侍从领走后，选中的四名女子被带到皇帝跟前。兰儿站在那里，依然没有丝毫羞怯，贝齿如雪，目如秋水，发如乌云，眉似柳叶，肤如凝脂。皇帝的目光再次投到她身上，她还是那样满怀喜悦地回看皇帝，皇帝不禁怦然心动。

"你是叶赫那拉氏？"

"回陛下，臣妾叶赫那拉氏，小字玉兰，小名兰儿。"

"玉兰，兰儿，那朕就封你为兰贵人。"

"臣妾谢皇上隆恩，谢皇后恩典。"

现在，兰儿成了兰贵人。

此次被选中的四名秀女，分别被封为贞嫔、云嫔、丽贵人和兰贵人。

四女皆呼万岁，谢皇恩。

仪式完后，宫女将兰贵人领进了储秀宫，储秀宫是后宫中的西六宫之一。

兰贵人天生丽质，又生性活泼，很快得到了皇帝的宠爱，那一段日子，她几乎是夜夜专宠。

从此君王不早朝。

两年后，皇帝下旨，封兰贵人为懿嫔。

懿嫔叶赫那拉氏的专宠在后宫引起不满和嫉妒，皇后更是不高兴，可皇帝日夜迷恋于懿嫔，她们也无可奈何。

皇后一面发动众嫔妃和外延大臣力劝皇帝保重身体、勤勉政事，一面合伙给懿嫔脸色看。

可皇帝并不理会。

懿嫔似乎也是满不在乎。

皇后决定出招，毕竟她才是后宫之主，可以动用祖训。

某日清晨，皇后让心腹太监捧着祖训，几人直奔懿嫔住的储秀宫。清晨的储秀宫格外安静，除了太监和宫女们晨起洒扫的声音，就只有晨鸟婉啭啼鸣。

皇后心中有气，正要迈进宫去，一名太监抢过来，跪在她面前。

明眼人当然看得出来，这个死太监是在拦住皇后的去路。

皇后抬脚准备再走，太监说："皇后，皇上昨晚传话说……"

太监还没说完，皇后一声呵斥："滚开！"

太监只能悻悻地移步一旁，皇后跪倒在地，手捧祖训，对宫内脆声高叫："请陛下早起，妾已请出祖训，请陛下聆听！"

真是平地起惊雷。

皇帝和懿嫔一下惊醒，皇帝从床上一跃而起，大声道："皇后勿念祖训，朕这就上朝听政。"

成丰皇帝匆匆穿戴整齐，赶去上朝了。

皇后暗自欣喜，收起祖训，对着跪在面前的懿嫔说："你我身为后妃，理当为江山社稷分忧，而今你却整日媚惑圣上，让圣上不理朝政，你难道想让当今圣上背上昏君的骂名吗？"

懿嫔一听，泪涟涟地请求皇后责罚，只说："妾身应该受罚。"

皇后也不说什么，就让随身太监将懿嫔带到了坤宁宫。

坤宁宫是皇后行使权力的地方，皇帝的一个随身太监一看情况不对，立马悄悄溜出去，往皇帝上朝的地方跑去。

皇帝一听太监禀报的情况，立刻知道皇后要对懿嫔用刑，于是让太监递来纸笔，疾书一道手谕，交由太监带去坤宁宫宣旨。

这边坤宁宫内，懿嫔跪在皇后面前，不敢出声。

皇后说："祖宗有成法，懿嫔你不要怪本宫心狠。"

话音刚落，太监在外一声宣旨："皇上有旨！"

皇后和众人跪下接旨。

太监念道："懿嫔怀有身孕，请皇后免于责罚！"

皇后一听惊呆了：懿嫔已经有皇上的骨肉了吗？

有了皇帝的旨意，她只能免除对懿嫔的惩罚。

懿嫔躲过了一顿皮肉之苦。

1854 年 2 月 23 日，大地封冻，春的气息尚未到来，整个京城像一头蛰伏的怪兽，冷冰冰地卧着，紫禁城内却是灯火通明，喜气洋洋，储秀宫里人声喧嚷。

在人们焦急的等待中，一声清脆的啼哭划破长空，咸丰皇帝唯一的儿子降生于世了。

不一会儿，咸丰皇帝得知了这个消息，立即赶往储秀宫，探望尚未睁眼的孩子。

这个孩子的降世，让他心头一轻，盼了很多年，终于盼来了能继承江山的龙子。他可以释怀了。

孩子满月那天，太监带着皇帝的旨意来到储秀宫，对懿嫔宣旨："懿嫔诞下龙子，我大清后继有人，此功至大，懿嫔即日起升为懿贵妃。"

刚进宫不久的秀女兰儿，由兰贵人变成懿嫔，如今又成为懿贵妃。

这个过程，她只用了短短的两年。

1860 年秋，英法联军在额尔金的率领下攻破北京城，将举世闻名的皇家园林圆明园付诸一炬。

在此之前，皇帝已经带着肃顺等大臣和后妃，失魂落魄地从京城出逃，直奔热河行宫，在那儿躲避灾难。北京的烂摊子，则丢给了皇帝的弟弟恭亲王奕䜣等人去收拾。

有一天，咸丰皇帝在案前批阅公文，懿贵妃伺候在一旁。

热河避暑山庄位于承德，算得是清凉胜景，但虚弱的咸丰皇帝却细汗沥沥，额上、背上和鼻尖都是汗珠。

翻阅完几本奏折后，皇帝觉得头昏脑涨，再也无法坚持下去。

皇帝当然知道自己身体虚弱的原因。自从仓皇逃出北京到了热河后，他万念俱灰，觉得自己无法做出什么惊天伟业来，便一直沉浸于女

『权力的顶峰』——清咸丰帝皇后慈禧

327

色之中，并荒废了政事。

皇帝慵懒地坐着，斜眼瞄着懿贵妃，懿贵妃也回望着皇帝，目光中充满风情。

"贵妃，你不是从小熟读四书五经吗？朕看过你的书画，也不错。来，你来替朕批阅这些奏章。"

皇帝一句话说完，已有些气喘吁吁。

"陛下，这是国家大事，妾做不来，也不敢僭越呀。"

"朕叫你做，你做了就是为朕分忧，何来僭越之说？"

"好吧，那妾就斗胆一试。"

懿贵妃来到案侧，批阅起奏章来居然像模像样，还十分娴熟。

皇帝眼中露出赞赏神色。

"陛下，这恭亲王的奏本，妾不敢擅作主张，请您圣裁。"

皇帝接过奏章，原来是在北京处理国事的奕䜣，要求来避暑山庄拜见皇帝。

孱弱不堪的咸丰皇帝手执朱笔，犹豫不决，迟迟不能落墨。

"陛下，您龙体违和，恭亲王来探望也是人之常情，皇上犹疑不能准奏，可有何难处？"

冷眼旁观的懿贵妃问道。

这话却刺痛了咸丰心中隐痛。

咸丰和奕䜣本是同父异母的亲兄弟，咸丰出世不久，他的母亲就去世了。是奕䜣的母亲一手将咸丰皇帝养大的，这层关系原本不平凡。

但奕䜣却总让皇帝感到不自在。

道光皇帝在位时，对立皇储之事颇伤脑筋，他喜欢自小聪明伶俐的奕䜣。奕䜣小时候身体也不错，还能纵马驰骋，而咸丰却身体孱弱，总是静静地待在皇帝看得见的地方。

咸丰心底难免对弟弟奕䜣生出丝丝妒意。

奕䜣也成了咸丰继承帝位的最大威胁，道光皇帝最终选择咸丰皇帝继承大统，但他直到去世都对此怀着矛盾之心。

咸丰皇帝知道这一点，这也是他和奕䜣兄弟俩之间的心结所在。

此后皇帝与奕䜣失和多年。皇帝的养母静太妃在世时，奕䜣多次要求皇帝册封其为静太后，但皇帝一直没有答应。

后来，咸丰皇帝和奕䜣的关系越来越差。皇帝将奕䜣赶出了军机处。自此，两人都不愿再见到对方。

现在，奕䜣想来热河探望，他不得不有所警觉。

奕䜣的才华在他之上，他心知肚明。

他离开京城后，奕䜣一直在北京收拾残局，终于让京城恢复了秩序，京城秩序井然，这一切都是奕䜣的功劳，如果他不在，京城能保持稳定吗？

有念于此，咸丰皇帝忽然觉得一阵胸闷气短，伏在御座上咳嗽起来，用白色的丝绢擦拭后，上面竟有丝丝血迹。

懿贵妃看见血丝也是一惊："陛下，您一定要保重龙体。"

"贵妃请放心，朕这病也不是一朝一夕了，没事。"

咸丰前倾的身体又靠坐回去，虚弱的脸上有几分烦躁。

咸丰自小体弱，当皇帝后，因为酒色过度，身体状况更糟。有时走路都觉得气短，近年的祭祀大典，他基本都托奕䜣代劳。到热河后，他更觉身体每况愈下，他有时候觉得，自己已经能听到死亡的脚步声，那声音让他十分恐惧。

"如果我死了，这皇帝之位会落到谁手上呢？"他悄悄地问自己。

咸丰皇帝在心里把儿子检视了一遍，不管他多么聪明，可是才五六岁呢。弟奕䜣才能出众，他会不会对这个宝座虎视眈眈呢？

想起多尔衮的旧事，他更是内心不安，奕䜣会不会是第二个多尔衮？

"不能让他来！"咸丰皇帝在心底这样打定主意。

皇帝疏于政事后，对批阅公文奏章十分厌烦，他常常让懿贵妃代劳。

后来，皇帝惊奇地发现，懿贵妃并不满足于做帮他批阅奏章这样简单的事，她有时还在不少国事上对他进行劝服和进谏。

显然，这个女人有干政的倾向，这让他很不舒服。历朝历代的皇室都反对后妃干政，大清朝也一样。

想到这儿，皇帝开口问懿贵妃："贵妃，恭亲王想来探疾之事，你看如何定夺？"

"陛下，这也是人之常情……"

『权力的顶峰』——清咸丰帝皇后慈禧

皇帝似笑非笑的目光打断了懿贵妃的话，懿贵妃想追问皇帝这样看着她的意思，但皇帝挥挥手，想说什么，却突然俯身趴在案上咳嗽起来。

懿贵妃赶紧搀住他说："皇上您千万要保重龙体！"

咸丰冲她摆了下手，手势柔弱无力，懿贵妃赶紧知趣地退下。

烦躁的皇帝突然想起了肃顺，这个大臣虽然略显粗鲁，但他做事却让皇帝感到很舒服。

"传肃顺觐见！"皇帝也想听听他对恭亲王"探疾"一事的看法。

不一会儿，肃顺疾步来到皇帝的书房。

一路上，肃顺心中都在盘算，皇帝召见到底有什么事呢？

自来热河之后，肃顺与载垣等人形成了一股权倾天下的力量，皇帝几乎将大小事务都交给他们办。

不知不觉中，他已经到了书房门前，不待通报，他已径直入内。这是他独特的风格，虽然显得极为鲁莽，但皇帝也没责怪过他。

暗地里，肃顺对此十分得意，皇帝没责怪他，说明自己很受宠。

刚见面，皇帝就笑吟吟地说："爱卿不必多礼！"

肃顺随即在书案侧旁的椅子上坐下，并转头倾向皇帝，发现皇帝满脸疲惫。

肃顺说："皇上您太操劳了，朝中事务有我们在就行。"

皇帝听了此话，觉得特别顺耳，他说："你让朕很宽心，今天找你来，是要商量一件事。"

咸丰伸出手来，把手中摩挲了许久的奕䜣奏章递给肃顺。

肃顺几眼就扫完了奏章。

"奕䜣要来热河？！"

肃顺有专权的野心，最大的障碍就是能力和威望出众的恭亲王奕䜣，还有经常替皇帝执笔批阅奏章的懿贵妃。

热河原本只有懿贵妃能对自己有所掣肘，如今奕䜣也要掺和进来，他们是不是有什么密谋？

一念及此，肃顺立即警觉起来。

"一定不能让奕䜣来热河！"他的想法再次与皇帝不谋而合。

但肃顺在这样的问题上却不会鲁莽地亮出底牌，他回头悄悄端详咸丰，发现皇帝神情严肃，早没有了平日里一贯的满不在乎。

"皇帝一定早有打算。"肃顺早看出端倪来了。

"皇上，臣以为，恭亲王与皇上是手足兄弟，来探望您是人之常情，可不好拒绝！"

"你是这么认为的吗？"咸丰的话显得莫测高深。

"不，臣并不这样想，臣刚才所说，臣是觉得奕亲王理应前来，私下里倒觉得他另有所图，皇上要小心。"

"是吗？"皇帝与肃顺彼此心照不宣。

不过，笑意重回了皇帝脸上。

"陛下，您如此劳累，批奏公文可有人代劳？"肃顺决定出手。

"懿贵妃代劳。"

"哦？汉朝吕后干政，起于皇帝不在朝时打理朝政；武则天掌权，也缘于唐高宗病重时代理政事，后妃干政，不可不防呢。"

咸丰微微一笑："朕早有打算。"

"皇上还是提防才好，懿贵妃不是叶赫那拉氏吗？她的先祖布扬古曾诅咒爱新觉罗氏，说爱新觉罗氏必将覆灭在叶赫那拉氏手中。"

咸丰心中一凛。

这个诅咒简直是一千零一夜中的故事，从来没引起过爱新觉罗氏的重视，今天肃顺的话勾起了他对往事的回忆。

皇帝开始沉思。

肃顺一见，知道自己的话起了作用。

咸丰皇帝突然想起，前几日他曾到湖中泛舟，懿贵妃自告奋勇来为自己撑船，皇帝还没站稳，懿贵妃已经撑动竹篙，咸丰皇帝一个站不稳，"噗通"一声落入水中。

幸好太监们很快将皇帝救起。

泛舟不欢而散。

咸丰皇帝想起布扬古的诅咒，心中大惊，问肃顺道：'你说，该如何处置？'

肃顺低声说："臣认为陛下可效法汉武帝处置钩弋夫人之法。"

皇帝当然知道这个故事：汉武帝刘彻七十岁时，钩弋夫人为他生下了儿子弗陵，他想立弗陵为太子承继大统，又想到自己年事已高，担心

『权力的顶峰』——清咸丰帝皇后慈禧

皇帝年少，钩弋夫人干预朝政。因此，他在立弗陵为太子之前，就立下遗诏，说自己死后，要钩弋夫人殉葬。

咸丰皇帝拿起朱笔，写下一封诏书："朕死，必杀懿贵妃以殉，毋使覆我宗。"

肃顺离开座位，跪在皇帝面前说："陛下此真乃明君所为。"

肃顺又表示，奕䜣探疾一事，可由军机处办妥。

皇帝和肃顺密谈时，懿贵妃正在储秀宫内呆呆出神。储秀宫的西窗可以看到晚霞，越过高高的杨树树梢，晚霞似火，将整个宫殿群笼罩在一片黄金般神圣的颜色中。

自从那日建议皇帝批准恭亲王来热河探疾后，皇帝便不再召见她，也不再让她代批公文。

这是很反常的情形。

"主子！"她一回头就看到了最宠爱的小太监安德海，不知何时他已站在身后。

安德海一脸慌乱，他惊觉地扫视了屋内侍女，懿贵妃一见，马上令其他人退下。

"小安子，为什么这么慌张？"

安德海凑着她的耳朵说："您要多加小心，刚才皇上身边的小太监告诉我，说皇上听信肃顺挑拨，说您有篡逆之心，已下了一道密诏，让皇上驾崩之后将你殉葬！"

懿贵妃目瞪口呆，一时不知所措，只觉得危机四伏，背上透凉，五脏六腑都是凉的。

良久，懿贵妃渐渐平静下来，紧咬银牙："与其坐以待毙，不如拼一个鱼死网破！"

"小安子，你好好留意肃顺。"

她还是懿嫔时，肃顺就在皇上面前诋毁她，那时皇帝并不在意。如今肃顺竟要将她置于死地，她不得不反击。

但是，她又一想就犯难了：避难热河以来，皇上几乎将大小事务都交给肃顺，如今他一手遮天，朝中大臣没有人敢公开反对他。

她有一种置身于孤岛的无助感，怎样才能撼动肃顺这棵根深蒂固的大树呢？

ZHONGGUOLIDAIHUANGHOU
中国历代皇后

突然，她眼前一亮，皇后曾多次在她面前流露对肃顺一伙专权的不满，能不能说动她来反对肃顺呢？

　　但皇后对她心存芥蒂，自打她入宫以来，皇后对她就不太友好。然而，对付肃顺关系她们的共同利益，应该可以说到一起。

　　也唯有和皇后联合对付肃顺，才能撼动这棵大树。

　　她确信，要想联合皇后，需要找一个适当的时机。

　　她开始等待。

　　几天之后，安德海给她带来了两个消息。

　　原来，有一天肃顺趁皇帝不在，坐在宝座之上问左右："我像皇帝吗？"

　　另一件事是几天前发生的。肃顺有一只和田羊脂玉杯，是他的心爱之物。几天前，肃顺手下的一个小内监在擦拭器皿时失手摔碎。一个老内监教给小内监一个应付方法。

　　第二天，小内监用胶将玉杯粘合，送呈肃顺跟前，小内监突然惊叫一声，玉杯随即掉在地上，碎成了玉器片。

　　小内监跪倒在地，说："小子刚才看见主子鼻孔有两道黄气，各有五六尺长，恰似龙脉，因害怕而失手，请主子宽恕！"

　　肃顺听了喜笑颜开，重赏了小内监，还警告他不要对外乱说。

　　这两件事足以将肃顺置于死地。

　　懿贵妃得知后喜出望外，但皇上不再信任自己，只好与皇后商定。

　　见了皇后，懿贵妃说："自打来热河，肃顺就没把皇上皇后放在眼里，皇后你可听说肃顺有篡权之心？"

　　"哦？"皇后急切地问道："你听到什么动静？"

　　懿贵妃便将安德海禀报给她的两件事详细地告诉给皇后。

　　皇后说："皇上恐怕不久于人世，皇子年幼，肃顺真不让人省心！"

　　懿贵妃一听，马上说："皇后所言极是。肃顺一伙千方百计阻挡恭亲王见皇上，不正说明肃六对恭亲王怀有戒备之心吗？我们何不联合恭亲王共同对付肃顺这奸逆？"

　　皇后点头应承。

　　初进皇宫之时，虽有皇帝的宠幸，但兰儿的地位极不稳固，皇帝的喜新厌旧和其他绝色女子的存在，都是对她地位的威胁。后来，兰儿生

「权力的顶峰」——清咸丰帝皇后慈禧

下一个儿子，那是她一生的关键转折，因此被封为懿贵妃。

祸兮福兮，福兮祸兮。

皇帝的宠爱、后宫地位的上升，是每个深宫女子的夙愿，兰儿实现了这个夙愿，但同时也引来了皇后的敌视。

现在好了，她终于说服了皇后，双方联合对抗肃顺一党的威胁。

有了皇后的鼎力相助，定下联合奕䜣对抗肃顺一帮的大计后，懿贵妃心中稍定，开始有条不紊地行动起来。

此时，心烦意乱的咸丰皇帝正高卧承德避暑山庄，虽然西方帝国主义的铁蹄无情地践踏了大好江山，南方太平天国的战争造成黎民涂炭，但他最烦扰的事却是在枕榻之侧，原本以为解决了懿贵妃之事，江山社稷没了后顾之忧，心中会很轻松，想不到这两天却心神不宁起来。

为什么呢？原来，皇后向他通报了肃顺的篡权之意。

咸丰帝懦弱多疑，一听皇后的话，便开始在心底反思肃顺多年来的种种行迹。肃顺会谋反吗？会？还是不会？

两种想法在皇帝心底展开了剧烈斗争。

此时的咸丰皇帝，仍倾向于信任肃顺：肃顺跟着我多年，一直是我的左右手，怎么可能是觊觎大宝之奸人？

生性懦弱多疑的咸丰皇帝又想，别说肃顺，本朝开国以来，权臣威胁大统的情况还少吗？多尔衮、鳌拜、索额图、张廷玉……哪一个不是让当时的皇帝心惊胆战？

在最高权力面前，没有哪个凡人能像个圣人一样置身事外，肃顺更不是吃素的主，手边的肥肉，他是不会讲客气的。

内忧外患，加上为身后事殚精竭虑，皇帝很快病倒，终于卧床不起。

即使躺在病床上，孱弱的皇帝还在为后事操心：肃顺和懿贵妃都有篡权的嫌疑，但两人却是水火不容，何不留住懿贵妃来牵制肃顺的野心呢？

皇帝又想到了温柔贤淑的皇后，那是那样柔弱恭顺，一旦自己撒手西去，谁来照顾单纯和善的皇后呢？她能是懿贵妃的对手吗？如果留下懿贵妃，也应该想个办法，给皇后、皇子们留一条退路啊。

第二日清晨，皇后在寝宫刚洗漱完毕，宫女正为她梳头，这时太监来传旨，说皇帝召见。

皇后匆匆梳洗完毕，疾步来到咸丰皇帝的寝宫，路上皇后一直在担心："难道皇上的病情剧变？"

皇后越想越担心，但当她来到皇帝卧榻之前，看见骨瘦如柴的皇帝双目无神，有气无力，皇后不禁鼻子发酸，眼泪像断线的珠子般直落下来。

皇帝伸出手来，那手仿佛久未见阳光的鸟爪，苍白而且瘦骨嶙峋。皇后见状，忙伸出手去握住皇帝的手，她正想说话，皇帝却露出一朵苍白的微笑说："朕之命数自有天定，皇后不必伤心，我去之后，无什遗憾之事，只是放心不下你们母子。"

皇帝说完，皇后已是泪流满面。

皇后问："陛下但有旨意，臣妾定当遵从。"

皇帝喘着粗气说："我死之后，你要提防两个人，一个是肃顺，一个是懿贵妃，他们都不是善良之辈，你柔弱善良，不是他们对手。"

懿贵妃不是刚要和自己联手对抗肃顺吗？皇后心中有些矛盾，但皇帝的话不会错，遵从就是。

皇帝接着说："朕赐你密诏，如果懿贵妃图谋不轨，你可便宜行事！"

皇后藏了密诏，已经被自己的泪水湿透了，这个泪人儿说："皇上，您一定不会有事的，我们母子都还指靠您呢！"

皇帝虚弱地笑笑，说："去吧！朕休息片刻！"

太监进来时，听到咸丰皇帝长长舒了一口气，便笑着说："皇上今儿精气神都很好，看来龙体康复指日可待！"

皇帝说："今儿感觉是很轻松。"

两日后，咸丰皇帝在承德避暑山庄颁下圣旨，册封皇太子，自己殡天后由其继承大统。接着又颁下一道旨意，册封载垣、端华、景寿、肃顺、穆荫、匡源、杜瀚、焦佑瀛为辅政大臣，让他们尽力辅佐新君。

似乎一切都安排妥当了。

这日一早，咸丰皇帝在太监宫女的搀扶下来到屋外，只见廊前花开正艳，生命正是旺盛之时，青松、翠竹、月季、芍药，各自苍翠各自娇艳，让皇帝心旷神怡。他觉得生机慢慢回到了身体里，感觉很舒服，身

『权力的顶峰』——清咸丰帝皇后慈禧

体也变得柔软。

病入膏肓的人，一旦从内心里感觉自己柔软，他可能就再也起不来了。

1861 年 7 月 17 日深夜，咸丰帝在睡梦中撒手西去。

咸丰帝死，一个时代结束了，一场阴谋却开始了。

皇帝死后，承德避暑山庄的皇家行宫突然很热闹，为皇帝殡天准备的丧事，牵动了所有人的精力和神经，除了那些醉心于争权的人，比如肃顺的权贵派，比如懿贵妃和皇后的后宫派，比如恭亲王奕䜣的宗亲派，各种势力错综复杂，但目的只有一个，那就是在皇帝死后最短的时间内，一定要争到最大的权力。

这日，懿贵妃来找皇后，说："姐姐，我们现在连皇太后的名分都还没有，应该找肃顺他们要过来，只有如此，才能辅佐新君，打击肃顺。"

皇后当即同意。

她们又聊了一些幼帝即位方面的细节，最后商量："要斗倒肃顺，还得联络恭亲王才行。"

这回轮到懿贵妃连连点头了，她忧心地说："不过要想让恭亲王来承德，还得想个万全之策。"

这时，一名宫女拿着抹布，似乎在殿前擦拭器皿，懿贵妃说："你先出去！"

宫女低着头就出去了，懿贵妃说："我们不能走漏风声！"随即凑到皇后耳际，两人窃窃私语起来，最后她们居然都露出了微笑。

这时，皇帝的遗体还躺在灵堂，如果他有魂魄，一定还在灵堂周围幽幽地转圈，但所有人都不再以他为中心了。

第二日早朝刚过，懿贵妃和皇后就召见肃顺，肃顺此时志得意满：连管得住自己的皇帝都归西了，天下还有谁与争锋？

肃顺走进后宫，惊奇地发现懿贵妃坐在皇后一侧，肃顺马马虎虎地行礼问安，皇后赐他座位，肃顺大刺刺地一屁股坐下了。

皇后微微不悦，懿贵妃眉头一皱。

懿贵妃看了皇后一眼，皇后会意，对肃顺说："先皇驾崩，新皇登基，卿家等辛苦！"

肃顺以拱手，朗声道："先皇恩重，社稷情深，臣不敢不鞠躬尽瘁！"

　　皇后向帘后轻轻一抬手，宫女端来三杯茶，皇后说："赐茶！"

　　宫女走近肃顺，微微躬身，将茶盘递到肃顺面前。肃顺有些犹豫，皇后和懿贵妃都看出来了，肃顺突然发现，这里有三杯茶，肯定是他和皇后、懿贵妃每人一杯，断不会有问题，如果自己犹豫，表明心中有鬼，于是端起一杯茶，品了一口，赞道："好茶！"

　　皇后和懿贵妃各自饮茶，懿贵妃说："这是上好的龙井！"

　　肃顺说："谢皇后和娘娘赐茶！"

　　皇后说："肃大人，新皇登基，孤家和娘娘这称呼是不是应该改改啦？"

　　肃顺一怔，他没想到后宫这么快就出手了。

　　然而肃顺不愧是老江湖，他又品了一口茶。这一转眼间，他心里有了主意：皇后自然成了太后，但懿贵妃是新皇的生母，当然也是太后。

　　肃顺放下茶杯，跪倒在地，朗声说道："臣肃顺给二位太后请安。"

　　皇后和懿贵妃对视一眼，目光中都是满意之色。

　　皇后说："肃大人不必多礼，我等孤儿寡母，还请大人多费心辅佐新皇。"

　　数日后，在肃顺的辅佐下，新皇发布诏书，尊奉先帝之后为皇太后，住东宫；尊封先帝懿贵妃为皇太后，住西宫。

　　后来，两位皇太后分别被称为东宫太后、西宫太后。

　　西太后就是大名鼎鼎的慈禧太后。

　　东宫太后就是慈安太后。

　　肃顺心里无可奈何，也憋了一肚子气。

　　有一日，肃顺忽然听到手下来报，说西宫太后赶走了一名贴身太监。肃顺忙问："是哪一个？"

　　手下气喘吁吁地说："就是安德海。"

　　肃顺很吃惊，因为慈禧一向很宠爱安德海，这次突然将其赶出，事情必不寻常。但后来听说安德海是抱着皇子时摔倒在地，撞了皇子的额头，两宫太后心疼，才打了他一顿棍子，并将其赶出。

　　他哪里知道，在顺利走出宫墙的当儿，那个贼精的安德海心里正在

『权力的顶峰』——清咸丰帝皇后慈禧

冷笑：妈的，爷爷这样就出去了，也太容易了吧。

半个月后，一封奏折送到了军机处。折子是恭亲王呈上的，要求赴热河叩拜梓宫。肃顺一接到这个折子，全身的毫毛都竖起来了，全身的毛孔都警觉起来：这分明是对八位辅政大臣发难嘛，而且行动如此之快，真是出乎意料。

"二十多天前，我们还传旨，让他在京处理一切事物，为何他这时还要过来呢？"肃顺问周围的人。

房间内一片孤寂，无人吱声。

肃顺也没有发话，只是让目光冷静地扫过每个人的脸上。

好半天，一位近臣说话了："恭亲王人在北京，但对热河事务了如指掌，会不会是这边的人给他通风报信？"

肃顺嚷道："当然有人通风报信，不然，他奕訢有千里眼顺风耳不成？"

那人又说："先帝驾崩，两宫太后，特别是西太后揽权之心表露无遗，经常凭着先帝御赐印信逼迫我等办事，虽无大碍，但不可不防啊。"

肃顺说："嗯，你说到我的心里了。西太后的妹妹身在京城，完全可能通过这层关系有来往，如果他们通过这层关系，让两宫太后与恭亲王联合，局势对我等辅政大臣势必十分不利。"

房内众人一听，都是脊梁柱冷汗直冒。

礼部侍郎杜翰说："大人也不必过于悲观，只要我等一掌握证据，便可先下手为强。"

杜翰一言既出，肃顺点头，众人附和。杜翰颇有些自得。

肃顺这边密谋不停，西太后那边也没闲着。此刻，她正在找到醇郡王，他是先帝的亲弟弟，先帝一死，他就来奔丧，而他的福晋就是慈禧的亲妹妹，当然不可能不见面。

一阵嘘寒问暖后，慈禧压低声音问妹妹："恭亲王那边，是什么考虑？"

醇郡王却接了过去："安德海前几日到京，恭亲王已了解这边局势，发出奏折，要来热河。"

慈禧似乎在想些什么："是吗？"

醇郡王说："恭亲王是想来面见两位太后，我等临行前，恭亲王还特别嘱托，说如果太后有急事，可托军机章京曹毓英带话。"

曹毓英才华出众，曾是肃顺得力干将。

慈禧有些吃惊："曹毓英?"

醇郡王看出了慈禧的疑虑，忙说："曹毓英已决心帮恭亲王办事，他很可靠，有事就可以托办。"

慈禧坐在靠窗的墙边，柔和的天光从她左边脸庞掠过，留下了脸部的阴影，但她挺拔的鼻梁、柔和的面部曲线，在对面墙上留下了美丽的影子。妹妹看着慈禧的影子，有些出神。

数日后，恭亲王奕䜣赶到热河。

行宫内披麻戴孝，素缟飞扬，气氛压抑，空气中都弥漫着悲伤。只有少数人能察觉到，这悲伤的空气里，却暗暗流动着几分肃杀和诡异之气。

恭亲王身着孝衣，直奔咸丰帝灵堂，耳边哀乐阵阵，眼前阴风惨惨，奕䜣悲起心头，不禁伏倒在地，放声痛哭。

他痛哭的，不光是亲哥哥死了，也是在追忆童年时的亲密无间，也是在悲叹后来兄弟间的疏远：咸丰帝即位后就疏远了他，将他赶出军机处，不让他辅政，也不让他在热河操办自己的丧事。

等等一切，让恭亲王越哭越觉得委屈，声音愈响，心情愈悲。

殿内众人，也忍不住跟着落泪。

这时突听殿外有人传报："辅政大臣到!"

原来是八大臣到了，奕䜣整整面容，起身前往迎接。

双方一见，奕䜣抢先行礼："奕䜣德薄，在此见得诸位大人，幸会。我只来叩拜先帝棺梓，宫内大事，还请诸位大人费心。"

肃顺一听，心气立马顺了：你恭亲王素有贤名，今日再见，不过如此嘛。

奕䜣陪着小心说话，肃顺很是舒坦，他原本是准备来玩个针尖对麦芒的，哪知现在全免了。

双方正在虚情假意地寒暄，忽有宫人来报，说两宫太后请恭亲王说话。

肃顺一听，立马警觉起来，抬眼去看奕䜣。

只见奕䜣面露难色，说："大人，您看这……"

球踢到了肃顺这边，他又不好撕破脸皮，只得无奈地说："两宫太后传旨，恭亲王速去就是。"

奕䜣抬脚欲行，礼部侍郎杜翰说："古来叔嫂避嫌，而今先帝驾崩，太后居丧，此时相见，于礼制不合，请恭亲王慎重。"

奕䜣听了，只得留下。

只得片刻，两宫懿旨又到：醇郡王与福晋正在两宫太后处叙话，恭亲王乃先帝胞弟，可前往一叙，旁人不得多言。

杜翰这回乖了。众人一起相见，自无叔嫂避嫌的必要。

肃顺说："恭亲王请去，不宜让两宫太后久等。"

一刻不到，奕䜣到了东宫，两宫太后和醇郡王夫妻都在此迎接，奕䜣跪倒在地。众人迎他起来，宫门随即关上。

好一阵，只听奕䜣拍案说："肃顺独夫，理应千刀万剐，二位太后暂且忍让。依臣之见，两宫不如扶灵归京，再寻机处置肃顺一党。"

"扶灵归京？"两宫太后看着奕䜣，想问个究竟。

奕䜣说："请太后放心，到了京城，一切好办。八大臣不可让其联合，只能分而治之，不可让他们挟天子以令诸侯，故扶灵归京之时，还得请皇帝随行。"

随即，几人对回京事宜做了如此这般的安排。

慈禧说："回京之后，可快刀斩乱麻。"

奕䜣说："太后所言甚是，回京后，我等先发制人，将他们削官拿办，然后开审定罪就成。到时大局已定，天下没有人会议论什么。"

东宫太后微微点头。

慈禧急切地说："恭亲王宜早日回京，将诸事准备妥当。"

三人谋划停当，心情大畅。

此时，肃顺刚刚送走自己的几位同僚，洋洋自得的他哪里知道，他们的命运，就在刚才他和别人寒暄的时候，已经被决定了。

命运之轮如雷霆过街，已经轰隆隆向肃顺等人轧了过来。

先帝新丧，英灵不远，但这并不能止住阴谋者的脚步。

一封奏折，似一个无可捉摸的幽灵，在宫廷的每一个角落里游荡，让所有的权臣、皇族和后妃们坐卧不安。

这封奏折是谁呈上来的呢？

写奏折的人叫董元醇，是山东道监察御史，官位说大不大，说小不小，平日里并不特别引人注意，但他上了这么一份奏折。

奏折里讲什么呢？

这个董元醇在奏折中请求皇太后垂帘听政，亲自辅佐年幼的皇帝打理政事，并废除辅臣制度。

这份奏折如同一块巨石砸中宁静的湖面，顿时激起巨浪滔天，朝廷上下议论纷纷。这董元醇，顿时成了风云人物，成了人们议论的中心。

然而，辅臣制度从元朝以来就存在，清朝建立以来更是贯彻得十分有效，拥护这个制度的人不在少数。咸丰皇帝驾崩以后，八大辅臣呼风唤雨，权倾天下，这份奏折威胁到他们的地位，要夺走他们手中的权力，当然坚决反对。

谁敢冒天下之大不韪来得罪八大辅臣呢？董元醇是个什么角色？他怎会有这个胆量？

当然有人给董元醇撑腰。

给他撑腰的人，就是两宫太后和恭亲王奕䜣。

这份奏折虽然没有产生实际效果，却是投石问路的一招好棋，慈禧和慈安都很高兴，因为她们发现，王公大臣起码有一半人是赞同董元醇的想法的。

扳倒肃顺有戏。

某日，宫内传出两宫太后懿旨，让辅政大臣入宫，商讨政事。

在肃顺带领下，八位辅政大臣鱼贯而入。

慈安太后拿起奏折，和颜悦色地问道："山东道监察御史董元醇的奏章，想必你们都看过了，各位大人，可有何看法？"

载垣上前一步，一拱手，一撇嘴，似乎很不屑评论董元醇这等小人物的看法。他说："董元醇小小监察御史，鼠目寸光，居然胡说什么'垂帘听政'，我大清朝成立以来，从无此规矩，如此荒谬说法，不值一驳。"

载垣脾气暴躁，十分激动，说到激愤处，手之舞之足之蹈之。

两宫太后一看这个大老粗在此撒野，不禁失色，慈安看了慈禧一眼。

慈禧绵里藏针地说："你等军机大臣，位列公卿，在君王面前大叫大嚷指手画脚，目无君上，是想造反吗？"

肃顺在旁边一听，心中大怒，正欲发火，但还是忍住，气得两眼一翻。

小皇帝吓了一跳，扑到慈安怀里，不敢抬头。

肃顺说："董元醇这等乱臣贼子，扰乱祖制，臣等不依，天下人也不依。请皇上和两位太后不要听信谗言。"

肃顺气焰很盛，小皇帝年仅五岁，没见过这等场景，吓得大哭起来。

慈安平静地说："肃大人，你好大的脾气，连皇上都怕了你了。"

一听这话，肃顺顿住了，不知道说什么好。

慈安说："你们都退下。"

八大臣鱼贯而出，如他们走进宫廷时一般秩序井然。

慈禧和慈安对望无言，都是无可奈何。

转眼间两月已过，北方最热的时候已经过去，咸丰帝驾崩数十天，灵柩却一直停在这个避暑胜地。

九月某日，宫内传出懿旨，请肃顺等人说话。

虽然不时有人上书，附和董元醇的腔调，要求两宫"垂帘听政"，但肃顺很轻易地就压制住了这些声音。既然皇太后们都不能奈他何，外面这些虾兵蟹将又能将他怎样？

肃顺是春风得意马蹄疾，走起路来分外轻快，飘飘忽忽地来到两宫太后面前。慈安问道："辅臣都在，本宫有话直说，先皇驾崩已有两月，新皇应继承大统，诸位大臣应早作安排，尽快返京。"

慈安皇后说话不疾不徐，温和却一语中的，肃顺无法反驳，于是推托说："太后言之有理，只是皇上年幼，只怕尚难以胜任。"

一听这话，慈禧严厉地说："辅臣的意思是，皇上年幼，就不必继承皇位了？"

肃顺一听，觉得慈禧话中有话，在把自己往犯上作乱的圈子里引。

慈安依然很温和地说："诸位大人，你们也这样认为吗？"

其他人都不敢说话，肃顺自知理亏，只好说："二位太后息怒，容臣等下去短暂商议，尽快定下回京事宜。"

九月底，行宫内乱成一团，大家都在打点行装，只等一声令下回京。在肃顺的安排下，载垣和端华两位大臣护送两宫太后和小皇帝现行启程，肃顺等人则亲自护送皇帝灵柩随后出发。

经过半年多的喧嚣，行宫恢复了山野间特有的寂静，除了飞鸟婉啭和呼呼的风声，就只有行宫内执勤兵士们空荡荡的脚步声在回荡，他们的耳朵边，喧嚣似乎还在萦绕。

看到紫禁城的轮廓时，正是清晨，庞大的城墙似乎是雾霭中安卧的怪兽，缥缈、神秘而不可捉摸。慈禧最先看到了城墙，因为此时她没有丝毫的疲劳和睡意，相反，除了一丝丝酸甜苦辣的混合味涌上心头外，她更多的是兴奋，她想："我终于回来了。"

紫禁城平坦的甬道，高大的红墙，琉璃飞檐，都让她赶到亲切和安定。

奕訢与一众拥护两宫太后和新皇的大臣早等候在此了，慈安和慈禧看着来迎接她们的亲信，心酸一下涌上来。在太后的寝宫外，她们向亲信们历数了肃顺等人的"罪行"。

这些臣子们十分"懂事"，都义愤填膺。

大学士周祖培冷静地说："这种拥权自重的逆臣，何不治他重罪？"

慈禧和慈安悄悄对视。这话正说到她们心口了。

慈安故作惊诧地问："肃顺等人是先皇钦定的辅政大臣，能治他们的罪吗？"

周大学士一捋白须，慢条斯理地说："太后可以降旨，安排人手将他们控制，解除他们的职务，然后一并捉拿治罪。"

两太后听周祖培如此这般说罢，不禁喜上眉梢。

次日一早，两太后叫来亲信重臣，宣布了肃顺等人的种种罪行，并下旨削去他们的官爵，随时捉拿听审。

此时肃顺在做什么呢？

他正护送着皇帝的灵柩，慢吞吞往北京城赶，对北京的局势判断不明。肃顺对咸丰皇帝还是有感情的，所以他在护送途中小心翼翼，走得很慢。因为前方有载垣、端华随两宫太后进京，所以他很放心。

十月初二傍晚，凉风习习，几片血色的晚霞挂在西天之上，肃顺在途中看到，心中不禁泛起一丝悲凉之意。这不是穷酸文人才有的遐思吗？他马上就从心头驱散了这种悲凉，并有些好笑，自己何时沾染了这些酸腐之气？

夜幕降临时，肃顺和护送皇帝灵柩的队伍来到了密云，这里离京城已经很近了，他心中越发安定，离京城近一步，他就安全一分，因为在那里还是他的天下，谁能把他怎么样呢？

驿站的官吏们照例热情接待，肃顺走进官驿，准备洗漱歇息。正在更衣时，外面突然传来一阵闹嚷，肃顺喝问何事，却不见卫兵来答，他心头咯噔一下：莫不是出了什么事？

想到此，肃顺穿好衣服，走出门来，刚一出门，一群卫兵一拥而上，将他捆了个结实，并带到了醇郡王面前。郡王微笑着问肃顺："辅臣这几日可好？本王在此恭候多时了。"

肃顺暴跳起来："我是先帝亲封的辅政大臣，你们竟敢捆我，莫非想犯上作乱？"

郡王笑眯眯地，一点也不生气："本王怎会反祖宗呢？肃大人，你已于两天前被削去官爵，两宫太后下旨拿你归案。"

肃顺惊道："两宫太后？"

他心想，这两个女人动手可真快，难道载垣和端华二人竟然镇不住朝廷局势。

醇郡王拿出诏书念给肃顺听，然后押起肃顺，准备押解回京。

肃顺像一只斗败了的公鸡，低下了高昂的头颅，没了先前的嚣张气焰，问道："载垣和端华呢？"

醇郡王笑道："此二人在宗人府恭候肃大人。"

原来这天一早，载垣和端华已经被捉拿候审。

肃顺心中连连叫苦，但却做不出什么反制的动作来，如今落到这两个女人手中，大概很难保全自身了，不过他是先帝亲封的辅政大臣，两宫太后应该不会动他的。

他心中还在剧烈挣扎。

拿下肃顺一行，两宫太后和她们的亲信都松了一口气。可接下来的问题是，该如何给这八位辅政大臣定罪呢？何况他们是先帝亲封的。

自己想不出法子来，只好集思广益，又召集亲信重臣商量。

一干亲信又会集在一起，这回只是为了商量怎样处置肃顺一伙。坐在慈安太后身边的小皇帝显得天真可爱，众人说起肃顺时，他突然想起

中国历代皇后
ZHONGGUOLIDAIHUANGHOU

了肃顺凶神恶煞的样子，于是说："母后，我不要再看到肃顺他们了。"

两宫太后暗暗惊喜，小皇帝这一句话说出来，虽然是孩子话，但这个孩子是皇帝，这话就不寻常了。

大学士周祖培站出来说："既然皇上不想再看到肃顺一干人等，臣斗胆建议，要么送他们去宁古塔，要么送他们到菜市口。"

慈安太后问："他们是先皇亲封的辅政大臣，杀了他们岂不违背祖制？"

恭亲王奕䜣说："反正不能放过肃顺等人，可以定他们一个矫诏之罪，就说皇上生前本没有封他们为辅政大臣，是他们自己假传圣旨。"

周祖培抖动着一缕白须说："仅此一条罪名，足可治他们死罪。"

两宫太后相对一看。慈禧想，原来要处死这伙权臣竟是这般容易。

数日之后，就在肃顺等人还在天牢受苦的时候，一大堆弹劾他们的奏折飞进了皇宫，堆到了两宫太后案前。奏折中的说法大同小异，都说肃顺一伙人矫诏欺君，必须处死。

十月初六这天，秋高气爽，清爽的空气中都是肃杀的秋意，衬得天空中那暖色的晚霞似乎也冰凉如水。这日早朝时，两宫太后传旨：肃顺等八大臣，辜负先帝隆恩，矫诏欺君，自封为辅政大臣，蒙骗天下，罪在不赦，即日处死。

肃顺的囚车咕噜噜被推向菜市口，他披头散发，站在囚车中，虽然目光炯炯似欲喷火，但看起来也只是像个气鼓鼓的叫花子。

监斩官高坐案后，眼看午时三刻已到，掷出令牌："时辰已到，行刑！"

五大三粗的刽子手举起清幽幽的鬼头刀，一道清光闪过，肃顺的脑袋掉在地上，发出闷闷的砸地声，白生生的刀口处好久才渗出血水来。

一代权臣，就这样糊里糊涂地当了刀下亡魂。

肃顺可能临死都没明白，他怎么会被两个女人送上了断头台。

处死肃顺后，两宫太后又命令载垣、端华自尽，并将其他辅政大臣治罪，家属亲眷或流放，或监禁，牵连数百人。

这一事件，史称"辛酉政变"。

这日晚，储秀宫中，宫女来报："东宫太后已经安寝！"慈禧听了微微一笑说："是呀，也该松松神了。"

『权力的顶峰』——清咸丰帝皇后慈禧

宫女在案前铺开一张宣纸，磨好松烟古墨，慈禧走到案前，提笔饱蘸墨汁，开始挥毫在纸上作画。

妙笔过处，只见画中怪石嶙峋，石边是一丛幽兰，长叶舒展，迎风起舞，非常飘逸安雅。宫女在一边轻声说："太后画得真好，我都闻到兰花的香味儿了。"

慈禧听了微微一笑，眼眸过处，顾盼生辉。在她眼前，是一条金光大道。

两宫太后和奕䜣联合，一举斗倒了肃顺等辅政大臣的势力，但这并不是说慈禧从此得到了大权。在北京，现在权力最大的人并不是两宫太后，而是大名鼎鼎的恭亲王奕䜣。

慈安知道这一点，慈禧也知道这一点。

此时，慈禧和慈安心中所想的，就是想利用小皇帝年幼无法独当一面的弱点，取得这个帝国的最高权力，体现在形式上，就是要实行垂帘听政。现在，两宫太后必须首先取得奕䜣的支持。这一点，她们比谁都明白。

半个月后，恭亲王奕䜣被加封为议政王，负责处理军机处的一切事物。诏书当然是以小皇帝的名义下达的，但熟悉清帝国政局的人们怀里都揣着明白，知道这个决议其实是由两宫太后做出的。

不久后，皇室的一些大事被交由奕䜣裁决。再后来，宫廷内的人事和财政大权都交给了奕䜣。

现在，朝廷上下，几乎所有的大权看似都掌握在奕䜣手上。除了皇帝外，奕䜣是这个帝国权力最大的人，甚至可以说，是无冕之王。

但这些权力都来自两宫太后的赐予，奕䜣心里跟明镜似的，他明白。

想想当年，在先帝的打压下，才德上佳的奕䜣被赶出军机处，在权力中心根本没有立足之地。短短数十日后，天地流转，乾坤颠倒，奕䜣竟然官运亨通，想到这一切，他也禁不住感激涕零。

付出必须有回报，深谙官场规则的奕䜣更明白，两宫太后毫不吝啬地赐予他权力，当然也有所求。

当这一年的秋天终于到来，簌簌金风在秋野上流窜，北京城高大的红墙在秋风的包围中显得那样孤独，但奔走在皇城脚下的人们却没有注意到这一点。

十月底某日，在议政王奕䜣的主持下，朝臣们聚在一起，开始讨论两宫太后垂帘听政的议题。议题开始讨论前，奕䜣对他们发表了讲话，在官场摸爬滚打的大臣们，当然听出了奕䜣讲话的弦外之音。

农历冬月初一，灿烂冬阳照耀，养心殿金碧辉煌，翠色的琉璃瓦光彩流转。对于两宫太后，特别是慈禧太后来说，这个日子尤为不寻常。

两位太后在侍从们的簇拥下来到养心殿，慈禧太后紧随慈安太后步出轿子，袅娜多姿的身影出现在大殿之前，朝臣们全部伏倒在地，跪迎她们的到来。

慈禧凝视着殿内台阶上的三个宝座，居中稍前是皇帝的宝座，皇帝宝座稍后的左右两边，各端放着一个宝座，宝座前挂有珠帘。这两个位子分属两宫太后，慈禧看着属于自己的那个位子，眼眸深处暗暗流转着幽光。

慈禧有些迫不及待，她阔步走进大殿，坐在她的宝座上。

垂帘听政的庆典在喜庆的乐声中拉开序幕，文武百官开始朝贺，由于朝贺的大臣人数众多，只能分成一班、二班、三班……

大臣们在皇帝宝座前行三跪九叩大礼。

慈禧透过眼前的珠帘看着这一切，心中涌上按捺不住的喜悦与激动，她简直有些不敢相信眼前这一切的真实性。回忆萦绕在她脑际，遥远的童年往事，在外漂泊的日子，江河水流的呜咽声，海风轻抚的不眠之夜，那时，她何曾想到自己的命运竟会如此传奇？

这一次，是慈禧初掌政权的开始。

当时，洪秀全领导的太平天国农民战争已经占领了帝国半壁江山，与朝廷分庭抗礼，但太平天国已经走向衰落。慈禧掌权后的首要任务，就是剿灭太平天国的反叛势力，另外还有捻军等各路反叛力量。

当日，两宫太后及小皇帝召集群臣商讨"剿匪"议题，议政王奕䜣步出行列，朗声说道："朝廷何不借洋人的力量来剿灭叛军呢？"

此语一出，朝中大臣半天没人吭声。慈禧诧异地问："议政王难道忘了洋人是怎样对待我大清的？忘了洋人甚至逼迫我们离开北京、烧了我皇家园林？再说，洪秀全这帮逆贼中也没少用洋人帮忙啊。"

奕䜣说："太后此言差矣，正是因为洋人势力强大，正好用来对付那帮匪徒，太后不必多虑。依臣之见，此事利大于弊甚矣。曾国藩在安庆开办军械所，正是依靠洋人的帮助，颇有成效。"

慈安说："既然如此，本宫看可将此事交由议政王全权负责。"

1862年初，在奕䜣的领导下，清帝国正式制订了"借师助剿"战略。1864年，在清政府和外国势力的联合镇压下，轰轰烈烈的太平天国最终走向失败。此后的数年，清帝国在相对平静中发展，两宫太后从忧虑中解脱出来，过了几年平静恬淡的生活。

这段时间，在历史上甚至被部分人成为"同治中兴"。

朝局稳定，天下无事，但慈禧太后却耐不住寂寞。

她想找出一个让自己留恋之地，但这却颇费脑筋：皇宫中可以尽情享受，但却宫墙重重；热河行宫钟灵神秀，但先帝驾崩时那段暗无天日的时光却让她痛苦不堪；号称"万园之园"的圆明园，曾留下慈禧的幸福时光，福海荡舟，绮罗彩衫，欢声笑语，一切永存。但英法联军却点燃一场熊熊大火，将圆明园变成一片废墟，那些美好的记忆也被烧成了冰冷的灰烬。

想起圆明园，慈禧立刻开始兴奋：我何不重建它呢?!

想到这儿，她立刻命令内监请奕䜣进宫商议。出乎她意料的是，奕䜣听了这一建议，思索了好一阵才说："太后，此事万不可做，请三思。"奕䜣说话时语调缓慢而沉重。

慈禧脸色由晴转阴，不满地问："有何不可?"

奕䜣当然觉察到了慈禧的不满，他依然慢悠悠地说："请太后听臣细言，其一，圆明园工程过于浩大，花费更巨，耗费银两不计其数，本朝乃是康乾盛世时修建，如今要恢复昔日荣耀，国力可能承受? 其二，我朝如今元气大伤，方开始复兴，以如今国力，重修的园林也不可能如往日般辉煌，即便建成，您贵为天朝太后也不能屈尊去那种地方啊。如今我大清若要重振国威，必须学习西人的技艺，大量的钱物正可发挥用处，请太后明鉴。"

慈禧听罢，沉默无语。

奕䜣走后，慈禧落落寡欢，越想越不舒服：自辛酉政变之后，她和慈安努力提拔他奕䜣，在两宫太后和皇帝之外，奕䜣是天下头号实权人物，可他却丝毫不知感恩，经常与她的意志背道而驰。她已对奕䜣存有戒心，即使在与他亲密合作之时。

奕䜣在北京的势力根深蒂固，军机大臣、六部九卿和朝廷大臣们都唯奕䜣马首是瞻，要打击奕䜣确实不容易。

慈禧始终铭记着这一点。

想到奕䜣大权在握，有朝一日可能对皇权造成威胁，她决定找个借口，对奕䜣的权力进行限制。

不久后某日，有个人"胆大妄为"地向奕䜣开炮了。这个人名叫蔡寿祺，进士出身，入翰林院任编修，后任置日讲官。他上奏折弹劾奕䜣，指斥奕䜣有贪墨、骄盈、揽权、徇私四大罪行。

慈禧看到奏折，十分欣喜，马上去和东宫太后慈安商量。

慈安性情恬淡，不大管政事，很多事情都由慈禧一手操办。慈禧决定单独召见奕䜣，奕䜣刚来到面前，慈禧得意地拿着奏折说："王爷，有人弹劾你！"

奕䜣兴冲冲地进宫，本以为有什么军机大事相商，却听到这样一句话。他心想，肯定是有人恶意告状，不必在意，于是问了句："谁弹劾我？"

慈禧微笑着把奏折扔给奕䜣，说："王爷，你自己看吧。"

奕䜣匆匆看完奏折，说："蔡寿祺不是个什么好人，只会投机钻营，这等小人，留之无益，请太后下令将其革职查办。"

慈禧一听，十分恼火，说："这是什么话！"

奕䜣十分尴尬，犹豫好久，一言未发。

慈禧见奕䜣气焰已熄，便传令道："传旨，令大学士周祖培，吏部尚书朱凤标，户部侍郎吴廷栋，刑部侍郎王发桂，内阁学士桑春荣等进见！"传旨之后，她对呆立一旁的奕䜣说道："王爷还有何事，没事就请回大殿待命吧。"

奕䜣垂头丧气地退出殿外。

不一会儿，大臣们到齐了。慈禧拿出奏折，说明了主要内容，然后痛心疾首地对大臣们说："议政王身为重臣，居然有这等行径，有负朝廷厚望，你们有什么看法？"

群臣一听都炸开了，大家面面相觑，有的窃窃私语，慈禧一见此等情形，便说："诸位是先帝提拔的重臣，请诸位为先帝、为皇上、为大清江山着想，不要有什么顾虑，和大清的江山比起来，没有什么人是动不得的。"

大臣们却沉默下来，一言不发。

慈禧火了："你们害怕吗？本宫请你们来，有什么用？"

大学士周祖培说："太后，兹事体大，没有真凭实据，我等无话可说。不过，此事可以详查。"周祖培名望甚高，其他臣子纷纷附和。慈禧只好作罢，命令他们将此事调查清楚。

事实上，蔡寿祺的确是钻营之徒，他得知慈禧与奕䜣矛盾尖锐，便想利用双方矛盾成就自己升官晋爵之梦，于是将一些捕风捉影的事写进奏折，作为弹劾奕䜣的证据。事情很快就弄清楚了，蔡寿祺当即官降两级，后来被勒令革职回乡，真是偷鸡不成蚀把米。

眼睁睁地看着一个大好机会从眼前溜走，慈禧十分失望。

但退缩不是慈禧的性格，她决定一不做二不休，直接对奕䜣下手。不久之后，她发出诏书，革去奕䜣总理衙门大臣和军机处的职务。

这个消息如同一个惊雷，很快在各种场合炸响。

群臣纷纷反对。

英法两国使节通过非正式渠道告诉清政府，如果罢免奕䜣，他们将派军舰进逼塘沽和北京。

众怒难犯。

慈禧只好妥协，保留了奕䜣的职务。

尽管如此，这件事却让所有的大臣们都发现，奕䜣和西太后慈禧存在巨大的分歧，甚至是你死我活的对立，于是他们不得不在一定程度上与奕䜣划清界限，免得惹了西太后。

奕䜣的权力面临重重危机。

1869年盛夏的一天，烟波浩渺的长江边上，芦苇摇曳在清风中。突然，一大群白鹭突然惊飞，紧接着出现了一艘精美的大船，绘有太阳和三足乌的龙旗迎风招展，各色彩旗迎风飘扬，船上传出丝竹之声。

船过长江转弯处，岸边的人们可以远远看见船头上立着一个人，似乎穿着龙袍。沿江老百姓看见这等气势，都经不住惊叹：当年康熙爷和乾隆爷南巡时，那气势也不过如此啊。

沿江人们都以为，这一定是位朝廷大员来巡视的。长江沿线的州县官吏也只知道来了钦差，但具体是什么尊神，他们心中也没底，只好都竭尽所能来逢迎巴结。

龙船终于靠岸时，来人却让所有人大吃一惊，这个"钦差大臣"竟然只是一个小太监，慈禧身边的安德海。

一个太监，如此招摇过市，是怎么回事？

原来，安德海奉命南下采办龙衣，任务已经完成。侍从们溜须拍马，请安德海穿上龙衣招摇，安德海也不识相，真的穿着龙衣，得意洋洋地看着热烈欢迎他的官员。自从在慈禧身边做事，得到太后赏识，在官场很是吃香。

这次太后把如此重任交付于他，江南一行，好生威风。他本来准备早日回京的，可这次出来实在过足了瘾，既然这么威风八面，何不绕道山东老家，来个衣锦还乡呢？

立刻，龙船调头，驶往山东。

船行至黄河，岸边的老乡居然激动地在岸边跪迎，安德海老远看见这一幕，不禁心潮澎湃。一抹笑意，虽然难以被人觉察，还是悄悄浮上了他圆嘟嘟的嘴角上。

安德海带着这抹笑意，威风凛凛地踱步上岸，他扫视着人群，正准备接受他们拜见，忽然间一阵嘈杂声传来，一群士兵冲过来，团团将安德海和随从围住，一条绳子将他捆住，扔到地上。

安德海从不曾遇到这种场面，顿时恼羞成怒，对着那些士兵就骂："瞎了你妈的狗眼，老子堂堂钦差，你们敢这样对待我？"

一名官员笑眯眯地从后面走出来，一瞪眼说："我是山东巡抚丁宝桢，你是不是叫安德海？你区区一个太监，竟然敢穿龙袍，挂龙旗，谎称钦差大臣来招摇撞骗，实在死罪难逃。"

安德海心惊肉跳，但转念想到慈禧，心中大定，又摆出一副满不在乎的神情，嚣张地说："我奉旨到江南采办龙袍，何罪之有？你们谁敢动我？"

丁宝桢微微一笑说："安德海，我这里有慈安太后和皇上的谕旨，命我前来捉拿你，本官已经在此恭候多时，你还想说什么？"

安德海一听，顿觉两眼发黑，差点晕过去。

他忘了，虽然慈禧太后能给他撑腰，但太监出宫采办龙衣违背祖

「权力的顶峰」——清咸丰帝皇后慈禧

制，如果皇上和慈安太后要因此拿他并治罪，只怕慈禧太后也保不住他。

不几日，安德海被捕的消息传回北京，朝廷开始议论他的罪责。慈禧得知此消息，大惊失色，慈安太后居然和同治皇帝联手逮捕她的心腹，她一定要挽回面子。不料朝野中根本没人为安德海说话，面对这个局面，慈禧知道形势比人强，实在难以挽回，只能无可奈何地屈服。

数日后，安德海在山东被处死。

安德海死了，慈禧并没感到悲伤，只是让她产生了戒备之心：连亲生儿子同治，居然也对自己不满，连同慈安一起来反对他。

现在看来，小皇帝长大成人了，她这个垂帘听政的太后也应该归政。想到这儿，她心头涌起一种深深的失落感，好似隐隐的愁绪弥漫在心头，不能散去。

1873 年，同治皇帝年满十八岁，也是他择后亲政的年份。

为了给皇帝选择一位皇后，各省送上了众多才德美貌兼具的秀女，经过一再挑选，选出了两名皇后候选人。其中一名是侍郎凤秀之女，另一名是大学士崇绮之女，前者姿色上流，然而举止轻浮，慈禧看中了她，后者娴熟雅静，慈安和同治对她很满意。

双方陷入了争论。

慈禧说："凤秀的女儿貌美无双，选她为后不好吗？"

同治帝一言不发。

慈安说："妹妹，皇后以德服天下。"

同治连忙跟着说："母后，儿臣也是这么想的。"

同治居然一而再、再而三地违背自己的意思，分明是将她这位亲生母亲不放在眼里，慈禧太后对此很是不满。

最终，凤秀之女被封为慧妃，而崇绮之女被立为皇后。

慈禧太后无奈，只是说："皇后年轻不懂事，不要让她影响国政大事。"

接下来的大事，就是同治皇帝亲政。

日期转眼就到了，那天一早，慈禧坐在梳妆台前面，脸色不那么好看，贴身的宫女们跟着她很长时间，自然也明白她的心意，小心翼翼地走上前去，拢起头发，轻轻地梳理，动作细致又小心，如清风拂柳。

小宫女梳完头发，把玉梳放在桌上，慈禧一眼瞥见梳子上有一根断发，眼睛一瞪，大骂道："混账，你伺候得好啊！"

　　一巴掌扇到小宫女脸上，小宫女疼得捂住小脸跌倒在地。在一阵怒斥后，一个老太监走进来伺候，小宫女满脸泪水，轻轻退了出去。

　　慈禧依然怒气未消。

　　这几天来，她一直坐卧不宁。同治亲政，从此她就只是一位普通的皇太后了，而且这个儿子和自己并不是一条心，反而和慈安太后更贴心。

　　她更失落了。

　　这种失落如同一滴水珠，突然落入波平如镜的湖面，圈圈涟漪扩散出去，散入了慈禧全身的每个毛孔和神经末梢。

　　慈禧移居养心殿后殿的西耳房平安室，准备"颐养天年"。

　　然而慈禧并不甘寂寞，只要朝廷内外发生什么大事，她都会派出耳目，去刺探皇帝和慈安太后的举动，如果同治皇帝与她的想法有不一致的地方，她就会把皇帝叫过去训斥，责令他按她的想法办事。同治皇帝性格倔强，不肯照办，两人不免争执。

　　每到此时，慈禧就会把皇后叫来，让她来劝服皇帝。

　　但皇后和皇帝同心同德，遇到这种事，皇后就会悄悄把慈禧的行为告诉同治，同治皇帝此后更加我行我素，凡事均不让慈禧插手。

　　某日，皇后从慈禧寝宫出来，直接朝皇帝寝宫走去，并将慈禧的话如实说与同治。不料慈禧却偷偷尾随其后，进了皇帝寝宫，脱了鞋赤脚走到同治寝室门外。

　　皇帝和皇后的对话，全部落入她的耳中，只听得她怒火冲天，一把推开门，走进去抓住皇后的头发大骂："你这狐狸精敢蛊惑皇上，看我不打死你！"

　　慈禧说罢，又转身呵斥同治帝，然后扬长而去。

　　皇帝皇后对坐半晌，同治虽对慈禧不满，但又惧怕慈禧，犹豫半天之后，索性搬到外面，过了一年的独居生活。但同治生性贪玩，受不了这种清教徒式的生活，很快他把兴趣移到宫外，经常潜出皇宫，流连于青楼戏园，一日又一日，逐渐荒废了国事，慈禧便又悄悄接管了朝政。

　　正当同治沉湎于声色犬马之中时，东南海疆风云突变。

『权力的顶峰』——清咸丰帝皇后慈禧

一艘东瀛渔船路过台湾属岛琉球时遇到大风浪，渔民全部遇难，东瀛人早已对台湾有窥探之心，立即借此机会制造风波，发起挑衅，以琉球居民打死渔民为由，出兵台湾。

慈禧听说东瀛人侵犯台湾，当时就慌了神。她知道欧美列强的厉害，如今日本也咄咄逼人，会不会也和西洋人一样厉害？

慈禧心里吃不准。

很快，慈禧下旨，宣称琉球并非中国属岛，渔民遇事也和清朝无关。她天真地以为，这样一来就会相安无事。

然而东瀛人不肯罢休，出兵占领了台湾。朝廷上下乱作一团，有人主和，有人主战，争论不休。

慈禧主张议和，以前和洋人签订过不少合约，虽然割地赔款，但换来朝廷平安无事。于是，慈禧派李鸿章去和日本议和，李鸿章很快完成了任务：清廷每年赔给东瀛人白银三十万两，割让琉球，则日本退出台湾。

慈禧得知这个结果，跟吃了定心丸一般，当时就答应了。

同治帝正流连于烟街柳巷，已经得了病，他自己也知道无望康复，又一辈子受制于西太后，也没有儿子，如果死后又是幼主即位，慈禧会不会再次掌握大权呢？

想到这儿，同治皇帝没了主张，立即找来师傅李鸿藻，把自己想"长君即位"的意思说出来，命其拟令孚郡王之子载澍为继承者的遗诏。

李鸿藻拟好诏书，捧到同治面前，皇帝看罢，交给李鸿藻，让他保管，只等自己一死，便可拿出来宣示给众臣。李鸿藻带着诏书告辞，皇帝望着他的背影，长长地舒了一口气，觉得轻松了许多。

可是，李鸿藻是个奸臣。

这个老家伙一出来，便直奔慈禧的寝宫，将诏书呈给慈禧。慈禧看完，气得只发抖，恶狠狠地说："看来，他是要一辈子跟他亲娘作对，看来我到死也不能指望他孝顺我了。"

慈禧在气在头上，对李鸿藻喊道："滚！快滚！"

李鸿藻没想到会是这样，灰溜溜地离开了后宫。

可怜同治皇帝的一番苦心，就这样被一个奸臣给断送了，在慈禧手中化为片片碎纸，一文不值。

不再念及是自己的儿子，慈禧下令断了同治皇帝的医膳。不久，同治皇帝一命呜呼，而慈禧太后也最终练就了一副铁石心肠。

国不可一日无君。

同治皇帝驾崩后，大清帝国的亲王将相、内外大臣都开始或公开、或隐蔽地讨论帝国皇位继承人的问题。

慈禧皇太后更是为此绞尽脑汁，她希望推出自己的人选，可是这又不能违背清朝祖制。祖制规定，如果皇帝没有子嗣，就由晚辈中血缘最近、最有资格的人继承皇位。

让慈禧太后头疼的是，如果按照这个规矩来，则恭亲王奕䜣的孙子最有继承资格。想起奕䜣，慈禧心里就不舒服，不由得皱起了眉头。她知道，奕䜣不但位高权重，而且有着极强的权力欲，从热河时期的合作，直到后来长期垂帘听政时期，她早就领教过奕䜣的手段。

如果孙子继承大统，奕䜣会不会掌握更大权力，甚至"挟天子以令诸侯"呢？

想来想去，慈禧太后简直有些坐卧难安。

一日，慈禧太后召集众王公大臣商议立皇嗣之事，这是一场大戏的开幕式。慈禧太后斜倚在宝座上，神情忧伤，望着大臣们说："皇帝大行，没有留下子嗣，国不可一日无君，今天召集众位来此，就是商议此事。"

李鸿藻在大臣的位列中，偷偷瞥见慈禧扫视众人，似乎很顾全大局。他立刻走出来，说："太后，此事可暂缓，皇后已有身孕，若生男，自然继承大统，生女则另做打算，太后您意下如何？"

群臣纷纷点头附和，奕䜣也在赞同。

慈禧皱眉道："此言差矣，国事重大，岂可无君？本宫看此事需要及早决定，诸位可推荐合适人选。"

大臣们议论纷纷，却无定论。

奕䜣双眉紧锁，不断地擦拭着眼角，一脸悲戚，一言不发。慈禧望着奕䜣问："恭亲王，你有何意见？"

奕䜣抬头望着慈禧，仍然一言不发，接着两条浊泪横流，口中念念地叫着"皇上，皇上"，突然一头栽倒，昏了过去。

『权力的顶峰』——清咸丰帝皇后慈禧

慈禧眼里居然没有惊慌，也没有紧张，更没有悲伤，却闪过一丝欣喜，她看着下面忙乱的众臣，清清嗓子说："恭亲王悲伤过度，扶他下去休息。这样，本宫推荐一个合适人选！"

她停下来，目光扫过众位大臣。

大殿上一片寂静，都在等慈禧太后往下说。

慈禧大声说："醇亲王之子载湉！"

大臣们似乎炸开了锅，议论不绝。正在此时，正在一旁休息的奕䜣却又栽倒在地，失去了知觉。内监们走过来，把他抬出了大殿。

大殿内慢慢安静下来。慈禧拿出锦帕，擦擦自己的眼睛，很忧伤地说："先帝是我亲生，年纪轻轻离开人世，本宫白发人送黑发人，心都要碎了。这些日子老梦见他，真是……"

大臣们看慈禧这样伤心，也跟着抹起了眼泪。

"我总在想，如果先帝身体康健，也省得我同众卿在这里为此事操心。现在我提载湉，是因为我看着他从小长大，理解他的性格，认为他将是一个合格的君主。"

说到此，慈禧居然在宝座上哭泣起来。

群臣见此，开始纷纷安慰慈禧，渐渐有人支持她的决定，随之很多人都开始附和这种意见。于是，载湉成了皇位继承人。

消息传到醇亲王府，一家人喜忧参半，内心百感交集。醇亲王福晋是慈禧的亲妹妹，他们的儿子，四岁的载湉天资聪颖，是他们夫妻的掌上珍宝，每日看着孩子稚气的小脸，听着他的笑声，想起现在他居然要进宫继承大统，并陷入那云波诡谲的政局中，总是要叹气。

某日深夜，小载湉被人叫醒，穿上了一件小龙袍，坐上了一顶陌生的轿子。在奶妈的陪伴下，被人抬进了后宫。

小载湉惊讶地看着面前从来没见过的高大宫殿，使劲挣脱抱他的人，奋力跑向父亲醇亲王。

但醇亲王不能再像以前一样抱起疼爱的儿子，好好地哄他，他只能将孩子抱上宝座，说了几句安慰的话来哄他，然后就站回大臣的队伍中去了。

小载湉继承皇位，朝中大臣并非都很服气，那些不服的，也都慑于慈禧的威迫，不敢流露出来，只有同治帝的皇后表示了不满。

这位先帝的皇后迷惑地问身边的人，先帝立的是别人，太后怎么改成了载淳呢？慈禧太后闻得此语，冲进皇后寝宫，大骂："你害死我儿子，现在还在这儿胡说八道，真该千刀万剐！"

两巴掌打过去，皇后的脸上立刻现出了手指印，被打得直掉眼泪。

慈禧怒气冲冲地回到寝宫，下令召来皇后的父亲崇绮，说："你真是养了一个贤惠的女儿！皇帝驾崩以后，她终日以泪洗面，不吃不喝，还吵嚷着要寻死觅活，我们的规劝都没有丝毫作用。看着她日益憔悴下去，我们真是心疼，又没有办法帮她，你去劝劝她吧。"

崇绮一听，太后不是要逼死女儿吗？他只觉得五内俱焚，但他根本不敢和太后顶嘴，只好无奈地回禀："太后，臣知道如何做了。"

先帝百日忌辰时，皇后殉夫了。消息传出，天下群臣无不称颂皇后美德，只有崇绮夫妻俩在家，哭成了两个老泪人。

慈禧太后将载湉扶上皇位，又开始二次垂帘听政。几个月后，俄国发兵伊犁，侵犯新疆南路，帝国北疆告急。

消息传回朝廷，慈禧急忙召集大臣们商量。

大臣李鸿章站出来说："太后，俄国人犯边，我看还是议和为好。"

慈禧点头，还没说话，两江总督左宗棠大叫一声："万不可议和。"慈禧一看，便问："左大人有何高见？"

左宗棠奏道："新疆南路肥沃富饶，俄罗斯早已觊觎这片宝地，但我们不能拱手相让。近年来，洋人一再进犯我，东海防西疆防，不可偏废。近年我大清一再割地赔款，祖宗打下的江山，怎能这么拱手送人？臣愿充当先卒，誓死保卫边疆！"

左宗棠的陈词慷慨激昂，大臣们都深受感染，纷纷赞同。

慈禧被洋人吓破了胆，犹豫不决，她一手支在宝座上，闭着一宿未合的双眼，向群臣挥手，示意退朝，她回到寝宫，躺在床上，想松弛一下紧张的神经。

刚闭上眼，忽听见有人传报："左宗棠求见！"

她知道，左宗棠一定是为抗俄之事而来，她决定召见。这时，一个小太监神情慌张地跑进来报道："太后，左大人在城外停了一具棺材！"

慈禧整顿容妆，步出寝宫，只见左宗棠跪着冷若坚冰的石板，凛冽的寒风吹着，他面色青紫。

慈禧说："左大人，你这是干什么？赶快起来！"

左宗棠根本不听，说道："太后不答应抗俄，臣就长跪不起。"

慈禧命人扶起左宗棠，他却一动不动，俯首说："太后不发兵，臣不起。我死心已定，城外的一具棺材将是我的归宿。"

慈禧只好说："左大人忠心可鉴，若朝中大臣都像你这样，大清国一定会重振国威，明日我就发兵新疆。"

左宗棠赶紧叩谢道："臣不收伊犁，没脸活着回来！"

第二天，左宗棠便开始筹划出兵。两年后，左宗棠收复新疆南路四城。胜利的消息传到京城，朝廷上下喜气洋洋，慈禧也一扫愁云。俄军大败，提出议和。

1880年，清朝收复伊犁。

西北外患平息，大清国歌舞升平，朝廷上下沉浸在一片赞誉之中，慈禧更是欢欣喜悦，但宫内的事却又让她心神不宁，这次的对象却是东宫太后慈安。

慈禧与慈安两人心存芥蒂，曾一度矛盾重重。后来为了共同的利益，两人联合反对肃顺，垂帘听政时期也相安无事。慈安生性娴静，也不大关心政事，但有时也会出手。慈禧放纵太监安德海时，她便出手联合同治，合力除掉安德海；同治选后时，她又与慈禧态度相反。

慈禧由此心怀戒备，只等有一天除掉慈安，自己便可独揽大权。只是仍有疑虑：她听说咸丰临终前给慈安留下一条密诏，依稀听说与自己有关，于是不敢贸然动手。

一天，慈安生了点小病，慈禧命人备肉汤送去。

慈安喝了后，觉得特别鲜美，于是问送汤的小太监："这是什么肉熬成的？"小太监支支吾吾没回答出来。慈安顿生疑惑，再三追问，小太监才说："是西太后用自己的臂肉熬成的。"

慈安一听大为惊异，立即奔往慈禧寝宫，只见慈禧侧卧在床，手臂上缠着纱布，还有斑斑血迹。

慈安感动得直掉眼泪，拉着慈禧的手说："妹妹一片赤诚，你的情谊我今生难报呀。"两人开始回忆在热河共斗肃顺、患难与共的日子。两人越说越激动，眼泪"吓吓"直掉。

后来慈安忽然想起什么，叫来贴身宫女，小声地吩咐了几句，小宫女转身离去。

慈安对慈禧说："先帝临终前给我留下一份遗诏，授权我一旦发现妹妹有不轨行径，即可处死。但愿皇上知道你我情同姐妹，在九泉之下也会无比欣慰的。"

慈禧听了这话，差点晕过去，自己存在这么大的危险居然浑然不知。

宫女取来密诏，慈安将它拿到烛下点燃，很快化为灰蝶片片飞舞，慈禧的心怦怦直跳，似乎也和着韵律，跳舞一般雀跃。

密诏烧了之后，慈禧从此失去制约，不把慈安放在眼里，凡事独断专横，慈安追悔莫及。

慈安临死前三天，到慈禧寝宫说话。慈禧命人端上一盘精美糕点，慈安素喜欢吃零食，觉得美味无比，醇香诱人。不禁问道："这不是宫中食物吧？"

慈禧说："这是我老家送来的家常糕点，宫里吃不到，下次给姐姐送些来。"慈安十分欣喜。

不几日，慈禧派人送来糕点，慈安吃后半日，便觉得身体有些不适，但她并未在意，因为她身体康健，并没什么问题，谁料第三天就命丧黄泉。

东宫太后慈安暴病身亡的消息传出，群臣哗然，本来慈安卧病半年，但她尚能独自处理朝政，勤勤勉勉，怎会突然死亡呢？

李鸿藻疑惑不解地跟别人说："今早我被召进宫时，东宫太后神色安详和蔼，声音洪亮，未见异常，怎会暴亡呢？"

大臣们心怀疑惑，要求叩见慈安遗容。但慈禧却传话出来：慈安寝宫不便开放，慈禧太后有请群臣。

诸大臣进入慈禧寝宫，只见慈禧倚在床头，眼角微红，神情黯然。

见大臣们进来，慈禧取下方巾捂着鼻子，略带哭腔说道："姐姐一直染病，今日病亡，实在是天有不测风云，我们姐妹长年相惜，一直情同手足，今日去世，我已心痛欲碎。"

没有一个大臣敢在此时提出疑问。

慈禧接着说："姐姐才德兼具，在朝中声望颇高，请诸位大臣节哀，早日为姐姐治丧，然后共同辅佐皇帝理政，只有如此，姐姐在天之灵才

『权力的顶峰』——清咸丰帝皇后慈禧

会感到慰藉。"

群臣不便多说，只好安慰慈禧几句，很快告退。

数日后，慈禧亲自下旨拨发银两，为慈安太后办了一场草草的葬礼，葬于定东陵晋祥峪。

可怜慈安一生温顺娴静，却终逃脱不了慈禧的暗算。

慈安太后一死，慈禧便独揽大权。

日本虽然从台湾退兵，但却占了台湾属岛琉球，改为冲绳县，时间是在 1884 年。

直到此时，慈禧太后终于从宫廷钩心斗角的夺权中回过神来，猛然想起来，琉球不是我大清的国土吗？

慈禧立刻派人去找日方交涉，但日本人毫不理会，慈禧只好作罢，似乎琉球这样的小小弹丸之地实在无足轻重。

不料，东南海疆的事情刚刚平息，但南方邻国越南又跑来向清廷告急，请求援兵，结果酿成中法战争。中法战争因越南而起，也是很有渊源的。

早在咸丰皇帝年间，因敌不过法国侵略军，越南国王被迫割地求和，两国才相安无事。同治年间，法国又发兵挑衅，越南又将永隆、安江、河仙诸州割让，后来，法国更加得寸进尺，以本国传教士遭到虐待为借口，要求越南王公信奉天主教，又要求越南北方的红河通航。

面对重大利益受损，而国力又明显不能支撑继续和法国打仗的局面，越南正在犹豫，法国便私自派兵驻河内、海防等处。

法国军队在越南耀武扬威，却遇上一个打抱不平的中国汉子刘永福，此人是黑旗军首领。刘永福是广西人，太平天国的余党，太平天国失败后，他带领数百士兵逃到越南，他的手下个个强悍善战，打着黑旗，因此被成为黑旗军。

刘永福生性豪爽，眼见法国军队在越南胡作非为，便起来抗击。

法军统帅安邺勾结匪徒黄崇英，企图占据越南全国，刘永福带领黑旗军从小路绕道，出其不意杀死安邺。

消息传来，越王又喜又怕。

他为挫败法军而喜，却害怕法国再次出兵，于是又和法国签订和约。按和约规定，越南断绝与中国的宗属关系，以及河内通商、红河通航等条件。

和约签订之后，越南王发布公告命令刘永福罢兵，并封他为三宣副都督，管辖宣光、兴化、山西三省。

越南暂时平静。

但越南匪徒黄崇英经常出没于中越边境，不时偷袭中国边境居民。两广总督刘长佑亲自率领军队巡边，连破黄崇英党羽，黄崇英狼狈而逃，清军紧跟其后直到河阳，一鼓擒拿，并将他的妻子一律骈诛。刘长佑大胜凯旋，只留千余人驻守边防。

光绪五年，越南边境又有一伙土匪，为非作歹，杀害无辜百姓。

越南王无计可施，只得重新求助于清廷，于是刘长佑再次出兵越南平乱。刘长佑率提督冯子材从龙州出发，旗开得胜，没几天，乱党便无影无踪。

但此事竟引起法国不满，他们责问越南王不遵守条约，本已承认越南为独立国，脱离与中国的宗属关系，却又请清军代平定乱事。越南王不予理会。法国人恼羞成怒，便派李威利进军河内。

黑旗军又展雄威，历经血战，将法军击败，杀死李威利。以此为由，法军海陆并进，攻陷河内，占领南边的河阳。

只有山西一带，因为刘永福的黑旗军扼守，法军一时不能攻入。于是法海军转而攻打顺化府，守城官兵一听法军降临，立刻保护越南王阮福映仓皇而逃。

法军再次逼迫越南议和，要求将越南降为保护国，并割地给法国。

阮福映早已被吓破胆，马上全部应允。

慈禧得知越南沦为法国保护国，不由大惊，随即派驻法公使曾纪泽与法人交涉，表示不承认法越条约，暗中让云南、广西派兵支援刘永福。

不久曾纪泽发回电报，说法国谋划占领越南北部边境，并准备通商云南。慈禧随即请李鸿章、左宗棠、刘长佑、刘坤一、张树声共商此事。

这五名大臣，除李鸿章外，都主张抗击法国，驻法公使曾纪泽也主张对法采取强硬态度。主战意见占主导，慈禧便应允对法作战。

首先是调动西南疆臣曾国荃复职，为两广总督。阴鸷沉毅、有霸才之称的福建巡抚岑毓英督滇。

正在此时，朝鲜京城发生兵变，叛军攻占王宫，袭击日本公使馆，日本决定动武。清廷随后决定，派广东水师提督吴永庆，统领北洋水师提督丁汝昌等到朝鲜平乱。

一时南疆有事，东邻骤变，清廷周边纷扰，很是忙乱。

当时法国驻华公使宝海见机行事，到天津与李鸿章会谈，商议边界和通商事宜。

李鸿章很快跟宝海达成初步协议：中国撤退在北部的军队；法国不侵犯越南主权；中法两国共保越南独立；中国准许法国经由红河跟云南通商。

协议的内容，分别请示本国政府，慈禧毫无异议。

但法国海军对宝海与李鸿章的交涉颇为不满，决定增兵越南。不久，巴黎新内阁总理茹斐礼和外交部长沙美拉库推翻成议，将宝海撤任，派孤拔率领军舰直驶马尾。

局势很快又剑拔弩张。

法军陆路直攻越南，遭到黑旗军出其不意的打击，法军士气大跌。清军乘胜追击，法军溃不成军。消息传到巴黎，茹斐礼内阁倒台。新任内阁立即向清廷求和，慈禧自然喜不自禁，派李鸿章前去议和。

南海边，马尾战船云集，法舰八艘和清廷军舰都虎视眈眈监视对方。相持数日，法舰竟毫无动静，清军士兵也松懈下来。

5月某日，法国的一艘小铁甲舰突然开炮，轰然一声，众炮齐发，首先打沉了清舰"飞云"号。硝烟中，清舰扬武号又被击沉。顷刻之间，马尾清舰全沉海底。

沿岸其他各处炮台，几乎被法国兵舰扫荡无余。守台官兵，望风而逃。

两月之后，孤拔再次攻击基隆。

局面凶险，和战两难。

而慈禧此时正忙着庆祝自己大寿：今年是慈禧五十整寿。

尽管马尾大败，内务府却在大办盛典，计划重修颐和园。王公大臣也都认为，这是皇帝亲政以前，慈禧最后一个整寿，为了崇功报德，稍作铺张，也不为过，因而没人敢上大煞风景的折子奏谏时势艰难、宜从简约。

在李莲英的监督下，宫里预备唱二十天大戏，只是为了慈禧一个人享乐。

同时，军机处正为兴办海军、添置军舰的资金来源而愁眉不展。

慈禧万寿的前五天，宫中分两处唱戏庆寿，每天唱到晚上八九点钟方散。

散戏以后，李莲英陪侍慈禧。依照惯例，这是慈禧听新闻的时间，心腹李莲英自有四面八方搜集来的秘闻奇事。

而今天，李莲英长叹一口气说："奴才实在不平，外头那些人，哪里想到朝廷的钱来之不易？马尾一战，辛辛苦苦造的十几条船，半天工夫叫洋人轰光。几百万银子扔在汪洋大海里，奴才实在心疼。"

"还是你们明白！"慈禧叹息说。

"奴才还有句话，不知能不能说？"

"有话直说！"

李莲英说："有钱他们胡花，还不如老佛爷来花！"

慈禧阴着脸呵斥道："你是什么意思？"

李莲英连忙跪下，理直气壮地说："若不是老佛爷镇得住，他们哪有今天？"慈禧听了这话，脸色立刻变得温和。李莲英微微一笑，说："老佛爷辛苦了这么多年，辅佐几代帝王，皇上该修园子，奉养老佛爷。"

慈禧一听大为感动，眼里泪花闪闪。想了一下，她又摇头说："现在要办海军，一条铁甲船就是一两百万银子，哪里还有闲钱修这园子？"

李莲英安慰道："办海军是国家大事，也不见得要那么多钱，只要手紧一点儿，总是可以省出一座园子的！"

一句话说得慈禧恍然大悟，满心欢喜。只要修了，生米煮成熟饭，难道还有人敢将新修的园子拆掉不成？

多年夙愿一朝得偿，慈禧禁不住神采飞扬。

突然，慈禧说："皇上快大婚了，接着还要亲政，外头对这两件事有些什么议论？"

李莲英说："老佛爷一个人拿主意，事情很顺溜！"

"一个人拿主意！一个人拿主意！一个人……"慈禧在心头反复咀

嚼这句话，禁不住感到快慰和感慨。

"你出去吧，我想一个人好好静一下。"慈禧说完轻轻闭上眼睛，李莲英蹑手蹑脚退了出去。

1885年，中法战争结束，清朝海军损失惨重。同一年，慈禧颐养天年的颐和园也在筹建之中。5月9日，一个郁热得令人压抑的日子，慈禧的心情却如响晴的天空，明朗万里。这天，慈禧传来醇亲王，说："中法纠纷总算了结了，咱们要切切实实办几件事。"说完，她扬了扬手中的奏折，问道："李鸿章准备在天津创立武备学堂，挑选各营强健士兵，并且聘请德国人为教师，你看如何？"

醇亲王说："这是大兴海军的基础。"

慈禧爽快地说："好，批准！"

醇亲王跪倒在地："太后英明！"

慈禧顿了顿，突然说："皇上今年十五岁了。"

醇亲王一怔，不知道慈禧是什么意思，只是顺口应了一声："是的。"

慈禧太后说："亲政也快了，我得治理好祖宗留下的基业，交给他，才算对得起我大清的列祖列宗。"

醇亲王立刻明白了慈禧太后的意思，不由得一阵心惊："太后勤勉，天下臣民无不感激，皇上年纪尚轻，学业未成，还得请太后教诲，臣看亲政之事言之过早了。"

"本宫不能落个坏名声，让别人说我把持着朝政，我看如今外事渐平，应该急流勇退，还是见好就收为妙。"慈禧说。

醇亲王心惊胆战地说："眼前大局初定，但海防不可松弛，有赖太后圣德，指引整顿工作，亲政之说，臣万死不敢奉诏。"说完，他取下宝石顶、三眼花翎，放在地上，像母鸡啄米般在地上叩头。

慈禧从心底感到满意，但是她不动声色，反而无可奈何地叹气说："让我定夺，不过是再苦两三年，归政之后，总得找个养老的地方啊。"

醇亲王马上想起太后想修清漪园之事，赶紧接口说："只要经费宽裕，可以修一修颐和园，让太后有个颐养天年的好地方。"

慈禧眉飞色舞地说："我正是这个意思，修园和兴海军的上谕一起发出去，天下人心里有个数。"

此后某日，李鸿章进京，进宫见慈禧太后。美髯拂面的李鸿章随侍卫来到养心殿东暖阁——慈禧的办公之地，屋内朝阳一片，如春日般和煦。

一番寒暄之后，两人的谈话进入正题，讨论了皇帝亲政、筹备海军和修建颐和园等大事，李鸿章的态度和醇亲王几乎完全一致，慈禧太后十分满意，对李鸿章大为赞叹。

上午时光将尽，慈禧太后问："你这次进京，有什么事情要禀报吗？"问话的态度还是那般和蔼可亲。

但李鸿章明白，慈禧在下逐客令了，他趁机奏道："去年对法国作战，并非我朝兵力不足，只是因为腹地招募之勇，一时派不到边省御敌，致使自误戎机。若当时有铁路运输，调兵遣将，指挥若定，哪容法军猖狂？"

慈禧一听李鸿章说要修铁路，便皱起眉头。

同治四年，一个英国人在寅武门外造了条一里多长的小铁路，试行火车，小火车一路喷火而行。这怪物发出怪声，喷着黑烟，围观者作鸟兽散开。慈禧大惊，立刻下令拆毁。

光绪二年，怡和洋行造成淞沪铁路，生意相当不错。不久，发生火车撞死行人的惨案，舆论哗然，总理衙门不得不花了二十八万五千两银子，买回这条铁路。后来将铁轨、火车拆毁，用轮船载运至高雄港外，沉入海底。

慈禧一想到这些事便不悦，她对李鸿章说道："修铁路坏风水，得好好考虑下。"

李鸿章有些沮丧，只能据理力争："同治元年，臣蒙太后天恩，封为江苏巡抚。当时从安庆带淮兵九千，坐英轮到上海。臣记得是三月初由安庆上船，第四天便到了上海。如果没有轮船，间关万里，何日能到？再说去年和法国人开战，福建、云南与京师相距万里，军报朝发夕至。倘若未办电报，个把月不通消息，臣真不敢想象，今日之下会有什么局面，太后你认为呢？"

一席话说得慈禧悚然动容："京官不明白外事的人居多，铁路能办最好，你直管办就是了。"

李鸿章满意地告退。

『权力的顶峰』——清咸丰帝皇后慈禧

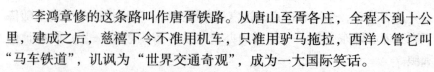

李鸿章修的这条路叫作唐胥铁路。从唐山至胥各庄，全程不到十公里，建成之后，慈禧下令不准用机车，只准用驴马拖拉，西洋人管它叫"马车铁道"，讥讽为"世界交通奇观"，成为一大国际笑话。

十月十八，慈禧在李莲英等人的陪同下，坐轿来到万寿山麓、昆明湖畔的清漪园。清漪园和圆明园一样，毁于英法联军之手，毁损稍轻，重修之后改名"颐和园"。

慈禧一行下了轿，一面歇脚饮茶，一面听内务府造办官员雷廷昌讲解清漪园修建计划。听完之后，慈禧十分激动，下令立即开始重修工程，于是兴办海军的经费便源源不断流向这人间胜景。

这两天，慈禧喜气洋洋，归政的事不必急着考虑，而重修清漪园之事也已安排妥当，真是天遂人愿。

慈禧太后在宫中闲来无事，想起大清朝近年来屡遭洋人侵略欺侮，心中不免郁闷。从前，恭亲王总是跟她说洋务，李鸿章一见她就说要修铁路，无事不跟洋务相关，但自己久居京城，见闻有限，能不能找一个人给自己讲讲这方面的知识呢？

正好一位大清驻法国的参赞回国，这位参赞有两个女儿，分别是德龄和龙龄，她们随父亲游历欧美，精通汉、满、英、法、日五国语言。

慈禧听说此事，对两女大为赞叹，命人传她们入宫觐见。

第二日一早，母亲带着德龄和龙龄进宫。

德龄不记得自己穿过了多少道宫门，最后来到一座大殿，殿内摆满了珍奇古玩，还有金银雕饰的自鸣钟、玲珑剔透的珊瑚树、流光溢彩的景泰蓝，德龄看得眼花缭乱。

德龄正看得入神，数名宫女簇拥着雍容华贵慈禧走进来，慈禧穿着大红缎旗袍，旗袍绣着争奇斗艳的花中之王牡丹。外罩披肩，上面缀着不计其数的珍珠，每颗珍珠都一般大小，慈禧缓缓走动，珍珠像海浪般涌起。

德龄和妹妹看了都在发呆。

母亲在一旁小声说："跪下！"

德龄和龙龄赶紧跪下，小脑袋磕头如捣蒜。

过了好一阵，只听见慈禧心平气和地说："你们起来！"

德龄抬起头，看见慈禧已端坐堂中，正满目慈祥地看着姐妹俩，仿佛是婆婆正看着孙女，目光中还有些惊喜。

只听慈禧又问道："你们穿的是什么衣服呀？本宫从来没看见过，模样有点……有点怪里怪气的。"

原来，德龄姐妹久居国外，已经习惯西洋服饰。今天，德龄穿了一件粉红色洋装，腰间束着带子，与国人装束迥异，慈禧当然没见过。

德龄并不拘束，喜色满面地说："老佛爷，这是法国的服装，那里的女子都穿这样的服装。"

慈禧微笑说："果然风格迥异，虽然不如我大清的女装飘逸、雅致，但洋装也有独到之处，简单干练，只是不适合配珠宝，我素爱佩戴珠宝，这洋装就只能割爱了。不过呢，你们以后可以经常进宫，都要穿着洋装进来，本宫喜欢你们这样子。"

德龄姐妹并不拘束，跟身边的宫女和命妇们大不一样，慈禧很喜欢。德龄姐妹离开皇宫前，慈禧对她们的母亲说："两个孩子见多识广，我都很喜欢，德龄大些，让她留在我身边吧，给我讲讲西洋事务。"

慈禧的谕旨，谁人敢违抗呢？第二日一早，德龄便走进皇宫，来向慈禧请安。当日上午，慈禧早朝完毕，慈禧将德龄叫到跟前说："德龄啊，今后呢，我的首饰盒就交给你保管了。"

慈禧说着，把一个小首饰盒交给德龄，德龄双手接过，轻轻放在案上，然后将收拾分门别类放好，慈禧看着很满意。

慈禧问："今天，俄国一个公爵夫人要过来拜见，听说你会好几国语言，会俄语吗？"

德龄摇头说不会。

慈禧说："好，知之为知之，不知为不知。以前有人骗我，我上过当。"

德龄听了，微微一笑说："老佛爷，俄国贵族都会说法语，我可以用法语跟这位公爵夫人见面。"

会见完毕时，公爵夫人对慈禧说："您身边这位优雅的女士法语说得真好！"慈禧点头微笑。送走公爵夫人后，慈禧把德龄叫到面前，笑容满面地说："你翻译得很好，以后有空教教我外语吧。"

慈禧赏了德龄，看着小丫头高高兴兴地离开，慈禧也觉得自己好似突然年轻了，阳光照进了她的心窝子里。

德龄准备去见皇帝，一名女官拦住了她，说："如果你要见皇上，必须先请示皇太后，不然会闯祸的。"

德龄请教了半天才知道，此时的慈禧正在为光绪亲政的事情绞尽脑汁呢。

当时光绪皇帝已经十六岁，按中国古制已经成年，应该以皇帝的名义主持军国大事了。慈禧心中惆怅，但她想到了办法，让皇帝亲政，她来训政，只是名称换了而已，大权依然在握。

很快两年过去了，光绪年满十八，必须择后大婚了。尽管日子一拖再拖，但终于还是来了。

当年初冬，皇后的人选终于该出现了。未来皇后到底来自谁家呢？九月间，选了三十名秀女。九月二十一，选后仪式在西苑的仪鸾殿举行，慈禧想灯下选美，所以定在深夜举行。

深宵听尽五鼓，十五名秀女来到等前，请慈禧过目。众人都相信慈禧是以姿色选后，因此大家都以为慈禧亲弟弟都统桂祥家的二小姐恐怕难中选，慈禧的这位侄女姿色平庸，仪态也不见高贵。只是因为是慈禧的亲戚，所以能进入这一轮挑选。

三天后最后一次挑选，只剩下八名秀女。除了慈禧的侄女，有两对是姐妹花：一对是德馨家姐妹，一对是长叙的两个女儿。

慈禧把侄女叫在自己宫中住。

其中一个是凤秀的女儿，住在大姐的寿康宫里，她大姐便是同治的慧妃。当年两宫太后为同治选妃，慈禧属意凤秀的长女，她先被封为慧妃，光绪即位后，以两宫太后之命，封为穆宗敦宜皇贵妃，移居寿康宫，其实是养老，但此时敦宜皇贵妃还不到三十岁。

姊妹相见，敦宜皇贵妃欢喜又感伤，想想自己终日尝尽凄凉的岁月，她不禁泪如雨下。宫门下钥，敦宜皇贵妃派人将妹妹唤来，亲自关上房门，转脸相视，还没开口，两行热泪已滚滚而下。

见此光景，妹妹心里发慌。

敦宜皇贵妃强忍眼泪，拉着她的手问："你还记得我的样子吗？"

"记不清了。"

"是啊，你那时还没满周岁呢，转眼十六年了。"敦宜皇贵妃内心忧戚，情绪低落。

小妹妹怯生生的，不知道该说什么好。

敦宜皇贵妃伤心地说道：“阿玛坑了我还不够，怎么还把你送进来？”

“阿玛说不报会受处罚。”

“哼！如果他真为儿女着想，又怕什么呢？”这个做姐姐的皇贵妃问道：“你自己是怎么个打算的？”

“我……”做妹子的迟疑着，无从置答，好半天才说：“我不知道！”

敦宜皇贵妃指着堆了一床零零碎碎的绸缎针线说：“唉，做不完的活儿！一针一针，像刺在心上一样！”

小妹妹问：“这是给谁做的呀？”

姐姐说：“孝敬老佛爷，所有的妃嫔都一样。”

小妹妹大惑不解：这么多人来做，老佛爷穿得了吗？

姐姐凄凉地说：“妹妹，能离开这儿就离开这儿，千万不能在这里葬送一辈子。”

小妹恐惧大姐容颜惨淡的样子，经年寂寞，长夜清冷，春雨如泪，秋虫啮心，万般凄凉……想想都让人毛骨悚然。

小妹爬上姐姐的床，却发现姐姐的枕头都湿了，忙问：“姐姐你哭啦？”

大姐仿佛在自言自语：“我都忘了。”忙将枕头抽掉。

良久，小妹说：“姐姐，我希望自己选不上。”

姐姐说：“小妹，我明儿托大格格说说情。”

大格格是慈禧最宠爱的荣寿公主，留在宫中的八个秀女，除慈禧侄女外，都归荣寿公主考查言语行止，能从她那里疏通，倒是个釜底抽薪的办法。

姐妹一夜辗转难眠。

立后的日子选在十月初五，时辰是寅时，天还没亮，是慈禧亲自定下的所谓良辰吉时。

大殿里灯烛通明，炉火熊熊，御座披黄缎，其他都换上了大红色，显得喜气洋洋。

经过一番挑选后，只剩下五人了。除慈禧的侄女外，还有两对姐妹花，其余的包括敦宜皇贵妃的小妹在内，都落选了。

过了一会儿，慈禧太后驾到，皇太后、皇帝出行行列极长，最前面是朗声吆喝开道的太监，后面隔个十来步是慈禧，李莲英在一旁不断在招呼："老佛爷可走好！宁愿慢一点儿！"

除了两个太监的话语，就只听见脚步声了。

慈禧左边是皇帝，后面跟着荣寿公主、福锟夫人、荣禄夫人，这三人在慈禧面前很得宠，被太监们称为"三星照"，"福、禄、荣"三字口采极好，慈禧听说后也让他们随口叫。

这次为了避免让醇亲王福晋冲淡自己的权力，因此连这位皇帝生母都没有邀请。

大殿内已经安设了宝座，前面摆了一张长桌，慈禧在桌后坐定，便说："把东西摆出来！"

李莲英向那三个捧锦盒的太监一招手，三人一起弯腰走到长桌前面。李莲英揭开锦盒，将一柄金镶玉如意供在正中，两旁放两对荷包，一色红缎裁制，绣的是交颈鸳鸯，鲜艳异常。

这三件东西一摆出来，便有人纳闷了。向来选后所用"信物"是一如意，一荷包，候选秀女被授以如意，便是皇后；得荷包的秀女封皇贵妃或贵妃。如今荷包竟有两对之多，真是奇怪。

慈禧又道："带上来吧！"

李莲英向西偏小屋待命的司官吩咐，将最后选留的五名秀女，传召上殿。五名秀女，早就等在那里了，每人由两个内务府的嬷嬷照料。嬷嬷们十分殷勤，一直替她们撸鬓正发，补脂添粉，口中不断小声叮嘱："沉住气！别怕！别忘了，没叫起来，就得跪着别动！"

"别磨蹭了！"内务府的司官连声催促，"老佛爷跟皇上等着呐！走，快走！"

谁先走是早就排定了的。慈禧内侄女叶赫那拉氏领头；其次是德馨家两姐妹；最后是长叙家两姐妹，姐姐十五岁，妹妹才十三岁。

五人进殿，一字儿排定行礼。跪拜完毕，慈禧说："都起来吧！"

殿内众人恍然大悟：五个人都可以入选。皇后自然是领头的叶赫那拉氏；两双姐妹，必是两妃两嫔，而且看起来是长叙家的封嫔，因为最小的十三岁，还待成年，封妃尚早。

"皇上！"慈禧喊。

皇帝赶紧上前，朝上肃然应声："儿在！"

"你自己来选皇后吧，选一个你自己中意的。"慈禧说。

"这是大事，"光绪毫无表情地说，"请太后做主，儿不敢擅专。"

"不！你自己选！"

"请太后替儿子选。"

"我知道你的孝心。你选的一定合我的意。"

说着，慈禧去拿如意，光绪便跪着接受，李莲英帮忙搀扶，站起了身。

这柄如意交给谁，实在是很明白的事。因此，大都只是看热闹的心情，并不觉得紧张。

皇帝仿佛胸有成竹，因为在这天之前的几次复选中，他就已选好了。

他从容地一步一步接近，也就越来越明显了，如慈禧所期望的，似乎正如大家所预料的，如意将落在叶赫那拉氏手中。

突然之间，见光绪的手一伸，震惊了每个人的心——如意被递向德馨家的长女。

"皇帝！"在静得每一个人都能听见自己呼吸的时刻，慈禧突然叫了一声，光绪一惊，差点将玉如意摔落。

光绪回过脸，看见慈禧双唇紧闭，在向光绪努嘴，是努向左边。于是光绪如斗败了的公鸡似的，垂下了头，侧着身子将如意递给了叶赫那拉氏。

如果是个心高气傲的女孩子，只怕会哭出来，但叶赫那拉氏却能沉得住气。她撩一撩旗袍下摆，跪了下去，双手高举，接受如意，说："奴才叶赫那拉氏谢恩。"

光绪没有答话，径直走回原位，脸冷得像一块坚冰一般。

慈禧心里很乱，愤恨忧惧，齐上心头。将来自然是自己的侄女儿坐镇后宫，只是还存在个心腹之患。咸丰当年对自己的态度，就是前车之鉴。因此她毫不犹豫地喊："大格格！"

"在！"荣寿公主从御座后面闪出来，静候吩咐。

"拿这一对荷包，给长叙家的姐妹。"说完，她拿出第二、三只竹

『权力的顶峰』——清咸丰帝皇后慈禧

签，往桌角一丢，江西巡抚德馨的两位小姐落选了。

荣寿公主将一双荷包，分别送到长叙的两个女儿手中。

两人也是跪着接受说："给皇太后、皇上谢恩！"站起来又请个安："也谢谢大公主。"说完，甜甜地一笑。

荣寿公主心情沉重，笑不出来，转身走回原处。但心情沉重的不止她一个人，所有人都在心里叹气。

"回宫！"慈禧说了一句，就仰着脸往前走。

"老佛爷坐软轿吧！"李莲英说，慈禧坐上软轿，照例由光绪扶轿扛，随侍而行。

照旗人的规矩，立后之日，皇帝要向太后献如意表贺喜，乾清宫的总监早就预备了一柄珊瑚如意。

慈禧下轿回寝殿更衣。李莲英提醒她："老佛爷请出殿吧！万岁爷等好一会儿了。"

"他还在这儿干什么？"慈禧冷冷地说道，"翅膀长硬了。"

李莲英不敢接话，只说："冷天大喜，外头都在听喜信儿呢！"这句话提醒了慈禧：宣旨太迟，会引出流言，令人不快。

慈禧由寝殿出来，居中坐定。光绪满面含笑走上来，装出欢愉地说："儿臣叩谢太后成全！"说着把如意呈交慈禧。

"难为你的孝心！"慈禧很冷淡。

光绪又赔笑说："请太后赏一天假，让儿臣侍奉太后乐一天。"

慈禧懒怠地说："我也放自己一天假。立后宣旨，你自己去宣布吧。"

光绪应了一声，站起来，依旧像个孩子一般站在慈禧身边。

"你就去吧，也累了！"慈禧的语气似乎变温暖了，光绪才觉心头压力轻些，退出储秀宫，来到养心殿召见军机大臣。

养心殿内，琳琅满目的如意摆满了御案，都是王公大臣们的贺礼。光绪心中默然："都以为如意，朕却不如意。"他心中不快，宣布立后之事后，将长叙大女封为瑾嫔，十三岁的小女封为珍嫔，很快退朝。

大婚之后，光绪亲理朝政。慈禧搬进颐和园颐养天年。

光绪的生父醇亲王也不满意太后一手操办的选后之事，却又无可奈何。

谁知他这希望也落空了。大婚才不多日，宫中已有传闻：皇帝对皇后淡得不像夫妇，更不像新婚夫妇。倒是珍嫔，豆蔻年华十三春，天真烂漫，很得光绪宠爱。

　　醇亲王忧心忡忡：慈禧能容忍光绪的逆行吗？能容忍皇帝对她所立的皇后的冷落吗？同治作为她的亲生儿子，尚且不能容忍，更何况是她一手扶立的嗣子呢？

　　宫闱中从此多事。醇亲王有念及此，随后卧床不起。

　　一年多的时间里，光绪始终不知醇亲王病情，而吏治也日坏一日。光绪亦微有所闻，却不是听大臣们奏报，而是珍嫔说的。

　　"你是从哪里得来的这些消息？"光绪问珍嫔。

　　"奴才是听人说的，"珍嫔笑道，"他们都当奴才不懂事，说话不怎么瞒。"

　　光绪悚然动容："你要当心，千万别跟第二个人说。"

　　"奴才知道，除了跟皇上密奏以外，不会到处乱说。"

　　"你懂就好！"光绪很欣慰。

　　"皇上，李莲英不把皇上放在眼里，有此人在，皇上岂不永无出头之日？"

　　光绪心一沉，这正是他的心病。

　　虽然他已独掌朝政，可慈禧对他看管严厉，有重要奏折，她必须过目，还要求自己隔三差五地去颐和园请安。李莲英作为慈禧宠爱的太监，时常在耳边吹吹风，以至于他防不胜防。

　　前天，他去颐和园请安，慈禧还在他身边安排了一个"香王"。他知道这别号"香王"的王太监以刺探隐私见长，如今安插在他身边，名为照顾自己，实为慈禧耳目，自己还有什么自由可谈。

　　皇帝只能暗自悲叹。

　　帝后的感情已冷淡如冰，不仅单独相处交谈很少，甚至有时为慈禧请安，也是望影互避。

　　长日多暇，光绪总是跟珍嫔共度黄昏。每每望着珍嫔烂漫的小脸，光绪总是从心底涌起一阵怜爱之情。这样的宠幸，慈禧知道又将如何？他想起同治的皇后，心里便有隐隐的不安。

　　今天，珍嫔的话牵动了皇帝的心，他也不甘心当一个傀儡皇帝。

『权力的顶峰』——清咸丰帝皇后慈禧

他知道不仅珍嫔对慈禧不满，他身边一些大臣，包括他的师傅翁同龢，军机大臣李鸿藻及珍嫔的老师、侍讲学士文廷式等，也对慈禧也愤愤不平。

但他们无权也无勇气，怎敌得过皇太后的势力呢？

他无言地望着落日，默然太息。

光绪亲政的第五个年头，已经到了1894年，甲午年。受命于危难之中的年轻皇帝，一向受制于人，即使有励精图治之心，也只能望月浩叹。

亲政五年来，他不仅未能让大清帝国实现复兴，反而内外忧患日甚一日，大清帝国在风雨飘摇中迅速走向衰亡。

光绪八年，清廷出兵帮朝鲜平定政变，但日本觊觎朝鲜的野心不死，一直在等待时机进行挑衅。

这年五月，朝鲜爆发了以崔时亨、崔福为首的起义，反对朝廷的腐败统治。朝鲜政府向清廷求援，清廷派叶志超、聂士成等人率兵进驻牙山，朝鲜也增加援兵协同作战，局势很快趋于平静。

此时，蓄谋已久的日本哪里肯放弃吞并朝鲜的良机，随即以保护日本在朝官民为托辞，派出混成旅团与清军对峙。

在积极排兵布阵的同时，日本人又向清廷递交绝交书，发出明目张胆的挑衅。

日本步步进逼，战争一触即发，坐镇颐和园的慈禧私自决定与日本和谈，此时，李鸿章等"后党"大臣操纵和控制的清廷军政外交大权，纷纷附和慈禧太后的主张。

光绪皇帝不甘朝廷受辱，于是一面和谈，一面做好战争准备。

清廷内部还在争论不休，野心滔天的日本人却已抢先下手。

甲午年六月二十三日清晨，黄海海面上薄雾未散，似乎风平浪静。突然，海面上出现了大批日本军舰，开进到朝鲜牙山湾半岛附近，随即向中国船舰发动偷袭。

同日，日本入朝的陆军混成旅团进攻驻牙山的清兵。闻听战报，光绪宣布对日作战，八月一日，他颁布宣战诏书。同一天，日本也对中国宣战。

中日甲午战争正式爆发。

慈禧本来不想对日宣战，只是部分主战派的压力和时局带来的压力，让她迫不得已同意宣战。

战争开始之后，前线传来的都是坏消息：八月三日，日军占领朝鲜全境。两天后，中日海军在黄海激战，五小时之后，四艘清廷军舰被击没，六百余名官兵殉国。

李鸿章见自己一手操办的北洋海军损失惨重，决定"避战保船"，令北洋水师藏在山东威海卫，放弃制海权，结果作茧自缚，困顿在狭窄的海港内。

清廷的软弱，让日本人的凶焰更加嚣张。

此后，旅顺口沦入日军之手，鸭绿江边的清军三万人一触即溃，导致辽东重镇在短短两个月内相继失守。而日军在辽东半岛花园口登陆时，炮台的守将率先逃跑，日本人不费一枪一炮，轻松占领了大连湾。

在辽东得手后，日军调头冲向山东半岛。

年底，日军在山东荣成湾登陆，攻打驻守威海卫的北洋水师，次年初，威海卫南北炮台失守，日军将沿海大炮调转炮头，向停泊在港内的北洋水师轰击，水师在日本人水陆两军夹击下，全军覆没。

此后，日军又南下，攻陷了澎湖列岛。

这些战报传来，光绪皇帝坐卧不安，仰天长叹又伏案落泪，痛恨却又悲哀，那些主张议和的大臣又开始冷嘲热讽，议论纷纷，听在光绪耳中，感觉刺耳有痛心。

慈禧太后又开始"规劝"他，态度一次比一次严厉，在内外双重压力下，光绪皇帝不得不对日本人妥协。

再一次，李鸿章被任命为议和全权大臣，与日本代表伊藤博文在马关谈判。

1895 年 3 月，光绪皇帝接到《马关条约》的详细奏本，看着那一条条细则，不由得心惊肉跳：承认朝鲜自主独立；割让辽东半岛、台澎列岛给日本；赔偿日本军费三亿两白银；开放沙市、重庆、苏州、杭州和长沙为商埠。

光绪皇帝放声痛哭，没有人敢上前劝解，入宫以来，多少辛酸苦辣都包含在这哭声之中。一国之君，却只能做别人的傀儡，朝廷大臣不为国尽忠，只为自己蝇营狗苟，军队腐败不堪。

前一年，当黄海风云突变之时，慈禧为庆祝六十大寿，依然花钱如流水，把颐和园装扮成一片火树银花不夜天的盛景，宛若太平盛世，歌舞升平。光绪皇帝贵为天子，对此不敢进一言。

富丽堂皇的颐和园，那堆积如山的奇珍异宝，都是挪用军费换来的。如果这些钱用来富国强兵，历史会不会改写？然而，历史不能假设，无论这个皇帝怎样痛心，他的心思也只能化作一池愁水。

某日黄昏，光绪皇帝信步踱到紫禁城后花园，这里地方不大，只有一些假山石点缀在奇花异草之中，并无水榭楼台和曲径通幽。

这里人迹罕至，是庄严肃穆的紫禁城中一块安静的绿地。

光绪愁眉不展，反剪双手，垂首走在蜿蜒曲折的石径上。

突然，皇帝听到一阵清脆请安："给皇上请安！"他抬头一看，一个穿着束腰洋装的苗条女子站在面前。

这便是德龄，如今是慈禧太后的翻译。

光绪脸上露出笑容，似乎很高兴。

"德龄，好久没看见你了，我的英语大概又退步不少。"

"这阵子老佛爷把我留在颐和园，不时有外国使节夫人来拜见老佛爷，我没法脱身。"德龄说话直率，又很喜欢这位勤奋好学的皇帝，说话也毫无顾忌。

"德龄，有空多教我些英语。"

"陛下，您天资聪颖，学英语完全不用担心不进步。"德龄安慰皇帝，而她心里也正是这么想的。

"是吗？"光绪反问了一句，他的目光越过德龄的头顶，投到远远的地方，叹口气说："老佛爷从不曾赏识我。"

一个皇帝，语气里饱含委屈，德龄心中一阵难过。

德龄想安慰皇帝，却不知道怎样开口，她只能沉默，但皇帝是她见到的最聪明、最勤勉的一个人。

她记得有一次看见慈禧和光绪共同理政，那时慈禧端坐案前，面前是一大堆奏折，慈禧一本本地翻阅，看过一本之后，递给站在案侧的光绪。光绪很快看完，而后将奏折放在一旁。

所有的奏折都看完后，慈禧侧过脸，问光绪问题，光绪对答如流。那时德龄便很钦服皇帝的才华，但她也发现，皇帝惧怕慈禧。

皇帝在慈禧面前总是一本正经，慈禧不问话，他便一言不发。而皇帝和她在一起时，说起话来总是滔滔不绝，神采飞扬。皇帝在慈禧面前不敢流露自己的真实思想，而慈禧也瞧不起光绪，总是以一种鄙夷的目光看着他。

正想着，忽然又听见皇帝在喊自己："德龄。"

她抬头一看，光绪正笑眯眯地盯着自己，他问道："你经常和外国人打交道，他们怎么看我？"

德龄心里清楚，外国人从不把皇帝看在眼里，因为这个皇帝有名无实，他们看重的是掌握实权的慈禧。

德龄正不知道如何说，光绪便自言自语起来："他们不会把我放在眼里的，他们眼里只有老佛爷。"

光绪又说："他们都不知道，我有很多想法，只是现在还没有办法实施！"

他轻叹一口气，望着如血残阳，突然神采飞扬："我不想做亡国之君。我希望外患消除，人民安康，国家强盛。纵观西洋，为什么他们能屡次挫败我清朝，这是由于他们国力强盛，科技发达。以后我要办学堂，学习西方技术，建造枪炮，加强军事力量，还要兴办工厂，修铁路，开矿业，还要整顿吏治，让卖国求荣之辈和贪官污吏无处藏身……"

光绪陶醉在自己的梦想里。

等光绪停下来，德龄轻声问道："皇上，你为什么不把这些想法告诉给老佛爷呢？"

皇帝飞扬的思绪被拉回了地面，他哭丧着脸说："老佛爷不会支持的，她一向反对学习西方，老佛爷不放权，我怎会有希望实施这些措施呢？你经常和洋人在一起，可以把我的想法告诉他们，让他们了解我，让他们知道我愿意向他们学习，我希望有所作为！"

德龄点点头，说道："我会将您的想法转告给外国人，他们也许会帮助你的。"

夕阳已隐去，西方天幕上铺满灿烂的晚霞。光绪对德龄用英语说再见，然后转身离去。

德龄望着那清癯消瘦的身影隐没在后花园的绿树杂草之间，她想不到这位平日沉默寡言的皇帝，胸中原来有如此抱负。

德龄从小随父游历欧美诸国及日本，见多识广，如今回到中国，久居宫城，自然感触颇深。倘若大清国还未到穷途末路，他定能有一番作为。

"可惜他生不逢时！"德龄摇摇头，长长地叹了一口气。

皇帝已经离去多时。

尽管多次遭欧美列强欺辱，清廷仍不觉悟，但甲午年战败于东瀛人，这个一衣带水的蕞尔小国，居然骑到我天朝大清头上。这个事实，不光让作为天子的光绪皇帝愤怒，凡是有爱国心的人们，都是痛心疾首义愤填膺，张之洞为代表的一些朝廷要员，在朝廷上下掀起反条约浪潮。

一些大臣要员纷纷上书，表达反对不平等条约、要求富国强兵的意愿。看到这些朝臣的态度，光绪皇帝似乎看到了一丝希望的曙光，然而，这与他的富国强兵之梦还相距遥远，他梦想励精图治，却苦于没有一个能给他出主意的智囊。

1898年3月某日清晨，光绪皇帝正在书房批阅奏折，忽然有侍从来报告："陛下，翁同龢求见！"

皇帝一听，放下手中朱笔，宣召让翁同龢觐见。

翁同龢三朝元老，气度从容，稳重地走了进来。

翁老先生见过光绪，一并施礼，光绪觉得老先生有些异样，还没有开口问话，翁同龢就从衣袖中抽出一卷书，呈交给光绪。

皇帝接过来一看，那是一份奏折，上面醒目地写着《上清帝第四书》。

"这是谁呈上来的奏折？"光绪问。因为他不明白，翁同龢怎会一反常态，对一份奏折如此重视。

"陛下，呈交奏折的人是南海康有为，皇上还记得他吗？"问话时，翁同龢期待地看着年轻的皇帝。

"当然"，皇帝说："三年前'公车上书'，不正是南海举人康有为发起的吗？怎么突然就第四书呢？前面第二书、第三书呢？"

"陛下，康有为确曾三次上书，第一次是十年前，那时皇上才刚亲政，那时他提出'变成法，通下情，慎左右'，恰逢太后训政，所以你看不到那份上书。后来他回家创办万木草堂，聚徒讲学，鼓吹变法，再联合各省应试举人一千三百余人联名上书，这就是所谓的'公车上书'。他的上书是太后的人都给扣下了。"

翁同龢背着康有为的上书内容，光绪皇帝全神贯注地听，后来渐渐眉开眼笑，突然说一声："好！如此有救国之心，而且有救国之法的人，为什么不早早给朕引荐？"

"陛下，康有为三次上书并未传到我手中，我是从别处打听而来的。今天拿来的'第四书'是康有为直接呈给我的。"翁同龢的话语中带着遗憾。

光绪皇帝神情黯然，他知道那些上书是被慈禧的人拿走的，根本无可奈何。

皇帝打开康有为的奏章，一口气读完，通篇变法言论，让他觉得眼前豁然开朗，"众里寻他千百度，蓦然回首，那人却在灯火阑珊处。"皇帝此时觉得，康有为正是他要找的人。

"老师，我想尽快见康有为，你意下如何？"

"陛下，康有为一介草民，皇上以何种名义召见他呢？再则，太后面前……"翁同龢欲言又止。

皇帝坚定地站起身，语气坚决地说："我变法之心已决，无人可阻挡！我马上面见太后，陈明此事！"

翁同龢见皇帝心意已决，便不再说什么。

光绪换了衣服，便直奔颐和园。时值早春，颐和园春意料峭。慈禧正安闲地躺在床榻上抽着水烟，一名小宫女跪在榻前为她捶腿。听说光绪进来了，她睁开眼睛看了光绪一眼，随即又闭上，懒洋洋地说："皇帝，你今儿来这边有事吗？"

"儿臣过来请安，且有一事禀告。"

"你是皇帝，有什么事自己拿主意！"慈禧仍然懒洋洋的。

光绪鼓起勇气说："甲午失利，丧权辱国，我不能当亡国之君，我要实施变法，挽救国家于危难之中。"

慈禧缓缓地睁开眼，把光绪叫到眼前，似乎很愉快地说："皇上如此忧国忧民，我也甚感欣慰。以前我对你管得太多了，刚才我说过，你是一国之君，自己拿主意好了，不要凡事都请示我。只要不违祖宗大

『权力的顶峰』——清咸丰帝皇后慈禧

法，无损我大清权势，变法也没什么不可以。"

光绪一愣，太后居然一口应允，宽容的态度出乎意料，他乘兴而归。

皇帝回宫后马上发出命令：任命康有为为工部主事，立即入宫觐见皇帝。

康有为一进宫，皇帝只问苍生不问鬼神，迫不及待地询问变法事宜。

康有为侃侃而谈："陛下，我以为，变法一要广开言路，二要……"他滔滔不绝地讲，皇帝则在一边聚精会神地听。

康有为说完，光绪皇帝不禁悚然动容，他一激动，居然不顾天子尊严，握住康有为的手，连发相见恨晚之感慨："今日听君一席话，胜读十年书。变法一定要实施，还望你鼎力相助，广泛召集有志变法人士，共图国强。若变法成功，你将是大清国第一功臣！"

康有为感激涕零，连忙跪倒在地，激动地回禀："皇上的知遇之恩，臣当以死相报。"

两人都很满意。

会见结束后，光绪下达圣谕：任命康有为为总理衙门章京上行走。

圣谕一发，朝廷上下哗然，皇帝雷厉风行的作风使他们大开眼界。

康有为走马上任之后，一边网罗变法人才，一边极拟定变法条文。1898年4月23日，"明定国是"的上谕颁发，轰轰烈烈的戊戌变法运动正式开始。

诏书颁发以后，又陆续颁布了很多法令，其中包括开办京师大学堂，也就是后来的北京大学的诏书。变法诏书相继发出，皇帝感觉春风得意，他感到一个富强的国家正向他走近。

但光绪却接到这样的消息：从朝廷到地方真正执行者不多，无奈之下，光绪帝召见康有为、翁同龢等人商议。决定让候补侍读杨锐、刑部候补主事刘光第、内阁候补中书林旭、江苏候补知府谭嗣同参与新政事宜，形成一个变法中心，他们四人加之康有为的弟弟康广仁和杨深秀合称"六君子"，继续实行变法维新。

变法运动在坎坷中缓慢前进。

尽管不少官员对变法有抵触，但让皇帝和维新派人士们感到安心的是，住在颐和园的慈禧并没有什么动静。

慈禧的安静甚至让皇帝有些纳闷和不安，因为这完全不是她一贯的作风。

四月某日，皇帝去颐和园给慈禧请安，慈禧坐在软椅上，侧头望着光绪，脸色慈祥，像闲谈一样问道："你最近吃得可好？"

"儿臣还好。"

"政务繁忙，你吃得消吗？"

"基本上没有什么问题。"

"这就好。"

慈禧点点头，很舒适地靠在椅背上。光绪心里松了一口气，以为慈禧会让他走的。

但慈禧突然又说："近来有不少人弹劾你的老师翁同龢，你知道吗？"

听到这话，皇帝的心猛然一沉，这事他还是头一次听说。翁同龢是他实施变法的重要参与者与策划者，是变法的有功之臣，若没有他引见康有为，只怕也没有这场变法，况且他德高望重，光绪正准备委以重任。今日慈禧竟说有人弹劾他，岂不是存心干扰变法吗？光绪不由忧愤起来。

慈禧看了光绪一眼，随手从旁边的书桌上抓起一叠奏折，朝光绪高高扬起，说："这就是群臣弹劾翁同龢的奏折。他身为协办大学士，户部尚书，却不经允许，擅自用权，以致公论不服，这种人你还重用？"

光绪低头不语，他知道翁同龢办事谨慎，慈禧所说的罪名只是"莫须有"罢了。

看来，慈禧果然不甘心放权于他，这次却拿自己最尊重、最信任的大臣开刀。

一种失败的悲哀情绪在皇帝心头蔓延。

他无力地抬起头，用低沉的声音说："该如何处置翁同龢呢？"

慈禧斜了一眼光绪，语气坚定地说："我说怎么办？将他革职吧！"光绪机械地点点头。

慈禧接着说："皇上，还有两件事请你考虑：其一是今后我对群臣赏赐及补授文武一品、满汉侍郎，必须前来谢恩。二是重用荣禄……"

「权力的顶峰」——清咸丰帝皇后慈禧

中
国
历
代
皇
后
ZHONGGUOLIDAIHUANGHOU

　　光绪神情恍惚，仿佛听着慈禧在一个遥远的地方讲话。

　　慈禧志得意满地点头说："一国之君就要明白用人之道，哪些人该重用，哪些人不该用，心中要有谱。"

　　光绪回到宫中，翌日便按照慈禧懿旨明发上谕，将翁同龢革职，理由就是慈禧说的："协办大学士、户部尚书翁同龢，近日办事多未允协，以致公论不服，屡经有人参奏。且每于召对时，咨询事件，任意可否，喜怒见于词色，渐露揽权狂悖情状，断难胜枢机之任，开缺回籍。"

　　翁同龢接到上谕，失望地放下手中的书，望着窗外遥远的地方，良久才回过神来，叹一声气："变法到底是无法施行，皇上还是个摆设，这大清国呀……"

　　他仰天叹息，苍松般老皱的脸上淌着两行清泪。三朝元老，一直兢兢业业，倍受尊重，竟然被革职回家，怎不令人伤心忧叹。

　　翁同龢匆匆收拾行李，没有辞别皇帝，直奔家乡常熟而去。作为光绪的老师，他很了解光绪，把他撤职并非光绪自己的意愿，还是慈禧更高明。

　　翁同龢离京当日，光绪又发了一道上谕，这便是要求受赏的文武百官及补授大官到慈禧面前谢恩。

　　更令天下吃惊的消息还在后面，光绪接着对荣禄大加提拔，将其授为文渊阁大学士，接着又授为直隶总督兼北洋通商大臣，还给他加重了军权，将直隶按察使袁世凯教练的新建陆军马步各队归荣禄节制。

　　荣禄从此权倾朝野。

　　消息传来，群臣议论，慈禧和倾向他的大臣们都暗自得意。皇帝身边近臣们也明白，这些都是慈禧的意思，实在是无可奈何。

　　上谕发出之后，光绪一直愁眉不展。

　　这天，他心情烦闷便来到珍妃的寝宫。

　　两人都沉默不语。珍妃起身为光绪沏了一杯清茶，首先打破了沉寂："陛下，您不能消沉，变法不能停止，您身边还有众多有为之臣，应该振作起来。"

　　光绪怜爱地望着他心爱的妃子。

　　四岁进宫以来，他饱尝了人情的淡漠，只有从这位十三岁入宫，如今不过二十二岁的珍妃身上，他才能感觉到人世间的温情。

· 382 ·

有这么一位红粉知己，他从内心深处感到满足。而如今，自己的地位都岌岌可危，有能力保护心爱的妃子吗？

为此，皇帝十分不安。

望着珍妃充满期待的目光，他知道她还等着自己答话，便答道："爱妃放心，无论多么艰难，只要我还是皇帝，变法绝不停止。"

光绪并不是随便说说，当天他下旨革了两广总督谭钟麟的职。谭钟麟破坏变法，居然下令水师学堂、鱼雷学堂停办，并将二十八艘轮船弃置不用，还下令恢复八股考试。如此顽固不化，公然与皇帝作对，尽管他是慈禧的红人，但还是被皇帝撤职查办。

珍妃听后称赞："皇上此举真是大快人心。不杀一又何以儆百？对于此类官员就不该手下留情！"

光绪却很担忧："如今宫中布满了老佛爷的耳目，我的一举一动，她了若指掌，我不能不事事小心。"

珍妃双眉紧蹙："陛下，您何不'以其人之道还治其人之身'，您也可以在她身边安置您的心腹呀。"

光绪笑着说："我们想到一块儿去了，我已派心腹太监去到老佛爷身边。"

戊戌年七月二十九日，天气炎热抑郁。

这一天，"六君子"之一杨锐正在军机处值班，忽听太监传旨，说皇帝立刻召见。杨锐心中升起一股不安之情：皇上如此紧急传召，是不是有什么特别要紧之事？

杨锐马上放下手中工作，在太监的引导下，匆匆来到位于养心殿的皇帝书房。

一进书房，他便觉得气氛异样，光绪清瘦的脸上带着些许惊恐、些许不安，皇帝少年老成，一贯喜怒不外露，今日作风不一般。

光绪见杨锐进来，便支走了身边人，关上书房门，凑近他身旁，神情紧张地说："刚才我得到情报：太后准备利用九月在天津阅兵之际，发动兵变，将我囚禁，复行垂帘。"

杨锐听后脸色煞白，他终于明白刚才皇帝为何失态。

一时间，他呆坐原位，无言以对。

光绪急迫地对杨锐说："我在宫中，如今就是一叶孤舟，现在唯一

「权力的顶峰」——清咸丰帝皇后慈禧

的希望就是康梁等大臣能想办法救朕于水火之中，如今宫中都是太后的耳目，我无法出宫，希望你能与康梁等人联系，让他们尽快想办法。现在，能力挽狂澜的也只有你们了，望你们不要辜负朕!"

光绪说完，已是泪流满面。

杨锐一听事情如此严重，而皇上一片厚望，他感激涕零，跪倒在地，哽咽地说："皇上如此看重臣等，臣定不辜负陛下厚望，肝脑涂地在所不惜!"

皇帝扶起杨锐，两人都哭成了泪人。

光绪说："事到如今，你我也不必讲什么君臣之礼了。你尽早出宫，我已写好一封诏书，你带给康有为、梁启超等人。"

他停了停，突然转脸对着书房里叫一声："珍妃!"

门帘打开，珍妃手捧诏书走出来，脸上还挂着泪水。

杨锐正待行礼，光绪马上拦住，又说道："如今宫中耳目甚多，必有人会向太后告秘，你出宫之时，一定会有人刁难。我赠你一条玉带，诏书藏在玉带内，你出宫之后将玉带诏带给康梁就是。"

说完，取下腰带交给珍妃，珍妃把诏书缝在夹里，仔细检查了一遍针脚之后，交给皇帝。

光绪将腰带交给杨锐，说："你速速离宫。"

杨锐接过腰带，泪水直淌，重重朝皇帝磕了两个响头，尔后匆匆出宫。

宫外，康有为一见杨锐失魂落魄地走过来，便问何事，杨锐声音急促地说："大事不好，皇上出事了。"

康有为马上派人叫来梁启超，谭嗣同、刘光第、林旭等人。

众人到齐，杨锐取出诏书，轻声念道："朕惟时局艰难，非变法不足以救中国；非去守旧荒谬之大臣，而用通达英勇之士，不能变法。而皇太后不以为然。朕屡次进谏，太后更怒。今朕位几不保，汝等可与诸同志，妥速密筹，设法相救。"

念完后大家号啕大哭。

半晌，众人才开始商讨应急对策，荣禄是他们首先考虑的对象。

荣禄手握重兵，而且拱卫京畿，慈禧利用他发动兵变易如反掌。要救光绪，只能以其人之道还治其人之身，拥有军队、能打败荣禄的将领才能挽扶大厦之将倾。

大家一致认为，袁世凯是最理想的人选，他曾对变法表示同情，如果派人游说，他也许会答应救驾的。

谭嗣同自告奋勇前去游说。

一个风雨凄厉的夜晚，谭嗣同赶到天津，见到了袁世凯。

见了袁世凯，谭嗣同先试探一下对方的意思："推行新法以来，很多大臣出来阻挠，皇上忧心忡忡，该怎么办？"

袁世凯眼珠子转了两转，然后慷慨激昂地说："只要皇上一句话，我还敢不尽死？"

谭嗣同听了这话，直言劝袁世凯起兵保护皇帝，并取出光绪密诏给他看。

袁世凯看后，痛心疾首地说："杀荣禄如杀一狗耳！"

谭嗣同心满意足地离开了。

八月初六黎明，紫禁城一片寂静，光绪皇帝还在熟睡之中，心腹太监王商急促地叫醒皇帝："皇上醒醒！"

皇帝醒来，王商告诉他，慈禧从颐和园起驾回宫，随行队伍浩浩荡荡。皇帝一听，坐在床上呆若木鸡，随后他抱着头喃喃地说："全完了，变法成了泡影，朕的皇位也保不住了。"

光绪还不明白，自己到底在那个环节上出现了失误，导致慈禧开始警觉。

珍妃坐起来，看到光绪失魂落魄，她安慰道："万岁爷，天下的事是命中注定的，等会儿老佛爷来，陛下千万不要冲撞她，否则后果都不堪设想。"

珍妃附在光绪耳边说："万岁爷年轻，太后已过花甲，机会还多着呢！"

光绪望着爱妃，若有所思地点头。

慈禧入宫，光绪和珍妃整好衣冠在殿外跪迎。光绪强作镇静给慈禧请安。慈禧满脸怒气，望着光绪"哼"了一声，在李莲英的搀扶下，径直朝光绪寝宫而去。光绪和珍妃也急忙跟上前去。

慈禧把书案上的奏疏全抓起来，交给李莲英。然后恶狠狠地指着光绪问："我现在问你一句话，你可知做儿子的要杀父母该如何定罪？"

其实光绪并不知道，被康有为等人看作救驾希望的袁世凯，早已在慈禧面前告状：说皇帝命令他"带兵围住颐和园，冲破园门，并在乱兵中结果太后的命"。

慈禧听后便匆匆而来。

光绪只能极力辩解。慈禧早已不耐烦，她挥一挥手，说："你成天讲变法，变得连孝道也不讲了吗？我看大清朝是要断送在你手里，你配当皇帝吗？"

光绪一听，来不及思虑再三，跪倒叩头说："儿臣马上草拟诏书，请太后您执掌大权。"

第二天，光绪的诏书明发天下，慈禧三度垂帘听政，他自己则被囚禁在瀛台，只有遇到庆典时才出来当一下活道具。

光绪被囚后，康、梁逃离北京，杨深秀、杨锐、林旭、谭嗣同、刘光第、康广仁等六人则断头于菜市口，史称"戊戌六君子"。

一场充满希望的变法，大清帝国复兴的最后希望，在他们的鲜血中宣告丧失。

慈禧重新掌权了，帝国也彻底没希望了。

1898 年，"戊戌六君子"用鲜血见证了维新变法最悲壮的一幕，而血腥镇压变法的元凶慈禧皇太后，这个六十四岁的年迈女人，又一次攫取了最高权力，并且开始了她一生中的第三次垂帘听政。

望着岁月在脸上犁出的一道道沟壑，慈禧知道，她敌不过光阴的锋刃。然而，当她志得意满地看着臣服在脚下的大臣们，那些换了一茬又一茬的大臣们，她不禁得意起来，因为在大清朝的权力场上，只有她才是真正的常胜将军，没有谁能撼动她的地位。

慈禧有理由得意，当然她也必须感到失败和忧虑。

洋人的步步紧逼，国土的不断沦丧、国家和民族权利的不断丧失，让她这个最高统治者也承受了巨大压力，她的统治地位也受到了严重威胁。

一想到那些金发碧眼、长腿尖鼻的西洋鬼子，她就无法得意，甚至每次想到那些丑陋矮小的东瀛人，她也会生出无奈与悲叹。

然而，慈禧对时局的洞见，自然有她作为最高统治者的独特角度：她发动宫廷政变、重新夺回争权之后，戊戌变法最大的"罪犯"却逃之夭夭，逍遥海外。这是她不能容忍的。

康有为之所以能够逃脱，是因为英国公使兰德保护这个"逆贼"，让他能够进入英国，并在西洋组织保皇党，声援被囚禁的光绪皇帝，要求慈禧退位，还不断派人到国内各处发动"叛乱"。

慈禧曾让李鸿章与英国人交涉，要求缉拿康有为归案，却遭到英国人的拒绝。

同样，康有为的高徒、戊戌维新的第二号人物梁启超也得到了日本人的庇护，得以逍遥法外。

不管是东洋鬼子还是西洋鬼子，都来与自己作对，专门帮助与朝廷为敌的那些人。慈禧为此勃然大怒，伤透脑筋。

洋人已经成了慈禧的心腹大患。

慈禧需要一股势力来打击那些洋鬼子。历史有时就有那么多巧合，恰好，此时义和团的势力遍及直隶全省，并且不断向北京和天津渗透。

义和团运动起源于山东，起初是源于民众与西方教会的冲突，后来打出"扶清灭洋"的口号，对洋人实施武装打击。

义和团的口号喊得响，也正好契合了慈禧的需要，这不正是她用来打击洋人的最好工具吗？此时的慈禧，觉得义和团的口号是那么顺耳。

她决定对义和团实行招抚政策。

义和团为了自身力量的发展，也很快响应了朝廷的招抚政策。此后，义和团发展迅速，不久便控制了京、津地区。

义和团势力的膨胀，严重损坏了各西方帝国主义国家在华利益，他们不能容忍这样一股势力越来越强盛，因此要予以干涉。

很快，英法德等八国组成八国联军，由德国将领统帅，自行对义和团实行剿杀政策。

八国联军在天津登陆，一路向北京进犯，义和团配合清军，在廊坊大败侵略军，史称"廊坊大捷"。

然而，洋人并不会被一时的挫折吓倒，义和团的长矛和大刀也终究比不上洋鬼子的枪炮，他们不可能逃脱被击败、歼灭的命运。

而看着义和团势力不断壮大的慈禧，此时也有了新的想法，同时充分暴露了她作为一名权力追逐者的本质：她希望洋人和义和团斗个两败俱伤，如果借洋人的手灭了义和团，就免得自己大动干戈，如果

『权力的顶峰』——清咸丰帝皇后慈禧

义和团能沉重打击洋人，也就会减少外界批评自己不抵抗西洋人的压力。

当然，攘外必先安内，洋人不大可能直接推翻自己取而代之，但是若任由义和团发展，形成尾大不掉之势，将会对大清江山造成致命打击。

在慈禧的指令下，清廷不再为义和团提供武器，甚至命人将塞满粟米瓜果的大炮给义和团。在这种隐形的两面夹击之下，义和团终于失败了。

北京，随即成了八国联军烧杀抢掠、横行霸道的地方。

隆隆的炮声震动了宫廷，想到八国联军已经兵临城下，慈禧彻夜无法安眠。

东方未明之际，大太监李莲英神色慌张，匆匆来到慈禧寝宫，大呼小叫地说："洋人已攻下了东会门！"

慈禧一听，觉得洋人如神兵天降，来势如此凶猛，险些瘫倒在地，李莲英等扶起她在殿中休息。好半响，慈禧才缓过气，眨眼功夫，已经变得如寻常老妇般憔悴焦虑，茫然自语道："国事糟到这种地步，留此残命还有何用？不如一死，了却世间烦恼。"

慈禧说着，脚下就准备往外走。

李莲英眼瞅着不对劲，急忙扯住慈禧，摆出一副苦口婆心的架势，劝解道："老佛爷，洋人来势凶猛，但终有强弩之末的一刻，奴才看不如避其锋芒，其他事情容日后再议。"

慈禧本不想跳水寻短见，一听这种劝告，马上停住脚步，转而伤心地哭泣。这个老妇人，带着哭腔命令道："传令宫人及诸亲王，稍事准备，即刻离京。"

不久，在一片慌乱和哀怨声中，众人逐渐聚齐。

正在众人准备出发之时，李莲英鬼鬼祟祟地走到慈禧身边，别有用心地问道："随驾的人全安排好了，只剩下珍妃一人不知如何安排，请老佛爷圣裁！"

慈禧不吱声，她心里乱极了，她只想早点离京，免得落入洋鬼子之手。

对于珍妃，她一直很不顺眼，心腹太监告诉她，珍妃说了不少对自己不满的话，而且还敢干涉光绪皇帝政事，她也支持变法。

这些，都是慈禧无法容忍的。

光绪皇帝在一边，见慈禧沉默不语，惊出了一身冷汗。自他失去权力以后，珍妃是他生活中唯一的慰藉。珍妃苦口婆心的劝解，给了他活下去的力量和希望。

即使在被软禁瀛台之后，两人还设法夜会。此次八国联军入京，光绪皇帝本想趁乱让珍妃得到自由，谁料又遇此险境。

失权的皇帝不顾一切扑到慈禧面前，跪下哀求道："太后，请开恩放她一条生路！"

哪知慈禧竟不予理睬，昂首命令道："把珍妃带来！"

不一会儿，珍妃被带到慈禧面前，她已被折磨得不成人形，头发蓬乱，瘦脸惨白，衣服脏破，活像一个叫花子，怯生生的大眼睛里闪着求生的光芒。

慈禧怒斥道："天下就是被你搅坏的，连洋人都杀进来了，你还有脸来见我？不如死了吧！"

珍妃双眼睁得大大的，满是恐惧，她跪在光绪和慈禧面前，根本不敢答话。

"我们要离京了，也没法带上你，留你在宫里，洋人进来还不是糟蹋了，那又有失大统，你看你怎么办？"这话意味着，珍妃只有死路一条了。

光绪和珍妃对望着，突然相抱大哭起来。

慈禧手一挥，两个太监上来分开两人，将珍妃双手绑了起来，把她推入一口枯井，光绪眼看着自己心爱的人被夺去了生命，他发疯般地奔向枯井，大叫着："不要杀死她！不要杀死她！"

几个太监把他拉开，文武百官、太监宫女都不理睬他的话。绝望的珍妃，连一句"救命"的呼声都没有留下。

有人作了一首诗，专为珍妃鸣不平，诗云：

金井一叶坠，凄凉瑶殿旁。

残叶未乃落，映日有辉光。

沟水空流恨，霓裳与断肠。

何如泽畔草，犹得宿鸳鸯。

在珍妃的惨叫声中，慈禧发出离京的命令，大队人马狼狈不堪地逃离黎明中的北京城。

慈禧离京之际，昔日的金银饰物都不再佩戴，浑身穿戴宛如一乡间农妇。逃命要紧，她已全然顾不上形象。

七月底，慈禧一行人逃至怀来。县令吴永慌忙接驾，他是第一次以县令身份迎驾慈禧。慈禧一行风餐露宿，突然间有人仍以君臣之礼迎接她，不由十分感激，于是将吴永叫过来。

此时慈禧头发凌乱，面带土色，蓝布衣服污痕斑斑，看这样子，谁都不敢相信她就是权倾天下的慈禧皇太后。

见吴永进来，慈禧笑眯眯地问道："你是旗人还是汉人。"

"汉人。"

随后她又细细问了吴永的情况，吴永一一作答。

慈禧又问：

"县城远吗？"

"离此二十五里。"

"一切供应有所预备？"

"已经预备妥当。"

慈禧一听马上称赞："好，有预备就好。我和皇上连日走了数百里，竟不见一个百姓，更不用说官吏。现在到了怀来县，你还出来迎驾，真是忠臣呀。我也没料到大局糟到如此地步。"

慈禧悲叹一声，觉得饥饿难忍，接着对吴永说："连日奔走，又没有吃喝。路上口渴，命太监取水，不是有井却没有汲水器，就是井中浮有人头。不得已，只得采秫秸秆与皇帝共嚼浆汁解渴。昨夜我和皇帝贴背坐在仅有的一只板凳上，一夜未眠。夜里寒气凛冽，冷森森地直入筋骨，真是冷不可耐。你看我完全成了一个乡间老妇，皇帝也是这么辛苦呀。到今天为止，我们已经两天没吃没喝了，你准备了吃的没有。"

吴永连忙答道："本来准备了一桌饭菜，谁料被散兵抢掠一空。另外还煮有三锅小米绿豆粥，预备给随从们垫饥，也被抢走两锅，如今只剩一锅，担心粗糙不敢呈上。"

慈禧喜出望外，说道："有小米粥，太好了，送过来！"

小米粥端上来，慈禧急不可待地捧起来，不用筷子，直接喝起来。

喝完之后，慈禧心满意足，招吴永上前，又问道："此行匆促，没有携带衣服，你能否设法弄几件？"吴永想了想，说道："我妻子已经故去，衣物都寄存在京城家中。只有我的母亲还有几件遗衣，太后若不嫌弃，我便取来。"

慈禧说："能保暖就行，什么衣服都行。"

吴永回县城之后，搜检衣服进呈，慈禧心满意足，换了衣物，稍减几分狼狈相。

八月下旬，到了太原府，山西巡抚领了一班人，老远跪迎。此时情况，与怀来之时大不相同。金银财帛，衣服用具，应有尽有，几乎又恢复宫中排场。

慈禧十分满意。

慈禧一边西逃，一边积极与八国联军议和，具体事宜交由李鸿章等人办理。1901 年 9 月，慈禧答应了各国的苛刻条件，签订了丧权辱国的《辛丑条约》。

和议谈成，慈禧立即回宫。此时，已全然不像离京时那般狼狈，仅她一人就有三千辆车装金、银、绸缎、古董、玩器等名贵之物。

经过一番热闹，慈禧终于回到离别一年之久的京城。

经过这场惊心动魄的逃难，慈禧的心灵受到一次剧烈冲击。一年多的流浪生活，她已苍老很多。

回到宫中，慈禧大松一口气，准备好好休息。但是恼人的事情却接踵而来，洋人步步逼近，不断攫取利权；民众要求改革旧制，推行新政之风日长；南方孙中山革命党人积极筹划推翻她的统治。

这些事令她焦头烂额，甚至夜不成眠。

一些朝臣也不断要求"除旧法之弊"，慈禧也为自己的统治考虑，最终，她批准推行新政。

1902 年，推行新政诏书明发天下。内容广泛，包括兴学堂、改科举，办武备学堂，考查西方政治以及兴办矿务、商业事务等项。

新政颁布之后，局势并未出现明显改观。

以孙中山为首的革命党人领导的推翻满清统治的革命，得到了越来越多人的支持。为了保住清王朝江山，为了不至在革命中丧失一切，慈禧宣布实行君主立宪。

1905年，慈禧派顺天府丞李盛铎、镇国公载泽、户部侍郎戴鸿慈、山东布政使尚其亨、闽浙总督端方五大臣出国考察。

五大臣游历日本及欧美之后，向慈禧提出立宪，已老态龙钟的慈禧坐在宝座上闭目侧听，心里涌起一种没落的悲凉：本想通过施行新政使自己的宝座更稳些，谁料天下仍风起云涌。如今又被逼上梁山，要实施君主立宪，她明白，若推行君主立宪，则意味着自己不可能继续独断乾坤。这是她有生之年不愿看的事情。

良久，慈禧才说："君主立宪可行。但预备立宪的年限以九年为期，其中事宜，分年筹备，等筹备齐整，再召集国会。"

诏书随即发出，都是按慈禧的意思草拟的。

然而，无论此时再做什么都为时已晚，历史还是无情地将慈禧和她的大清王朝一步步逼向日薄西山之境地。

戊戌变法被血腥镇压十年后，五大臣西洋考察数年后，历史的车轮滚滚驶向1908年，慈禧太后第三次垂帘听政也已多年，此时她已经七十四岁，年逾古稀的她老态毕现，岁月无情地摧毁了她的容颜和旺盛的生命力。

人老了就爱回忆，回忆往昔的岁月，回忆青春的蓬勃，回忆年轻的惊险与冲动，不管那些经历是苦涩还是甜蜜。

至今，慈禧太后踏足紫禁城已五十八年，统治大清帝国已有四十八年。

1908年10月，这又是一个萧瑟的秋天，在落叶缤纷的肃杀天气里，很多老人没能撑过去，更别说撑过随之而来的寒冬。

10月中，慈禧感觉心脏已经跟不上大脑，身体渐渐不听指挥了。她感觉体弱乏力，有些力不从心，终于病倒了。

这种无力感让她恐惧，在往昔的岁月里，在多少年的政治算计和厮杀中，她从来不曾有过这种感觉。

对这个蜷缩在锦床上的老妇人来说，有一种真切的末日降临的预感。

她已经听到了死神的脚步声。

她不得不为自己的身后事着想，作一些必要的安排。

光绪，自戊戌宫廷政变之后，便成了慈禧的囚徒。这位多灾多难、有名无实的皇帝被囚禁瀛台，终日对着杂草、枯树、清水和宫墙忧叹。

慈禧听到有人报告说，光绪奢望她死在前面，这样他就有可能施展自己的报复。这，是她绝对不愿看到的事实。

不几日，慈禧传旨，将亲王载沣年仅三岁的儿子溥仪迎入宫中。别人都在猜测这一举动的含义，只有慈禧心中清楚，这个孩子是接替光绪继承大统的人选。

慈禧暗暗下定决心，在她临终之前，一定要先听到光绪死去的消息。

囚禁皇帝的瀛台，是慈禧特地选择的一块幽居之地。这是一个人工岛，四面环水，最窄的地方水面也有一丈五尺宽，仅有一面架设着浮动的板桥，可供出入。板桥撤掉之后的瀛台，就是一个陷入湖水中的孤岛，涵元殿是瀛台的正殿，仅三丈余长，是光绪皇帝的居所。

瀛台地方小，易于监视，白天有慈禧的亲信们巡逻，夜间板桥一撤，光绪插翅难飞。

在慈禧的严密控制下，这个囚徒般的皇帝，艰难地延续着生命。

1908年11月14日，这位孱弱的皇帝，这个曾缠绵于无尽凄凉和忧惶中的囚徒，突然在死在瀛台涵元殿，年仅三十八岁。

光绪皇帝的死，被说成是一桩历史悬案。

但是，一个三十八岁的壮年男子，被看护得很紧的帝王，真的会突然病逝？或者突然摔死？

光绪一驾崩，年仅三岁的溥仪旋即被立为清朝入关后的第十代皇帝，也是慈禧亲手扶植起来的第三个傀儡帝王。

溥仪是光绪驾崩前就入宫的，难道慈禧知道光绪就要突然死去？普通人起码都会有这样的判断：光绪是被慈禧这个毒妇害死的。

次日，紫禁城又传出慈禧驾崩的消息。

终于没有任何一个人，能在有生之年威胁到慈禧的地位，那些奢望在她死后翻身的，也先于自己上天去了。

慈禧带着满足和安心死去。

但她想不到，她苦心经营四十八年之久的清王朝，在她死后不久，武昌起义一声炮响，转瞬间就土崩瓦解了。

「权力的顶峰」——清咸丰帝皇后慈禧

这是历史给她的嘲弄吗？

　　无论如何，大清朝的分崩离析和中华帝国的衰退与耻辱，都跟她联系在一起，同时也将她钉在历史的耻辱柱上，尽管她深深地改变了中国，但这些改变，并非都是正面的。